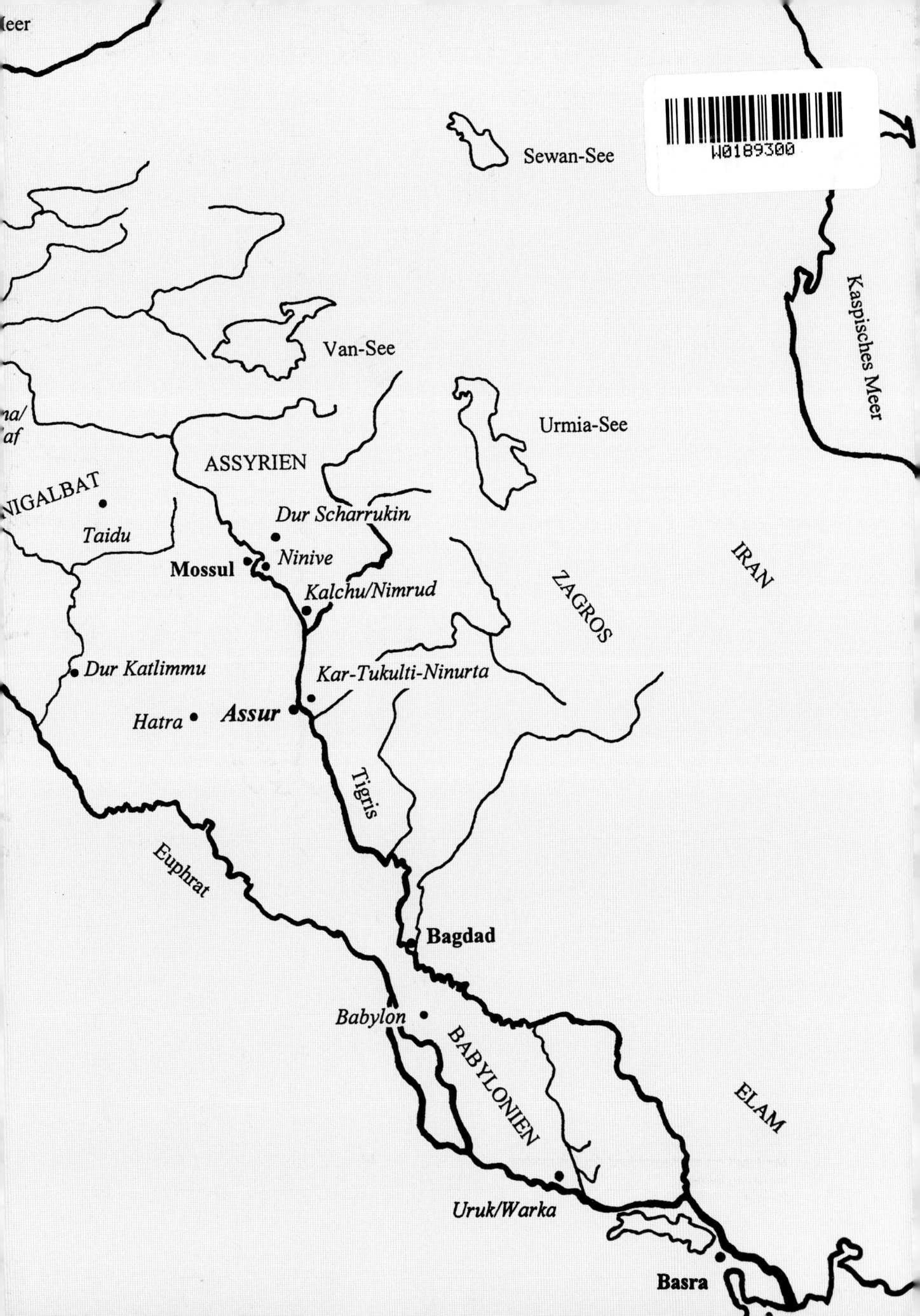

W0189300

WIEDERERSTEHENDES ASSUR

HERAUSGEGEBEN VON
JOACHIM MARZAHN · BEATE SALJE

Wiedererstehendes
ASSUR

100 Jahre deutsche Ausgrabungen in Assyrien

Herausgegeben von
Joachim Marzahn · Beate Salje

VERLAG PHILIPP VON ZABERN · MAINZ AM RHEIN

204 Seiten mit 106 Farb- und 84 Schwarzweißabbildungen

Umschlag: Statue eines Beters aus Assur, um 2400 v. Chr., Alabaster, H: 46 cm, Fundobjekt aus den archaischen Ischtar-Tempeln, VA 8142

Frontispiz: Fundgruppe aus Assur, Ende 3. Jt. v. Chr. vgl. Seite 116, Abb. 6

Zwischentitel

I. Einführung
Vorderseite: Entwurf eines Bühnenbildes zum Singspiel »Sardanapal«: Hof eines assyrischen Tempels, Aquarell W. Andrae, 1907, Ausschnitt
Rückseite: Bildnis eines vornehmen Assyrers, Pastell auf Karton, W. Andrae, o.J.

II. Ausgrabung
Vorderseite: Luftbild des Ruinengeländes von Assur, G. Gerster, 80er Jahre des 20. Jahrhunderts
Rückseite: Blick über das Grabungsgelände mit einigen Arbeitern, 1909

III. Museum
Vorderseite: Entwurf für die Einrichtung der Assur-Ausstellung, Assyrischer Palastraum, Aquarell G. Martiny, 1931
Rückseite: Hortfund aus dem Assur-Tempel, Detail, Ensemble von Bronzekreuzen und Anhängern, restauriert und neu montiert 1996

IV. Forschung
Vorderseite: Relief mit Darstellung einer assyrischen Gottheit (Berggott) aus Assur, Gipsstein, 1. Hälfte 2. Jahrtausend v. Chr.
Rückseite: Gesiegelte Kaufurkunde aus dem Archiv einer Familie von Lederfärbern, Assur, 622 v. Chr.

V. Vision
Vorderseite: Blick auf den Eingang des Assur-Tempels mit Zugangsrampe und beidseitig an der Außenwand entlanglaufenden Postamenten, die mit Glasurmalereien auf Ziegeln geschmückt waren; Zeichnung W. Andrae, WEA Abb. 33. Rechts im Hintergrund der entstehende Sanherib-Anbau.
Rückseite: Versuch der Rekonstruktion eines »Virtuellen assyrischen Tempels« als Funktionsmodell innerhalb des Südflügels Pergamonmuseum; Simulation der Raumsituationen und der Gesamtausmaße. Entwurf J. Marzahn, Ausführung: ProDenkmal GmbH, H. Lemnitz, M. Ramirez Iglesias; VBM Vermessungsbüro Andreas Müller: K. Kießling.

Bibliografische Informationen der Deutschen Bibliothek

Die Deutsche Bibliothek verzeichnet diese Publikation in der Deutschen Nationalbibliografie; detaillierte bibliografische Daten sind im Internet über *<http://dnb.ddb.de>* abrufbar.

© 2003 by Verlag Philipp von Zabern, Mainz am Rhein
ISBN 3-8053-3250-5
ISBN 3-8053-3251-3 (Museumsausgabe)
Lithos: Scan Comp GmbH, Wiesbaden
Alle Rechte, insbesondere das der Übersetzung in fremde Sprachen, vorbehalten. Ohne ausdrückliche Genehmigung des Verlages ist es auch nicht gestattet, dieses Buch oder Teile daraus auf photomechanischem Wege (Photokopie, Mikrokopie) zu vervielfältigen oder unter Verwendung elektronischer Systeme zu verarbeiten und zu verbreiten.
Printed in Germany by Philipp von Zabern
Printed on fade resistant and archival quality paper (PH 7 neutral) · tcf

INHALTSVERZEICHNIS

VORWORT

Auch 100 Jahre nach Beginn der Ausgrabungen in Assur am 18. September 1903 ist die Erforschung der alten Hauptstadt des assyrischen Reiches nicht abgeschlossen. Mehrere Forschergenerationen versuchten die Funde und Befunde der elfjährigen Grabungstätigkeit von 1903–1914 zu verstehen und zu deuten. Der Architekt Walter Andrae (1875–1956) verfasste schon während der Grabungen regelmäßig interpretierende Berichte. In der 20er Jahren bereiteten die Ausgräber von Assur die ersten größeren Publikationen vor, Andrae selber widmete sich – ab 1928 als Direktor der Vorderasiatischen Abteilung der Staatlichen Museen zu Berlin – der gestalterischen Umsetzung der Kulturgeschichte Mesopotamiens in den neuen Ausstellungsräumen im Pergamonmuseum. Erst 1938 erschien sein zusammenfassendes Werk »Das wiedererstandene Assur«, in dem er einem interessierten Laien-Publikum die wichtigsten Ergebnisse seiner Forschungen möglichst verständlich darzustellen versuchte. Zu dieser Zeit war auch die dazu gehörende Ausstellung der Funde aus Assur im Museum fertiggestellt, so dass ein Leser das Buch wie ein Handbuch benutzen konnte, wenn er durch die Säle des Museums ging, in denen die betreffenden Denkmäler zu sehen waren. Damals wie heute aber befanden sich keineswegs alle Funde in Berlin, war doch nach der Fundteilung mit dem Osmanischen Reich ein Anteil dem Istanbuler Archäologischen Museum zugefallen. Das Buch erst ermöglichte also dem Leser den Gesamtblick auf die Funde und damit ein tieferes Verständnis der durch sie repräsentierten Zeugen assyrischer Geschichte.

Das vorliegende Buch mit dem Titel: „Wiedererstehendes Assur – 100 Jahre deutsche Ausgrabungen in Assyrien" ist eine Sammlung von Essays, die anlässlich der gleichnamigen Sonderausstellung des Vorderasiatischen Museums von Oktober 2003 bis April 2004 zum Jahrestag des Ausgrabungsbeginns und zur Forschungs- und Museumsgeschichte zu Assur erscheint. Sowohl das Buch als auch die Ausstellung bedienen sich der Anlehnung an den ähnlichen Titel des Werkes von Walter Andrae. Denn die Forschungen und Auseinandersetzungen mit den Ergebnissen vereinen bis heute viele Wissenschaftler im Studium der Funde und Befunde. In einer Art Gesamtschau beschreiben Fachleute die For-

schungsgeschichte und ihre jeweilige Auseinandersetzung mit dem Thema. Über den Ausstellungsbesuch hinaus wird das Buch seinen Wert als Standortbeschreibung behalten. Den Autoren wurde von den Herausgebern bei der Behandlung ihres Themas weitgehende Freiheit zugestanden, was zu gelegentlichen Wiederholungen und Überschneidungen geführt hat, die aber dem Gesamtverständnis des Themas nur dienlich sein können.

Ausgangspunkt der Darstellung war und ist Assur, die alte Hauptstadt des nachmaligen Assyrischen Reiches. Insofern sind die Forschungen auf Assur konzentriert, hinsichtlich ihrer Aussage jedoch auf die Bedeutung Assyriens insgesamt angelegt. Dasselbe trifft auf dieses Buch zu, in dem die aus dem genannten Anlass gesammelten Beiträge von Assur ausgehen, des öfteren aber kulturhistorisch weiter reichende Fakten zur assyrischen und altvorderasiatischen Geschichte insgesamt darbieten.

Allen Wissenschaftlern, die die Erforschung Assurs und Assyriens vorangetrieben haben und noch vorantreiben, schulden wir Dank. Auf Grund der Förderung durch die Deutsche Forschungsgemeinschaft und der intensiven Zusammenarbeit zwischen der Deutschen Orient-Gesellschaft, dem Leibniz-Projekt an der Universität Heidelberg und dem Vorderasiatischen Museum konnten in den letzten 10 Jahren große Fortschritte im Verständnis dieser Kulturen erreicht werden. Parallel dazu wurden die Ausgrabungen vor Ort wieder aufgenommen. Die Erkenntnisse aus diesen Projekten werden von den damit beschäftigten Wissenschaftlern in dieser Publikation vorgetragen – Sie erhalten also Informationen aus erster Hand.

Dank an die Autoren, Dank an Frau Dr. Häser, die alle Beiträge redaktionell zu einem Gesamtwerk formte, und an Frau Böhme, die an der Auswahl der Abbildungen maßgeblich beteiligt war. Dank an den Fotografen Herrn Teßmer, der bis zur letzten Minute Neuaufnahmen produzierte, und Dank natürlich auch an Frau Dr. Nünnerich-Asmus, die uns bei diesem Vorhaben gut beriet.

DIE HERAUSGEBER

BEATE SALJE

ASSUR – STADT, LAND UND GOTT

Assur, das ist zum einen die Bezeichnung der ältesten assyrischen Hauptstadt, zum anderen die des gesamten Landes, und darüber hinaus die des Hauptgottes Assyriens. Die Stadt Assur lag an herausragender Stelle im nördlichen Teil Mesopotamiens (Karte s. Vorsatz) hoch auf einem Felssporn über dem westlichen Ufer des Tigris an den Ausläufern eines Gebirges, das Assyrien von Babylonien trennte. Aufgrund ihrer Lage konnte sie die wichtigen Handelswege von Persien und Süd-Mesopotamien nach Anatolien und ans Mittelmeer kontrollieren. Das Land Assur (Assyrien) bildete ein fruchtbares Dreieck zwischen den Flüssen und Gebirgen im Norden Mesopotamiens. Die natürlichen Umweltbedingungen waren in dieser Region besonders günstig, da sich einerseits am Gebirgsrand und in der Steppe ausreichend Gelegenheit zur Jagd bot, andererseits Regenfeldbau möglich und die Flußauen als Anbaugebiet nutzbar waren. Der Gott Assur wurde von den Assyrern vom 3. bis in das 1. Jt. v. Chr. verehrt. Nur von ihm wurden die assyrischen Könige in ihr Amt eingesetzt, in seinem Namen haben sie ihr Imperium zum assyrischen Großreich erweitert. Eine Vorstellung des Gottes Assur kann uns die Darstellung auf einem glasierten Ziegel geben (Abb. 1). Die größere, auf einem Sockel stehende Figur stellt den Gott Assur dar. Der assyrische König steht in anbetender Haltung vor dem Reichsgott. Die Gegenwart anderer Götter ist durch deren Symbole ausgedrückt.

DIE GESCHICHTE

Zwar ist eine Besiedlung Assurs schon seit dem 5. Jt. v. Chr. belegt, als Stadt tritt sie uns jedoch erst nach der Mitte des 3. Jts. v. Chr. mit einem Tempel für Ischtar – die altorientalische Göttin der Liebe und des Krieges –

entgegen. Eine Vorstellung vom Aussehen des Kultraums dieses sog. «Archaischen Tempels» vermittelt uns eine Skizze des Ausgräbers Walter Andrae (Abb. 2). Um 2350 v. Chr. wurde der Stadtstaat Assur in das Akkadische Großreich integriert und um 2100 von der 3. Dynastie der Könige von Ur regiert. Um 2000 v. Chr. erlangte es seine Unabhängigkeit zurück. Handelsniederlassungen wurden in Anatolien gegründet, wie das Karum Kanesch nahe der heutigen Stadt Kayseri. Der Han-

Abb. 1   Glasierter Ziegelorthostat (Wandverkleidungsplatte) aus Assur, in einem spätassyrischem Wohnhaus sekundär verbaut gefunden, 8. Jh. v. Chr. Gebrannter Ton. VA Ass 897. Die Szene zeigt einen Beter vor einem Gott, der mit einer Hörnerkrone versehen ist, auf der sich ein Lilienstab mit einem achtstrahligen Stern erhebt (wohl der Gott Assur). Die Ziegelplatte in mehrfarbiger Glasurmalerei vertritt bildlich eine Danksagung für göttliche Hilfe bei der Abwehr eines Übels. Hierauf verweist die Darstellung einer Heuschrecke über dem Kopf des Beters, die stellvertretend als Symbol für eine Heuschreckenplage verstanden werden darf. Ganz oben ist eine Reihe von Göttersymbolen wiedergegeben: geflügelte Sonne (Sonnengott Schamasch), liegende Mondsichel (Mondgott Sin) und der Stern der Göttin Ischtar.

Abb. 2   Rekonstruktionsversuch der Inneneinrichtung des Ischtar-Tempels von Assur, Schicht G (zweitälteste Anlage), ca. 24.–23. Jahrhundert v. Chr. Dem an der Schmalseite aufgestellten Kultbild der Göttin in der Nische, stehen auf den Bänken vor den Wänden sowie im Innenraum die unterschiedlichsten Ausstattungsstücke gegenüber: Beterfiguren, Räucherständer, Altäre und Trankopferbecken. Zeichnung von Walter Andrae 1919.

del florierte in dieser als altassyrisch bezeichneten Periode und lieferte die finanzielle Basis für die Herrscher Assyriens, ihre Tempel zu verschönern und Paläste zu bauen. König Schamschi-Adad I. (1808–1776 v. Chr.) erhob Assur zum Hauptgott und ließ den bereits bestehenden Tempel des Gottes erneuern. Aus dieser Zeit stammt wahrscheinlich auch der Tempelturm, dessen Überreste noch heute weithin sichtbar sind (Abb. 7). Nach der Mitte des 2. Jts. v. Chr., der sog. mittelassyrischen Zeit, erneuerte König Tukulti-Ninurta I. (1233–1197 v. Chr.) den Ischtar-Tempel und ließ unter dem Kultraum des Tempels beschriftete Gründungsblöcke aus Blei einbauen (s. S. 198). Auf einem im Tempel aufgestellten Kultsockel (Abb. 3) ist der König stehend und kniend – wie in einer Bewegungsabfolge – vor einem ebensolchen Kultsockel mit dem Symbol des Schreibergottes Nabu dargestellt. Assyrien und Babylonien als Nachfolgestaaten des Akkadischen Großreichs waren zu gleich starken Großmächten herangewachsen. Tukulti-Ninurta I. eroberte Babylon und führte dessen Gott Marduk nach Assyrien. Doch Babylon ließ sich nie

auf Dauer beherrschen. Assur setzte auch im 1. Jt. v. Chr. – in neuassyrischer Zeit – seine Expansionspolitik fort; während die Stadt selber als kultisches Zentrum weiter bestand, lagen die politischen Machtzentren in Nimrud und Ninive. Der Eindruck von Reichtum und Macht Assurs in neuassyrischer Zeit, den uns die Funde aus der Grabung vermitteln, wird unterstützt durch ein Bühnenbild für die historische Pantomime Sardanapal (s. S. 9), die 1908 in Berlin aufgeführt wurde. Es entstand nach einem Aquarell von Walter Andrae und zeigt den Gott auf seinem Thron im Hof des »Sonnentempels« in Assur, so wie ihn der Ausgräber sich vorstellte, zur Zeit des assyrischen Königs Assurbanipal (669–627 v. Chr.). Die Regierung dieses Herrschers sollte den Höhe- und Schlusspunkt des assyrischen Reiches bilden, noch im gleichen Jahrhundert zerfiel das Weltreich, 614 v. Chr. wurde von Persern und Babyloniern zunächst Assur eingenommen, 612 v. Chr. fiel Ninive.

Abb. 3   Symbolsockel mit Inschrift des Königs Tukulti-Ninurta I. (1233-1197 v. Chr.) an den Feuergott Nusku. Die Frontseite zeigt den König in betender Haltung (einmal stehend, einmal kniend) vor einem gleich geformten Kultgerät, auf dem ein Gottessymbol aufgestellt ist. Das Denkmal wurde im Ischtar-Tempel von Assur gefunden. Alabaster. VA 8146.

Abb. 4   Ausschnitt vom Schutzumschlag der zweiten Auflage des Buches »Wiedererstandenes Assur«, von W. Andrae, hrsg. v. B. Hrouda. Vorlage des Motivs: W. Andrae, Das Tabira-Tor von außen. Solche Rekonstruktionsversuche des Ausgräbers ließen die Ergebnisse der Grabung für Leser besonders lebendig erscheinen.

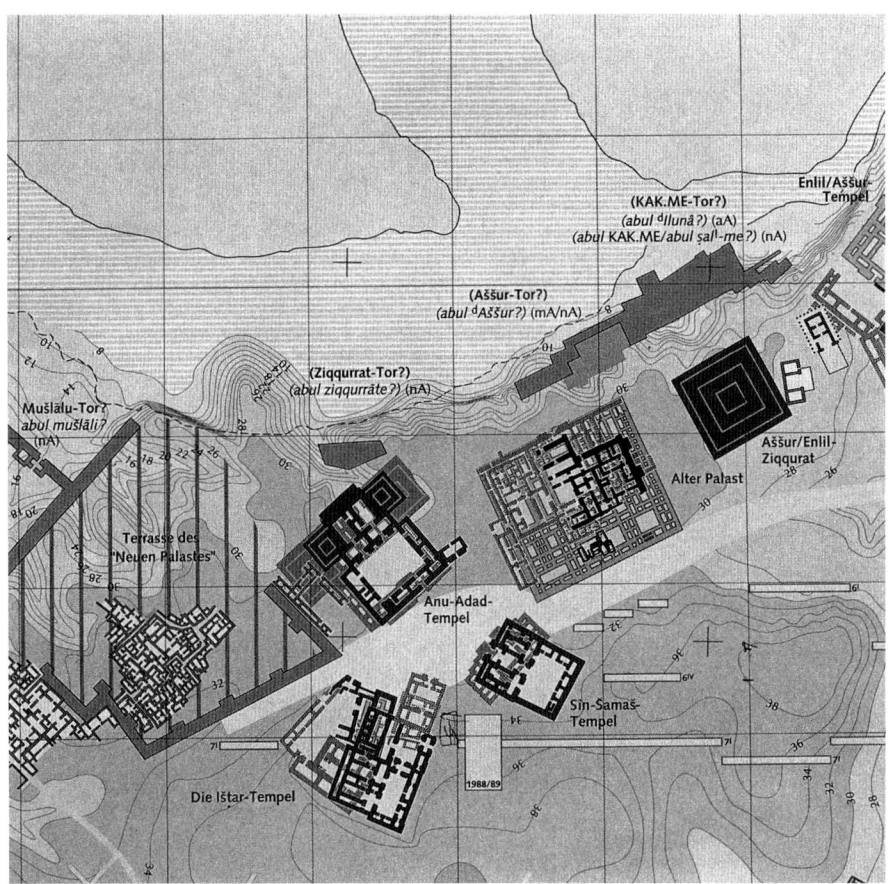

Abb. 5 a und b
Zeichnung Walter Andraes mit Anblick der Nordfront von Assur aus der Vogelperspektive. Zu sehen ist die Front einer Reihe von Tempelanlagen entlang der Stadtkante (zum Vergleich der Lage und Größe siehe die darübergestellten Grundrisse). In der Folge von rechts nach links: Tempel des Gottes Assur (nur noch als Gebäudeecke sichtbar), Zikkurrat des Gottes Assur (Tempelturm), der Alte Palast, davor der Sin-Schamasch-Tempel (Doppelanlage für den Mond- und Sonnengott gemeinsam), der durch eine zweifache Zikkurrat-Anlage gekrönte Doppeltempel der Götter Anu und Adad, direkt davor der kleine Tempel des Schreibergottes Nabû, links davon der Ischtar-Tempel und – ganz links angeschnitten der sog. Neue Palast. Im Hintergrund die Ebene am Tigris, im Vordergrund die Wohnhäuser der Stadt.

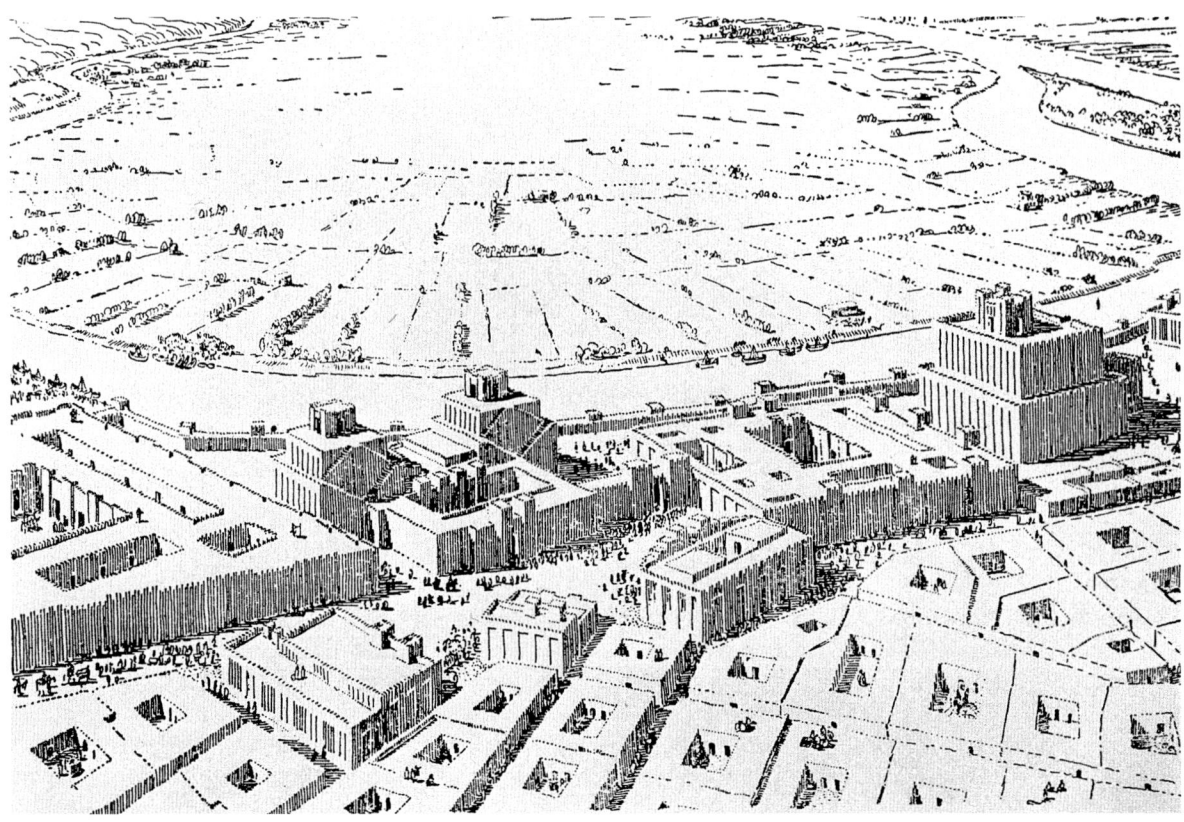

Abb. 6 Zeichnung Walter Andraes mit Blick von einer Flussinsel im Tigris auf die Nordostecke der Stadt Assur. Im Vordergrund der Anlage erhebt sich der gewaltige Assur-Tempel mit seinen Befestigungen und ummauerten Höfen, nach rechts sind die Zikkurrat, der Alte Palast und der Doppeltempel der Götter Anu und Adad zu sehen. Am Flussufer rechts die Aufgangsbauten zu den Tempeln (Muschlal).

DIE ALTE GRABUNG UND DIE AUSGRÄBER

Assur wurde vom 18. September 1903 bis zum 1. April 1914 unter der Leitung Andraes von deutschen Bauhistorikern systematisch untersucht und die Grabung 1914 planmäßig nach 23.221 Eintragungen in die Fundjournale nebst 7000 Fotoaufnahmen abgeschlossen. Wichtigste Mitstreiter Andraes waren Julius Jordan, Ernst Herzfeld, Paul Maresch, Conrad Preußer und Walter Bachmann. Voruntersuchungen hatten bereits im 19. Jh. durch Austen Henry Layard und Hormuzd Rassam stattgefunden, sie verlegten ihre Grabungstätigkeit dann jedoch nach Ninive und Nimrud.

Anschaulich schildert Andrae in seinen Lebenserinnerungen und Bildern den Alltag auf einer abseits der Zivilisation gelegenen Grabung. Man erreichte sie über das nahe gelegene Dorf zu Pferde oder per Boot auf dem Tigris und musste sich seine Versorgung vor Ort nach den vorhandenen Gegebenheiten organisieren. Es gab natürlich Reitpferde und Esel, wobei letztere auch zum Wasserholen und Mahlen des Weizens eingesetzt wurden. Schafe und Ziegen lieferten zum einen die Butter für die Mahlzeiten, zum anderen wurde auch ihr Fleisch gegessen und ihre Bälge als Schwimmblasen von Personen zur Überquerung des Flusses und für den Floßtransport genutzt. Gazellen der Steppe ergänzten den Speiseplan. Hunde und Katzen gehörten ebenfalls zum Haus-

halt. Ärztliche Versorgung war zwar möglich, der Arzt Dr. med. Friedrich Härle musste aber in den elf Jahren nur zweimal aus Bagdad nach Assur kommen. Hier galt wie in Babylon der Leitsatz des dortigen Ausgräbers Robert Koldewey »Wenn man krank ist, wird man entweder gesund oder man stirbt.«. Man wurde eben wieder gesund.

Besucher kamen relativ selten nach Assur. Unter den berühmtesten waren die Comtesse Moët-Chandon, die große Orientreisende und Diplomatin Gertrude Bell, die später die Antikendirektion und das Museum in Bagdad aufbauen sollte, und Meißner Pascha, der Erbauer der Bagdad- und Mekka-Bahn.

Einen imaginären Besucher lässt Andrae in seinem 1938 erschienenen Buch »Das wiedererstandene Assur« nach Assur kommen. Es ist ein Gast aus dem Westen – ein Ionier – und Zeitgenosse des assyrischen Königs Sanherib (705–681 v. Chr.), der sich im Jahre 688 v. Chr. zu Pferd der Stadt Assur nähert (Abb. 4) und sie durchwandert. So versucht Andrae mit seiner Kenntnis des Ortes, die er durch eine fast ununterbrochene elfjährige Tätigkeit dort gewonnen hat, die Hauptstadt des assyrischen Weltreiches wiedererstehen zu lassen. Seine zahlreichen Skizzen beruhen auf den von ihm freigelegten Grundrissen der Tempel und Paläste und veranschaulichen das kultische sowie das Alltagsleben dieser Stadt. Sein künstlerisches Talent war ein Glücksfall für

Abb. 7   Aufnahme des gegenwärtigen Zustandes (1997) der Zikkurrat von Assur. Deutlich sind die Spuren der jahrtausendlangen Witterungseinflüsse am Baumassiv erkennbar.

diese besondere Art der Darstellung, die man gut der heutigen Computeranimation gegenüberstellen kann.

DIE BAUWERKE

Die Gesamtfläche Assurs mit der alten umwallten Innenstadt und der Neustadt betrug ca. 65 ha. Andrae konzentrierte sich mit Hilfe seiner 180 Arbeiter auf den nördlichen Teil der Innenstadt, wo am Steilabhang zum Tigris hin wie an einer Perlenkette aufgereiht die Tempel und Paläste Assurs lagen (Abb. 5 a. b).

Den herausragendsten Platz nahm der Tempel des Gottes Assur (Abb. 6) ein, der im 20. Jh. v. Chr. an der Nordostspitze erbaut worden war und dessen Reste seit der Herrschaft des Osmanischen Reiches von einem türkischen Fort überlagert werden. Die Bedeutung dieses Tempels wird auch in den Texten aus dem 7. Jh. v. Chr. deutlich, die von Feierlichkeiten zu dessen Erneuerung berichten. Heute wie damals bildete das weithin sichtbare Zeichen der Stadt der Tempelturm Assurs (Abb. 7), der im 19. Jh. v. Chr. errichtet wurde. Aus derselben Zeit stammt der sog. »Alte Palast« mit seinen 162 Räumen und 10 Höfen, der, zunächst allein als Residenz und Wohnstätte der Könige genutzt, darüber hinaus bis in die Spätzeit als Begräbnisstätte der assyrischen Könige diente, sogar auch noch, nachdem die Residenz im 1. Jt. v. Chr. zunächst nach Nimrud, dann nach Chorsabad und

zuletzt nach Ninive verlegt wurde (s. S. 119–135). Der kultisch-religiöse Mittelpunkt des assyrischen Reiches befand sich aber weiterhin in Assur. Westlich des Alten Palastes wurde im 12. Jh. v. Chr. ein Doppeltempel für den Himmelsgott Anu und den Wettergott Adad errichtet, dessen zwei Tempeltürme neben dem Tempelturm Assurs das Stadtbild beherrschten. Bereits im 14. Jh. v. Chr. war auf einer riesigen, aufgeschütteten Terrasse ein weiterer Palast entstanden, der sog. »Neue Palast«. Als wichtigster Kultort diente neben dem Tempel des Gottes Assur jedoch über drei Jahrtausende der der Göttin Ischtar gewidmete Tempel, der bereits von den Sumerern unter dem Namen Inanna verehrten Göttin der Liebe und des Krieges. Ihr Tempel erfuhr in Assur vom 3. bis zum 1. Jt. v. Chr. acht Umbau- und Erneuerungsphasen. Aus den frühesten, den sog. Archaischen Ischtar-Tempeln, sind uns aus dem Kultraum zahlreiche männliche und weibliche Beterstatuetten (s. Umschlag vorne) erhalten, die ihre Besitzer vor der Gottheit im Tempel vertreten sollten (s. S 111–118). Südöstlich davon lag der Doppeltempel für den Sonnengott Schamasch und den Mondgott Sin. Neben den Tempeln und Götterbildern sind in einer von dem Beschwörungspriester Kisir-Assur im 7. Jh. v. Chr. verfassten Tafel »Stadtbeschreibung von Assur« 13 Tore erwähnt, bezeichnet nach Göttern (Assur- und Schamasch-Tor), nach ihrer Lage (Tigris-Tor), nach ihrer Nutzung (Tabira, d. h. Metallarbeiter-Tor; Kleinvieh-

Abb. 8   Skizze von Walter Andrae zum Standort der Stelenreihen von Assur (Rekonstruktionsversuch). In einem der Stadtmauerzwischenräume waren die Reihen der Königs- und Beamtenstelen einander gegenüber aufgestellt (vgl. Stadtplan).

Tor) u. a. Über das durch Festungswerke stark geschützte und auf einem Bergrücken liegende Tabira-Tor erreichte man von der westlichen Landseite her die Innenstadt. Tore spielten auch eine Rolle beim assyrischen Neujahrsfest, das jährlich mit einer Götter-Prozession zum außerhalb der Stadt gelegenen Neujahrsfesthaus begangen wurde. Der König selbst führte den Zug des Gottes Assur und anderer Götter der Stadt an. Im Süden der Innenstadt zwischen Binnen- und Außenwall zur Neustadt befand sich ein einmaliges Zeugnis der Geschichte Assyriens – zwei Reihen von Stelen (Abb. 8), die, einander gegenüberstehend, Könige und Beamte des 14. bis 7. Jhs. v. Chr. dokumentieren (s. S. 29–32).

ASSUR IM VORDERASIATISCHEN MUSEUM

Nachdem 1855 und 1858 assyrische Wandreliefs aus Ninive und Nimrud nach Berlin gelangt waren, wurden diese 1860 erstmals auf der Museumsinsel im Alten Museum als Vorläufer der griechischen Kultur im »Assyrischen Saal« ausgestellt. 1885 wurden alle vorderasiatischen Altertümer in der Ägyptischen Sammlung zusammengeführt und 1889 im Neuen Museum präsentiert, ergänzt durch Gipsabgüsse weiterer assyrischer Reliefs im »Assyrischen Hof« (Abb. 9, s. auch S. 36 Abb. 2).

Eine offizielle Mission nach Mesopotamien zur Auswahl eines deutschen Grabungsplatzes wurde vom Staat und vom Kaiser persönlich unterstützt und führte nach der Entscheidung für Babylon 1898 zur Ausrichtung der ersten Kampagne in Zusammenarbeit mit der Deutschen Orient-Gesellschaft (s. S. 38–40). Wegen der zu erwartenden Fundteilungen wurde noch 1899 die Vorderasiatische Abteilung der Königlich Preußischen Mu-

seen gegründet. Aufgrund der Ergebnisse und Funde aus den Ausgrabungen in Babylon, Assur und Uruk entstand in Berlin ein Museum und Forschungszentrum von Weltruhm. Nach Beendigung der Ausgrabungen in Assur 1914 wurde die Fundteilung mit dem damals dort zuständigen Osmanischen Reich durchgeführt und die Hälfte der Funde ging an das Antikenmuseum in Istanbul (s. S. 53–59). Die andere Hälfte gelangte, verbunden mit diversem Umladen, auf dem Wasserweg über Bagdad, Basra, Indien, Port Said und das Mittelmeer bis nach Lissabon, wo das Schiff bei Ausbruch des Ersten Weltkrieges Schutz suchte und die Ladung schließlich von den Portugiesen festgehalten wurde. Erst 1926 gelang es Andrae nach schwierigen Verhandlungen, die Assur-Funde von Portugal auf dem Wasserweg nach Deutschland zu holen, der Weg führte über Hamburg, die Elbe, die Havel und die Spree bis zum Kupfergraben in Berlin-Mitte. Andrae war inzwischen seit 1921 »Kustos für auswärtige Angelegenheiten« an den Museen. In dieser Funktion verhandelte er in Portugal und reiste auch nach Bagdad, um mit Gertrude Bell die Fundteilung von Babylon endgültig abzuwickeln. So erklärt sich, dass die bedeutendsten Stücke der Berliner Sammlung erst in den 1920er Jahren, lange Zeit nach Abschluss der Ausgrabungen, ins Museum kamen. Als 1928 der damalige Direktor Otto Weber überraschend starb, wurde Walter Andrae als sein Nachfolger bestimmt. Er sollte dieses Amt durch die Kriegswirren bis 1951 innehaben.

Seit 1930 befindet sich das Vorderasiatische Museum an seinem derzeitigen Standort im Südflügel des von Alfred Messel geplanten Museumsgebäudes, das heute den Namen Pergamonmuseum trägt. 1930 wurde die Vorderasiatische Abteilung offiziell – zusammen mit den Abteilungen der Antikensammlung und der Deutschen

Abb. 9   Querschnittszeichnung (Ausschnitt) von August Stüler aus dem Entwurfbuch für das Neue Museum, Berlin, 1862, mit Ansicht der Südwand des sog. ägyptischen Hofes. Hier waren im Obergeschoss die assyrischen Großdenkmäler und Abgüsse untergebracht, bevor die Sammlung in einen eigenen Bau umzog.

Sammlung – mit den Rekonstruktionen der Prozessionsstraße und des Ischtar-Tores von Babylon eröffnet, die Raumreihen für die Funde aus Assyrien konnten jedoch erst 1934 und nur bis zum Kriegsbeginn 1939 präsentiert werden. Das Vorderasiatische Museum zeigt seither in einem geschlossenen Komplex die vom Ausgräber Andrae konzipierte Gegenüberstellung der Kulturen Mesopotamiens – im Norden Assyrien mit dem Hauptkultort Assur, dessen Könige ihre späteren Residenzen mit Reliefs aus örtlich anstehendem Stein verkleiden ließen, und im Süden Babylonien mit den gewaltigen Lehmziegelbauwerken aus Babylon und Uruk. Die Bombardierungen im Zweiten Weltkrieg überstanden die eingemauerten Großarchitekturen einigermaßen unversehrt und so konnte das Vorderasiatische Museum 1953 provisorisch und nach Rückkehr der in die Sowjetunion verbrachten Funde 1958 vollständig wieder geöffnet werden (s. S 67–77, 93–100).

FORSCHUNG UND VISION

Die Erforschung Assurs ist auch hundert Jahre nach dem Beginn der deutschen Ausgrabungen im Jahre 1903 nicht abgeschlossen, sondern erfuhr in den letzten zwan-

zig Jahren neuen Elan durch das »Assur-Projekt« und eine Wiederaufnahme der Ausgrabungen vor Ort (s. S. 101–109, 183–190). Im Vorderasiatischen Museum in Berlin konnte Andrae die Ergebnisse seiner Ausgrabungstätigkeit als Direktor in den 20er Jahren des letzten Jahrhunderts im Museumsneubau des heutigen Pergamonmuseums so umsetzen, dass ein breites Publikum die Kulturgeschichte Assyriens durch seine Hauptstadt Assur verstehen konnte. Noch immer gilt Andraes Ausstellungskonzept als hervorragend. Doch die Fortschritte in den Forschungen zu Assur – vor allem auch zu den schriftlichen Überlieferungen – lassen heute Vieles in neuem Licht erscheinen (s. S. 129–135, 149–156, 157–164). Die Befunde der Grabung werden durch die in Texten beschriebenen »Funktionen« eines assyrischen Tempels bestätigt und sind jetzt auch in den Bauelementen wiederzuerkennen. Sie können so heute erstmals in einer Idealrekonstruktion eines »virtuellen assyrischen Tempels« präsentiert werden. Der Titel dieses Buches »Wiedererstehendes Assur« soll diesen fortlaufenden und noch nicht abgeschlossenen Prozess verdeutlichen. Andraes »Wiedererstandenes Assur« in all seiner Phantasie, das auf den persönlichen Erfahrungen des Ausgräbers beruhte, wird als wesentliche Grundlage für weitere Forschergenerationen Bestand haben.

ECKART FRAHM

ZWISCHEN DICHTUNG UND WAHRHEIT

ASSUR UND ASSYRIEN IN DEN AUGEN DER NACHWELT

Die Stadt Assur, gegründet im 3. Jt. v. Chr. und seit jeher Kultort des gleichermaßen Assur geheißenen Gottes, war die Urzelle des assyrischen Staates. Sie gab Assyrien seinen Namen, war lange Zeit Hauptsitz seiner Herrscher und blieb bis zum Untergang sein kultisch-religiöses Zentrum. Die herausragende historische Bedeutung von Assur steht für uns heute außer Zweifel.

Wie ist es angesichts dessen zu erklären, dass die Stadt in den Büchern der Bibel und den historischen Legenden der antiken Welt, die über Assyrien und Babylonien so viel zu berichten haben, nahezu keine Rolle spielt? Und das, obwohl Assur nach dem Untergang des assyrischen Reiches am Ende des 7. Jhs. v. Chr. keineswegs der Verödung anheim fiel. Die Stadt bestand vielmehr noch lange Zeit fort, bewahrte ihre wichtigsten religiösen Traditionen, war im ersten nachchristlichen Jahrhundert Sitz eines arsakidischen Verwalters und wurde erst Mitte des 3. Jhs. im Gefolge der sassanidischen Eroberungen endgültig aufgegeben.

Dennoch schweigen sich die biblischen und klassischen Texte, die sich mit den historischen Geschicken Assyriens beschäftigen, über die Bedeutung der Stadt aus. Dies gilt für Darstellungen der Frühgeschichte des assyrischen Staates ebenso wie für Berichte über sein Ende.

Die Bibel skizziert die historischen Wurzeln Assyriens im Rahmen der sog. »Völkertafel« in Gen. 10:11 f., einer Stelle, deren genauer Sinn umstritten ist. Eine mögliche Übersetzung lautet: «Von diesem Land (Babylonien) zog (Nimrod) aus nach ›Assur‹ und baute Ninive, Rechoboth-Ir und Kelach; und Resen zwischen Ninive und Kelach.« Sollte diese Wiedergabe zutreffen, dann wäre der assyrische Staat der Bibel zufolge von Nimrod begründet worden, dem gewaltigen Jäger und prototypischen Tyrannen, der sich nach Assyrien begeben hätte – dies ist die Bedeutung, die »Assur« der zitierten Übersetzung nach zukommt –, um dort die Metropolen Ninive und Kalchu sowie die – überlieferungsgeschichtlichen Missverständnissen entsprungenen – »Phantomstädte« Rechoboth-Ir und Resen zu errichten.

Eine alternative Deutung übersetzt die Stelle wie folgt: »Von diesem Land zog Assur aus und baute Ninive, Rehoboth-Ir und Kelach ….« Im Falle der Richtigkeit dieser zweiten Übersetzung wäre der Begründer Assyriens nicht Nimrod gewesen, sondern eine legendäre Gestalt namens Assur, die als ätiologisch motivierte Personifizierung Assyriens auch in Gen. 10:22 als Sohn des Sem, des Stammvaters der Semiten, genannt wird, zusammen mit Elam, Arpachsad, Lud (d. i. Lydien) und Aram (d. i. Syrien).

Die meisten anderen der insgesamt 141 biblischen Belege für »Assur« lassen sich als Bezeichnungen des Landes, Assyriens, und seiner Bevölkerung deuten, so dass man den Eindruck gewinnt, dass der Landes- und Völkername »Assur« in der Bibel den gleichlautenden Namen der Stadt – und interessanterweise auch den des Gottes – fast vollständig überlagert hat.

Auch die klassischen Quellen verbinden die Anfänge der assyrischen Staatlichkeit in keiner Weise mit der Stadt Assur. Die assyrische Metropole par excellence ist für die antiken Autoren vielmehr Ninive. Die von Diodor und anderen Schriftstellern überlieferte Ninos-Legende legt hiervon beredt Zeugnis ab. Ninos, der in der griechisch-römischen Tradition eine ähnliche Rolle spielt wie Nimrod in der biblischen, firmiert in der Legende als Begründer des assyrischen Staates und Erbauer seiner Hauptstadt Ninive, der er seinen eigenen Namen verleiht. Letzteres ist unbestreitbar eine Umkehrung der historischen Tatsachen. Da nirgendwo in keilschriftlichen Quellen ein Herrscher namens Ninos belegt ist, steht außer Frage, dass nicht etwa Ninive nach Ninos benannt wurde, sondern vielmehr Ninos nach Ninive. Doch dass Ninos, auch wenn einige seiner Züge bestimmten assyrischen Königen nachempfunden sein dürften, in erster Linie ein Produkt der antiken Phantasie ist, hat der Verbreitung der um ihn kreisenden Geschichten keinen Abbruch getan.

Auch der Ninos zugeschriebene Familienhintergrund führt nicht nach Assur zurück. Herodot bezeichnet Ninos als Sohn des Belos (Hist. I 7) und bringt ihn damit implizit mit Babylon in Verbindung, der Stadt des Gottes Bel-Marduk. Eine ähnliche Verknüpfung stellt, folgt man der ersten der beiden oben vorgestellten Deutungen, die biblische »Völkertafel« für Nimrud her, indem sie berichtet, dieser habe vor seinem Zug nach Assyrien Babel und andere babylonische Städte gegründet. Von Assur, der Stadt wie dem Gott, ist nirgends die Rede. Dass sich der in der Antike gebräuchliche Name des von Ninive aus beherrschten Landes, »Assyria«, vom Namen der Stadt Assur ableitet, scheint den antiken Autoren unbekannt gewesen zu sein.

Dieses Desinteresse an Assur ist wohl vor allem damit zu erklären, dass die Stadt nicht länger Hauptresidenz der assyrischen Könige war, als sich das assyrische Reich im 1. Jt. v. Chr. im Zuge seiner Westexpansion nach Syrien und Palästina ausdehnte und Kontakte mit dem östlichen Mittelmeerraum anknüpfte. Diejenigen Regionen, deren Erinnerungskultur das abendländische Assyrien-Bild zwei Jahrtausende lang prägen sollten, waren also nicht mehr mit in Assur ansässigen Königen kon-

Abb. 1   Assyrisches Wandrelief aus dem Nordpalast von Ninive mit der Darstellung eines Festmahls in einer Weinlaube. Der König Assurbanipal (669–627 v. Chr.) auf einer Liegestatt und seine Gemahlin auf einem Stuhl beim Weintrinken aus kostbaren Metallschalen, umgeben von Dienerschaft. Diese Szene wird als eine Art »Siegesmahl« gedeutet, man beachte das links im Baum hängende Haupt des besiegten Königs Te'umman von Elam.

frontiert, sondern mit solchen, die zumeist von Kalchu und Ninive aus regierten.

Einen ersten Versuch, die königliche Residenz aus Assur abzuziehen, hatte der mittelassyrische König Tukulti-Ninurta I. (1233–1197 v. Chr.) unternommen, der sich gegenüber von Assur, auf dem östlichen Tigrisufer, eine neue Stadt, Kar-Tukulti-Ninurta, hatte bauen lassen. Der König wurde ermordet, und seine Nachfolger residierten erneut die meiste Zeit über in Assur. Dies änderte sich mit Assurnasirpal II. (883–859 v. Chr.). Reiche Tribute und Abgaben, die das Resultat einer brutalen Expansionspolitik waren, versetzten diesen ebenso grausamen wie tatkräftigen Herrscher in die Lage, in der im Flussdreieck von Tigris und Großem Zab gelegenen Stadt Kalchu, die mehr Platz für neue, repräsentative Bauten bot als das relativ kleine Assur, eine gewaltige Residenz zu errichten. Sie blieb bis in das späte 8. Jh. v. Chr. hinein Hauptsitz der assyrischen Könige. Dann wurde, nachdem für kurze Zeit Dur-Scharrukin, das spätere Chorsabad, als Residenz gedient hatte, das gegenüber dem heutigen Mossul gelegene Ninive assyrische Hauptstadt. Die Stadt wurde von Sanherib (705–681 v. Chr.) und seinen Nachfolgern Asarhaddon (681–669 v. Chr.) und Assurbanipal (669–627 v. Chr.) großzügig ausgebaut und muss im 7. Jh. v. Chr. mit ihren riesigen, reliefgeschmückten Palästen, Plätzen, monumentalen Toranlagen und Gärten äußerst imposant gewirkt haben (Abb. 1). Zwar verfügten die assyrischen Könige während dieser Zeit weiterhin über Paläste in Assur, in denen sie sich sogar begraben ließen, doch hielten sie sich lediglich während der religiösen Feierlichkeiten in den Frühjahrsmonaten länger in der Stadt auf.

Die bekanntesten Herrschergestalten der assyrischen Geschichte lebten in derjenigen Periode, die auf den Wegzug aus Assur folgte. In Kalchu residierte die Gattin Adad-nararis III. (810–783 v. Chr.) Sammuramat, die

Semiramis der klassischen Sage (Abb. 2). Tiglat-pileser III. (745–727 v. Chr.), Salmanassar V. (727–722 v. Chr.) und Sargon II. (722–705 v. Chr.), deren Namen in der Bibel Erwähnung finden, weil sie gegen die Levante und Israel zogen, herrschten ebenfalls von Kalchu aus. Sanherib, der im Jahre 701 v. Chr. einen in der Bibel ausführlich beschriebenen Feldzug gegen Juda unternahm, residierte in Ninive, so wie der gelehrte König Assurbanipal, der, obwohl er nicht der letzte assyrische Herrscher war, in der antiken Überlieferung unter dem Namen Sardanapal mit dem Untergang Assyriens assoziiert wird. Sie alle hinterließen in Gestalt von Bauten und Inschriften auch in Assur ihre Spuren. Doch im Gedächtnis der Nachwelt waren sie in erster Linie mit den weiter im Norden gelegenen neuen Residenzstädten verbunden.

Wir dürfen annehmen, dass die Eroberung Assurs durch Truppen der medisch-babylonischen Koalition im Jahre 614 v. Chr. den Assyrern strategisch wie ideologisch schwer zugesetzt hat. Entscheidend für den Untergang des Reiches war jedoch erst die Eroberung Ninives zwei Jahre später. Erst sie markierte das Ende des assyrischen Reiches. So sah es auch die Nachwelt. Während die Bezwingung Assurs in der Babylonischen Chronik zwar erwähnt, aber nicht literarisch ausgestaltet wird, fand das Ende von Ninive ein sehr viel weiter reichendes Echo. Erneut sind es sowohl biblische wie auch griechisch-römische Schriften, in denen sich die Ereignisse widerspiegeln.

Die Bibel betont, das göttliche Gericht, das über die »große Hure Ninive« gekommen sei, habe der Bestrafung der brutalen Machtpolitik der Assyrer gedient. In dem großen Untergangsszenario, das der Prophet Nahum entwirft, heißt es: »Weh der mörderischen Stadt, die voll Lügen und Räuberei ist und von ihrem Rauben nicht lassen will. . . . Deine Wunde wird unheilbar sein. Alle, die das von dir hören, werden in die

Hände klatschen über dich, denn über wen ist nicht deine Bosheit ohne Unterlaß ergangen?« (Nah. 3:1.19). Hier verschafft sich ein hasserfüllter Triumphalismus Ausdruck, der sich aus einem Frohlocken darüber speist, dass die Assyrer, die seit der Mitte des 8. Jhs. v. Chr. Israel und Juda immer wieder attackiert hatten, endlich den in den Augen des biblischen Autors wohlverdienten Preis für ihr unterdrückerisches Hegemoniestreben hatten zahlen müssen.

Für die griechischen und römischen Schriftsteller, deren Schilderungen des assyrischen Untergangs vornehmlich auf Ktesias von Knidos zurückgehen, einen am persischen Königshof tätigen griechischen Arzt und Historiker des frühen 4. Jhs. v. Chr., ist der Gedanke, das Ende des assyrischen Staates sei Ausdruck des göttlichen Unwillens über die von Hybris geleitete assyrische Expansionspolitik, weit weniger zentral. Stattdessen betonen sie die individuelle Schwäche des angeblich letzten assyrischen Herrschers, des bereits erwähnten Sardanapal. Dieser sei, so berichten sie, dem Kriege gänzlich abhold und homosexuell gewesen, er habe Wolle gesponnen, auch sonst das Leben eines Weibes geführt und sich für sein Grab die Inschrift ausgesucht: »Ich habe gegessen, getrunken und mich amüsiert; der Rest ist keinen Pfennig wert.« Am Ende sei er außerstande gewesen, sich gegen die heranrückenden Truppen der Meder und Babylonier zu verteidigen, und habe sich selbst samt Harem und Hofstaat auf einem gewaltigen Scheiterhaufen in seinem Palast in Ninive verbrannt.

Gut möglich, dass diese Schilderung ein Körnchen Wahrheit enthält. Assurbanipal, der Prototyp des Sardanapal, berichtet in einer seiner Inschriften, die Göttin Ischtar habe ihn in einem Traumgesicht von der Teilnahme am Krieg ausdrücklich dispensiert und ihn stattdessen aufgefordert, zu essen, zu trinken und sich zu vergnügen, während sie selbst für die Besiegung der Feinde sorgen würde. Dies erinnert natürlich an die angebliche Grabinschrift des Sardanapal.

Größtenteils jedoch ist die von den antiken Quellen gebotene Darstellung des effeminierten Sardanapal fiktiv. Assurbanipal war dem Zeugnis seiner Inschriften und Bildreliefs zufolge ein eifriger Jäger und Bogenschütze, was sich mit den antiken Beschreibungen des Sardanapal keinesfalls deckt. Bedenkt man, welch zentrale Rolle in der griechisch-römischen Welt Werte wie Tapferkeit und Mannhaftigkeit spielten, dann gewinnt man den Eindruck, dass die antiken Schriftsteller Eigenschaften, die sie selbst fürchteten und in ihrer eigenen Kultur zu unterdrücken suchten, in der Sardanapal-Legende auf eine halbimaginäre orientalische Herrschergestalt projizierten.

Assyrien, das oftmals nicht mehr streng von Babylonien unterschieden wurde, firmierte in der Antike und den ihr nachfolgenden Epochen auch sonst als beliebtes historisches Objekt »orientalistischer« Phantasmagorien. Besonders die Figur der Semiramis, die zur mächtigen Gattin des legendären Ninos erklärt wurde, obwohl sie

in Wirklichkeit die Gemahlin des assyrischen Königs Adad-nararis III. war, inspirierte Historiker, Theologen und Literaten wie Diodor (1. Jh. v. Chr.), Strabo (63 v. – 28 n. Chr.), Ovid (43 v. – 17 n. Chr.), Martial (ca. 40–103), Arrian (ca. 95–175), Augustinus (354–430), Orosius (5. Jh.) und Dante (1265–1321) zu farben-

Abb. 2   Stele mit dem Inschriftfeld der assyrischen »Königin« Sammu-ramat, einer Ehefrau, des Königs Schamschi-Adads V. (823–811 v. Chr.), die sich hier als Mutter König Adad-nararis III. (810–783 v. Chr.) und als Schwiegertochter des Salmanassar III. (858–824 v. Chr.) bezeichnet. Es handelt sich um das beeindruckendste Zeugnis der historischen »Semiramis«, die der Legende nach mit den »Hängenden Gärten« von Babylon verbunden wurde. Kalkstein, Höhe 2,72 m, VA Ass 1200.

Abb. 4   Hans Sebald Lautensack (1524–1561/66), Ansicht der Stadt Wien von Südwesten mit dem Untergang des Assyrerkönigs Sanherib (Ausschnitt), Radierung, Wien 1559, 29 x 109,5 cm (Original). In der Bildmitte auf einem Pferd Sanherib im Angesicht zahlreicher Gegner, die seinen Tod herbeiführen wollen. Museen der Stadt Wien, HM, Inv. Nr. 31.041.

Abb. 3   Dionysos-Statue im Typus des »Sardanapal«, Abguss einer römischen Marmorkopie nach griechischem Vorbild, um 300 v. Chr. Auf dem Gewandsaum in Bauchhöhe ist der Name »Sardanapallos« in griechischen Buchstaben angegeben. Abguss-sammlung antiker Plastik, Freie Universität Berlin.

frohen Darstellungen. Ernst Robert Curtius nennt in »Europäische Literatur und lateinisches Mittelalter« als Beispiel für »die Fülle der einmal von der [abendländischen] Dichtung geformten Gestalten, die in immer neue Leiber eingehen können«, neben Achill, Ödipus, Faust und Don Juan auch die Figur der Semiramis. Als Frau, die gleichzeitig Herrscherin war, bot Semiramis eine ideale Projektionsfläche für mit Allmachts- und Gewaltphantasien gepaarte sensualistische Imaginationen. So wird in antiken Quellen u. a. berichtet, Semiramis habe ihren Gemahl Ninos darum gebeten, sie, gleichsam zum Spiel, für fünf Tage das Herrscheramt ausüben zu lassen, ihn nach der Gewährung des Wunsches sogleich eingekerkert und fortan selbst als Königin regiert. Die zahllosen Ruinenhügel, die über den gesamten Vorderen Orient verstreut sind, werden von der antiken Sage als Grabstätten gedeutet, in denen Semiramis ihre nach ge-

meinsam verbrachter Nacht ermordeten Geliebten bestattet habe. Ja sogar, dass Semiramis Inzest mit ihrem
Sohn und Sodomie mit einem Zuchthengst getrieben
habe – letzteres könnte auf eine entsprechende Geschichte über die Göttin Ischtar im Gilgamesch-Epos
zurückgehen –, wird von antiken Schriftstellern behaup-
tet.

Die in der Antike mit Semiramis, Ninos und Sardanapal verbundenen Vorstellungen waren indessen nicht
ausschließlich negativ. Ninos bewunderte man als Herrscher des ersten weltgeschichtlichen Großstaates, Semiramis, der später sogar die Gründung der Stadt Trier zugeschrieben wurde, als Bauherrin solch gewaltiger Werke
wie der Hängenden Gärten von Babylon. Selbst Sardanapal hatte seine Anhänger: Eine römische Statue der
augustäischen Zeit, vermutlich die Kopie einer griechischen Vorlage aus dem 4. Jh. v. Chr., weist die Gesichts-
züge und Attribute des Dionysos auf, stellt einer Inschrift auf dem Gewandsaum zufolge jedoch niemand
anderen dar als Sardanapal (Abb. 3). Offenbar wurde
dieser aufgrund der ihm zugeschriebenen Sinnenfreu-
digkeit in bestimmten Kreisen als Hypostase des antiken
Weingottes angesehen.

Das Assyrien-Bild der spät- und nachantiken Zeit
war von den biblischen und den griechisch-römischen
Geschichten geprägt, die wir hier knapp skizziert haben.
Christliche Autoren wie Augustinus bringen für Semiramis und Sardanapal erwartungsgemäß wenig Sympathie
auf; die moralische Verderbtheit dieser erotomanen Heiden
steht für sie außer Frage. Dante verortet Semiramis in
seiner »Göttlichen Komödie« im fünften Gesang des In-

ferno zusammen mit Helena, Kleopatra und Francesca
da Rimini als Sünderin im Fleische im Zweiten Kreis der
Hölle, der den Wollüstigen vorbehalten ist. Von Ninos
berichtet der Dichter in der »Monarchia«, er habe sich
als erster darum bemüht, ein Imperium zu errichten, sei
im Gegensatz zu den Römern damit jedoch gescheitert.
Sardanapal kommt in der Spätantike und im Mittelalter
der zweifelhafte Ruhm zu, als Erfinder des Federbetts zu
gelten, ansonsten aber wird er, vor allem wegen des von
ihm veranlassten kollektiven Selbstmords, massiv kriti-
siert. Sanherib figuriert in der jüdischen Midrasch-Lite-
ratur, christlichen Sagen und islamischen Prophetenle-
genden als Archetyp des gottlosen Tyrannen und Unter-
drückers, dessen Boshaftigkeit allenfalls von der Nebu-
kadnezars, der die Juden ins Exil geführt hatte, übertrof-
fen wird. Es ist bezeichnend, dass auf einer Radierung
Hans Sebald Lautensacks (ca. 1524–1561/66) Sanheribs
Belagerung von Jerusalem mit der 1529 erfolgten Belagerung Wiens durch die Türken kontaminiert und deren Sultan, Süleyman II., als neuer Sanherib dargestellt
wird (Abb. 4).

Im europäischen Mittelalter und in der frühen Neu-
zeit stammte alles, was man über Assyrien wusste, aus
zweiter oder dritter Hand. Die Sprachen und Kulturen
des Alten Orients waren untergegangen, und die wenigen abendländischen Reisenden, unter ihnen der jüdi-
sche Rabbi Benjamin von Tudela (12. Jh.), der bayerische Arzt und Botaniker Leonhard Rauwolff (16. Jh.)
und der italienische Adlige Pietro della Valle (17. Jh.),
die Mesopotamien, das Land zwischen Euphrat und
Tigris, vor dem 19. Jh. besuchten, stießen dort, anders

Abb. 5   Eugène Delacroix, Tod des Sardanapal, Paris, Musée du Louvre, erstmals ausgestellt 1827/28 in Paris, zeigt den assyrischen Herrscher Assurbanipal und seinen Harem kurz bevor die Stadt Ninive untergeht.

als in Ägypten, nicht auf hochaufragende alte Monumente, sondern auf nichts als Trümmerschutt. Versuche, die assyrische Kultur zu visualisieren, waren daher unvermeidlicherweise phantastisch. So findet sich etwa in der 1493 in Nürnberg erschienenen »Schedelschen Weltchronik« eine »Stadtansicht« Ninives, die identisch ist mit der im selben Werk enthaltenen Ansicht der griechischen Stadt Korinth.

In der ersten Hälfte des 19. Jhs. erfuhren die legendären Herrscherfiguren Assyriens ein letztes Mal die besondere Aufmerksamkeit der Künste. Semiramis wurde zur tragischen Titelheldin in Rossinis berühmter Oper. Lord Byron schuf in seinem von der Bibel inspirierten Sanherib-Poem von 1815, das mit einem der bekanntesten Gedichtanfänge der Weltliteratur anhebt: »The Assyrian came down like the wolf on the fold«, ein äußerst düsteres Bild von den Assyrern, das er korrigierte, indem er in seiner 1821 entstandenen Tragödie »Sardanapalus« den gleichnamigen Protagonisten zu einer Art alter ego seiner selbst machte. Byrons Schilderung der Selbstverbrennung Sardanapals inspirierte den französischen Ma-

ler Eugène Delacroix zu seinem umstrittenen Gemälde »La mort de Sardanapale« (Abb. 5), das bei seiner Präsentation im Pariser Salon des Jahres 1828 aufgrund seiner formalen und inhaltlichen Kühnheiten einen Skandal auslöste. Hector Berlioz wiederum wurde von Delacroix' Bild zu einer 1830 geschaffenen hochdramatischen Sardanapal-Kantate angeregt. Johann Wolfgang von Goethe, der dem Faust ein Jahr später den rätselhaften Vers »Schlecht und modern! Sardanapal!« in den Mund legte (Faust II, 10176), dürfte sich mit diesem Ausspruch sowohl auf Byrons Drama bezogen haben, das ihm gewidmet war, als auch auf Delacroix' Bild, von dem er gelesen hatte; vielleicht hatte er auch von Berlioz' Kantate gehört.

Noch einmal hatten es die Künste, trotz Goethes ironischer Kritik, verstanden, den legendären Schatten der assyrischen Herrscher – mit der für das abendländische Orient-Bild seit der Antike charakteristischen Mischung von Faszination und Abscheu – Leben einzuhauchen. Dann fiel Assyrien, in der Mitte des 19. Jhs., der Wissenschaft in die Hände. Die zwischen 1842 und 1855 durchgeführten, besonders mit den Namen Austin Henry Layards (1817–1896) und Paolo Emilio Bottas (1802–1870) verbundenen britischen und französischen Ausgrabungen in den Ruinenstätten von Ninive, Kalchu und Chorsabad brachten das »wirkliche« Assyrien zutage, seine Bildkunst, repräsentiert durch hunderte von Reliefplatten aus den Königspalästen der genannten Orte, und seine Schriftwerke, die in Keilschrift auf Monumenten oder Tontafeln angebrachten, in assyrischer, babylonischer und sumerischer Sprache abgefassten Texte. Ihre Entzifferung, die innerhalb weniger Jahre in Grundzügen abgeschlossen war, etablierte die in der Bibel genannten Könige Tiglat-pileser, Salmanassar, Sargon, Sanherib (Abb. 6) und Asarhaddon als historische Persönlichkeiten, während sie Ninos als Sagenfigur entlarvte. Sardanapal wurde durch die Auffindung seines historischen Urbilds, des gelehrten Assurbanipal, teilweise rehabilitiert. Es zeigte sich, dass die spätassyrischen Könige, ganz so wie in den biblischen und antiken Quellen angedeutet, in der Tat ein gewaltiges Reich regiert und dieses mit militärischer Gewalt beständig zu erweitern gesucht hatten. Debatten entspannen sich über den künstlerischen Wert der assyrischen Bildwerke und über die Frage, ob sich aus dem Nachweis, dass die assyrisch-babylonische Kultur des 1. Jts. v. Chr. die Welt der Bibel beeinflusst hatte, Konsequenzen für den christlichen Glauben ergaben.

Nach einiger Zeit musste man allerdings feststellen, dass man in Ninive, Kalchu und Chorsabad zwar viel über die imperiale Endphase des assyrischen Staates lernen konnte, aber kaum etwas über seine frühere Geschichte. Obwohl sich hier und dort verstreute Informationen über die historischen Geschicke Assyriens im 2. Jt. v. Chr. fanden, ließ sich aus ihnen kein kohärentes Bild gewinnen. Diese Lücke wurde erst durch die von

der Deutschen Orient-Gesellschaft organisierten Ausgrabungen in Assur geschlossen, die zwischen 1903 und 1914 unter der Leitung von Walter Andrae stattfanden.

Assur war, wie bereits ausgeführt, im 3. Jh. n. Chr. verödet; sein Name ging zwar nicht völlig verloren, wurde aber im islamischen Mittelalter, etwa im Werk des berühmten Geographen Yakut (gest. 1229), als vorarabische Bezeichnung der Stadt Mossul missdeutet. In der frühen islamischen Zeit war es an der Stelle des antiken Assur zu bescheidenen Ansätzen einer Neubesiedlung gekommen, und im 12. und 13. Jh. entstand dort eine al-Akr »Fluchtburg« genannte kleine Siedlung, die als Endstation der Pilgerkarawane fungierte. Ibn Jubair, der den Ort im Juni 1184 besucht, erwähnt eine »rutwa murtafi'a«, einen »hohen Hügel«, womit offenbar der alte assyrische Tempelturm gemeint ist. Nach erneutem Verfall war der Siedlungsplatz im 17. Jh. unter der türkischen Bezeichnung Toprak-Kale (»Lehmfestung«) bzw. unter dem auch heute noch gebräuchlichen arabischen Namen Kalat Schergat (Festung von Schergat) bekannt. Als Claudius Rich, »British Resident« in Bagdad, den Ort 1821 inspizierte, war dieser eine von Schammar-Beduinen durchstreifte Wüstung.

Den britischen und französischen Archäologen, die in den 40er und 50er Jahren des 19. Jhs. in Ninive, Kalchu und Chorsabad gruben, war durchaus klar, dass Kalat Schergat archäologisch bedeutend sein müsse. Doch da kurzfristige Probegrabungen keine spektakulären Relieffunde hervorbrachten, hielten sie es nicht für lohnenswert, genauere Untersuchungen vorzunehmen. Immerhin fand der in Diensten des Britischen Museums stehende Ausgräber Hormuzd Rassam in den Ruinen von Assur 1853 ein großes, vollständig erhaltenes Tonprisma des assyrischen Königs Tiglat-pileser I., dessen gleichzeitige Entzifferung durch die unabhängig voneinander arbei-

Abb. 6   Achtseitiges Steinprisma mit einer Bauinschrift des Königs Sanherib (705–681 v. Chr.) VA 8254.

Abb. 7   Fragment eines glasierten Ziegelorthostaten. Erhalten ist ein Ornamentband (Sparrenband, oben) darunter eine Weihinschrift Tukulti-Ninurtas II. Anschließend die stilisierte Darstellung von mit Regen gefüllten Wolken, vor deren Hintergrund ein geflügelter Gott mit Bogen und runder Kappe mit Hörnerpaar im Strahlenkranz (Nimbus) zu sehen ist. Sehr wahrscheinlich handelt es sich hierbei um die personifizierte Wiedergabe des Gottes Assur. 9. Jh. v. Chr., gebrannter Ton, glasiert, Höhe 28 cm. Nach einem Aquarell von Walter Andrae.

tenden Gelehrten Rawlinson, Hincks, Oppert und Talbot von der Royal Academy in London 1857 als Beleg für die im wesentlichen gelungene Entschlüsselung der Keilschrift betrachtet wurde.

Doch »wiedererstanden« ist Assur, um den Titel von Walter Andraes zusammenfassendem Ausgrabungsbericht aufzunehmen, erst durch die Grabung der Deutschen Orient-Gesellschaft in den ersten beiden Jahrzehnten des 20. Jhs. »Wiedererstanden« ist dabei nicht nur das archäologisch besonders gut fassbare Assur des 7. vorchristlichen Jhs. Wiedererstanden sind auch, entsprechend der stratigrafischen Abfolge der unter dem Trümmerschutt verborgenen Architekturreste und Schriftdenkmäler, die verschiedenen Siedlungen, die ihm seit dem 3. Jt. v. Chr. vorangegangen waren. Zwar fanden sich von diesen frühen Siedlungen nur einzelne Segmente, vom Assur des 3. Jts. v. Chr. etwa im Bereich des Ischtar-Tempels und vom altassyrischen Assur des beginnenden 2. Jts. v. Chr. im Tempelbezirk des Assur. Aber die dort gemachten Funde, deren Freilegung und Dokumentation in einer grabungstechnisch richtungsweisenden Weise erfolgte, erwiesen sich, in Zusammenschau mit Funden von anderen Grabungsstätten, als ausrei-

chend, um eine Idee von der historischen Entwicklung Assurs und Assyriens zu gewinnen.

Zu den wichtigsten Erkenntnissen, die der Blick auf die ältere Geschichte Assyriens vermittelt, gehört, dass der assyrische Staatsgedanke der Frühzeit in einem bemerkenswerten Kontrast zu Assyriens imperialer Endgestalt zu stehen scheint. Assur, das im 3. Jt. v. Chr. über längere Zeiträume hinweg von den Großstaaten Babyloniens abhängig gewesen war, hatte diese Fremdherrschaft Anfang des 2. Jts. v. Chr. abgeschüttelt und sich als politisch nicht unbedeutender, unabhängiger Stadtstaat konstituiert. Anders als später gründete sich seine Macht während dieser Zeit aber nicht auf eine schlagkräftige Armee und die Unterordnung seiner Bewohner unter eine streng monarchische Staatsordnung, sondern auf die intensive Handelstätigkeit seiner Bürger. Die Assyrer brachten es zu Wohlstand, indem sie Zinn aus dem Osten und Textilien aus Babylonien einführten und diese Güter in Anatolien, wo sie eine Reihe von Handelskolonien gegründet hatten, gegen Silber und andere Edelmetalle eintauschten. Zwar gab es in Assur einen erblichen Fürsten, doch musste dieser die Macht mit den Häuptern der großen Familien der Stadt teilen, die

Abb. 8   Bild vom Gang der historischen Ausgrabungen in Assur aus dem Jahre 1907, Ass Ph 3136.

in der Stadtversammlung vertreten waren. Der Fürst durfte nicht einmal den Titel eines Königs tragen, der vielmehr dem Gott Assur vorbehalten war (Abb. 7).

Im zweiten Viertel des 2. Jts. v. Chr. gingen die assyrischen Handelskolonien in Anatolien unter. Assur versank in einem »Dunklen Zeitalter«, in dem es zeitweilig in die Abhängigkeit des hurritischen Mittani-Staat geriet, auch wenn die »Assyrische Königsliste« suggeriert, die alteingesessene Herrscherfamilie sei zu keinem Zeitpunkt vollständig von der historischen Bühne verschwunden. Vom 14. Jh. v. Chr. an erlebte Assur einen neuerlichen politischen Aufstieg. Wie anders aber, verglichen mit dem altassyrischen Stadtstaat, sah das Staatsgebilde aus, das sich nunmehr entwickelte! Es war ein wohlorganisierter, von einem König regierter Territorialstaat, der eine aggressive Expansionspolitik betrieb und durch die Plünderung fremder Länder und die Erhebung von Tribut auf seinen Fernhandel, der mittlerweile zu einem guten Teil in staatlicher Hand lag, bei weitem nicht mehr so stark angewiesen war wie vormals. Die in Assur residierenden Herrscher zogen bis ans Mittelmeer und vermochten zeitweilig sogar Babylonien zu unterjochen. Umfangreiche Deportationen dienten der Zerschlagung des inneren Zusammenhalts eroberter Regionen, während die grausamen Strafen, die besiegten Feinden auferlegt wurden, potentielle Widerständler abschrecken sollten. Die Assyrer betrachteten ihre Unterdrückungspolitik als gerechtfertigt. Sie erfolgte auf Befehl des Gottes Assur und diente der Etablierung einer neuen Ordnung. Der Ordnungsgedanke war der Kern der assyrischen Staatsideologie. Die entscheidende Dichotomie war nicht die zwischen Freiheit und Unterdrückung, sondern die zwischen Ordnung und Chaos.

Hätte Karl Marx die Geschichte des Alten Orients besser gekannt, so wäre ihm die politisch-ökonomische Transformation, die sich im Assyrien des 2. Jts. v. Chr. vollzog, die Umwandlung einer merkantilen in eine tributäre Produktionsweise, vermutlich als trefflicher Beleg für seine These von der Unvermeidlichkeit des Übergangs vom Kapitalismus zum Imperialismus erschienen. Und in der Tat mutet eine solche Sichtweise nicht ganz abwegig an, auch wenn man von einem assyrischen Imperium im eigentlichen Sinne wohl erst im 1. Jt. v. Chr. sprechen kann. Erst damals, nachdem die eroberten Regionen zuvor von einem Netzwerk von Festungen aus kontrolliert worden waren, perfektionierten die Assyrer die Instrumente ihrer imperialen Provinzialverwaltung, die von den späteren altorientalischen Imperien der Chaldäer und Perser teilweise übernommen wurden und in veränderter Form selbst noch in den abbasidischen und osmanischen Kalifaten fortlebten.

Assur firmierte, wie bereits ausgeführt, nur am Anfang dieses Prozesses noch als Residenz der assyrischen Könige. Es blieb aber bis zum Ende des assyrischen Reiches das religiöse Zentrum Assyriens. Nicht nur die angestammten assyrischen Götter, sondern auch viele der Gottheiten der dem assyrischen Reich einverleibten

Fremdvölker wurden hier, als Sinnbild des assyrischen Herrschaftsanspruchs, verehrt und beopfert. Selbst der persische Gott Ahuramazda wurde kultisch umsorgt. Assur hatte sich in eine Art heilige Stadt verwandelt und es war nur folgerichtig, dass Sanherib, nachdem er 689 v. Chr. das in den Augen der Zeitgenossen noch ein wenig heiligere Babylon vernichtet hatte, versuchte, Assur durch umfangreiche Um- und Neubauten, die der Kulttopographie Babylons nachempfunden waren, in eine Art letztinstanzliche religiöse Kapitale nach dem Vorbild Babels zu verwandeln. Die Honoratioren von Assur haben den politischen Bedeutungsverlust ihrer Stadt offenbar akzeptiert – auch wenn ein unpublizierter assyrischer Brief aus der Yale Babylonian Collection auf eine Verschwörung gegen den in Ninive ansässigen König Asarhaddon (681–669 v. Chr.) anspielt, die vom Stadtoberhaupt von Assur angezettelt wurde.

Vom Handelszentrum zur politischen Reichshauptstadt, von dieser schließlich zur heiligen Stadt: die wissenschaftliche Erforschung von Assur, die mit den Grabungen im Jahre 1903 begann, hat gezeigt, dass die Stadt im Laufe ihrer Geschichte gleich mehrfach gewissermaßen »neu erfunden« worden ist. Die legendären assyrischen Herrschergestalten der Bibel und der Antike haben auch in Assur ihre Spuren hinterlassen. So ist etwa eine der Stelen der berühmten Stelenreihen von Assur der auf Assyrisch Sammuramat geheißenen Semiramis gewidmet, sind mehrere der Tempel der Stadt von dem aus der Bibel bekannten Sanherib umgebaut und die Festungswerke von Assur unter Assurbanipal, dem antiken Sardanapal, verstärkt worden. Die Protagonisten der imperialen Ära, die so bestimmend war für das traditionelle abendländische Bild von Assyrien, sind also auch in Assur präsent, auch wenn die Stadt selbst im kulturellen Gedächtnis der Nachwelt keinen prominenten Platz einnimmt. Aber die Erforschung der Ruinen von Assur hat uns gezeigt, und darin liegt ihre besondere Bedeutung, dass sich hinter dem spätassyrischen Großreich ganz andere historische Horizonte auftun. Sie hat uns die Welt des merkantilen Stadtstaats der altassyrischen Zeit und des aggressiven Territorialstaats der zweiten Hälfte des 2. Jts. v. Chr. erschlossen. Die »longue durée« der assyrischen Geschichte kann nur anhand von Assur studiert werden. Und hier ist noch mit vielen Überraschungen zu rechnen. Besonders wenn bei neuen Grabungen, die eines Tages hoffentlich weiter fortgeführt werden können, größere Bereiche der altassyrischen Stadt zutage kommen sollten, könnte dies unsere Kenntnis der assyrischen Geschichte entscheidend bereichern (Abb. 8).

Assur ist also nicht endgültig »wiedererstanden«. Mit jedem unedierten Text, der gelesen, jedem unbekannten Bildwerk, das betrachtet wird, aber auch mit jeder unverbrauchten historischen Fragestellung, mit der Texte und archäologische Befunde interpretiert werden, ersteht es auf andere Weise vor unserem geistigen Auge neu.

Helmut Freydank

ASSYRISCHE ZEITRECHNUNG – EIN UNGEWÖHNLICHES SYSTEM

Im Allgemeinen denken wir wohl nicht oft darüber nach, warum es so ist, dass wir im Jahr 2003 leben. Natürlich, die Jahre werden von Christi Geburt an gezählt, auch wenn davon die Rede ist, dass man dieses Ereignis so genau nicht auf ein bestimmtes Jahr festlegen könne. Jedenfalls ist diese unsere Zeitrechnung, bedingt durch die weltweite Ausbreitung des Christentums, für große Teile der Menschheit verbindlich geworden.

Daneben sind andersartige Systeme aus Kulturen hervorgegangen, die andere für sie wichtige Ereignisse zum Ausgangspunkt ihrer Jahreszählung genommen haben. Denken wir nur an die islamisch geprägten Völker, welche die Jahre vom Zeitpunkt der Flucht des Propheten Mohammed von Mekka nach Medina her zählen, und zwar Jahre zu zwölf Mondmonaten. Schließlich mag uns auch noch die altrömische Zeitrechnung *ab urbe condita* einfallen, also die Zählung der Jahre von der Gründung der Stadt Rom an, die es seit 753 v. Chr. geben soll.

Irgendwie ist uns ja klar, dass man sich geeinigt haben muss, wenn man sich über Maße nicht streiten will, und das gilt in einem gewissen Sinne auch für das Zeitmaß, selbst wenn astronomische Konstanten, wie der Tag und das Jahr und der Umlauf des Mondes um die Erde, also der Mondmonat, vorgegeben sind.

Wie haben also die Assyrer ihre Jahre gezählt? Jedenfalls nicht von der Gründung der Stadt Assur an, denn deren Ursprünge liegen für uns im Dunkeln. Und die Assyrer haben auch nicht gewisse bedeutende Ereignisse aus ihrem religiösen oder politischen Leben verwendet, um die Jahre zu kennzeichnen, wie es schon im 3. Jt. v. Chr. die Sumerer getan hatten. Auch von der Thronbesteigung ihrer Könige her gezählte Herrschaftsjahre kamen für die Assyrer offenkundig nicht in Betracht. Diese Form der Jahreszählung finden wir namentlich bei den Babyloniern im südlichen Zweistromland seit der Mitte des 2. Jts. v. Chr.

Bei den Assyrern lief es offenbar ganz anders und der Grund dafür ist vielleicht eine Art politische Institution, die für die Zeitrechnung deshalb bedeutend wurde, weil sie auf einem jährlichen Wechsel beruhte. Seit dem 19. Jh. v. Chr. gab es in Assyrien sog. Jahresbeamte oder Eponymen, die assyrisch *limu* oder *limmu* genannt wurden. Mit ziemlicher Sicherheit kann man sagen, dass diese Personen sowieso schon bedeutend und vermutlich sogar Würdenträger waren – später traten die Könige selbst als *limu* auf – und wahrscheinlich waren sie immer die Vertreter einflussreicher Familien, die sich im Laufe der Jahrhunderte als Träger staatlicher Funktionen um den König scharten und endlich seinen Hofstaat bildeten.

Jede dieser in Assyrien wichtigen Personen gab dem Jahr, in dem sie zum *limu* bestimmt wurde, ihren Namen. Wahrscheinlich erfolgte die Auswahl durch das Los, zumindest später wahrscheinlich auch auf Grund der besonderen Funktion bei Hofe und womöglich sogar in einer festgelegten Reihenfolge der Ämter. Dass der Zufall in der neuassyrischen Zeit eine gewisse Rolle bei der Ermittlung der *limu*'s zu spielen hatte, ersieht man jedenfalls aus kleinen beschrifteten Tonwürfeln, die sich erhalten haben und offenbar dem Zweck dienten, das genaue Eponymenjahr für einen hohen Hofbeamten festzulegen, also zu «erwürfeln», was der britische Assyriologe A. R. Millard anhand von Textbeispielen belegt hat.

Nun wird man einwenden können, dass mit einer solchen Regelung zwar ein Jahr mit einem Beamten und dessen Namen in Verbindung gebracht, aber keinesfalls eine systematische Jahreszählung in die Wege geleitet war. In der Tat ist das Hauptproblem der assyrischen Zeitrechnung, soweit es für die Assyrer überhaupt eines war und nicht wir nur darin ein Problem für die Forschung sehen, mit diesem Einwand auf den Punkt gebracht. Es reicht nicht aus zu sagen bzw. zu schreiben »als NN Eponym war« oder »im Eponymat des NN«, wenn man keine Liste hat, in der man nachsehen kann, wie lange es her ist, dass ein bestimmter Beamter *limu* war. Man braucht also ein Verzeichnis mit den Namen der *limu*-Beamten, und zwar exakt in der Reihenfolge, in der sie Jahr um Jahr diese Funktion ausgeübt haben.

Solche *limu*-Listen hat es gegeben, muss es auch für weit mehr als tausend Jahre gegeben haben, denn wer hätte sich all die Namen in der richtigen Reihenfolge merken können. Schließlich brauchte man sowohl in der staatlichen Verwaltung als auch im Rechtswesen immer eine genaue Vorstellung zumindest vom Ablauf der letzten Jahrzehnte. Wenn es um die Beziehungen zwischen Staaten und Königshäusern ging, wollte man noch weiter zurückblicken und auch das schriftlich fixierte Rechtsgeschäft, das noch in der Gegenwart seine Gültigkeit hatte, sollte ein überprüfbares Datum tragen.

Sind wir für das 1. Jt. v. Chr., solange das assyrische Reich existierte, mit den entsprechenden Eponymenlisten (Abb. 1) ganz gut ausgestattet, so erstrecken sich im 2. Jt. v. Chr. über mehrere Jahrhunderte beträchtliche Lücken. Vor wenigen Jahren erst fand sich eine erste Eponymenliste aus der altassyrischen Zeit (20.–16. Jh. v. Chr.), durch die für etwa 200 Jahre die Abfolge der Eponymennamen gesichert werden kann. Hingegen ist man für die zweite Hälfte des 2. Jts. v. Chr. ausschließlich auf die mehr oder weniger zufällig erhaltenen Er-

Abb. 1 Prisma mit Eponymennamen der neuassyrischen Zeit (719–662 v. Chr.) VA 8249.

wähnungen der *limu*-Beamten angewiesen, die in den Datierungen der Urkunden oder in anderen Zusammenhängen auftreten. Hat es der Forscher mit Texten aus dieser Zeit zu tun, so sieht er lediglich die Chance, aus dem jeweiligen Inhalt und den Merkmalen und Fundumständen der Keilschrifttafel abzuleiten, in welches Jahrhundert oder in welche Regierungszeit sie – und mit ihr der datierende Eponym – wohl gehören könne.

Wenn auch bisher keine Liste erhalten ist, in der die Jahresbeamten des 2. Jts. v. Chr. von Anfang an und vollständig registriert sind, so ist doch eine assyrische Königsliste in mehreren Exemplaren an verschiedenen Orten zu Tage gekommen, auf der seit dem altassyrischen König Erischum (19. Jh. v. Chr.) bei jedem Herrschernamen die Zahl seiner Regierungsjahre vermerkt ist. Da diese Königsliste auch von *limu*'s spricht, haben wir Grund zu der Annahme, dass den assyrischen Schreibern tatsächlich Eponymenlisten zur Verfügung standen, in denen sie – so könnte man es sich vorstellen – nur die Namen auszuzählen brauchten, um zur Anzahl der Regierungsjahre ihrer Könige zu gelangen.

Die Probleme der Chronologie gelöst hat aber auch die Königsliste noch nicht und immer wieder werden alle Zahlenangaben der alten Urkunden durchgerechnet, die Argumente abgewogen und Hinweise auf astronomische Ereignisse gesucht, an denen sich die Jahreszählung im 2. Jt. v. Chr. zuverlässig verankern ließe. Letzte Sicherheit war noch nicht zu gewinnen, und die Diskussion hält noch an.

In diesem Zusammenhang ist noch eine andere bisher unbeantwortete Frage zu erwähnen, nämlich die, ob der assyrische Monat ein Mondmonat war bzw. wie lang er war, wenn er keiner war. Allem Anschein nach war der assyrische Monat im Gegensatz zum babylonischen kein Mondmonat. Aber selbst wenn die Assyrer ihre Monate, was aus ihren Urkunden hervorzugehen scheint, zu konstant 30 Tagen angesetzt hätten, wäre ihnen eine Differenz von rund 5¼ Tagen zum realen Sonnenjahr verblieben. Nach spätestens sechs Jahren hätten sie einen Schaltmonat einfügen müssen, um in ihrem Kalender eine Verschiebung der Jahreszeiten zu vermeiden. Wie wir wissen, haben schon die Babylonier im 2. Jt. v. Chr. ihre auf dem Mondmonat basierenden Jahre regelmäßig durch Schaltmonate mit dem Sonnenjahr in Übereinstimmung gebracht. Hingegen ist uns die Praxis der Assyrer zu dieser Zeit noch nicht erklärbar, zumal wir ihnen einerseits keine Schaltmonate nachweisen können, andererseits jedoch ihre Monate offenbar an bestimmte Jahreszeiten gebunden bleiben. Wie haben sie also jährlich die 5¼ Tage untergebracht? Ein Problem, das es noch zu lösen gilt!

Kehren wir noch einmal zu den Eponymen zurück, denn gerade die Stadt Assur hat eine beachtliche Anzahl einzigartiger Monumente – mehrere Exemplare davon sind im Vorderasiatischen Museum ausgestellt – aufzuweisen, die sich vor allem mit diesen Jahresbeamten verbinden lassen. So fanden die Ausgräber im südöstlichen Teil der Stadt eine Anlage, in der aus unterschiedlichem Gestein gefertigte Stelen sehr unterschiedlicher Größe aufgereiht waren (Abb. 2–4). Diese Stelen sind gemäß ihren Inschriften als Versinnbildlichungen von Königen und Jahresbeamten der mittel- und neuassyrischen Zeit aufzufassen. Zunächst dachte man daran, dass in der Reihung der Stelen die Jahresfolge der Beamten zu erkennen sei, also gewissermaßen jeder der Keilschrift Kundige an den Stelen die Eponymate und damit den Fortgang der Jahre ablesen konnte. Doch diese Überlegung hat sich an den Stelen und deren Anordnung nicht bestätigen lassen. Schließlich gibt auch die Tatsache Rätsel auf, dass neben anderen »Palastdamen« auch die Königin Sammuramat, die Semiramis der antiken Überlieferung, am Ende des 9. Jhs. v. Chr. an eben dem Stelenplatz ein stattliches steinernes Monument erhielt, obwohl sie selbst wie auch jene »Palastdamen« das *limu*-Amt offenbar gar nicht ausgeübt hatte.

Etwa seit dem Ende des 10. Jhs. v. Chr. kennen wir, wie schon angedeutet, die Reihe der Eponymen dank der Listen recht genau, so dass wir etwa von hier an alle

Abb. 2 Die Beamtenstelenreihe von Norden, Ass. Ph. 5537.

Abb. 3 Basaltstele des Mardukija (um 1180 v. Chr.) , Ass. Ph. 5860.

Abb. 4 Inschrift auf der Basaltstele des Mardukija (»Stele des Mardukija, des Statthalters von Katmuchi, des Sohnes des Ilipada, des Großwesirs, des Königs von Hanigalbat«), Ass. Ph. 5861.

Daten auch in unserer Zeitrechnung sicher ausdrücken können. Glücklicherweise nennen die Listen in der Folgezeit mehrfach Sonnenfinsternisse als hervorragende und das hieß damals auch bedeutungsträchtige Ereig-

nisse bestimmter Jahre und sichern so für uns die Chronologie.

Wie andere literarische Zeugnisse älterer Zeit bewahrten die Schreiber des 1. Jts. v. Chr. auch die Listen der Eponymennamen getreu der Überlieferung, d. h. sie schrieben sie ab, glichen verschiedene vorgefundene Versionen miteinander ab und respektierten die einmal festgelegte Form soweit, dass man von kanonisierten bzw. kanonischen literarischen Werken sprechen kann. Dazu zählen wir folglich auch die Eponymenlisten und Eponymenchroniken, die wir auch den Eponymenkanon nennen.

Dieser Eponymenkanon endet jedoch schon im Jahr 649 v. Chr., also bereits einige Jahrzehnte vor dem Untergang des assyrischen Reiches, was indessen nicht bedeuten kann, dass nach diesem Jahr keine Eponymen mehr bestimmt wurden. Sie waren lediglich nicht mehr bzw. noch nicht von den gelehrten Schreibern in die »kanonischen« Eponymenlisten aufgenommen worden. Tatsächlich sind aus vielen Urkunden sog. »postkanonische« Eponymen bekannt, deren Anzahl diejenige der dem assyrischen Reich verbleibenden Jahre sogar übersteigt. Aber auch hier – wie schon in der zweiten Hälfte des 2. Jts. v. Chr. – ist es abermals noch nicht möglich, aus vielen einzelnen Erwähnungen in wenig aussagefähigen Zusammenhängen eine sichere Abfolge der Namen und der zugehörigen Jahre zu rekonstruieren.

Mit dem Untergang des neuassyrischen Reiches – Ninive wurde im Jahre 612 v. Chr. von den Medern und Babyloniern erobert und zerstört – oder nur wenig später verschwand auch die originelle und namentlich für uns im Einzelnen häufig noch nicht durchschaubare Jahreszählung der Assyrer. Die Babylonier rechneten, wie gesagt, die Regierungsjahre ihrer Könige vom Jahr der Thronbesteigung an, und dieses Prinzip scheint als das praktischere eine bessere Überlebenschance gehabt zu haben als die von Namenslisten abhängige Zeitrechnung nach Eponymenjahren.

II. AUSGRABUNG

Nicola Crüsemann

«JA! WIR WERDEN DAS LICHT DES DEUTSCHEN GENIUS AUCH DORTHIN TRAGEN»

DER BEGINN DER AUSGRABUNGEN IN ASSUR IM SPIEGEL PREUSSISCH-DEUTSCHER ORIENTPOLITIK UNTER WILHELM II.

Die Anfänge der deutschen Ausgrabungen in Mesopotamien und damit auch der Grabungen in Assur stehen im direkten Zusammenhang mit der Suche des Deutschen Reiches nach seinem »Platz an der Sonne« unter Wilhelm II.

Erst der Einstieg in die imperialistische «Weltpolitik», zu dem sich die deutsche Außenpolitik spätestens seit 1897 offiziell bekannte, und die Erschließung des Osmanischen Reiches als ideales Betätigungsfeld für das deutsche Streben nach »Weltmacht« boten die Gelegenheit, dort auch archäologisch tätig zu werden.

Auf der Suche nach außereuropäischen Kolonien und Einflußsphären als Absatzmärkte für die Produkte einer stetig wachsenden Wirtschaft wurde rasch deutlich, dass es nur wenige mögliche »Aktionsfelder« gab. Da andere europäische Länder sich bereits lange zuvor außereuropäische Kolonien gesichert hatten, blieben für das späte preußisch-deutsche Streben in erster Linie Afrika und der Vordere Orient.

Während jedoch in Afrika der Handlungsspielraum durch die anderen europäischen Interessen deutlich eingeschränkt war, wurde spätestens seit der Orientreise Wilhelms II. im Jahre 1898 deutlich, dass eine soge- nannte «informelle Weltpolitik», d. h. eine vornehmlich wirtschaftliche Durchdringung des Osmanischen Reiches äußerst erfolgreich sein konnte. Ziel dabei war nicht eine Annexion bzw. Aufteilung des Osmanischen Reiches sondern in erster Linie eine Stärkung der wirtschaftlichen Stellung des Deutschen Reiches auf diesem Gebiet. Tatsächlich gelang in den folgenden Jahren die Sicherung einer dominanten Position, die von den übrigen, in diesem Gebiet bereits zuvor engagierten europäischen Ländern England, Frankreich und Rußland äußerst kritisch beobachtet wurde und das Deutsche Reich letztlich in eine Isolation führte.

Ermöglicht wurde diese in den ersten Jahren außerordentlich erfolgreiche deutsche Orientpolitik durch die Unterstützung und Anerkennung des Osmanischen Reiches, bei der auch die Freundschaft zwischen Wilhelm II. und Sultan Abdul Hamid II. eine wesentliche Rolle spielte. Diese wurde bereits während der ersten Orientreise des frisch gekrönten deutschen Kaisers 1889 geknüpft und durch die zweite Orientreise im Herbst 1898, deren äußerer Anlass die Eröffnung der Erlöserkirche in Jerusalem war, bekräftigt.

Diese Freundschaft förderte nicht nur den erfolgrei-

Abb. 1
Ein Kelek fährt mit einem Lamassu beladen den Tigris hinab (Transport einer Türhüterfigur aus englischen Grabungen in Nimrud), Aquarell von F. C. Cooper (undatiert).

Abb. 2   Querschnittszeichnung von August Stüler aus dem Entwurfbuch für das Neue Museum, Berlin, mit Ansicht der Südwand des sog. ägyptischen Hofes. Vgl. Abb. 7 Beitrag Salje.

chen »informellen Imperialismus« des Deutschen Reiches, der sich nicht zuletzt in dem Prestigeprojekt »Bagdad-Bahn« manifestierte, sondern war auch gerade für den Beginn der deutschen Ausgrabungen in Assur entscheidend.[1]

DIE BERLINER MUSEEN – REPRÄSENTANTEN DES DEUTSCHEN KAISERREICHES

Die deutsche Sehnsucht nach Prestige und Anerkennung in der Welt, die eine nicht zu unterschätzende Antriebskraft des deutschen Strebens nach Weltmacht darstellte, spielte auch bei den Bemühungen um deutsche Ausgrabungen in Mesopotamien eine entscheidende Rolle. England und Frankreich hatten auf diesem Gebiet einen deutlichen Vorsprung, da sie bereits seit Mitte des 19. Jhs. große Grabungen in Nordmesopotamien durchgeführt und ihre hauptstädtischen Museen mit aufsehenerregenden steinernen Zeugnissen altorientalischer Kulturen gefüllt hatten (Abb. 1).

Die Berliner Museen hingegen, die nach der Gründung des Deutschen Reiches in direkte Konkurrenz mit den Museen anderer europäischer Hauptstädte traten und mit den Grabungen in Troja, Olympia und Pergamon bereits große Erfolge aufweisen konnten, entsandten erstmals 1886/87 eine Forschungsexpedition ins Zweistromland.

Die bis dahin auf ganz unterschiedlichen Wegen und häufig eher zufällig in verschiedene Abteilungen der Berliner Museen gelangten altorientalischen Kunstwerke, darunter auch einige aus englischen Grabungen stammende assyrische Reliefs (Abb. 2), waren erst 1885 vereinigt und der Ägyptischen Abteilung im Neuen Museum unterstellt worden.

Der junge Abteilungsdirektor und Ägyptologe Adolf Erman engagierte sich gemeinsam mit Generaldirektor Richard Schöne in den folgenden Jahren sehr für eine Vergrößerung der altorientalischen Sammlung durch spektakuläre Funde aus großangelegten Grabungen.

Doch die erste zur Erkundung eines erfolgversprechenden Grabungsortes entsandte Expedition führte nicht zum erhofften Erfolg, sondern hatte mit erheblichen Hindernissen insbesondere von Seiten der osmanischen Verwaltung und der französischen Vertreter vor Ort zu kämpfen. Da das Deutsche Reich zu diesem Zeitpunkt noch keine politischen und wirtschaftlichen Am-

bitionen in Mesopotamien hatte, die Bismarcksche Orientpolitik stattdessen immer wieder zur Zurückhaltung
mahnte, England und besonders Frankreich ihre Ein-
flusssphären hart verteidigten, ließ man den Plan einer
großen deutschen Grabung in Mesopotamien zunächst
fallen und unternahm 1888 dafür in Zusammenarbeit
mit dem Orient-Comité die erste Grabung auf weniger
konfliktreichem Gebiet – im nordsyrischen Sendschirli.

HONORARKONSUL RICHARZ UND DIE ARCHÄOLOGIE

Erneute Anstöße zu einer deutschen Grabung in Mesopotamien kamen 1895 vom frisch eingesetzten Botschafter in Bagdad. Die Eröffnung des ersten deutschen
Honorarkonsulats in Mesopotamien im Jahre 1894 und
somit noch vor dem offiziellen deutschen Einstieg in die
»Weltpolitik« war ein wichtiger Schritt auf dem Weg der
»Sicherung« Mesopotamiens und zugleich ein Resultat
der Schwierigkeiten der preußischen Expedition von
1886/87, die auch auf die große Entfernung zum offiziellen deutschen Vertreter in Konstantinopel zurückgeführt wurde.

Vor allem aber verdeutlichte sie, dass die deutschen
Handelsinteressen in Mesopotamien bereits vor
1897/98 soweit gestiegen waren, dass die Eröffnung eines Konsulats sinnvoll erschien.

Richarz, erster deutscher Konsul in Bagdad (Abb. 3),
war außerordentlich interessiert an deutschen Ausgrabungen in Mesopotamien und berichtete bereits 1895 in
einem Schreiben an das Auswärtige Amt über die Gra-
bungssituation vor Ort. Dabei wies er nicht nur auf die
erfolgreichen englischen und französischen Grabungen
hin, sondern appellierte insbesondere an den deutschen
Ehrgeiz: »Das Deutsche Reich glänzt bis jetzt bei der Lösung dieser großen Aufgabe, die gewaltige Kultur Altme-
sopotamiens, welche das Vorbild aller anderen des
Altertums, namentlich aber der griechischen war,
durch eine absolute Abwesenheit. … Das Deutsche
Reich könnte nach den Palmen von Olympia und Pergamon das schönste Lorbeerreif hinzufügen, indem es
nach der Urquelle und dem eigentlichen Mutterlande
unserer gesamten europäischen Kultur eine aus kompe-
tenten Fachleuten, Archäologen, sowie Architekten zusammengesetzte Expedition ausrüstete und hierher ab-
sendete.«

Trotz dieses flammenden Schreibens verging lange
Zeit bis zu einer offiziellen Antwort. Denn der Weg zur
Prüfung, »… ob dieser Anregung eine weitere Folge zu
geben sei.«, führte vom Auswärtigen Amt über das Kultusministerium bis hin zur Generalverwaltung der Berliner
Museen und der Akademie der Wissenschaften. Gleichzeitig ist davon auszugehen, dass sicherlich auch die politischen Unruhen durch die Massaker an Armeniern zu
deutlichen Verzögerungen führten.

Erst Mitte Februar 1897 und somit im Jahr des

*Abb. 3   Konsul Richarz 1898 als Begleiter der Vorexpedition
nach Mesopotamien. Archiv der Deutschen Orient-Gesellschaft.
II.1.1.3.*

außenpolitischen Kurswechsels bezeichnete eine von der
Akademie eigens eingesetzte Kommission in ihrem ersten Bericht die wissenschaftliche Erforschung der Eu-
phrat- und Tigris-Länder als »eine der wichtigsten Aufgaben der Gegenwart«. Erneut wird der deutsche Ehrgeiz nach prestigereichen Ausgrabungen auch auf diesem
Gebiet deutlich, wenn es heißt: »Es würde der kulturellen Bedeutung des Deutschen Reiches entsprechen,
wenn deutsche Arbeit in Zukunft nicht mehr unvertre-
ten bliebe, wo es gilt eine im Gedächtnis der Menschheit
verloren gegangene Welt wieder auferstehen zu lassen
und Jahrtausende menschlicher Geschichte aus Bildwerken
und Inschriften zu gewinnen.«

Gleichzeitig richtete die Kommission der Akademie
das Interesse im Gegensatz zu Richarz nicht auf Südmesopotamien, hier insbesondere auf Ur und Uruk, sondern
auf die nordmesopotamischen »Residenzen Assyriens« in
denen sich »aller Reichtum ihrer Zeit« vereinigte. Die
Hoffnung auf aufsehenerregende und somit konkur-
renzfähige Funde für die Berliner Museen wurde ge-
schürt: «Es kann nicht den geringsten Zweifel unterliegen, dass Schätze der genannten Art, wie sie die Säle des
British Museum und des Louvre füllen, noch in Mengen
in den vom Steppensande aufgethürmten Trümmerhü-
gel Assyriens vorhanden sind.»

Abschließend empfahl die Kommission der Akademie der Wissenschaften nach »gewissenhafter Abwägung
der spezifisch babylonischen und assyrischen For-
schungsergebnisse in ihrer Bedeutung, sowohl für die
Wissenschaft im Allgemeinen wie für die deutsche Wissenschaft im besonderen, sowie für unsere öffentlichen
Sammlungen« in erster Linie »die Residenzen der assyrischen Großkönige zu untersuchen«.

Doch obgleich somit schon früh Nordmesopotamien
als lohnendes Ziel hervorgehoben wurde, sollte es noch

Abb. 4   Kaiser Wilhelm II. Postkarte, gestempelt 1915. Der Kaiser übernahm im Jahre 1901 das Protektorat über die Deutsche Orient-Gesellschaft und wurde somit zum Schirmherrn der deutschen Grabungen im Orient.

bis 1903 dauern, dass mit Assur die erste deutsche Grabung in dieser Region eröffnet werden konnte.

Zunächst wurde eine spezielle »Kommission zur Erforschung der Euphrat- und Tigris-Länder« eingesetzt, die aus Vertretern der Museen, der Akademie der Wissenschaften und des Kultusministeriums bestand und bei den weiteren Entscheidungen und Schritten eine entscheidende Rolle spielte.

In ihrem ersten Bericht empfahl auch diese Kommission, sich um eine Grabungskonzession für die Gegend um Mossul in Nordmesopotamien einzusetzen.

Zur endgültigen Entscheidungsfindung aber entsandte man im Oktober 1897 erneut eine Expedition zur Erkundung erfolgversprechender Grabungsplätze, die aus dem Orientalisten Eduard Sachau und dem Architekten Robert Koldewey, dem späteren Ausgräber von Babylon, bestand und von dem Großindustriellen und Mäzen James Simon finanziert wurde.

Während Sachau und Koldewey, begleitet von Konsul Richarz, bis März 1898 durch Nord- und Südmesopotamien reisten, wurden in Berlin weitere Vorkehrun-

gen für die erste große Grabung in diesem Gebiet getroffen.

DIE GRÜNDUNG DER DEUTSCHEN ORIENT-GESELLSCHAFT

So wurde am 24. Januar 1898, noch während Sachau und Koldewey unterwegs waren, ein neuer privater Förderverein gegründet: die Deutsche Orient-Gesellschaft (DOG). Ziel dieser Gesellschaft war es, die Erforschung der Kulturen des Alten Orients zu fördern und insbesondere die »auf Erwerbung orientalischer Altertümer … gerichteten Bestrebungen der Königlichen Museen zu Berlin« zu unterstützen. Dabei sollten die aus den geplanten Grabungen stammenden Funde den Museen kostenfrei überlassen werden.

Die Gründung eines neuen Fördervereins war notwendig geworden, da das Finanzkonzept des Orient-Comités, das vorsah, die ausgegrabenen Objekte zum Selbstkostenpreis an die Museen zu verkaufen, gescheitert war, und immer deutlicher wurde, dass aufgrund persönlicher Zwistigkeiten keine Umstrukturierung auf eine breitere finanzielle Basis möglich war. So forcierten Mitglieder der «Kommission zur Erforschung der Euphrat- und Tigris-Länder», insbesondere die beiden Museumsvertreter Adolf Erman und Generaldirektor Richard Schöne, die Gründung eines neuen Orient-Vereins.

Dieser, so wurde betont, sollte nicht als einfache »Sammelstelle« für die Museen organisiert werden, sondern entsprechend dem Kaiser-Friedrich-Museumsverein, einen »gewissen, selbstständigen Charakter« erhalten, da die Tätigkeit des Vorstandes ansonsten zu unerfreulich sein würde. Zu diesem Zwecke wurde gezielt der bereits im Orient-Comité sehr engagierte und finanzstarke James Simon angesprochen, der sich nicht nur bei der Gründung, sondern auch in den folgenden Jahren intensiv und außerordentlich erfolgreich für die Interessen der DOG einsetzte.

Es gelang dem Vorstand der DOG, alles selbst einflussreiche Personen aus Politik und Wirtschaft, in kurzer Zeit zahlreiche Mitglieder mit Rang und Namen für ihre Interessen zu gewinnen. Eine wichtige Rolle bei der Förderung der DOG spielte der ohnehin archäologiebegeisterte Wilhelm II. (Abb. 4), der bereits 1901, vermittelt durch seinen Freund Admiral a. D. Friedrich Hollmann, das offizielle Protektorat übernahm. Darüber hinaus gab der deutsche Kaiser in den nächsten Jahren nicht nur regelmäßig Gelder aus seiner Privatschatulle, sondern es war vermutlich auch seinem persönlichen Einfluß zu verdanken, dass sich der preußische Staat ab 1900 mit großen Summen an den Ausgrabungen beteiligte. Die DOG erhielt somit nicht zuletzt durch die Unterstützung Wilhelms II. in kürzester Zeit eine außerordentlich bedeutsame und einflussreiche Position.

Betont wurde von Anbeginn die enge Zusammenarbeit mit den Berliner Museen und das gemeinsame Ziel,

den Bestand der altorientalischen Sammlung durch Grabungen zu vergrößern. Manifestiert wurde diese Kooperation bereits durch die satzungsgemäße Beteiligung
zweier Museumsvertreter im Vorstand. Diese enge Zusammenarbeit führte in den folgenden Jahren nicht nur
zu zahlreichen personellen Verflechtungen, sondern
auch zu Unstimmigkeiten, nicht zuletzt aufgrund des
hohen Ansehens der DOG. Heute allerdings besteht gerade im Rahmen des Assur-Projektes wieder eine konstruktive Zusammenarbeit zwischen den beiden Institutionen (s. S. 101–109).

ASSUR ODER BABYLON – DER ERSTE
DEUTSCHE GRABUNGSORT IN
MESOPOTAMIEN

Eine erste gemeinsame Entscheidung sollte die Wahl des ersten deutschen Grabungsortes in Mesopotamien nach
Rückkehr der Erkundungsexpedition sein. Dabei wurde
rasch deutlich, dass es große Differenzen zwischen den
beiden Expeditionsteilnehmern, dem Philologen Sachau
und dem erfahrenen Orientkenner und Architekten
Koldewey gab.

Letztlich sollte zwischen dem nordmesopotamischen
Assur, das hier erstmals in den Focus möglicher deutscher Ausgrabungen trat, und dem südmesopotami-
schen Babylon entschieden werden. Denn obgleich
Sachau und Koldewey Ninive als erste Wahl nannten,
und sich dabei ungewohnt einig waren, wurde diese von allen Seiten aufgrund der englischen Interessen als untun-
lich abgelehnt. Stattdessen empfahl der wissenschaftliche Beirat der DOG dem Vorstand im Juni 1898 aufgrund des Berichts Sachaus »im Frühjahr 1899 Ausgrabungen in Kal'at Schirgat oder Assur, der ältesten Residenz der Könige Assyriens, zu veranstalten und gleichzeitig Ausgrabungen in Warka oder Senkere durch geeignete Verhandlungen mit der türkischen Regierung zu sichern« (Abb. 5).

Die Gründe, die Sachau für seine Ortswahl aufführte,
wurden nicht im Sitzungsprotokoll festgehalten, können
aber aus Sachaus im Jahre 1900 publiziertem Bericht erschlossen werden. Während es bei der Ruinenstätte
Uruk vornehmlich deren hohes Alter war, führte er für
Assur die Hoffnung auf historisch wertvolle Inschriften
früher assyrischer Herrscher an, insbesondere aus dem 2.
Jt. v. Chr.

Obwohl der wissenschaftliche, von Philologen domi-
nierte DOG-Beirat abschließend betonte, dass »wissenschaftliche und Museumsinteressen thunlichst zu verei-
nigen« seien, scheint es, als habe Sachau selbst in erster
Linie philologische Gründe seiner Wahl zu Grunde gelegt und die vornehmlich philologisch interessierten
Mitglieder des Beirates der DOG schlossen sich diesem
Urteil an.

Schließlich aber war es der zum Zeitpunkt der Empfehlung noch ausstehende Bericht Koldeweys, der zu ei-

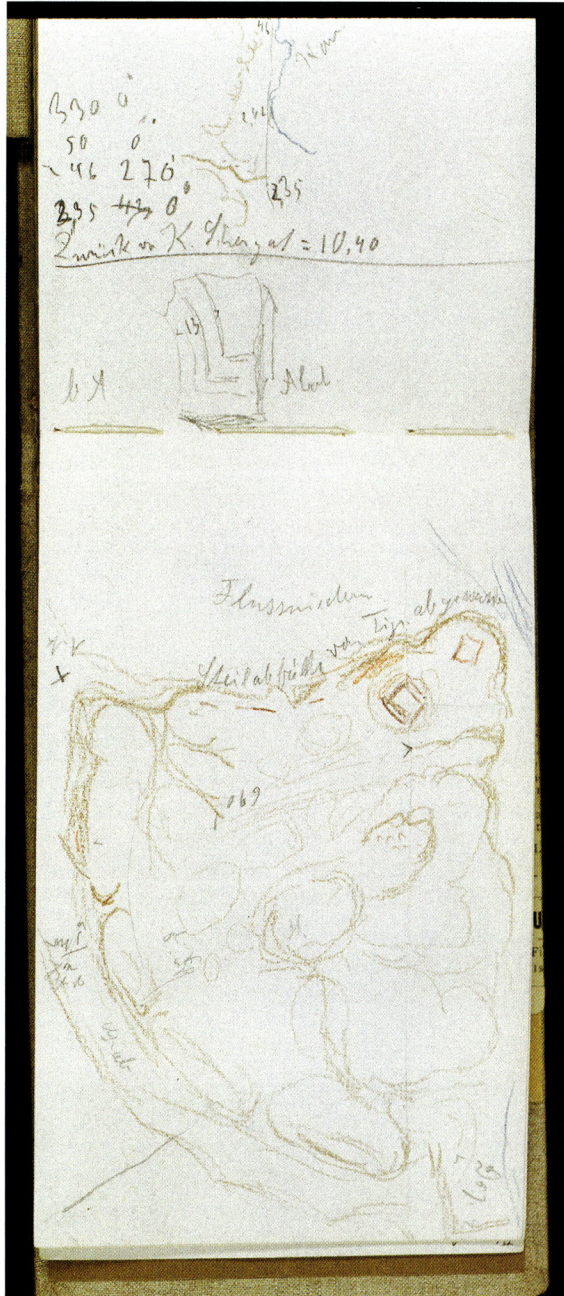

*Abb. 5   Erste zeichnerische Aufnahme des Geländes von Assur
durch Robert Koldewey während der Vorexpedition nach Mesopotamien im Jahre 1898. Seite aus dem Skizzenbuch der Vorexpedition. Archiv der Deutschen Orient-Gesellschaft. II. 1.1.3.3.*

nem ganz anderen Ergebnis führte. Koldewey gab eine
Empfehlung, die im deutlichen Kontrast zu Sachaus
Meinung stand. Denn er schrieb, dass, wenn Ninive
«nicht zu haben sein sollte», er in »der 2ten Linie« die
Wahl ließe zwischen einer weiteren assyrischen Hauptstadt, Nimrud, und schließlich Kasr (mit Babylon). Dagegen verschmähte er »Kal'at Schergat und Warka als
nicht ersten Ranges …«.

Abb. 6   Friedrich Delitzsch (1850-1922) in Babylon. RN 4187.

Die endgültige Entscheidung wurde schließlich nicht von der DOG oder den Museen, sondern von der Sonderkommission, die der Generaldirektor der Museen Richard Schöne eingerichtet hatte, gefällt. Diese betonte schon in ihrer ersten diesbezüglichen Sitzung, «dass es sich bei dem geplanten Unternehmen nicht nur um die Fachinteressen der Assyriologen handeln könne, vielmehr das Ziel sein müsse, durch Gewinnung verschiedenartigster Monumente, besonders auch von Skulpturen ein möglichst vollständiges Bild der alten Kulturen in den Euphrat- und Tigrisländern wieder herzustellen. Nicht nur im Interesse der Gelehrten, sondern auch der weitere Kreis der Gebildeten müsse die Grabungsexp. unternommen und deshalb, wo möglich Babylon dafür in Aussicht genommen werden, als der Centralpunkt einer hochentwickelten, vielseitigen Kultur.»

In einer zweiten Sitzung der Kommission im Juli 1898 fiel schließlich unter Anwesenheit von Sachau und Koldewey die endgültige Entscheidung für Babylon. Dabei wurde deutlich, dass man sich offensichtlich von Babylon eher Monumente und Skulpturen erhoffte als von Assur.

Es scheint, als standen schließlich Museumsinteressen, nicht zuletzt die von Koldewey explizit hervorgehobene Hoffnung auf die Rekonstruktion einer kontinuierlichen Reliefreihe aus den tausenden von buntglasierten und reliefierten Ziegelbrocken, bei der Entscheidung für Babylon als ersten deutschen Grabungsort deutlich im Vordergrund.

FRÜHE »SCHÜRFUNGEN« IN ASSUR

Warum aber hatte man in Assur so wenig Hoffnung auf monumentale Skulpturen, wo doch die Grabungen in den assyrischen Städten Ninive, Kalchu (Nimrud) und Chorsabad die hauptstädtischen Museen Englands und Frankreichs mit eindrucksvolle Skulpturen und Monumenten gefüllt hatten?

Kalat Schergat, das antike Assur, war bereits vor der deutschen Expedition kein unbeschriebenes Blatt. Denn als Mitte des 19. Jhs. die englischen und französischen Ausgrabungen der assyrischen Hauptstädte in Nordmesopotamien so außerordentlich erfolgreich begannen, war natürlich auch die am Tigris gelegene älteste Hauptstadt des assyrischen Reiches mit den imposanten Überresten eines Stufenturmes bereits auf mögliche Funde untersucht worden. Der britische Ausgräber Austen Henry Layard und sein Kollege Hormuzd Rassam hatten Sondagen anlegen lassen, die sie aber rasch davon abbrachten, dort weiter zu graben. Denn außer einem Sitzbild des assyrischen Herrschers Salmanassar III. (858–824 v. Chr.) stieß man zwar auf einige Keilschriftdokumente aber ansonsten auf keine weiteren spektakulären Funde wie in den anderen assyrischen Hauptstädten.

Und obgleich mit den deutschen Grabungen eine neue Ära der Erforschung altorientalischer Stätten anbrach, bei der es stärker um die systematische Erforschung der damaligen Lebenswelt ging, so war es von Museumsseite selbstverständlich von besonderem Interesse, repräsentative und eindrucksvolle Monumente nach Berlin zu holen.

GRÜNDUNG DER VORDERASIATISCHEN ABTEILUNG

Denn während man noch um eine Entscheidung rang, wurden Vorbereitungen für die Gründung einer eigenständigen Vorderasiatischen Abteilung der Berliner Museen getroffen. Den äußeren Anlass bot die Neubesetzung des Lehrstuhls für Assyriologie in Berlin, nachdem der vorherige Amtsinhaber Eberhard Schrader nach einem Schlaganfall nur noch unregelmäßig arbeiten konnte. Sicherlich war im Zusammenhang mit den Planungen für eine große Grabung in Mesopotamien erneut deutlich geworden, wie wichtig ein kompetenter Fachvertreter in den entscheidenden Gremien war. Und so wurde im April 1898 das Ersatzordinariat für orientalische Philologie begründet. Dieses sollte ähnlich wie in der Ägyptologie mit dem nebenamtlichen Direktorenposten der neu zu gründenden Vorderasiatischen Abteilung verbunden werden. Da der Ägyptologe Erman bereits seit 1885 außerordentlich erfolgreich und engagiert in dieser Ämterkombination agierte, sah man dieser für die Museen finanziell günstigen Lösung optimistisch entgegen. Darüber hinaus legte Generaldirektor Schöne gerade bei sehr jungen Wissenschaften, deren Erkenntnis-

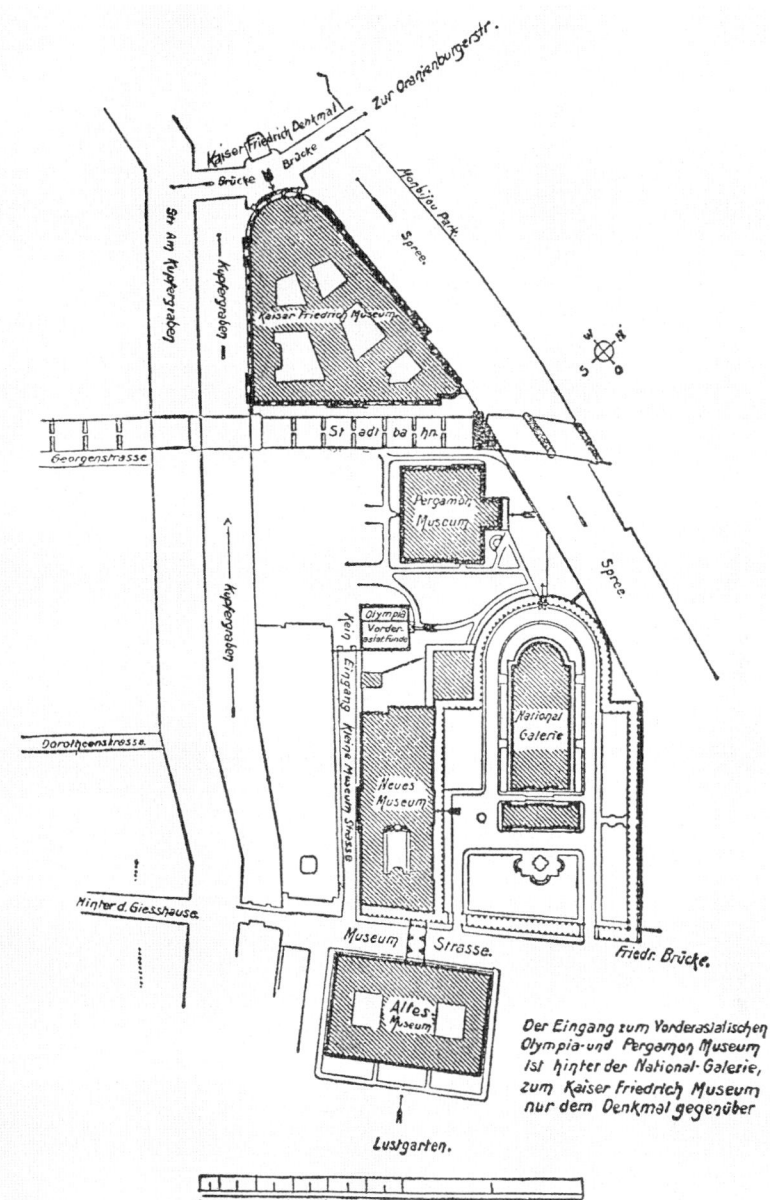

Abb. 7   Plan der Berliner Museumsinsel 1907, aus dem Museumsführer desselben Jahres. Ansicht von Südost. Zwischen dem alten Packhof am Kupfergraben (nur im Umriss) und der Apsis der Nationalgalerie befand sich der Standort des Magazingebäudes, in dem neben der Olympiasammlung auch die vorderasiatischen Altertümer untergebracht waren. Der künftige Bauplatz vor dem ersten Pergamonmuseum ist noch leer.

gewinn rasch voranschritt, besonderen Wert darauf, dass wissenschaftliche Lehre und Forschung, die Nutzung der Sammlung zu diesem Zwecke sowie die Verwertung wissenschaftlicher Erkenntnisse und der Sammlungsbestände zur Bildung einer breiteren Öffentlichkeit in einer Hand lägen. Er erhoffte sich somit durch diese Ämterkombination eine enge Zusammenarbeit von Wissenschaft und Museum.

So wurde der junge Assyriologe Friedrich Delitzsch (Abb. 6) im Mai 1899, kurz nach der Eröffnung der Grabung in Babylon im März 1899 und seiner Ernennung zum Professor für Assyriologie am 10. April 1899, zum nebenamtlichen Direktor der Vorderasiatischen Abteilung ernannt.

Noch im selben Jahr musste er die Sammlung vorder-

asiatischer Altertümer, die bis dahin in repräsentativen Ausstellungsräumen im Neuen Museum untergebracht war, in einem eigens aus einem Schuppen umgebauten Provisorium auf der Museumsinsel (Abb. 7) unterbringen lassen.

In diesen Räumen, die nur nach vorheriger Anmeldung besichtigt werden konnten, blieb die Vorderasiatische Abteilung bis 1911, da dann an dieser Stelle die Baumaßnahmen für den Museumsneubau begonnen. Die Vorderasiatische Abteilung erhielt während dieser Bauarbeiten Räume im Kaiser-Friedrich-Museum, dem heutigen Bodemuseum.

Während somit die Ausgrabungen in Mesopotamien nicht zuletzt durch den preußischen Staat und Wilhelm II. gefördert und finanziell unterstützt wurden, fristeten die bereits in Berlin befindlichen vorderasiatischen Altertümer in dieser Zeit eher ein Schattendasein auf der Museumsinsel.

DIE KAISERLICHE ENTSCHEIDUNG – ASSUR

Rasch wurde deutlich, dass trotz der großen Hoffnungen, die in die Grabungen von Babylon gesetzt worden waren, als materielle Ergebnisse in erster Linie die reliefierten Ziegelbrocken von Ischtar-Tor und Prozessionsstraße für die frisch gegründete Vorderasiatische Abteilung von Interesse waren. Vermutlich ein wenig enttäuscht von diesen Resultaten, sicherlich aber nicht zuletzt aufgrund der finanziellen Möglichkeiten und dem kaiserlichen Engagement, begann man schon bald Ausschau nach weiteren erfolgversprechenderen Grabungsprojekten zu halten.

Diesmal war es insbesondere Delitzsch, Direktor der Vorderasiatischen Abteilung, der Assur erneut ins Spiel brachte. Dabei nutzte man den Erfolg des ersten Babel-Bibel-Vortrages Delitzschs im Januar 1902, um Wilhelm II. für Grabungen in Assur zu gewinnen. Denn Delitzsch, der zu diesem Zeitpunkt einen außerordentlich guten Stand beim Kaiser hatte, verfasste im Februar 1902 eine Denkschrift als glühendes an den Kaiser gerichtetes Plädoyer für das alte Assur, die durch Admiral a. D. Hollmann direkt an Wilhelm II. weitergeleitet wurde.

Darin verwies Delitzsch zunächst auf die Entscheidung des DOG-Vorstandes für Assur im Jahre 1898 und betonte in der Folge, dass in Assur Denkmäler zu finden seien, die über die frühe assyrische Entwicklung Aufschluss geben könnten. Er hob hervor, dass man durch die Ausgrabungen von Ninive, Nimrud und Dur-Scharrukin über die assyrische Geschichte des 1. Jts. bereits gut informiert sei.

Über frühere Zeiten dagegen wisse man wenig und er betonte: «... wenn irgendwo so sind unter den Hügeln von Kal'at Schirgat alle die Denkmäler zu finden, welche über die Entwicklung der assyrischen Kunst und Kultur wie über die ältere und älteste politische Geschichte des assyrischen Staates Aufschluß zu geben vermögen.»

In deutlichem Kontrast zu Sachaus Argumentationen schürte Delitzsch somit die Hoffnung sowohl auf eindrucksvolle Denkmäler als auch auf historisch bedeutsame Inschriften und Tontafeln. Gleichzeitig betonte er noch einmal die direkte Konkurrenz zu England und Frankreich auf dem Gebiet erfolgreicher Grabungen in Mesopotamien, die er, dem Zeitgeist entsprechend, zu einer nationalen Frage erhob. Und so schloss er seine Ausführungen über die wissenschaftliche Bedeutung Assurs mit der Frage: «Wer wird die Schätze heben und die klaffende immer fühlbarere Lücke der Wissenschaft ausfüllen?»

Er warnte davor, dass es England und Frankreich gelingen könnte, nun auch für Assur eine Grabungserlaub-

nis zu erlangen, das eigentlich im »Wettbewerb der Nationen« für das Deutsche Reich gesichert werden müsse. Und so appellierte er an den Ehrgeiz Wilhelms II., in dem er darauf hinwies, »... welche einzigartige, von der deutschen Alterthumswissenschaft in allen ihren Zweigen mit freundlichem Dank zu begrüßende Großthat es sein würde, wenn Se. Majestät unser Kaiser und Herr hier allen Mitbewerbern zuvorkommen und im Allerhöchsten Einvernehmen mit Sr. Majestät dem Sultan die früher oder später gemeinsam auszuführende archäologische Erforschung von Kalat Schirgat anbahnen möchte.»

Wilhelm II., an den die Denkschrift am 27. Februar 1902 weiter geleitet wurde, ließ sich, wie beabsichtigt, durch Delitzschs flammendes Plädoyer für Assur begeistern und notierte darunter enthusiastisch: «Ja! Wir werden das Licht des Deutschen Genius auch dorthin tragen.»

Damit war das Ziel Delitzsch' erreicht. Die Entscheidung für Assur als zweite große Grabung war durch den Kaiser gefällt, denn dieser leitete das Schreiben sofort an den Reichskanzler weiter und machte die ganze Angelegenheit mit folgender Randbemerkung zur «Chefsache»: «S. Excellenz d. Reichskanzler Tiglatpilesar (ego) und Assurbani-pal (Hollmann) bitten um Unterstützung. W.»

GRABUNGSERLAUBNIS FÜR DEN KAISER

In den folgenden Wochen bemühte man sich auf diplomatischer Ebene intensiv darum, dem drängenden Wunsch Wilhelms II. Folge zu leisten und möglichst rasch zu dessen vollster Zufriedenheit zu erledigen. Doch obgleich die deutsche Botschaft in Konstantinopel bereits am 5. März 1902 einen offiziellen Antrag auf Erteilung der Grabungserlaubnis gestellt hatte, dauerte der übliche Instanzenweg Wilhelm II. zu lange. So nahm er die Sache am 11. Juli 1902 erneut selbst in die Hand und sandte – über die deutsche Botschaft – direkt an Sultan Abdul Hamid II., auf dessen Krongut das Gebiet von Assur lag, ein Telegramm, in dem er höchstpersönlich um Erlaubnis bat, »daß Ich durch die Deutsche Orient-Gesellschaft den in der Nähe von Babylon liegenden Hügel Kal'at Schirgat auch ausgraben darf.«

Zuvor hatte Delitzsch in einem flammenden Brief an Hollmann aus Babylon erneut auf eine zügige Entscheidung in der Assur-Frage gedrängt. Darin betonte er noch einmal, dass «wenn es gelänge, durch Seine Majestät unseres Kaisers hochherzige Initiative diesen Ruinenhügel der DOG zu sichern, die DOG den größten Erfolg aufzuweisen hätte, der ihr je beschieden sein könnte. Es ist ein gewaltiger Ruinenhügel ... Der Hügel ist fast noch unberührt ... Wir dürfen mit Sicherheit auf mehrere assyrische Königspaläste rechnen ... Kal'at Schirgat ist die einzigste und nächst Ninive wichtigste assyrische Königsstadt, die überhaupt noch zu vergeben ist – möchte kein unvorhergesehenes Geschick die Aus-

Abb. 8   Grabungslizenz für Assur, ausgestellt auf den Namen des damaligen Direktorial-assistenten der Vorderasiatischen Abteilung Leopold Messerschmidt, Istanbul 1903. Archiv der Deutschen Orient-Gesellschaft. II.1.1.3.

führung von Seiner Majestät erhabener Ansicht hintan-halten.».

Das Telegramm Wilhelms II. direkt an den Sultan führte schließlich zu raschem Erfolg, denn schon am 20. Juli 1902 erfuhr der deutsche Botschafter in Konstanti-nopel Hans von Wangenheim während eines Diners beim Sultan, dass Abdul Hamid die Grabungserlaubnis bereits erteilt habe. Der Sultan drängte darauf, dass noch in derselben Nacht ein entsprechendes Telegramm an seinen Freund, den deutschen Kaiser, abgehe.

Der Botschafter tat wie ihm geheißen und betonte, dass dies ein ganz außergewöhnlicher Freundschaftsbe-

weis des Sultans für seine Majestät den Kaiser sei. Denn bis dahin habe dieser es immer abgelehnt, »derartige An-gelegenheiten außerhalb des Instanzen-Zuges persönlich zu behandeln.« Das Dankestelegramm Wilhelms II. folgte prompt.

Es wird somit deutlich, dass nicht nur die Entschei-dung für den zweiten großen deutschen Grabungsort, sondern auch die rasche Erlangung der Grabungserlaubnis für Assur der direkten Einmischung durch Wilhelm II. und zugleich der politischen Stellung des Deutschen Reiches im Osmanischen Reich zu diesem Zeitpunkt zu verdanken ist.

Das persönliche Engagement des Kaisers bei Beginn der Grabungen trug sicherlich dazu bei, dass auch im weiteren Grabungsverlauf gerade Assur immer wieder das besondere kaiserliche Interesse weckte.

Außerordentlich verärgert über diese Entscheidung über seinen Kopf hinweg war der Antikendirektor des Osmanischen Reiches Osman Hamdi Bey. Dies führte während der Ausgrabung immer wieder zu Schwierigkeiten zwischen ihm und dem deutschen Grabungsleiter. Dazu trug sicherlich auch bei, dass es aufgrund der persönlichen Grabungserlaubnis durch den Sultan von Anfang an zu Missverständnissen bezüglich der Besitzverhältnisse des Grabungsortes selbst und der materiellen Grabungsergebnisse kam (s. S. 53–63).

GRABUNGSBEGINN IN ASSUR

Zunächst einmal aber freute man sich in Berliner Fachkreisen über den raschen Erfolg und begann mit den Vorbereitungen für die Grabungen, wenngleich die endgültige Vorlage des Erlaubnisscheins schließlich erst am 18. April 1903 erfolgte. Große Erwartungen wurden in den neuen Grabungsbeginn gesetzt, denn man erhoffte sich von Anfang an »10x wichtigere Funde« als von Babylon.

Zum Grabungsleiter wurde zunächst der Direktorialassistent der Vorderasiatischen Abteilung Leopold Messerschmidt ernannt, auf den die Grabungsgenehmigung ausgestellt wurde.

Allerdings teilte Generaldirektor Schöne dem Kultusministerium bereits Mitte Mai 1903 mit, dass dieser aus Gesundheitsgründen auf die Grabungsleitung verzichten müsse. Nicht endgültig geklärt werden kann beim aktuellen Stand der Forschung, inwieweit die Übertragung der Grabungsleitung auf einen Museumsmitarbeiter von Anfang an eher Formsache war oder nicht. Möglicherweise gab es hier Meinungsverschiedenheiten zwischen der Generalverwaltung der Berliner Museen und dem Vorstand der DOG, die bereits frühzeitig nach einem geeigneten Architekten Ausschau hielten.

Nachdem der Grabungsschein endlich offiziell vorlag (Abb. 8), und umfangreiche Vorbereitungen für den Grabungsbeginn vorgenommen wurden, machte sich im August 1902 zunächst Robert Koldewey, Grabungsleiter in Babylon, auf den Weg von Bagdad nach Assur, wo er am 18. September 1903 die deutschen Ausgrabungen in Assur eröffnete.

Noch im selben Jahr übertrug er dem Architekten Walter Andrae, bis dahin Assistent in Babylon, die Grabungsleitung, die er bis zum planmäßigen Ende der Grabungen am 1. April 1914 behielt.

Andrae blieb während des gesamten Grabungsverlaufs Koldewey unterstellt. Denn obgleich der neue Grabungsleiter das alleinige Verfügungsrecht über seine

Grabung inne hatte, war er Koldewey, der die Oberleitung der deutschen Grabungen in Mesopotamien behielt, Rechenschaft über alle Vorgänge schuldig. Auch erhielt er die Gelder aus der babylonischen Grabungskasse, über die er zugleich abrechnen musste.

So entstand ein regelmäßiger Briefwechsel zwischen den Grabungsleitern von Babylon und Assur, der bis heute im DOG-Archiv vorliegt und viele spannende Einblicke in das Grabungsleben und den Alltag gibt.

Ziel der Grabungen in Assur war, die gesamte Stadtanlage zu erforschen und dabei möglichst viele eindrucksvolle Funde zu machen. Der Briefwechsel zwischen Koldewey und Andrae verdeutlicht, welche Aspekte dabei eine wichtige Rolle spielten. So schrieb Koldewey bezüglich der aufgefundenen Stelenreihe (s. S. 29–32).

«Die Stelen müssen – sobald sie überhaupt ein bischen Inschrift haben – transportiert werden. Dafür, dass so wenig drauf steht, können wir ja nicht. Die große basalterne dürfen sie spalten (aber nicht sägen!) so dass Sie statt des einen sehr großen, 2 kleinere Stücke kriegen. Keile natürlich hinten einsetzen. Es darf in Assur nichts liegen bleiben, wo überhaupt ein Buchstabe draufsteht.»

Tatsächlich war Assur letztlich als Grabungsort nicht nur historisch interessanter, sondern auch wesentlich «ertragreicher». Es wurden viele historisch relevante und zugleich für die Berliner Museen interessante Funde gemacht.

Nicht zuletzt aufgrund dieser vielfältigen und aufschlussreichen Funde, aber auch wegen des persönlichen Engagements Wilhelms II. und seinen Folgen, war der Kampf um die Funde aus Assur wesentlich heftiger und spielte während des gesamten Grabungsverlaufs eine wichtige Rolle.

So kann zusammenfassend hervorgehoben werden, dass die Anfänge der deutschen Grabungen in Assur aber auch der gesamte Grabungsverlauf und die Bemühungen um die Funde sowie das damit verbundene persönliche Engagement Wilhelms II. nur vor dem Hintergrund der deutschen Orientpolitik als Teil des deutschen Strebens nach »Weltmacht« vollständig verstanden werden kann.

ANMERKUNG

1   Die folgenden Ausführungen basieren auf der Monografie Crüsemann 2000 zur Geschichte des Vorderasiatischen Museums. Dort sind ausführlichere Informationen sowie die Angaben zur Herkunft einzelner Zitate zu finden.
    Der Titel des vorliegenden Artikels ist eine Randbemerkung Wilhelms II. an die entscheidende Denkschrift Friedrich Delitzschs vom Februar 1902, in der dieser für die Aufnahme von deutschen Ausgrabungen in Assur plädiert.

Jürgen Bär

WALTER ANDRAE – EIN WEGBEREITER DER MODERNEN ARCHÄOLOGIE

GRABUNGSTECHNIK, DOKUMENTATION, NATURWISSENSCHAFTLICHE ANALYSEN UND ALLTAG

»Die Arbeit in den langen Gängen stellt keineswegs geringe Anforderungen an die Leute. Fast ganz nackt arbeiten sie hier ›im Schweiße ihres Leibes‹. Schwer und dunstig schlägt einem die Luft entgegen und eine primitive Ölfunzel macht in ihrem Schwelen den Aufenthalt noch unangenehmer, ohne ihrem eigentlichen Zweck zu leuchten sonderlich zu dienen. Um so größer ist dann die Freude, wenn wieder ein Stück durchschlagen, ein Lichtschacht erreicht ist, und gar fröhlich dringt der Ruf aus der Tiefe: ›Wir haben ihn durchbrochen‹.«. Diese anschauliche Beschreibung stammt nicht aus den Anfängen des Untertagebergbaues, sondern aus dem Grabungsbericht von Robert Koldewey, dem Ausgräber von Babylon, der mit diesen Worten die widrigen Bedingungen einer »Tunnelgrabung« schildert. Aus heutiger Sicht erscheint dieses Vorgehen dem Archäologen zwar kritikwürdig und einige der damals praktizierten Methoden wurden schon längst wieder verworfen, doch mit Babylon beginnt eine lange Tradition der wissenschaftlichen Feldforschung in Vorderasien, deren grundsätzliche Prinzipien nach wie vor Bestand haben.

Mit den Ausgrabungen in der alten babylonischen Hauptstadt (1898–1917) hatte Koldewey zweifellos neue Maßstäbe für die archäologische Grabungstechnik und Dokumentation in Mesopotamien gesetzt. Die Methoden der »Koldewey-Schule«, die auch für die Grabungen in Assur, die Vorkriegskampagnen in Uruk/ Warka und Tell Halaf galten, gehören unbestritten zu den herausragenden Leistungen auf dem Gebiet der archäologischen Feld- und Bauforschung. Bereits die Ausrichtung und Zielsetzung dieser Unternehmungen, dem wissenschaftlichen Erkenntnisgewinn den Vorrang gegenüber der bloßen Sammlung möglichst vieler Denkmäler für die europäischen Museen einzuräumen, stellte in dieser Zeit einen völlig neuen Forschungsansatz dar.

Nachdem der ausgebildete Architekt und Bauforscher Walter Andrae (S. 101, Abb.1) mehrere Jahre als Schüler und Assistent an der Seite Koldeweys gearbeitet hatte, übernahm er im Jahre 1903 die Ausgrabungen in der antiken Metropole Assur, die über ein halbes Jahrtausend lang die Hauptstadt des assyrischen Reiches und darüber hinaus die bedeutendste Kultstätte Assyriens war. Hier setzte er nicht nur die Prinzipien seines Lehrers konsequent um, sondern entwickelte und verfeinerte dessen Methoden entscheidend weiter. Die Anfänge der archäologischen Forschung im Vor-

deren Orient seit dem ersten Drittel des 19. Jhs. hat Andrae sehr abschätzig, wenn auch nicht ganz zu Unrecht als bloßes »Löcherbuddeln« bezeichnet. Allerdings hat er damit als einer der Ersten offen und schonungslos ausgesprochen, woran die wissenschaftliche Erforschung der Ruinen in dieser Zeit scheiterte: »Man argwöhnt, daß dort die immer sehr kümmerlichen und unscheinbaren Lehmziegelmauern unerkannt geblieben sind …«. Tatsächlich besteht die »Kunst« einer altorientalischen Ausgrabung bis heute darin, die braun-gelben Lehmmauerwerke vom umgebenden Erdreich zu unterscheiden.

Im Gegensatz zu den aus Stein und Marmor errichteten Bauwerken des alten Ägyptens oder der griechischen und römischen Antike, bestanden die ursprünglich nicht weniger imposanten Monumente Mesopotamiens nahezu vollständig aus luftgetrockneten Lehmziegeln. Aufgrund der beschränkten Rohstoffressourcen in dieser Region bot sich dieses Gemisch aus lehmiger Erde, Wasser und etwas Häcksel als preiswerter und ständig verfügbarer Baustoff geradezu an. Dies hatte allerdings den Nachteil, dass die Mauern ständig ausgebessert werden mussten, weil deren Haltbarkeit bedingt durch das Material und die extremen Witterungseinflüsse (Sonne, Regen, Wind) eingeschränkt war. Kalkstein, Basalt und Alabaster verwendete man lediglich für stark beanspruchte Bauteile, wie Türschwellen und Angelsteine, oder für die Ausstattung der Innenräume mit Skulpturen und Wandreliefs.

DIE GRABUNGSTECHNIK

In dem 1,3 qkm großen Stadtgebiet von Assur legten die deutschen Archäologen von Norden nach Süden insgesamt 16 Suchschnitte an, die in ost-westlicher Richtung in einem Abstand von 100 m parallel zueinander verliefen (Abb. 1). Sobald man auf einen größeren Befundkomplex gestoßen war, wurde der betreffende Suchschnitt zu einer Flächengrabung ausgeweitet. Die Grabungsfläche wurde dabei jedoch nicht – wie heute üblich – in kleinere, quadratische bzw. rechteckige Areale mit ringsum verlaufenden, begehbaren Stegen unterteilt, um systematisierte und überschaubare Abschnitte zu erhalten. Stattdessen orientierten sich die Ausgräber in horizontaler wie auch vertikaler Richtung an der Ausdehnung der Baureste, wobei es in ihrem eige-

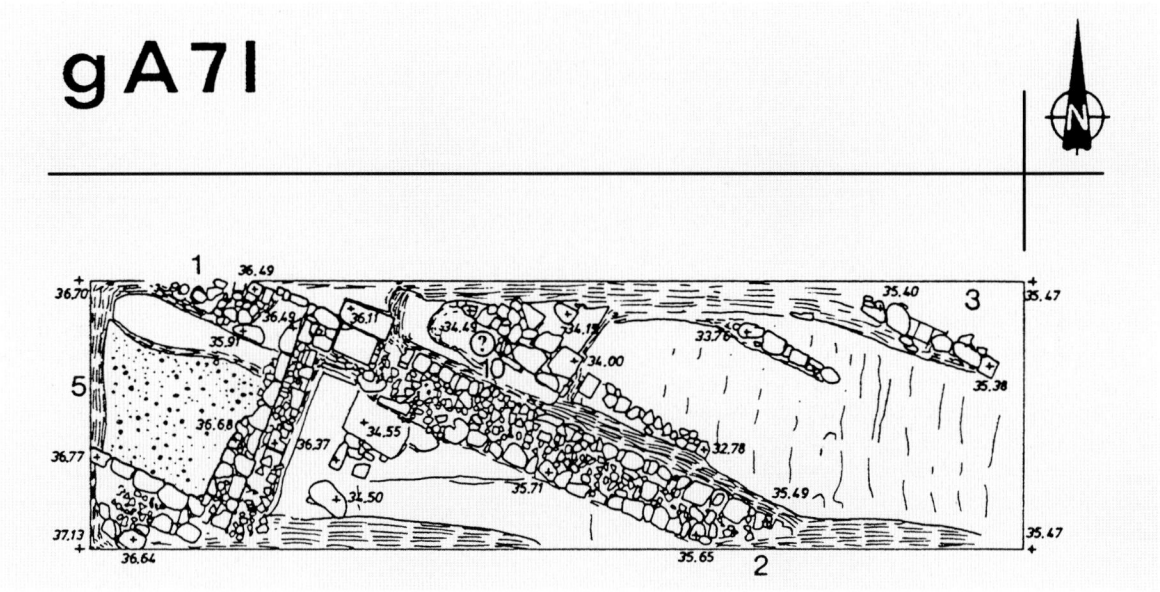

Abb. 1   Umzeichnung eines Suchgrabens (Koordinaten gA7I), durch den eine Gebäudeecke freigelegt (angeschnitten) wurde.

nen Ermessen lag, wie weit diese ausgegraben wurden (Abb. 2).

Im Gegensatz zu Babylon, wo die Aufdeckung der älteren Schichten durch den hohen Grundwasserspiegel verwehrt war, bestand in Assur die Möglichkeit, ältere Schichten mit bis dahin nur wenig oder gar nicht bekannten Grundrissstrukturen und Fundgattungen zu erschließen. Insbesondere die komplexen, stratigrafischen Verhältnisse im Gebiet der Ischtar-Tempel erforderten eine stärker auf die vertikalen Schichtungen bezogene Abtragung der Oberfläche, die Andrae als die »Tiefen-Entwicklung« der Ruine bezeichnete. Aus diesem Grund stellt die speziell für das Gebiet des Ischtar-Heiligtums angewandte Grabungstechnik einen deutlichen Fortschritt gegenüber den früheren Arbeiten dar. Andraes Arbeitsweise zeichnete sich in erster Linie durch eine sehr genaue Beobachtung aus, die den Gesetzmäßigkeiten der Stratigrafie folgte, wonach die am tiefsten gelegene Schicht auch die älteste ist und die jeweils höher liegenden entsprechend jünger sein müssen. So gelang es ihm, im Ischtar-Heiligtum insgesamt acht verschiedene Bauschichten von der zweiten Hälfte des 3. Jts. bis zur Mitte des 1. Jts. v. Chr. zu unterscheiden, die in einem relativ eng begrenzten Areal teils übereinander, teils nebeneinander lagen und regelrecht ineinander verschachtelt waren.

Dennoch bestand das Hauptanliegen der damaligen Ausgräber in der großflächigen Freilegung von bauhistorisch aussagekräftigen Architekturresten. Sobald Befunde erreicht waren, die als erhaltenswert erachtet wurden, ließ man diese stehen. Tiefer führende Untersuchungen wurden nur an Stellen vorgenommen, an denen die Bauteste nicht abgetragen werden mussten. Eine

gezielte und vollständige Erforschung älterer Schichten wird durch dieses Vorgehen bereits im Ansatz vereitelt und darin liegt auch das größte Problem für eine nachträgliche Beurteilung der Grabungsergebnisse. Nur die Hoffnung auf einen vollständigen Grundriss und außergewöhnliche Funde rechtfertigten – im Sinne der Ausgräber – eine weitere, punktuelle Untersuchung der tiefer liegenden Schichten. Die auf Erhaltung des Freigelegten gezielte Grabungstechnik setzte sich natürlich auch in diesen Schichten fort. Aus diesem Grund wählte man ausschließlich schmale Suchschnitte oder die eingangs erwähnten »Tunnel«, die innerhalb von Räumen, Höfen und sonstigen Freiflächen angelegt wurden, um ein bereits ausgegrabenes Gebäude nicht in seinem Bestand zu gefährden. Ganz abgesehen von den Sicherheitsrisiken und den schlechten Arbeitsbedingungen, die eine solche Tunnelgrabung mit sich brachte, verhinderte sie unter anderem eine exakte archäologische Bewertung und Dokumentation, weil nur entlang der äußeren und inneren Mauerkanten von Gebäuden gegraben wurde. Andererseits galten Tunnelgrabungen als eine probate, weil kostensparende Arbeitstechnik, die mit geringem organisatorischem Aufwand und in relativ kurzer Zeit durchgeführt werden konnten.

Die unvermeidlichen Schutt- und Erdmassen, die bei der Ausgrabung anfielen, wurden gegebenenfalls gesiebt und nach weiteren Funden und organischen Resten durchgesehen. Anschließend wurden sie mit Schubkarren zu Halden angehäuft, die sich in der Nähe der jeweiligen Grabungsstelle befanden. Größere Areale, wie beispielsweise das Gebiet des Ischtar-Heiligtums, erforderten sogar zwei dieser sog. Abraumhalden, um die Transportwege für die Arbeiter nicht allzu lang werden zu las-

Abb. 2   Blick auf das freigelegte Areal des sog. Stelenplatzes. Im Vordergund ein einheimischer Arbeiter mit Maßstab, dahinter weitere Grabungsarbeiter bei der Pause und die Lorenbahn zum Abtransport von Erde und Schutt. Ass. Ph. 4718.

sen. Außerdem wäre eine einzige Halde viel zu hoch und umfangreich geworden. Im Verlaufe der Ausgrabungen nahm die Anzahl dieser »künstlichen Hügel« derart zu, dass die weiteren Arbeiten dadurch behindert wurden. Deshalb schaffte man eigens aus Deutschland Geleise und Kipploren für eine Lorenbahn herbei, mit deren Hilfe der Abraum ohne größeren personellen Einsatz weit außerhalb der freizulegenden Flächen deponiert werden konnte (Abb. 2).

DER ARBEITSTAG

Der gravierendste Unterschied zwischen den Ausgrabungen am Ende des 19. bzw. zu Beginn des 20. Jhs. und modernen Expeditionen besteht ohne Zweifel in der zur Verfügung stehenden Zeit. Heutzutage sind archäologische Ausgrabungen in der Regel saisonale Unternehmungen, die zwischen den universitären Semestern, also im Frühjahr (März bis Mai) oder im Sommer bis Frühherbst (August bis Oktober), durchgeführt werden. Die jeweiligen Ausgrabungsstätten sind schon in wenigen Tagen oder gar Stunden per Flugzeug und Auto

relativ bequem erreichbar und können nach dem Abschluss der Kampagne ebenso schnell wieder verlassen werden. Zuhause angekommen, wird dann umgehend der nächste Aufenthalt und die vorläufige Publikation der Arbeitsergebnisse vorbereitet.

Eine derartige Jahreseinteilung war den Ausgräbern von Assur aufgrund der Zeitumstände noch nicht vergönnt. Für sie bedeutete die Teilnahme ein mehrjähriger Aufenthalt fernab der Heimat und den Annehmlichkeiten des europäischen Lebens. Allein schon die Anreise von Deutschland nach Assur, das damals noch im Gebiet des Osmanischen Reiches lag, beanspruchte mehrere Wochen und erforderte die Nutzung der unterschiedlichsten Transportmittel: angefangen von der Dampfeisenbahn über diverse Schiffe und Automobile bis hin zu Pferden und Eselskarren. Andrae hat seinen elfjährigen Aufenthalt in Assur nur zweimal für einige Monate unterbrochen, um mehr oder weniger angenehme Dinge zu regeln; nämlich seinen Militärdienst abzuleisten und zu heiraten.

Die Organisation des anstrengenden Grabungsdienstes mit den vorhandenen personellen Möglichkeiten gestaltete sich oftmals schwierig. Von den insgesamt 13

Personen, die zwischen 1903 und 1914 an den Grabungen in Assur teilgenommen haben, waren lediglich zwei bis maximal fünf Teilnehmer gleichzeitig vor Ort. Den Kern der Grabungsmannschaft bildeten neben Andrae noch Julius Jordan, Paul Maresch und Conrad Preußer, die sich zwischen neun und zehn Jahren in Assur aufhielten. Sie mussten außer ihren umfangreichen Dokumentationsverpflichtungen auch die bis zu 200 einheimischen Arbeiter beaufsichtigen. Dieses schwierige Unterfangen hat Andrae mit eigenen Worten beschrieben: »Der Dienst der Expeditionsmitglieder war so geregelt, daß ständig mindestens einer derselben in der Grabung anwesend sein mußte. Da bisweilen nur zwei, nie aber mehr als fünf in Assur anwesend waren, ergab sich für sie ein strenger Dienst. Und doch konnte hie und da dem scharfen Aufpasserauge etwas entgehen. Vorwurfsvoll wird dem Ausgräber oft gesagt, er ›habe sich etwas stehlen lassen‹. Die hundertfünfzig oder zweihundert Arbeiter so scharf zu überwachen, daß nicht Unterschleife vorkommen konnten, war nicht möglich.« Als er wieder einmal mit seinem Assistenten und engsten Mitarbeiter Jordan, allein auf der Grabung zurechtkommen musste, eilte ihm sogar der kurzzeitig anwesende Grabungsphilologe Friedrich Delitzsch zu Hilfe: »Jordan und ich, wir teilen uns also, wie schon früher, in die Arbeit, und Herr Professor Delitzsch hat uns schon manchmal dabei unterstützt, indem er einige Stunden die Arbeiter beaufsichtigte. Gegenwärtig ist die Witterung schon angenehmer geworden, sodaß wir es gut zu zweit machen können, was natürlich ziemlich beträchtliche Anforderungen an den einzelnen stellt.«

Ein Arbeitstag in Assur begann in den frühen Morgenstunden und dauerte beim Schein einer Petroleumlampe bis tief in den Abend hinein; lediglich unterbrochen von den Mahlzeiten und einer Teepause. Den ganzen Tag über verbrachte man in den verschiedenen Arealen mit der Grabungstätigkeit, die neben der erwähnten Überwachung der Arbeitskräfte, die gesamte Aufnahme der freigelegten Reste und Funde umfasste. Nach Sonnenuntergang wurden die Ergebnisse im Grabungshaus nachbereitet, in dem man die Fundobjekte reinigte, restaurierte und registrierte, handschriftliche Notizen ausformulierte, die flüchtigen Skizzen ins Reine zeichnete und in die großformatigen Pläne übertrug sowie die technischen Geräte wartete.

DIE SCHRIFTLICHE UND ZEICHNERISCHE DOKUMENTATION

Die Ausgräber von Assur haben eine umfangreiche schriftliche Dokumentation hinterlassen, die heute im Archiv der Deutschen Orient-Gesellschaft in Berlin aufbewahrt wird. Sie besteht aus Notizbüchern, den sog. Fundjournalen, Tagebüchern sowie Plänen von horizontalen Grabungsflächen und vertikalen Querschnitten. Gebrauch und Erscheinungsform der einzelnen Doku-

mentationsformen war streng vereinheitlicht und reglementiert, so dass sie unabhängig von dem jeweiligen Grabungsteilnehmer in immer gleicher Weise verwendet und auch verstanden werden konnten; getreu dem Andrae'schen Motto: »Sorgfältige Buchführung über seine Beobachtung ist der beste Ausweis für die Glaubwürdigkeit des Ausgräbers.«

Die 17,5 cm x 11 cm großen, fest gebundenen Notizbücher sind zum täglichen Felddienst von den Ausgräbern mitgeführt worden, um darin die Funde und Befunde der verschiedenen Grabungsareale stichwortartig zu beschreiben. Sie beinhalten eine Fülle von Informationen zu den aufgedeckten Artefakten und Bauresten mit zahlreichen Skizzen und Maßangaben. Für die Eintragungen bediente man sich teilweise sogar einer damals gebräuchlichen Kurzschrift, ähnlich der Stenografie, um möglichst platz- und zeitsparend arbeiten zu können. Bereits hier finden sich vorformulierte Textpassagen, die dann in die späteren Endpublikationen übernommen wurden.

Die Angaben aus den Notizbüchern wurden nach dem Felddienst in die Fundjournale übertragen, die ein Kompendium aller Funde aus Assur darstellen (Abb. 3). Während der elfjährigen Ausgrabungszeit wurden 23.221 handschriftliche Eintragungen vorgenommen, die sich auf acht großformatige Bücher verteilen. Die beidseitig beschriebenen Seiten sind in fünf Spalten unterteilt und enthalten die fortlaufende Grabungsnummer für das jeweilige Fundstück, das Funddatum, eine kurze, meist abgekürzte Fundbeschreibung, die Nummer der betreffenden Fotografie, auf dem das Objekt abgebildet ist, sowie das Planquadrat und eine knappe Definition der Fundstelle. Ergänzt werden können diese Informationen durch Zeichnungen und Skizzen der Artefakte und Fundstellen sowie Kopien von Keilinschriften.

Im Anhang zu den einzelnen Fundjournalen sind die Tagebücher angeheftet, deren Seiten aus einer Kopfzeile mit Monatsangabe, Seitenzahl und Jahr bestehen. Die Tagebücher decken ein breites thematisches Spektrum des Grabungsalltages ab. Sie enthalten Beschreibungen von Funden und Baukomplexen, Angaben zur Grabungsorganisation, wie der Versorgung und Entlohnung der Arbeiter, Arbeitszeiten und Pausen, Notizen zum Tagesgeschehen, wie Wetterbeobachtungen, Erkrankungen von Mitarbeitern und Besuche. Darüber hinaus liefern sie eine minutiöse Schilderung des Grabungsverlaufes

Abb. 3   Eine Seite aus einem der Fundjournale mit der Auflistung von Funden sowie zahlreichen Skizzen mit Maßangaben zu den Objekten und Fundstellen (Fundjournal VII, S. 87, 01.–03. Mai 1913, Fundnummern Assur 21380-21404). Archiv der Deutschen Orient-Gesellschaft.

Abb. 4   Autochrom-Aufnahme vom Podest des Ischtar-Tempels. Reproduktion eines Farbdias mit der Aufnahme einer emaillierten Ziegelwand am Assurtempel, Vorsprung mit Vorpodium, Aufnahme vom 10.02.1910. Die Anwendung der Farbfotografie in Assur erfolgte auf Wunsch Walter Andraes mit Material der Firma Agfa noch vor Markteinführung des Produktes. Somit ist Assur der Ort, an dem zum ersten Mal die Farbfotografie, wenn nicht überhaupt, so doch in der Archäologie eingesetzt wurde.

und bieten Einblicke in die sukzessiven Erkenntnis- und Meinungsbildungsprozesse der Ausgräber.

Eine weitere wichtige Grundlage bilden die Pläne, denen gemäß der bauhistorischen Ausbildung der Ausgräber und den Grabungsprinzipien Koldeweys ein hoher Stellenwert beigemessen wurde. Die zeichnerische Dokumentation setzt sich einerseits aus den Flächenplänen zusammen, in denen sämtliche Befunde eines Grabungszustandes in einem Areal enthalten sind, andererseits aus den Profilplänen, welche die vertikale Schichtengliederung eines Grabungsabschnittes wiedergeben. Auf separaten Blättern befinden sich die nivellierten Punkte mit den dazugehörigen Vermessungswerten.

DIE FOTOGRAFIEN

Zu den großen Verdiensten der Ausgräber von Assur zählt der intensive Einsatz der Fotografie. Zwar wurden bereits ab der Mitte des 19. Jhs. erste Versuche mit dem Daguerrotyp unternommen, einer Vorstufe der Fotografie auf Metallplatten. Doch die zu diesem Zeitpunkt noch wenig ausgereifte Technik der Apparate verhinderte eine breite Anwendung dieser Dokumentationsform auf archäologischen Ausgrabungen im Vorderen Orient.

Bedenkt man die schwierigen Umstände, die in der damaligen Zeit mit einer fotografischen Dokumentation verbunden waren, so gewinnt die Leistung Andraes und

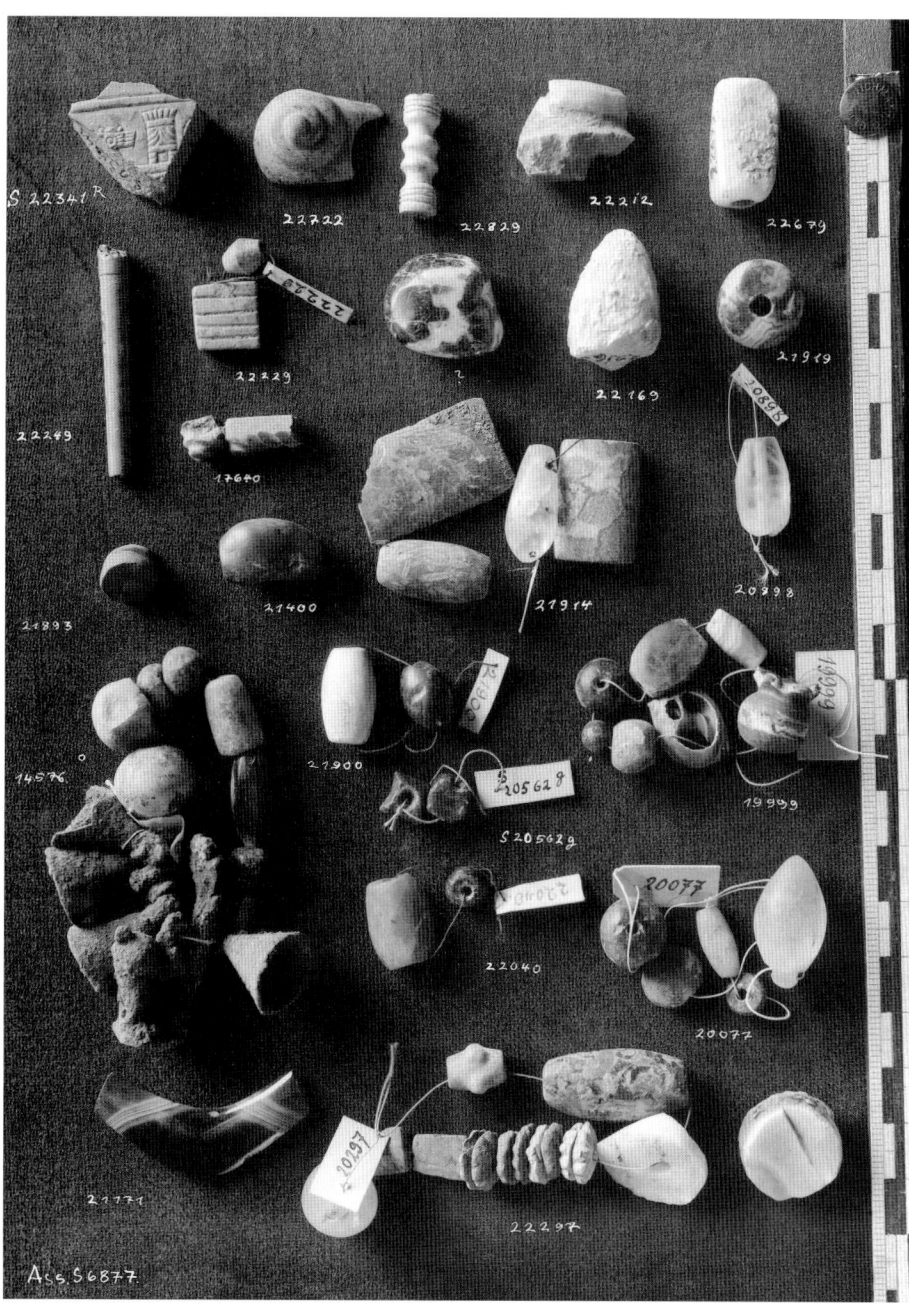

Abb. 5
Grabungsfotografie
(Ass. Ph. S 6877), die
zahlreiche Kleinfunde
abbildet, wie Schmuck-
perlen und -anhänger
unterschiedlichen
Materials sowie Muscheln
und Schneckengehäuse.

seiner Mitarbeiter zusätzlich an Bedeutung. Zum Zeit-punkt der Ausgrabung standen noch keine Kleinbild- oder Mittelformatkameras mit Wechseloptik zur Verfü-gung, so wurden Großformatkameras mit Stativ verwen-det, deren Aufbau und Arrangement entsprechend zeit-aufwendig war. Hinzu kamen die extremen klimatischen Bedingungen in dieser Region wie Sand, Staub und vor allem die starken Temperaturschwankungen von Minus-graden in den frühen Morgenstunden bis zu 60° Grad in der Mittagshitze, die auch heute noch den Einsatz emp-findlicher, feinmechanischer Geräte bei Grabungen im Vorderen Orient erschweren.

Während der Ausgrabungen in Assur wurden über 7000 fotografische Aufnahmen angefertigt, die fortlau-fend nummeriert und in eigens angelegten Verzeichnis-sen registriert sind. Dazu gehörten erstmals auch in der noch jungen Geschichte der Fotografie Versuche mit Farbbildfilmen (Autochrom-Aufnahmen).

Die Bandbreite der abgelichteten Motive deckt das gesamte Spektrum der archäologischen Feldarbeit ab und umfasst sowohl Aufnahmen von ganzen Grabungs-arealen als auch ausgewählten Bauteilen, wie einzelne Mauern, Treppen- und Kanalanlagen sowie Installatio-nen aller Art (Abb. 4). Einen eigenen Komplex bildet der Bestand an Fundfotos, denn der weitaus größte Teil der Funde aus Assur wurde einschließlich der Grabungs-

nummer im Bild festgehalten. Je nach Größe und Bedeutung des Objekts scheuten die Ausgräber dabei weder Aufwand noch Mühen, um beispielsweise qualität-
volle Skulpturen in bis zu zwölf Einzelabbildungen aufzunehmen. So entstanden Bildserien, die das gesamte
Motiv und einzelne Details in mehreren Perspektiven
und manchmal sogar in unterschiedlichen Lichtverhält-
nissen zeigen.

Es verwundert daher nicht, dass diese Aufnahmen
oftmals noch den heutigen Standards gerecht werden
und in den Grabungspublikationen reproduziert sind.
Kleinformatige oder weniger anspruchsvolle Artefakte
wurden dagegen in großer Zahl auf einer einzigen Abbildung zusammengestellt (Abb. 5). In diesen Fällen müssen Abstriche hinsichtlich der Qualität und Erkennbar-
keit gemacht werden. Dennoch erweisen sie sich gerade
für eine nachträgliche Bearbeitung als ein eminent wich-
tiges Hilfsmittel. Zahlreiche Funde, die keine Grabungsnummer mehr besitzen oder sich heute in einem anderen Erhaltungszustand befinden, sind mit Hilfe der Fotos wieder identifizierbar. Für verloren gegangene oder
als vermisst geltende Funde stellen sie ohnehin die einzige noch zur Verfügung stehende Bildquelle dar.

NATURWISSENSCHAFTLICHE ANALYSEN

Die Assur-Expedition gehörte zu den ersten archäologischen Ausgrabungen, in deren Verlauf gezielt und systematisch Materialproben von allen möglichen Substanzen gesammelt wurden, um sie später naturwissenschaft-
lich auszuwerten. Auch dies ist ein Beleg für die innova-
tiven Methoden, die Andrae und seine Mitarbeiter in
Assur praktizierten. Analysiert und konserviert wurden
diese dann von keinem Geringeren als Friedrich Rath-
gen in den Laboratorien der Königlichen Museen zu
Berlin.

Anhand vegetabiler Reste, wie Nahrungs- und Pflan-
zenrückstände, lassen sich Erkenntnisse zur landwirt-
schaftlichen Nutzung im Umfeld Assurs sowie den
Ernährungsgewohnheiten der Einwohner gewinnen.
Die aufgefundenen Spuren unterschiedlicher Steinsorten und Hölzer erlauben Rückschlüsse auf das beweg-
liche Inventar oder die Deckenkonstruktion der Gebäude. Abdrücke von geflochtenen Schilfmatten in

Lehmkluppen weisen darauf hin, dass mit solchen Mat-
ten die Fußböden der Innenräume ausgelegt waren. Na-
turkundliche Herkunftsbestimmungen von Muscheln
und Schneckenschalen aus Süß- und Salzwasserberei-
chen verschiedener Flüsse und Meere zeigen die bestehenden Handelsbeziehungen in der Antike auf ebenso
wie die unterschiedlichen Legierungen von Metallen, die
nicht nur über Importe und Exporte Auskunft geben,
sondern auch die angewendeten Herstellungstechniken
offen legen. Die zahlreichen Knochen- und Skelettreste
ordneten bereits die Ausgräber nach Augenschein Menschen oder Tieren zu, zwecks späterer genauer Bestimmung.

NACHWIRKUNGEN UND VERMÄCHTNIS

Während in anderen Gebieten des Vorderen Orients der
Dissens um die »richtige« Grabungstechnik bis in jüngste Zeit anhält, waren Koldewey und Andrae mit ihrem
gezielten und akribischen Vorgehen ihrer Zeit weit voraus. Jeder im Vorderen Orient tätige Archäologe arbeitet
prinzipiell noch heute nach den in Babylon und Assur
entwickelten Methoden, auch wenn sich diese inzwischen durch den technischen Fortschritt und die neuen
Untersuchungsmöglichkeiten sehr verfeinert und rapide
weiterentwickelt haben.

Das programmatische Ziel der Tätigkeit Andraes war
die uneingeschränkte und möglichst objektive Präsentation der Grabungsergebnisse, die der Forschung durch
die Publikationen unverzüglich zur Verfügung gestellt
werden sollte. Als die Veröffentlichung der Assur-Grabung aus finanziellen Gründen zu scheitern drohte, rea-
gierte der Ausgräber mit einem eindringlichen und emo-
tionalen Plädoyer: »Wäre es nicht besser gewesen, die
Ruine unter ihrer tausendjährigen Schuttdecke schlum-
mern zu lassen, wenn sie nicht wenigstens in Büchern
verbreitet ihre Wiedererstehung feiern können?« . Eine
Aussage, die nach wie vor nichts an Aktualität eingebüßt
hat. Und auch das wissenschaftliche Credo Andraes ist
von immerwährender Gültigkeit und gleichsam eine
Verpflichtung für jeden Archäologen: »Das Endziel dieses unseres Strebens ist: Die Ruine in Wort und Bild zu
überliefern.«.

NICOLA CRÜSEMANN

VON ASSUR NACH BERLIN

DER LANGE WEG DER FUNDE VOM GRABUNGSORT INS MUSEUM

Wenngleich Friedrich Delitzsch, erster Direktor der Vorderasiatischen Abteilung der Berliner Museen, in seinem an Wilhelm II. gerichteten Memorandum das rein wissenschaftliche Interesse an Assur als zweiten großen, deutschen Grabungsort in Mesopotamien betonte, so wurde rasch klar, dass der wissenschaftliche Ruhm allein als Grabungsergebnis weder den Museen, noch der Deutschen Orient-Gesellschaft (DOG) geschweige denn Wilhelm II. ausreichte.

Stattdessen entbrannte bereits kurz nach Grabungsbeginn ein heftiger Streit um die möglichen Funde, der den gesamten Grabungsverlauf mitbestimmen sollte.

Dieser resultierte nicht zuletzt auf der persönlichen Grabungsgenehmigung vom Sultan an den deutschen Kaiser (s. S. 42–44 sowie der Tatsache, dass der Grabungsort zum Krongut des Sultans selbst gehörte. Dies führte von Anfang an zu Missverständnissen bezüglich der Besitzverhältnisse des Ausgrabungsortes selbst sowie der materiellen Ergebnisse der deutschen Ausgrabungen.

So tauchten deutscherseits Behauptungen auf, der Grabungsort sei Wilhelm II. geschenkt worden oder der Sultan habe dem deutschen Kaiser alle Funde überlassen.

Wenngleich dies nicht der Realität entsprach und die Grabungserlaubnis stattdessen unter den »üblichen Bedingungen« erteilt worden war, d. h. die Grabungen durften nur im Rahmen des Antikengesetzes veranstaltet werden, war der Antikendirektor des Osmanischen Reiches Osman Hamdi Bey (Abb. 1) seit der ungewöhnlichen Grabungserlaubnis über seinen Kopf hinweg verärgert und misstrauisch.

Eine entscheidende Rolle spielte darüber hinaus sicherlich, dass bereits kurz zuvor – im Juni 1903 – die Mschatta-Fassade als persönliches Geschenk des Sultans an Wilhelm II. nach Berlin abtransportiert worden war. So wachte Hamdi Bey mit Argusaugen über die Grabungen in Assur. Sein erster großer Erfolg im Kampf gegen die deutsche Einflussnahme erfolgte bereits kurz nach Grabungsbeginn. Anlässlich der Auffindung eines Königsstandbildes Salmanassar III. (Abb. 2) im Dezember 1903 gelang es ihm, den Sultan dazu zu veranlassen, dem Museum in Konstantinopel dieses und alle in Assur noch zu erwartenden Funde per Irade zu überlassen.

Dies führte während des Grabungsverlaufes und bis zur endgültigen Fundteilung 1914 zu einer Reihe von Auseinandersetzung um die materiellen Grabungsergebnisse aus der assyrischen Hauptstadt Assur.[1]

Abb. 1   Osman Hamdi Bey, Direktor der Antikenbehörde des Osmanischen Reiches und des Musée Impériale Ottoman, 1842–1910.

ERSTE FUNDTRANSPORTE VON ASSUR NACH KONSTANTINOPEL

Nach dem Erlass des Sultans ließ Hamdi Bey zunächst das assyrische Standbild nach Konstantinopel in »sein« Museum abtransportieren. Wenngleich sich der Generaldirektor der Berliner Museen beim Kultusministerium über diese Vorgehensweise beschwerte, beschloss man deutscherseits zunächst den diplomatischen Rat des Botschafters zu befolgen und – um spätere Verhandlungen nicht zu gefährden – nicht offiziell gegen diese Vorgehensweise zu protestieren.

Doch schon ein Jahr darauf, im Oktober 1904, vermeldete Grabungsleiter Walter Andrae, dass der vor Ort anwesende Kommissar des Osmanischen Museums die Ablieferung sämtlicher Funde forderte. Die anschließende Auseinandersetzung und die Weigerung Andraes, die Funde zum Abtransport freizugeben, führte Anfang 1905 sogar zu einer zeitweisen Schließung der Grabung.

Dabei wird erneut deutlich, wie eng der Grabungsverlauf mit der deutschen Außenpolitik und deren diplomatischen Vertretern verbunden war. Denn der deutsche Botschafter in Konstantinopel Marschall von Bieberstein bemühte sich während der gesamten Auseinandersetzungen intensiv darum, Hamdi Bey nicht durch ein erneutes direktes, politisches Eingreifen endgültig zu verärgern. So schrieb er: »Der Transport der bereits verpackten Kisten kann angesichts der Sachlage nur durch meine persönliche Intervention beim Sultan verhindert werden. Dies würde den definitiven Bruch mit Hamdi

Abb. 2   Statue Salmanassars III. (858–824 v. Chr.), heute im Museum in Istanbul. Die Aufnahme entstand zu Beginn der Grabung. Die Statue war einer der ersten wirklich spektakulären Funde in Assur, Ass. Ph. K 129.

bedeuten. ... Ich ... werde nur auf ausdrücklichen Befehl beim Sultan intervenieren.«

Auch Generaldirektor Schöne und der Vertreter der Berliner Museen in Konstantinopel, Theodor Wiegand, warnten vor einem direkten Eingreifen des Kaisers.

Diese diplomatische Zurückhaltung führte zunächst dazu, dass am 6. Mai 1905 gegen den Protest Andraes sämtliche Funde des »ersten Abschnittes« nach Konstantinopel abtransportiert wurden. Dabei handelte es sich um 251 Kisten der Funde, die vom ersten Grabungstag bis zum 3. April 1905 ausgegraben worden waren.

Bereits im Vorfeld war es Wiegand allerdings gelungen, dem türkischen Antikendirektor die Zusage abzuringen, dass der Inhalt der Kisten dem Studium deutscher Wissenschaftler freistehe »und nach der bisherigen Übung ex aequo et bono zwischen dem Berliner und dem hiesigen Museum« geteilt werde.

Diese Übereinkunft verdeutlicht – entgegen der ersten Irritationen – die Kompromissbereitschaft Hamdi Beys und die großen Möglichkeiten von Seiten der Berliner Museen einen Teil der Funde aus Assur für sich zu gewinnen. Zugleich lässt er erneut den großen deutschen Einfluss im Osmanischen Reich auch auf dem Gebiet der Ausgrabungen erkennen.

Trotz dieses Entgegenkommens Hamdi Beys wurde nach dem Abtransport auf Betreiben Wilhelms II., der trotz aller Warnungen letztlich doch über den drohenden Fundtransport und die vorübergehende Schließung der Grabung informiert worden war, im Juni 1905 ein Irade des Sultans erlassen, der besagte, dass bei Verlängerung der Grabungslizenzen den deutschen Gelehrten vor Ort keine Schwierigkeiten mehr von türkischer Seite bereitet würden. Wörtlich heißt es darin: »Eine die Bearbeitung störende vorzeitige Ablieferung der Altertümer an das Museum in Konstantinopel ist hiernach für die Zukunft ausgeschlossen.«

Ein wichtiger Erlass für die deutschen Grabungen, die in der Folge alle wieder aufgenommen werden konnten und deren Ergebnisse von nun an bis zum Grabungsende sämtlich zur Bearbeitung vor Ort bleiben durften.

Während somit die Grabungen in Assur nach den ersten Turbulenzen bis zu ihrem planmäßigen Ende und den anschließenden Fundteilungen ohne Unterbrechungen fortgesetzt werden konnten, bemühte man sich von Seiten der Berliner Museen intensiv um die »vorzeitig« nach Konstantinopel gelangten Funde aus Assur.

LEOPOLD MESSERSCHMIDTS DIPLOMATISCHE »MISSION«

Äußeren Anlass dieses Engagements war die Bitte Hamdi Beys an die Generalverwaltung der Berliner Museen um Entsendung eines deutschen Gelehrten zur Unterstützung beim Auspacken, Ordnen und Katalogisieren der eingetroffenen Funde.

Daraufhin begann man sich seitens der Berliner Museumsverwaltung und der DOG darüber Gedanken zu machen, wie man diese Mission am sinnvollsten für die eigenen Zwecke, d. h. die Gewinnung eines Teiles der

Funde aus Assur für die Vorderasiatische Abteilung nutzen konnte.

Ausgewählt für diese diplomatische Mission wurde Leopold Messerschmidt (Abb. 3), erster wissenschaftlicher Assistent der Vorderasiatischen Abteilung.

Der studierte Theologe und Assyriologe hatte 1896 als letzter bei Eberhardt Schrader promoviert und wurde im Oktober 1899 zunächst als erster »Hilfsarbeiter« der Vorderasiatischen Abteilung angestellt. 1903 wurde schließlich in den Staatshaushalt die Stelle eines Direktorialassistenten eingestellt, die Messerschmidt im Oktober 1903 offiziell übertragen wurde.

Im Gegensatz zu seinem Chef, Direktor Delitzsch, wird Messerschmidt von verschiedensten Seiten ein offenes, umgängliches, freundliches und zugleich diplomatisches Wesen zugeschrieben, das ihn für diese diffizile Mission für die Funde aus Assur geeignet erscheinen ließ. In seiner im DOG-Archiv vorhandenen Korrespondenz wird deutlich, dass Messerschmidt sich auf die Befindlichkeiten der unterschiedlichsten Persönlichkeiten einstellen konnte.

So waren sich Museumsverwaltung und DOG einig, mit Messerschmidt die geeignete Person zu entsenden. Und tatsächlich gelang es ihm während seiner drei Aufenthalte in Konstantinopel in den Jahren 1906–1908, für die Vorderasiatische Abteilung der Berliner Museen und die DOG zufriedenstellende Teilungsregelungen für die in Konstantinopel befindlichen Assur-Funde des ersten Abschnittes zu erwirken.

Diese Aufenthalte Messerschmidts in Konstantinopel werden in der Literatur immer wieder als Phase der Entspannung für die konfliktreichen Beziehungen zwischen den Königlichen Museen bzw. der DOG einerseits und Hamdi Bey andererseits hervorgehoben. Man sagt, dass die Beruhigung der Beziehungen, die 1906 eintrat, zum Teil Messerschmidt zu verdanken sei, der anstelle von Delitzsch nach Konstantinopel gesandt worden sei. Und es ist tatsächlich aufschlussreich, dass nicht der Direktor der Vorderasiatischen Abteilung selbst nach Konstantinopel gesandt wurde. Stattdessen hatte man sich bereits während der vorangegangenen Konflikte um Assur darum bemüht, Delitzsch möglichst weit vom »Brennpunkt Assur« fernzuhalten, da man durch dessen Aufenthalt eine Verschlimmerung der Situation befürchtete.

Der offizielle DOG-Antrag zur Entsendung Messerschmidts im Dezember 1905 verdeutlicht dessen Hauptaufgabe und veranschaulicht zugleich die drohende Gefahr für einen bedeutenden Teil der Funde: »Durch den vorzeitigen Wegtransport der Funde aus Assur nach Constantinopel ist der Vorstand in schwere Sorge versetzt um die Erhaltung derjenigen Fundstücke, welche den Einflüssen der Feuchtigkeit erfahrungsgemäß nicht Stand halten.

Es sind dies namentlich die zahlreichen ungebrannten und gebrannten Tontafeln und besonders die Glasurziegel, die zu den Emailgemälden, mit denen die Hofmauer des Assurtempels geschmückt war, gehö-

Abb. 3   Leopold Messerschmidt, 1870–1911, Assyriologe, jüngster Absolvent der Berliner Schule unter Eberhard Schrader, dann wissenschaftlicher Assistent der Vorderasiatischen Abteilung (zuvor noch »wissenschaftlicher Hilfsarbeiter«) unter Friedrich Delitzsch. Auf seinen Namen wurde die erste Grabungslizenz ausgestellt.

ren … Hamdi Bey ist durch Vermittelung des Herrn Direktor Dr. Wiegand bereits früher auf die Gefahren hingewiesen worden, die so den Funden aus den mesopotamischen Grabungen der DOG drohten, und, da er darauf rechnet, mit einem Teil dieser Funde das ihm unterstellte Museum zu bereichern, so ist anzunehmen, dass er sich bereit finden lassen wird, die auf möglichst ausgedehnte Konservierung dieser Stücke gerichteten Bestrebungen zu unterstützen.«

Ziel der Mission war es also, die Tontafeln und Ziegel zur Restaurierung in Professor Rathgens Labor nach Berlin zu entsenden und für die übrigen Funde eine zufriedenstellende Teilung zu erwirken. Gleichzeitig aber sollte Messerschmidt »als wissenschaftl. Hilfskraft bei Ordnung und Katalogisierung der Fara und Assurfunde helfen«.

So traf Messerschmidt erstmals am 26. Juni 1906 zusammen mit einen frisch restaurierten reliefierten Löwen von Babylon als Geschenk für Hamdi Bey im Gepäck in Konstantinopel ein.

Und schon Ende August konnte er einen ersten Erfolg vermelden. Denn Hamdi Bey teilte dem zuständigen Minister schriftlich die Dringlichkeit des Reinigungsbedürfnisses der »Sachen« mit und hob dabei hervor, dass diese im Interesse der Wissenschaft zur Konservierung nach Berlin geschickt werden müssten.

Die erhoffte Fundteilung allerdings war letztlich noch nicht möglich, da das neue Museum in Konstantinopel nicht fertig war und es somit keinen Raum gab, in dem das Auspacken und Ausbreiten erfolgen konnte. So reiste der Assistent der Berliner Vorderasiatischen Abteilung im Dezember 1906 zunächst mit der Zusage Hamdis, »für den Transport der Tafeln und Ziegel das Versprechen in den mitgeteilten Formen« zu sorgen, wieder ab.

Durch die gute »Vorarbeit« gelang es Wiegand nach Messerschmidts Abreise endlich, eine Erlaubnis zur Überführung der konservierungsbedürftigen Objekte aus Assur zu erreichen. Und so trafen im April 1907 schließlich 18 Kisten mit Tontafeln aus Assur und Fara in Berlin ein. Ein erster großer deutscher Verhandlungserfolg, der zugleich die Kooperationsbereitschaft Hamdi Beys verdeutlicht.

Bestätigt durch dieses Ergebnis reiste Messerschmidt im Sommer 1907 erneut nach Konstantinopel und konnte am 6. September erfreut mitteilen, dass er nun auch die Zusage erlangt habe, alle Assur-Glasurziegel und etwa 60 Inschriftenziegel nach Berlin zu verschicken. Tatsächlich gelangten im November 1907 82 Kisten in einem plombierten Wagon nach Berlin, von denen 72 Kisten mit den Glasurziegeln gefüllt waren. Die anderen 10 Kisten seien so Messerschmidt »dauerndes Eigentum« der Vorderasiatischen Abteilung. Stolz berichtete Messerschmidt, dass in Berlin alle mit dem Erfolg seiner Mission zufrieden seien und er von der DOG für seine »hervorragenden Dienste, die er bei seinem Aufenthalt in Constantinopel der DOG geleistet habe eine Gratifikation von 1000M erhalte«.

Da sich noch immer eine Reihe ungeöffneter und ungeteilter Fundkisten in Konstantinopel befanden, reiste Messerschmidt 1908 zum dritten Mal dorthin. Trotz der politischen Wirren der jungtürkischen Revolution, in die er zunächst geriet und an der auch Hamdi Bey aktiv beteiligt war, konnte Messerschmidt am 28. August 1908 auch den Erfolg seiner dritten Mission mitteilen: »Der Generalverwaltung der Kgl. Museen zu Berlin teile ich hierdurch mit, daß ich soeben bei Hamdi Bey war und ihn um die von mir ausgesuchten Assur- und Farah-Funde für Berlin gebeten habe. Er war außerordentlich liebenswürdig und hat mir eine glatte Zusage gegeben, nur hat er sich – was ich auch gar nicht anders erwartet hatte, nachdem ich ihn jetzt genau kennen gelernt habe – den Termin der Herausgabe vorbehalten. Er müsse mit dem Minister etc. sprechen und müsse dazu den ‚psychologischen Moment' abwarten. Als ich ihn bat, sich die Sachen näher anzusehen, ehe ich sie transportfertig verpackte, erklärte er, daß das überflüssig sei und er mir volles Vertrauen schenke. ... Ich werde demnach jetzt

die Kisten mit den ausgewählten Kleinfunden und Steininschriften transportfertig machen und sie an einer geschützten Stelle (in der Ecole des Arts) unterbringen. Dort können sie bis zum Augenblick der Ausfuhr verbleiben, die dann Dr. Wiegand in die Wege leiten könnte (ich habe mit ihm darüber schon eine Verabredung getroffen).«

Messerschmidt war es somit gelungen, auf friedlichem Weg eine zufriedenstellende Teilung der ersten Gruppe der Assur-Funde zu erlangen. Doch die tatsächliche Verschickung seines letzten Verhandlungserfolges erlebte Messerschmidt schließlich nicht mehr. Denn erst im April 1911 konnte Wiegand Andrae mitteilen, dass es ihm gelungen war, die Kisten »loszueisen«: »Uebrigens freut es mich Ihnen mitteilen zu können, das die S.Z. unserm L. Messerschmidt zugesagten Assurkisten glücklich freigekommen sind u. der Bahn übergeben wurden. Ich habe mir damit 5 Jahre lang Mühe gegeben und gerade wegen der chauvinistischen Strömung nach Absetzung des alten Sultans kam es nicht zur Ausfolgung. Halil hatte einfach Angst. Er schwebte da in einer grässlichen Zwickmühle. Einerseits hatte er das Wort seines verstorbenen Bruders zu halten, andererseits riskierte er thatsächlich seine Stellung. Schließlich ist ohne Parlament eine Lösung gefunden worden, die es dem Ministerrat ermöglichte, uns das gewünschte Entgegenkommen zu betätigen.«

Dies verdeutlicht, dass es nach den politischen Veränderungen im Osmanischen Reich durch die jungtürkische Revolution und der Absetzung des Sultans Abdul Hamid für die deutschen Vertreter wesentlich schwerer geworden war, »einvernehmliche« Fundteilungen zu treffen. Das neue türkische Selbstbewusstsein und das Mitspracherecht des türkischen Parlaments führten zu schwierigeren Verhandlungen. Dies wird schließlich insbesondere bei den Bemühungen um die übrigen Assur-Funde nach Beendigung der Grabungen 1914 deutlich.

Leopold Messerschmidt aber, der sich durch seine Mission in Konstantinopel um die Funde des ersten Abschnittes aus Assur so außerordentlich verdient gemacht hat, verstarb im März 1911 mit 41 Jahren an den Folgen seiner Herzerkrankung, die ihn bereits darin gehindert hatte, die Grabungsleitung von Assur zu übernehmen.

Neben seiner wichtigen Rolle bei der Teilung der Funde aus Assur und als Assistent der Vorderasiatischen Abteilung war er aber auch wissenschaftlich tätig. 1911 erschien posthum seine wohl wichtigste Publikation »Keilschrifttexte aus Assur historischen Inhalts, Heft 1«, die er bereits 1905 aus eingesandten Abschriften, Abklatschen, Abdrücken und Fotografien eines Teils der Funde aus Assur fertiggestellt hatte.

Die vorangehende Darstellung der Bemühungen Messerschmidts um eine erfolgreiche Teilung der ersten Gruppe der Assur-Funde veranschaulicht, dass eine Fundteilung durch friedliche Verhandlungen statt politischen Druck möglich war. Gleichzeitig aber lässt der Verlauf seiner Verhandlungen erkennen, dass sich die Situation durch die politischen Umwälzungen im Osmanischen Reich verändert hatte. Wenn auch das Deutsche Reich weiterhin einflussreich war, so gab es deutliche Bestrebungen, die Ausfuhr von Grabungsfunden zu erschweren. Diese entstanden offensichlich nicht nur durch Hamdi Beys Nachfolger und Bruder Halil Bey, der seit 1910 das Amt des Antikendirektors inne hatte, sondern insbesondere auf politischer Ebene im Parlament bzw. im Ministerrat. Im Folgenden wird deutlich, wie hart um die endgültige Teilung der Assur-Funde nach Beendigung der Grabung gekämpft wurde.

FUNDTEILUNG PER GEHEIMABKOMMEN

Während es Messerschmidt auf friedlichem Wege durch direkte Verhandlungen mit den Verantwortlichen im Osmanischen Museum gelang, einen Teil der 1905 nach Konstantinopel transportierten Funde ganz für die Vorderasiatische Abteilung zu sichern und andere zumindest zur Restaurierung und wissenschaftlichen Bearbeitung nach Berlin zu schicken, wurden zur Teilung der übrigen in Assur aufbewahrten Funde am Ende der Grabung 1914 schließlich alle politischen Register gezogen. Dabei setzte man kurz vor Ausbruch des Ersten Weltkrieges zum ersten und letzten Mal das 1899 geschlossene Geheimabkommen zwischen den Berliner Museen und der türkischen Regierung ein.

Das auf Initiative von Osman Hamdi Bey erlassene Antikengesetz von 1884 verbot generell die Ausfuhr von Antiken aus dem Osmanischen Reich. Dennoch waren Fundteilungen, deren Konditionen bei jeder Unternehmung neu ausgehandelt wurden, zwischen dem Osmanischen Reich und der jeweils dort ausgrabenden Nation die Regel. Aufgrund der günstigen politischen Situation tauchten deutscherseits dennoch in den Jahren 1896/97 Überlegungen auf, ein Fundteilungsabkommen zwischen dem Osmanischen Reich und den Berliner Museen zu erwirken. Tatsächlich gelang es schließlich durch direkte persönliche »Wunsch« Wilhelms II. an den Sultan und somit unter erheblichen politischen Druck, im November 1899 den Abschluss eines entsprechenden Abkommens in Form eines diplomatischen Notenwechsels zu bewirken, der das Berliner Museum ermächtigte, »den von ihm im Wege rechtmäßiger Ausgrabungen zu Tage geförderten Alterthümer zur Hälfte für sich zu behalten, unter Ueberlassung der anderen Hälfte an die türkische Regierung.«

Die Generalverwaltung der Museen erfuhr von dem Abkommen durch den Kultusminister, der zugleich die Anordnung traf, dasselbe streng geheim zu halten, »damit nicht durch Bekanntwerden der getroffenen Vereinbarung ein schädlicher Wettbewerb anderer Nationen zur Erzielung der gleichen Vorteile veranlaßt werde …«. So wurde aus dem bilateralen Notenwechsel das sog. »Geheimabkommen« zwischen den Berliner Königlichen Museen und der türkischen Regierung.

Dieses Abkommen, das auf persönlichen Wunsch des Kaisers an den Sultan zustande kam, gehört somit in die Reihe der »Erfolge«, die durch kaiserlichen Druck über die Köpfe der übrigen Instanzen, insbesondere über den des Direktors des Osmanischen Museums, Hamdi Bey, hinweg erreicht wurden. Da Hamdi Bey diesen Notenaustausch weitestgehend ignorierte, bemühte man sich intensiv um andere Lösungen, ähnlich denen, die bereits vor dem Abkommen erfolgreich waren – Verhandlungen von Fall zu Fall.

Einen Einsatz des Abkommens verhinderten insbesondere die Vertreter der deutschen Botschaft in Konstantinopel und Wiegand, der Vertreter der Berliner Museen, da beide eine Verärgerung Hamdi Beys befürchteten, der den deutschen archäologischen Unternehmungen über die Erteilung von Grabungslizenzen und deren Verlängerungen erhebliche Schwierigkeiten bereiten konnte. Beide bemühten sich jeweils um möglichst friedliche Verständigungen, da sie keine größeren politischen Schwierigkeiten wünschten und Wiegand darüber hinaus um den Schutz der übrigen Grabungsprojekte des Museums, insbesondere seiner eigenen, bemüht war.

Schließlich bestritten sowohl Hamdi Bey als auch dessen Nachfolger Halil Bey nach Inkrafttreten des neuen Antikengesetzes 1906/07 endgültig die Rechtsgültigkeit des Geheimabkommens. Deutscherseits sah man dieses weiterhin als rechtlich korrekte, wenn auch letzte einsetzbare Möglichkeit, Funde aus Grabungen zu teilen.

Letztendlich wurde das Geheimabkommen nur ein einziges Mal offiziell eingesetzt – bei der Teilung der Funde aus Assur im Jahr 1914. Die dortigen Grabungen sollten planmäßig im Frühjahr 1914 beendet werden.

Nachdem Grabungsleiter Andrae im Januar 1913 frisch verlobt nach Assur zurückkehrte, bemühte er sich darum, das geplante Grabungsende möglichst rasch und erfolgreich herbeizuführen. Während er somit einerseits die ihm gestellte Grabungsaufgabe, die Aufnahme des gesamten Stadtgebietes, möglichst schnell zu erledigen suchte, drängte er andererseits die Verantwortlichen in Berlin, insbesondere die DOG, sich um die Funde und deren Transport zu kümmern.

So begannen bereits im Sommer 1913 die ersten Verhandlungen um die Assur-Funde, von denen man deutscherseits möglichst viele für die Berliner Vorderasiatische Abteilung gewinnen wollte. Dennoch war offenbar bis Ende 1913 noch keine Entscheidung in Sicht und Andrae begann zu drängen, da es ihm gleichzeitig gelungen war, die Grabung früher als geplant zu beenden: »Die Grabung in Assur ist fertig! Mit Jahresabschluß tritt das ein, was nach dem Anschlag für den 31.3.14 vorgesehen war. Ich habe kein großes Objekt mehr, ich kann bloß noch mit wenigen Leuten hie und da aufräumen und reinigen und bohren.«

Er befürchtete aufgrund der bis dahin entmutigenden Verhandlungsergebnisse, dass die Funde zunächst vor

Ort bleiben müssten und er selbst möglicherweise mit ihnen. Wenngleich Koldewey zur Zurückhaltung mahnte, richtete der Grabungsleiter von Assur nun dringende Schreiben an die DOG, in denen er wie Delitzsch einst in seinem Memorandum für die Wahl von Assur an das deutsche Nationalgefühl appelierte: »Gütlich ist es also nicht zu machen. Jetzt fängt die Sache an politisch zu werden. Die DOG und damit der preußische Staat hat viel Geld in das Unternehmen gesteckt – der Türke will die sachgemäße Auswertung dieser Aufwendungen verhindern. … Wenn wir jetzt nicht unsere Kraft zeigen, werden die Ergebnisse von Assur allerdings hier an Ort und Stelle verkommen. … Meine Ansicht ist also die: Wenn die Sache nicht auf diplomatischem Wege erzwungen werden kann, steckt das Gesamtergebnis von Assur im Sumpf zum Gelächter aller Nationen.«

Es kann nur vermutet werden, dass Andrae darauf spekulierte, mit dieser dringenden Anrufung der DOG an des Kaisers Ohr zu dringen, dessen Engagement und Ehrgeiz in Sachen deutsche Ausgrabungen im Vorderen Orient in der Zwischenzeit zur Genüge bekannt war.

Tatsächlich wandte sich die DOG Anfang 1914 mit einem Promemoria an Wilhelm II., in dem Auszüge aus Andraes Schreiben zitiert werden. Darunter die dringlichen Fragen: »Wollen wir die Ergebnisse zehnjähriger Arbeit hier vermodern lassen? Können wir das wollen? Wären wir dann noch Deutsche?«

Der Vorstoß gelang und so begann auf Veranlassung und unter ständiger Beteiligung Wilhelms II. der politische Kampf um die Funde aus Assur, der den Botschafter von Wangenheim, wie er am 27. März 1914 schrieb, zu einer Sprache und zur Anwendung eines Druckes veranlasste, »wie sie unter dem neuen Regime noch niemals und unter Abdul Hamid nur bei Betreiben politischer Geschäfte von allerhöchster Wichtigkeit von uns zur Anwendung gekommen sind«. Die Assur-Funde wurden zu einem hochbrisanten Politikum.

Die ersten Bemühungen beim Großwesir am 1. Februar 1914 führte allerdings zunächst nicht zu dem gewünschten Erfolg, stattdessen wurde mitgeteilt, dass dieser sich die Antwort vorbehalte. Dabei betonte der Vertreter der Botschaft erneut: »Ausgang selbst beim besten persönlichen Willen Großwesirs unsicher. Abtransport daher in gegenwärtigem Augenblick bedenklich …«. Dennoch verhandelte man weiter und so konnte Wangenheim am 12. März als ersten Erfolg mitteilen, dass der Großwesir das Geheimabkommen als rechtsverbindlich anerkenne. Da man von Seiten des Osmanischen Museums allerdings darauf bestehe, dass die Grabungserlaubnis für Assur ausdrücklich beinhalte, dass alle Funde dem türkischen Staat gehörten, sei nun abzuwarten, welcher Auffassung sich der Ministerrat anschließe.

Doch diese vorsichtigen Bemühungen und ersten Zugeständnisse, verbunden mit Warnungen vor einem zu harten Auftreten, reichten Wilhelm II. nicht aus – der deutsche Kaiser wurde ungeduldig. Bereits am folgenden Tag richtete er persönlich ein Telegramm an das Auswärtige Amt, wodurch die Angelegenheit eine neue Dimension bekam: »Eur. Exzellenz wollen nochmals seiner Exzellenz dem Kaiserl. Botschafter klar machen, dass er mit schärfstem Ernste endlich dem Grossvezir klar macht, dass ich nicht gesonnen bin, mich mit den Ergebnissen der von mir befohlenen und teilweise aus meinen Fonds bestrittenen Ausgaben länger hinhalten zu lassen! Es stehen die Resultate einer 15 jähr. Arbeit meiner Museen und ihrer Leiter – besonders Dr. Wiegands – auf dem Spiel die für uns von unschätzbarem Werthe, für Stambul total gleichgültig sind. Sie müssen jetzt umgehend ausgeführt werden, auf grund des noch bestehenden Vertrages, der noch Gültigkeit hat, so oder so, sonst werde ich unangenehm werden! mit Ausflüchten lässt sich der deutsche Kaiser nicht mehr abspeisen. Es ist geradezu unwürdig. Wilhelm i.r.«

Durch dieses deutliche Schreiben blieb dem Botschafter kaum mehr etwas anderes übrig, als den kaiserlichen Druck weiterzuleiten – wollte er nicht den direkten Widerstand gegen den kaiserlichen Befehl proben. Und so teilte er schon am folgenden Tag mit: »Großwesir und Talaat Bey sind nunmehr nochmals auf das Interesse Seiner Majestät des Kaisers an den Assurfunden und darauf hingewiesen worden, daß aus der Nichtberücksichtigung des Allerhöchsten Wunsches Unannehmlichkeiten entstehen würden. Großwesir wird die Angelegenheit nunmehr als hoch politische Frage im Konseil zur Sprache bringen.«

Die Reaktion verdeutlicht, dass der deutsche Kaiser noch 1914 einen sehr großen Einfluss im Osmanischen Reich hatte und man dort die kaiserlichen Drohungen außerordentlich fürchtete. Denn schon fünf Tage später teilte von Wangenheim mit, dass der türkische Ministerrat nun beschlossen habe, dass »angesichts der besonderen Lage des Falls die … Kisten ausgeführt werden dürfen …«.

Gleichzeitig aber solle alles Nötige getan werden, um das Geheimabkommen zu liquidieren, wogegen sich Wangenheim, insbesondere im Hinblick auf die bereits laufenden deutschen Grabungen verwahrte.

Dringend warnte Wangenheim davor, durch Indiskretion die Bemühungen des Wesirs, die Ausfuhr der Funde ohne Aufsehen zu ermöglichen, zu stören.

Es war somit gelungen, durch direkte kaiserliche Einflussnahme eine Ausfuhrerlaubnis für die Assur-Funde zu erhalten. Allerdings – so führte Wangenheim in einem späteren Schreiben aus – hätte dazu ein außerordentlich großer, politischer Druck eingesetzt werden müssen. »Hätten die Türken nicht nachgegeben, so wäre nur ein Ultimatum und eventueller Abbruch der Beziehungen übrig geblieben. Der Großwesir, der unseren Standpunkt vollkommen begreift, hat seine Stellung einsetzen müssen, um unsere Forderung durchzubringen.«

Bis es zur Einigung über den endgültigen Teilungs- und Transportmodus kam, dauerte es noch einige Zeit. Dann aber konnten am 11. Mai 1914 endlich sämtliche Funde in 700 Kisten verpackt auf zehn Flößen und

Abb. 4   Abtransport der Funde aus Assur 1914. Die Kisten werden vom Vorplatz des Expeditionshauses mittels Rampen auf Flöße, sog. Kelleks, verbracht, um sie nach Bagdad und danach nach Basra zu transportieren, wo sie auf ein Dampfschiff verladen wurden.

einem Bagdad-Boot zunächst bis Bagdad transportiert werden (Abb. 4). Beim dort ohnehin notwendigen Umladen wurden unter Anwesenheit der Teilungsbeauftragten Walter Andrae und Bedri Bey, ehemaliger Grabungskommissar, die Funde geteilt. Andrae teilte am 5. Juni 1914 der Generalverwaltung der Berliner Museen mit: »Teilungsverhandlung beendet deutscher Anteil 445 türkischer 257 Kisten. Effektive Teilung erfolgt dort beim Umladen auf die Cheruskia. Der türkische Anteil soll in Port Said auf Constantinopeler Dampfer umgeladen werden, wobei ich und Bedri Bey zugegen sein werden. Auf Wunsch der Botschaft bezahle ich vorläufig auch die Kosten bis Constantinopel.« Und schließlich meldete Wangenheim am 19. Juni, dass das Verladen der Altertümer auf den Hapag-Dampfer Cheruskia in Basra ohne Zwischenfall beendet sei.

Es kann somit hervorgehoben werden, dass sowohl der Beginn der Grabungen in Assur als auch die Fundteilung am Ende der deutschen Unternehmung eng mit dem Engagement des deutschen Kaisers Wilhelms II. und der politischen Stellung des Deutschen Reiches im Osmanischen Reich in dieser Zeit verbunden ist.

Ein glückliches Ende der deutschen Bemühungen

um die Funde aus Assur war damit allerdings noch nicht erlangt. Denn während der türkische Anteil der Fundkisten, deren Transportkosten die DOG übernahm, Mitte August in Konstantinopel eintraf, erhielt die Vorderasiatische Abteilung am 10. August 1914 die Nachricht, dass die Cheruskia mit dem deutschen Anteil der Assur-Funde nach Kriegsausbruch den neutralen Hafen von Lissabon angesteuert habe.

ODYSSEE DER FUNDE VON ASSUR NACH BERLIN

Der Ausbruch des Ersten Weltkrieges verhinderte auch die glückliche Ankunft der unter so hohem politischen Einsatz erlangten Funde aus Assur in Berlin.

Stattdessen blieben die bei Kriegsbeginn auf hoher See befindlichen Funde den gesamten Kriegsverlauf in Portugal. Das anfangs neutrale Land beschlagnahmte nach Kriegseintritt die wertvolle Fracht, ließ sie nach Opporto (heute Porto) transportieren und dort ausstellen.

Erst wesentlich später, im Jahr 1926, gelang es Walter

Andrae nach langwieriger Verhandlung und im Austausch gegen Originale und Abgüsse aus den Berliner
Sammlungen, die Funde aus Assur auszulösen. So trafen sie
erste 12 Jahre nach ihrer Abfahrt aus Bagdad im September 1926 in Berlin ein, wo sie direkt in den neuen Mu-
seumsbau von Alfred Messel, dem heutigen Pergamon-
Museum, ausgeladen wurden (Abb. 5).

Eine weitere kleinere Gruppe von Funden aus Assur
war in Bagdad, möglicherweise in der deutschen Botschaft, zurückgelassen worden. Diese Kisten wurden von
den Engländern nach ihrer Einnahme von Bagdad be-
schlagnahmt und zunächst nach Basra transportiert.
Dort blieben sie längere Zeit liegen. Anfang 1920 teilte
der englische Geschäftsträger in Berlin dem Auswärtigen
Amt mit, dass einige Fundkisten aus deutschen Grabungen
in Basra lägen, und fragte an, ob die deutschen Ausgräber sich zu der Sicherung und Restauration dieses Material
äußern wollten. Diese empfahlen, dass das Material so
schnell wie möglich nach Europa transportiert und dort
unter Mitwirkung der Ausgräber geöffnet werden müs-

ste. Doch stattdessen entschied die englische Regierung
im Herbst 1920, zunächst nichts weiteres zu unternehmen und die Funde vor Ort zu belassen. Später wurden
sie dann nach London transportiert, wohin Andrae im
Oktober 1922 reiste, um 20 Fundkisten wieder abzuho-
len, hinzu kamen drei Kisten mit Samarra-Funden. Von
einigen anderen Kisten war der Inhalt herausgenommen
und offenbar bereits in die Ausstellung des British Museum integriert.

Die vorangehenden Ausführungen verdeutlichen,
dass die Funde aus Assur, die bis heute eine wichtige
Rolle für das Vorderasiatische Museum spielen, auf verschiedenen, teilweise sehr verschlungenen Wegen an den
Kupfergraben nach Berlin gelangten.

Doch nun ging es darum, in Berlin eine angemessene
Behausung für die vielen Funde aus den altorientalischen Grabungen, darunter insbesondere auch diejenigen aus Assur zu finden.

*Abb. 5   Ausladen der Kisten aus
Portugal mit den Assurfunden in den
Museumsneubau, 1926. Nach der
Freigabe durch die portugiesische
Regierung im Jahr 1926 gelangten die
Funde über den Wasserweg direkt bis
vor das neu errichtete Pergamon-
museum.*

Abb. 6   Der umgebaute Speicher (links) mit dem provisorischen Ausstellungsgebäude, erster Ort, an dem die bis dahin zur Sammlung gehörenden und auch die bereits aus Assur nach Berlin gelangten Objekte gemeinsam ausgestellt wurden. Der Zugang war allerdings eingeschränkt und nur nach vorheriger Anmeldung möglich.

DER PLAN EINES GROSSEN VORDERASIATISCHEN MUSEUMS

Während die Vorderasiatische Abteilung seit 1899 in einem umgebauten Speichergebäude als Provisorium untergebracht war (Abb. 6), bestanden seit 1903 Pläne für ein großes und repräsentatives Ausstellungsgebäude. Eine zentrale Rolle nahm dabei die Hoffnung auf eine eindrucksvolle Rekonstruktion des Ischtar-Tores und der Prozessionsstraße aus den reliefierten Ziegelbrocken aus Babylon ein, die man sich als Glanzstück einer zukünftigen Ausstellung vorstellte.

Doch erst nachdem Wilhelm Bode Ende 1905 zum Generaldirektor der Berliner Museen ernannt wurde, konkretisierten sich die weiteren Baupläne für die Museumsinsel. Im Vorfeld seiner Denkschrift über die zukünftige Gestaltung der Berliner Museumslandschaft hatte er auch bei Direktor Delitzsch nach dem Raumbedarf der Vorderasiatischen Abteilung befragt.

In seinem Antwortschreiben wird deutlich, dass die Erfolge bei den Bemühungen um die Funde aus den deutschen Grabungen, insbesondere aus Assur, auch für die Berliner Museumspolitik eine wichtige Rolle spielte:

»Im Anschluß an Ihren sehr gütigen Brief … gestatte ich mir zu bemerken, daß, sobald wir bei der bevorstehenden Teilung der Assur- und Fara-Funde in Konst. gut abgeschnitten haben werden, auch für die Vorderasiat. Abteilung es dringend geboten erscheint, aus dem gegenwärtigen Provisorium baldmöglichst herauszukommen. Die für VA zu bestimmenden Säle und Nebenräume könnten mit leichter Mühe in ihren Dimensionen berechnet und hergestellt werden dergestalt, daß sie auch bei noch lange fortgesetzten Grabungen den Ansprüchen genügen.«

Nach dem Erscheinen von Bodes Denkschrift 1906 entwarf der Hofarchitekt Alfred Messel ein großes Gebäude, das heutige Pergamonmuseum, in dessen drei Flügeln neben dem Pergamonaltar und der Architektur der klassischen Antike, das Deutsche Museum und die Vorderasiatische Abteilung untergebracht werden sollte. Dabei waren letzterer zunächst beide Stockwerke des Südflügels zugeteilt worden (Abb. 7).

Allerdings gab es für diesen kaum eine detaillierte Planung, während es über die Konzeption des Nordflügels für das Deutsche Museum bereits sehr genaue Vorstellungen gab. Bode schrieb dazu: »Wie hier der bescheidene ältere Besitz und die reichen neueren Erwer-

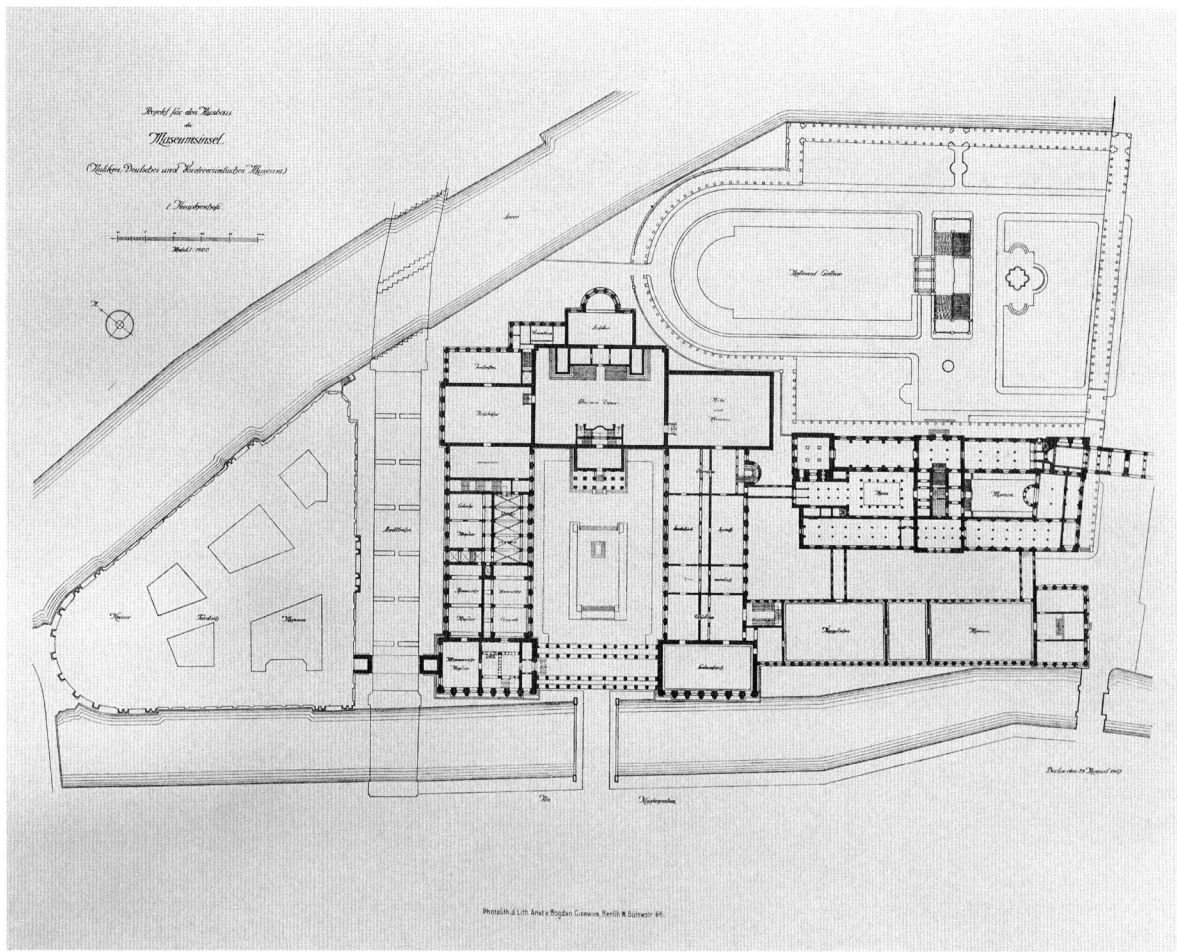

*Abb. 7   Plan Alfred Messels zum Ausbau der Museumsinsel, erstes Hauptgeschoß. Davon konnte durch seinen Nachfolger Ludwig Hoff-
man bis 1930 zur Eröffnung des Hauses nur ein Teil verwirklicht werden.*

bungen an babylonischen, assyrischen, hettitischen und
anderen vorderasiatisch-semitischen Ausgrabungen zur
Ausstellung gelangen sollen, wird sich erst nach ihrem
Abschluß feststellen lassen. Schon wegen der Unsicher-
heit über den bis zu diesem Zeitpunkte sich ergebenden
Bestand wird dieser Bau zunächst noch nicht in Angriff
genommen werden.«

Es ist darüber hinaus davon auszugehen, dass die in
dem Plan verzeichneten Hinweise zur Unterbringung
der einzelnen Funde nur sehr grob und vorläufig sind.

Obgleich mit den Bauarbeiten für das neue Mu-
seumsgebäude bereits 1910 begonnen wurde, konnte es
schließlich aufgrund baulicher und finanzieller Schwierigkeiten erst 1930 eröffnet werden.

Da die Vorderasiatische Abteilung aber aufgrund der
beginnenden Fundamentierungsarbeiten bereits 1911
ihren »provisorischen Speicher« verlassen musste, war sie
viele Jahre in beengten Behelfsräumen im Kaiser-Friedrich-Museum (heute Bode-Museum) untergebracht
(Abb. 8).

Während dieser Zeit liefen die Diskussionen über die
Gestaltung der neuen Ausstellung. Mit dieser wurde vor
allem Delitzsch' Nachfolger Otto Weber betraut, der
sich von Andrae, Grabungsleiter in Assur, beraten ließ.
Dieser hatte ganz konkrete Vorstellungen zur Ausstellungskonzeption in den beiden Stockwerken des Südflügels, wobei auch für ihn die Löwen von Babylon eine
zentrale Rolle einnahmen. Schließlich aber erfolgte 1916
der kriegsbedingte Baustopp, der auch alle Planungen
beendete. Nach dem Krieg standen zunächst Bemühungen um die Fortsetzung des Baus überhaupt im Vordergrund, bevor dann die Auseinandersetzung um die
Räume neu einsetzte. Dabei wurde der Vorderasiatischen Abteilung erst 1927, nach Eintreffen eines Groß-
teils der Funde aus Babylon und Assur, das Hauptgeschoss des Südflügels des Pergamonmuseums zugeteilt.

Nach dem Tod Otto Webers 1928 war es sein Nachfolger Andrae, der seine Ideen zur Ausstellungskonzeption und -inszenierung verwirklichen konnte. Die von

Abb. 8   Provisorische Unterbringung der Sammlung im Kaiser-Friedrich-Museum, 1911 bis 1930. Hier befanden sich die Kunstschätze, Wissenschaftler und Heizungsrohre auf einer Ebene, nur in wenigen Fällen voneinander getrennt. Auch dieser Teil des «Museums» war nur eingeschränkt zugänglich, galt jedoch bereits damals als eine Hochburg wissenschaftlicher Forschung.

Andrae entwickelte Ausstellung ist in ihren Grundzügen bis heute im Vorderasiatischen Museum erhalten geblieben. Dabei spielt die Einbindung von Rekonstruktionen archäologischer Zusammenhänge sowie der archäologischen Funde in ihr kulturhistorisches Umfeld eine entscheidende Rolle. Zur Erläuterung der kulturhistorischen Zusammenhänge wurden Originale durch Gipsabgüsse ergänzt. Zudem veranschaulichen große Wandgemälde die Situation an den Grabungsorten selbst.

Die Grabungen von Assur und deren Ergebnisse, für deren Zustandekommen und deren abschließender Fundteilung sich der Deutsche Kaiser persönlich mit hohen Engagement eingesetzt hatte, konnten in Berlin somit erst mit der endgültigen Eröffnung der Ausstellung der Vorderasiatischen Abteilung im Jahre 1936 von einer breiteren Bevölkerung öffentlich wahrgenommen werden.

ANMERKUNG

[1] Die folgenden Ausführungen basieren auf der Monografie Crüsemann 2000 zur Geschichte des Vorderasiatischen Museums. Dort sind ausführlichere Informationen sowie die Angaben zur Herkunft einzelner Zitate zu finden.

RALF-B. WARTKE

ASSUR IN BERLIN

DIE PRÄSENTATION DER AUSGRABUNGSFUNDE AUS ASSUR
IM KONTEXT DER GESCHICHTE DES VORDERASIATISCHEN MUSEUMS

AUF DEM WEGE ZUR STÄNDIGEN AUSSTELLUNG

Die museale Präsentation der Ergebnisse der Feldforschungen in Assur (1903–1914) ist eng mit der Geschichte des Vorderasiatischen Museums auf seinem Weg zu einer selbstständigen und repräsentativen Ausstellung verbunden. Nach den seinerzeit spektakulären Ankäufen neuassyrischer Palastreliefs (1854 und 1858), die zwar den eigentlichen Grundstock einer vorderasiatischen Sammlung bildeten und im sog. Assyrischen Saal (Ostsaal) des Alten Museums seit 1860 der interessierten Öffentlichkeit bekannt gemacht wurden, begann eigentlich nur eine Reihe von Provisorien, die erst zwischen 1930 – Eröffnung der ersten Säle des Vorderasiatischen Museums im Neubau am Kupfergraben – und 1934 aufgehoben werden konnten.

Die Stationen dieser Odyssee seien kurz aufgezählt:
– Als Teil der Skulpturensammlung wurden diese ersten assyrischen Altertümer zunächst zusammen mit griechischen und römischen Antiken im Museum am Lustgarten (Altes Museum) ausgestellt bis sie ab 1880 gegenüber den neuen Funden der einzigartigen pergamenischen Reliefs zunehmend in den Hintergrund zu treten begannen.
– Nach Überführung in die Ägyptische Sammlung fanden die durch Neuerwerbungen vermehrten Funde aus Vorderasien seit 1889 eine neue Heimstatt in drei separaten Räumen, die sich an den südlichen Hof des Neuen Museums anschlossen: Kleinasiatisches Zimmer, Babylonischer Saal, Assyrischer Saal.
– Von 1899 bis 1911 waren die Bestände der 1899 als eigenständige Abteilung im Verband der Königlichen Museen mit eigenem Direktor begründeten Sammlung in dem sog. Speicher A auf dem Alten Packhof in räumlicher Enge auf zwei Ausstellungsebenen verteilt und nicht öffentlich zugänglich.
– Mit dem Abriss dieses provisorischen Baues, der durch die Ausschachtungsarbeiten für den großen Museumsneubau am Kupfergraben (das spätere Pergamonmuseum) nötig wurde, musste für die Unterbringung der Sammlungsbestände des Vorderasiatischen Museums eine Zwischenlösung gefunden werden, die ab Mitte Mai 1911 in der Verlagerung der Objekte in das Kaiser-Friedrich-Museum (heute Bodemuseum) bestand. Einige der bereits nach Berlin gelangten Fundstücke aus Assur waren in dreiseitig verglasten Vitrinen ausgestellt,

darunter das große glasierte Gefäß VA 5052 (s. S. 63 Abb. 8 im Hintergrund links). Nach unwürdiger, trostloser und beengter Unterbringung neben den Heizungsräumen konnten nach 25 Jahren im Zusammenhang mit der Ersteinrichtung des Raumes der sog. aramäisch-spätethitischen Kunst die letzten Objekte erst 1936 das Kaiser-Friedrich-Museum verlassen. Nachdem insbesondere die Funde aus Sendschirli im Südflügel des Museumsneubaus (Raum 2) ihren konzeptionell begründeten Platz gefunden hatten, war die Zeit der Wanderungen der Denkmale über das Gelände der Museumsinsel formal beendet.

Während die Unterbringung im »Großen Speicherbau« (1899–1911) und im Kaiser-Friedrich-Museum (1911–1936) konzeptionell eher »an griechische Schatzhäuser oder fürstliche Schatzkammern« (Crüsemann 2000) erinnerten, datiert die planmäßig aufgebaute ständige Ausstellung der Vorderasiatischen Abteilung erst aus den 30er Jahren des 20. Jhs. In ihr manifestierten sich die Ergebnisse archäologischer Feldforschungen und museologischer Gestaltungsprinzipien.

Erste konzeptionelle Überlegungen hinsichtlich der Notwendigkeit und der Dimension eines eigenständigen Vorderasiatischen Museums wurden bereits im Jahre 1905 angestellt. In einem Brief an Generaldirektor Wilhelm von Bode nahm Friedrich Delitzsch, erster Direktor der Vorderasiatischen Abteilung, in seiner Argumentation für eine angemessene Unterbringung des Sammlungsbestandes einschließlich der Größe des Ausstellungsraumes bereits ausdrücklich Bezug auf die zu erwartenden Fundteilungen der Ausgrabungen in Assur und Fara. Leopold Messerschmidts Angaben, erster Kustos der Vorderasiatischen Abteilung, zu den benötigten Ausstellungsflächen wurden von Bode in seinen Ausführungen über die geplanten Erweiterungsbauten auf der Museumsinsel übernommen. In einem Schreiben vom 31. Mai 1906 heißt es: »... Ein besonderes Museum für vorderasiatische (mesopotamische) Kunst, an das bei dem ganz unbedeutenden Besitz an in Betracht kommenden Werken vor einem Jahrzehnt noch gar nicht gedacht wurde, ist durch die reiche Ausbeute der Ausgrabungen in Sendschirli, Babylon und Assur, die in wenigen Jahren abgeschlossen sein werden, zur dringenden Notwendigkeit geworden. Die Direktion der Abteilung nimmt an, dass für dieses Museum Räume von etwa 2200 qm nötig sind ...«. Damit waren bereits vor Drucklegung der Denkschrift von Bodes (1907), in der

*Abb. 1   Ankunft der Fundkisten aus Assur im Südflügel des Neubaus am Kupfergraben (1926), bereits ausgepackt die Statuette
VA Ass 2259, die später in Raum 10 ausgestellt werden sollte.*

die Einrichtung eines eigenen vorderasiatischen Museums auf der Museumsinsel als erklärtes Ziel genannt wurde, die ursprünglichen Pläne einer »mohammedanisch-vorderasiatischen Abteilung« bzw. eines Museums für orientalische Kunst unter Einschluss Ägyptens vom Tisch.

Die Geschichte der Bemühungen um die Assur-Funde, um Fundteilungen, um Transport bis zur Übernahme durch die Vorderasiatische Abteilung der Berliner Museen verlief nicht ohne Spannung und war nicht konfliktfrei. Dank der mit diplomatischem Geschick geführten Verhandlungen konnten für Berlin namhafte Fundanteile gesichert werden (s. S. 54–60):

– Der erste Anteil der bis Anfang April 1905 geborgenen Originalfunde aus Assur kam im April 1907 in Berlin an.

– Die Ausfuhrerlaubnis für die Glasur- und Inschriftenziegel wurde erst im September 1907 erteilt, so dass diese Fundgruppe im November 1907 in Berlin in Empfang genommen werden konnte.

– Weitere Kisten mit ausgewählten Kleinfunden und Steininschriften trafen erst im September 1911 in Berlin ein.

– Nach endgültiger Fundteilung im Jahre 1914 wurde der deutsche Anteil in Richtung Hamburg verschifft. Durch den Kriegsausbruch bedingt kamen die Kisten mit Assur-Funden erst mit erheblicher Verspätung in Berlin an.

Ein großer Teil der Funde, bestehend aus 20 »versehentlich« nach London gelangten Kisten, konnte 1922 von Walter Andrae nach Berlin geholt werden, einige Funde aus dieser Fundgruppe wurden zurückbehalten und befinden sich heute noch immer im Britischen Museum in London.

Die im Krieg von der portugiesischen Regierung beschlagnahmten und nach erfolgreichen Verhandlungen Andraes 1926 freigegebenen Assur-Funde landeten am 2. September 1926 auf einem Elbkahn am Kupfergraben vor dem Südflügel des Museumsrohbaues (später Pergamonmuseum) an.

Im Ergebnis jahrelanger Kämpfe und Wirrnisse war der deutsche Anteil an den Funden aus Assur am Orte seiner Bestimmung vereint (Abb. 1).

Nach diesem museumsgeschichtlich außerordentlichen Erfolg fällt zurückblickend dennoch vor allem eine Diskrepanz auf zwischen den Jahrzehnten der erfolgrei-

Abb. 2   Probeaufbau des Markttores von Milet (Obergeschoss) im Bereich des Südflügels des Neubaues am Kupfergraben (Hofseite), 1925: Blick durch die Raumflucht in Richtung Westen/Kupfergraben. In diesem Bereich wurden später durch Walter Andrae die assyrischen Räume eingerichtet.

chen Grabungsaktivitäten (1888–1917) an den antiken Siedlungszentren altvorderasiatischer Kulturen und den währenddessen kaum erreichten Fortschritten bei der musealen Präsentation der nach Berlin gelangten Funde sowie beim Anteil der Planungsarbeiten zu einer eigenen Ausstellung. Trotz der in von Bodes Denkschrift von 1906 (Druckfassung 1907) festgeschriebenen Konzeption eines selbstständigen vorderasiatischen Museums war dessen Unterbringung im Südflügel des dreiflügeligen Museumsneubaus am Kupfergraben infolge musealer Streitigkeiten zunächst noch nicht definitiv gesichert.

Bereits 1912, also während seiner Ausgrabungszeit in Assur, wurde Walter Andrae in die Planungsarbeit für den Südflügel einbezogen. Im Mai 1913 war dann entschieden, dass »... V.A. (= Vorderasiatische Abteilung – der Verf.) den ganzen Flügel ... erhält, Unter- und Oberstock« (B. Güterbock an W. Andrae), also den gesamten Südflügel des neuen im Bau befindlichen Museums. Somit war erstmalig »Gewähr geschaffen, dass unsere Abteilung einen glänzenden Rahmen erhält und wir ja jetzt hoffen dürfen, das ganze Haus zu erhalten ...« (O. Weber an W. von Bode). Für das Museum der Vorderasiatischen Abteilung waren zwei durch eine

große Treppe verbundene Hauptgeschosse mit ihren Ausstellungsflächen vorgesehen, konzeptionell ausgestaltet insbesondere durch die für das zweite Obergeschoss geplanten babylonischen Großarchitekturen mit ihren farbigen Glasurziegeldekorationen: Prozessionsstraße, Ischtar-Tor und Thronsaal-Fassade. Nach einigen Änderungen an der Bauplanung und kriegsbedingtem Baustopp 1916 konnten erst nach Ankunft der Grabungsfunde aus Assur 1926 bzw. Babylon 1927 die ehrgeizigen Pläne einer ständigen Ausstellung in Angriff genommen werden. Da dem Islamischen Museum bereits das Obergeschoss im Südflügel zugesprochen worden war, konnte sich das vorderasiatische Museum nur auf dem ihm zugewiesenen Hauptgeschoss einrichten.

PRÄSENTATION DER ASSUR-FUNDE SEIT 1930 BIS ZUM BEGINN DES KRIEGES

Nach dem Tod Otto Webers übernahm im Jahre 1928 Walter Andrae die Leitung der Vorderasiatischen Abteilung, der nachfolgend seine Ideen für die Ersteinrichtung in den neuen Räumen verwirklichen konnte. Mitte der 1920er Jahre waren die langen Raumfluchten beiderseits der Mittelachse im Südflügel jedoch für den Probeaufbau des Markttores von Milet blockiert (Abb. 2).

Die umfassende museale Präsentation der Ausgrabungsergebnisse der langjährigen Forschungsarbeit in Assur war jedoch ein Prozess in mehreren Etappen, der erst im Jahre 1934 bzw. 1936 (Fertigstellung der assyrischen Privatgrüfte) seinen vorläufigen Abschluss erfahren sollte.

Nach mühseligen Konservierungs- und Restaurierungsarbeiten wurden am 2. Oktober 1930 anlässlich der Einhundert-Jahr-Feier der Museen die ersten drei Räume der Vorderasiatischen Sammlung eröffnet. Obwohl es nicht mehr als eine durch den Mangel an Baugeldern begründete Teileröffnung war, die die Vorderasiatische Abteilung leider nur in ihrer Unvollkommenheit zeigte, konnte Andrae in einem Rundfunkvortrag am 13. August 1930 ankündigen: »... (die Vorderasiatische Sammlung) ist seit fast 30 Jahren im Keller des Kaiser Friedrich-Museums versteckt, schwer zu finden, schwer zugänglich, miserabel beleuchtet, zusammengeschachtelt, beengt in einem Maße, das gar nicht beschrieben werden kann ... Nun kommt die Zeit heran wo dieses Aschenbrödel unserer Museen seine Erhöhung erfahren soll.«

Zusammen mit den monumentalen Rekonstruktionen der babylonischen Architekturen wurden im Oktober 1930 bereits erste Denkmäler aus Assur der Öffentlichkeit bekannt gemacht: Die parthische Palastfassade und die Stelenreihe. Nach von Bodes Plänen (um 1913) sollte die Rekonstruktion der parthischen Palastfassade aus Assur (S. 103 Abb. 4), deren bauliche Details nach den Ausgrabungsbefunden in den Jahren 1909–1911 gesichert waren, in die Haupthalle eines neu zu errichtenden Asiatischen Museums in Berlin-Dahlem, in unmittelbare Nähe zur Fassade aus Mschatta, integriert werden. Zur Ausführung dieses Planes ist es jedoch nicht gekommen. Gegen dieses Vorhaben wandte sich bereits Andrae, der vielmehr die Absicht hatte, neben den originalen Fragmenten ein Modell etwa des Maßstabes 1:10 anfertigen zu lassen: »Auf ein bloßes naturgroßes Fassadenmodell wollen Ew. Excellenz, wie ich annehme, doch auch nicht hinaus. Eine große dekorative Wirkung darf man sich von dieser Architektur nicht versprechen. Der historisch geschulte wird sie merkwürdig, vielleicht auch eindrucksvoll finden, der moderne Geschmack aber nicht eben schön ...« (Brief vom 5. 5. 1913 an von Bode). Im Jahr 1930 hat Andrae allerdings die Front des parthischen Palastes aus Assur zusammen mit den originalen Gipsstuckornamenten und -kapitellen in Saal 9 (heutige Zählung), dem Ischtar-Tor gegenüber, in natürlicher Größe wiederherstellen lassen (VAG 263). Mit dem Aufbau der Palastfassade durch die Firma Hummel wurde im Frühjahr 1929 begonnen, im Sommer 1930 war sie fertig gestellt. Die farblichen Fassungen erfolgten nach erhaltenen Farbresten auf den Originalfragmenten,

neue Gipsteile wurden mit einem historisierenden Anstrich versehen.

Der Kritik einer Inkonsequenz der Präsentation inmitten der babylonischen Glasurziegelwände wurde durch Andrae begegnet mit Hinweis darauf, »... dass man Ischtar-Tor und (parthische – der Verfasser) Hoffront nicht gleichzeitig frontal betrachten kann; ferner, dass man sie auf dem richtigen Weg – von der Prozessionsstraße her – überhaupt nicht sieht ... Kommt man aber vom Markt-Tor von Milet, so hat man diese beiden Altersgenossen ... mit einem Blick vor sich. Hier gewinnt man also geradezu ein sehr erwünschtes Überleiten vom Occident zum Orient ...«.

Gleichfalls in den Kontext babylonischer Architekturen eingepasst wurde in Saal 14 in Verlängerung der Prozessionsstraße in Richtung Ischtar-Tor auf beiden Wandseiten die, mitunter als konzeptioneller Fremdkörper empfundene, Stelenreihe aus Assur. Hierbei handelt es sich um zwei Gruppen flacher pfeilerartiger Steine mit Keilinschriften, insgesamt 25 Objekte (VA Ass 1197–1221), die von 1909 bis 1911 ausgegraben worden waren. Diese Stelen assyrischer Herrscher und Beamten bildeten in ihrer chronologischen Ordnung eine Art Jahreskalender, wobei der Stele mit Nennung des Königs (d. h. das Jahr nach seiner Thronbesteigung) Stelen mit Namensinschriften von hohen Beamten folgten, nach denen jeweils ein Jahr benannt wurde (s. S. 29–32).

Mit Fortschreiten des Ausbaus der Vorderasiatischen Abteilung war ab 1932 im Sockelgeschoss außer der Sammlung von Gipsabgüssen auch bereits die nach der im Jahre 1913 gewonnenen Fundsituation in den originalen Maßen rekonstruierte Gruft des neuassyrischen Königs Assurnasirpal II. (883–859 v. Chr.) wiederhergestellt worden. Diese durfte »... nach Meldung beim Aufseher am Ischtar-Tor unter Führung durch Beamte der Abteilung ...« besichtigt werden.

Erst Mitte 1934 konnten die beiderseits der Prozessionsstraße von Babylon eingerichteten Raumfluchten, darunter die für die Funde aus Assur vorgesehenen Säle 10a, 10–13 (heutige Zählung), fertig gestellt werden. Die Eröffnung war am 15. Mai. Raum 10a fungierte als Durchgangsraum zwischen dem Torraum der Burgtores von Sam'al/Sendschirli und dem ersten assyrischen Ausstellungsraum 10. Hier standen mehrere massive Türangelsteine vom Stadttor und von Tempeltoren Assurs. Von Raum 10a war über das interne Treppenhaus die auf der Sockelgeschossebene gelegene Königsgruft Assurnasirpal II. zugänglich (s. o.). In wesentlichen Teilen waren in Raum 10 (ehemals »Assur-Raum«, Abb. 3) neben den Wandreliefs aus Nimrud Fundstücke aus Assur frei im Saal sowie vor der Längswand ausgestellt, von denen die Mehrzahl noch heute dort noch ihren Platz hat: Rekonstruktion von Drehpfanne und bronzenem Polschuh von einem Tor des Anu-Adad-Tempels sowie weitere Türangelsteine, drei Steinsäulen aus der Reihe der Jahresstelen (VA Ass 2015–2017), großformatige und

Abb. 3   »Assur-Raum« der Vorderasiatischen Abteilung mit Blick durch den sogenannten Assyrischen Palastraum in Richtung des Raumes mit dem Wasserbecken sowie des Raumes mit den Objekten aus Nemrud Dagh, ca. 1934/35.

schwergewichtige Bauurkunden (beschriftete Blöcke Tukulti Ninurta I. – VA Ass 2295, 2296), zwei Symbolsockel aus dem Ischtar-Tempel (VA 8146, VA Ass 2148), das in einem Brunnen des Assur-Tempels gefundene Kultrelief eines Berggottes (VA Ass 1358), die akkadische kopflose Statue eines Herrschers (VA Ass 2147) sowie zwei weitere fragmentarische Statuen (VA Ass 2259, 2260). An der Längswand waren zudem große Keramikgefäße, Vorratsgefäße und Sarkophage, aufgereiht. Insgesamt vier Wandbilder, je zwei von Elisabeth Andrae (1876–1945, VAK 2, 3) und Helmuth Körber (1890 – vor 1950, VAK 4, 5), stimmten den Besucher in die Stimmung der Landschaft und in die Details und Situationen der Ausgrabungsstätte Assur ein. In zwei verglasten Schaukästen und fünf Wandschränken an der Fensterseite waren Kleinfunde vornehmlich aus den älteren Schichten Assurs zu sehen: Schmuck, Keramik, Metallobjekte, Steingefäße, Objekte aus Elfenbein, darunter der mittelassyrische Einlagefries (VA Ass 981).

Raum 11 (»Roter Raum«) war stilistisch einem assyrischen Palastraum mit Torhüterfiguren, Wandreliefs aus Nimrud und farbiger Wandgestaltung nachempfunden. Inmitten des Saales stand »als Fremdling« der Sarkophag

Schamschi-Adads V. (823–810 v. Chr., VA Ass 2282). Ganzglasvitrinen bzw. -schränke auf der Fensterseite enthielten Kleinfunde aus der neuassyrischen Periode.

Zentrales Ausstellungsstück in Raum 12 wurde das monolithisch gearbeitete Wasserbecken (VA Ass 1835) aus der Zeit Sanheribs (705–681 v. Chr.), das aus zahllosen Bruchstücken durch den Berliner Bildhauer Krückeberg in dreijähriger Arbeit zusammengesetzt und rekonstruiert worden ist. An die den Fenstern gegenüberliegende Wand waren Beispiele assyrischer Glasurziegel-Architekturen angebracht: Aus Fragmenten zusammengesetzte farbig glasierte Zinnen von der Stadtmauer Salmanassar III. (858–824 v. Chr.) und ein Ziegelfries mit Dekoration aus dem Assur-Tempel, geschmückt mit Rosetten, deren Mitte durch einen plastischen Knauf betont ist (Sargon II., 722–705 v. Chr.). Außer weiteren neuassyrischen Palastreliefs und Gipsabformungen von Originalen aus anderen Orten (sog. »Gilgamesch« aus Paris, schwarzer Obelisk Salmanassar III. aus London) waren drei große Alabastergefäße ägyptischer Provenienz ausgestellt, die als Beute assyrischer Könige aus phönikischen Herrschersitzen nach Assur gelangt sind (z. B. VA Ass 2258). In weiteren

Abb. 4   »Assur-Raum« mit den Absatzaltären aus dem archaischen Ischtar-Tempel (von links: VA Ass 4321, VA 8767, VA 8143, VA 8806, VA 8807) sowie den aus glasierten Ziegeln errichteten Podiumswänden aus dem Assur-Tempel, 1936, Hintergrund.

Schaukästen waren farbig glasierte Gefäßkeramik, Baukeramik (Wandfliesen und -knäufe), Schmuckstücke, Keilschrifturkunden, Waffen und Geräte zu sehen.

Die Funde aus der Spätzeit Assurs – parthische Inschriften (u. a. Säulentrommel, Fragment eines figürlichen Reliefs, Pflasterplatten) und charakteristische parthische Keramik – wurden den Denkmälern aus Nemrud Dagh und Palmyra zugeordnet (Raum 13, ehemals »Blauer Raum«). Der inhaltliche Bezug der Partherzeitlichen Objekte zu der unweit gelegenen Fassade des parthischen Palastes war durch die räumliche Trennung nicht möglich.

Der von Raum 10a erreichbare Raum mit der Rekonstruktion zweier assyrischer Privatgrüfte war erst seit der Fertigstellung der letzten Säle der Vorderasiatischen Abteilung (31. Juli 1936) zugänglich. In beiden Ziegelgrüften – mittelassyrische Gruft Ass 14630 und neuassyrische Gruft Ass 11190 – wurden reiche Grabbeigaben gefunden, Teile der Beigaben in einer Vitrine ausgestellt.

Nur zehn Jahre nach dem Eintreffen der Assur-Funde und kaum mehr als 20 Jahre nach Abschluss der Ausgrabungstätigkeit auf der Ruinenstätte Kalat Schergat/ Assur war es gelungen, in einer Überschau wesentliche Ergebnisse der archäologischen Feldforschung in Assur

öffentlich bekannt zu machen. Das nicht ausgestellte oder nicht ausstellungsfähige Fundmaterial blieb magaziniert, blieb Gegenstand der wissenschaftlichen Forschung oder wartete (und wartet auch heute zum Teil noch immer) auf restauratorische und konservatorische Bearbeitung. Mit Fortschreiten der wissenschaftlichen Auswertungen und restauratorischen Arbeiten gelang es sukzessive, den historischen und kulturgeschichtlichen Überblick über den Fundort Assur zu ergänzen. So kamen in den Jahren nach Fertigstellung der Assur-Säle neu in die ständige Ausstellung hinzu (Raum 10) zwei Alabaster-Urkunden aus Assur bzw. Kar-Tukulti-Ninurta (1935) sowie die aus zahlreichen Fragmenten zusammengesetzten sog. »Hausmodelle« oder »Tonhäuschen« (richtiger Absatzaltäre – der Verfasser) aus dem archaischen Ischtar-Tempel (1936; VA 8143, 8767, 8806, 8807, VA Ass 2294). Vor den großen Wandflächen, zwischen die Steinsäulen aus der Stelenreihe und oberhalb der großformatigen Gefäßkeramik, waren die drei aus glasierten Ziegeln errichteten Podiumswände aus dem Assur-Tempel (Sargon II.) wieder aufgebaut (Abb. 4). Darüber hinaus sind Objekte aus den Vitrinen in Abständen gegen Fundstücke aus den Magazinen ausgetauscht worden.

Abb. 5   Blick in den ehemaligen »Assur-Raum« (heute Raum 10) in Richtung «Assyrischer Palastraum», 1946 oder wenig später. Die neuassyrischen Palastreliefs sind aus den Wänden gelöst und in die damalige Sowjetunion verbracht worden.

1939 wurde Raum 12 mit den beiden assyrischen Grüften sowie den Beigaben aus diesen in überarbeiteter Form neu eröffnet.

Die Jahre bis zum Kriegsausbruch und Schließung der Schauräume – zu Beginn 1940 wurden sämtliche Ausstellungssäle geschlossen, Sicherungsmaßnahmen gegen befürchtete Luftangriffe begannen – galten für die Vorderasiatische Abteilung aus der Rückerinnerung ihres Direktors Andrae als »eine friedliche Insel, welche die sturmbewegte, nicht eben sonnige Flut rings umbrandete, ohne ihr etwas anhaben zu können …«. In Form von Sonderausstellungen in den Räumen der ständigen Ausstellung wurden in den Jahren bis 1940 auch Bestandsgruppen gezeigt, die sonst keinen Platz in der Ausstellungskonzeption gefunden hatten. In Raum 13: Sonderausstellungen zur Luristan-Keramik bzw. zu bemalter Gefäßkeramik aus Luristan und Mesopotamien (ab 1934), Ausstellung der Neufunde aus den jeweils aktuellen Ausgrabungen in Uruk (jeweils in den Jahren 1934 bis 1937), Ergebnisse der Ausgrabungen in Boghazköy (1935), Funde aus den deutschen Ausgrabungen in Megiddo (1936), Altvorderasiatische Bronzen (1939).

EIN NEUANFANG

Nach den schweren Kriegszerstörungen am Pergamonmuseum, die auch die bauliche Substanz des Südflügels mit den Sammlungen der Vorderasiatischen Abteilung betroffen hatten, verlor das Museum einen großen Teil seiner Ausstellungsstücke durch »Entnahme« seitens russischer Soldaten (1946, Abb. 5). Nach Jahren der Beseitigung der Kriegsschäden und der Abwehr von Gefährdungen – zerstörte Dächer, Wassereinbrüche, Bombenschäden – musste unter Leitung Andraes aus den verbliebenen Beständen ein Neuanfang gewagt werden. Der Wiederaufbau der Sammlung wurde nach der Übernahme des Direktorats durch Gerhard Rudolf Meyer (1951) vollendet. Anlässlich der Weltfestspiele der Jugend und Studenten in Berlin waren im Jahre 1951 die ersten sechs Ausstellungsräume wiederhergestellt – vom seitlichen Zugang am Hof und dem Treppenhaus mit den Yazilikaya-Reliefs ausgehend der sog. Kopfsaal und die gesamte Mittelachse des Museums mit den Rekonstruktionen der babylonischen Großarchitekturen, dabei auch der Raum mit den Assur-Stelen und die Fassade des Partherpalastes aus Assur.

Am 22. Mai 1953 konnten die fertig gestellten rest-

Abb. 7   Raum 10 in der Konzeption der Jahre 1969 bis 1995, Aufnahme von 1987.

lichen Räume eröffnet werden mit dem Ziel, diese schrittweise einheitlich neu zu gestalten. Trotz des Fehlens wesentlicher Ausstellungsstücke und einiger entscheidender Umbauten war die Ausstellung weitgehend in der alten, Andrae'schen Konzeption, wiedererstanden. Zu den Neuschöpfungen Meyers gehörten die raumbezogen auf die Wände gemalten Friesbänder (zunächst nur in den Räumen 4 und 5), die Neugestaltung des neuassyrischen Palastraumes (eröffnet 1956) mit nachempfundener Kassettendecke und ornamentaler Wanddekoration (Abb. 6). Der Sarkophag Schamschi-Adads V. wurde in den benachbarten Raum (10) versetzt, in die

assyrische Königsgruft mit Grabkammer und Sarkophag Assurnasirpals II. ein separater Zugang von der Ausstellung aus geschaffen (1956).

Erst nach der Rückkehr der in die Sowjetunion verbrachten Museumsstücke (Winter 1958/59) und deren Eingliederung in die Ausstellung erlangte das Vorderasiatische Museum seine alte Bedeutung zurück. Nach einer kurzen Schließzeit von nur wenigen Monaten wurde die Ausstellung am 4. Oktober 1959 wiedereröffnet. Im Zusammenhang mit der generellen Neukonzeption durch Meyer erfuhr insbesondere die nördliche Raumfolge eine neue Gestaltung, darunter die Räume 10a bis 12 mit den assyrischen Denkmälern. Dazu zählen beispielsweise die Wandgestaltungen: Raum 10 – unter Verzicht der zwei kleinen Landschaftsbilder mit Ansicht der Nordfront Assurs (VAK 4, 5, vgl. Abb. 3) ein umlaufender Fries mit Flügelsonne und von Bergen herab springenden Ziegen (Abb. 7); Raum 12 – auf drei Wandseiten Reihen von neu zusammengesetzten origi-

Abb. 6   Blick durch den neu gestalteten »Assyrischen Palastraum« in Richtung Raum 10 mit dem umgesetzten Sarkophag Schamschi-Adads V., die originalen Alabasterreliefs sind durch Gipsabformungen ersetzt; 1953 oder wenig später.

Abb. 8   Raum 10 mit der Installation »Kultraum des archaischen Ischtar-Tempels«, Aufnahme von 2000.

nalen, farbig glasierten Wandfliesen und -knäufen, dazwischen farbige Zierstreifen. Zu den grundsätzlichen Änderungen gehörte die Aufgabe der »punktierten Wände«, da nach Andraes Ansicht ein Grundton mit aufgetupftem Komplementärton im Verhältnis 1:1 den Betrachter in die Lage versetzen konnte, für sich selbst den für die ausgestellten Objekte wohlgefälligsten pas-

senden Farbton zu erzeugen. Die bisher frei stehenden Glasvitrinen sind zugunsten fest in die Wände eingelassener Vitrinen mit schattenfreier Ausleuchtung aufgegeben worden, in denen die Kleinfunde und Schriftdenkmäler gezeigt wurden; die letzten mobilen Ausstellungsschränke wurden 1964 durch Wandvitrinen ersetzt (Räume 5 und 6, Babylon, Iran). Lichtschlitze an den

Decken verbesserten die bis dahin eher bescheidene Ausleuchtung der Räume.

Mit der Umsetzung des Sarkophags Schamschi-Adads V. aus Raum 10 in einen eigens neu geschaffenen Gruftraum, der sich in unmittelbarem Kontext zur bereits bestehenden Gruftanlage Assurnasirpal II. befindet und in dem in zwei Wandvitrinen farbig glasierte Keramikgefäße neu vorgestellt wurden, war die Neu- und Umgestaltung der Präsentation der Funde aus Assur (1962) zunächst abgeschlossen.

Die folgenden Jahre in der Geschichte der Präsentation der Ausgrabungsfunde aus Assur sind als Jahre der behutsamen Weiterentwicklung der alten Ausstellungskonzeption, verbunden mit der Anpassung an modernere Ausstellungsmethoden inklusive Sicherheitstechnik zu kennzeichnen. Die Säle mit den Assur-Funden (Räume 10 und 12) gehörten zu den ersten Ausstellungsbereichen, die im Zusammenhang mit neuer Präsentation der Kleinfunde mit modernen Wandvitrinen ausgestattet wurden (1995/96; nachfolgend auch für die Raumsequenz 4 bis 7, d. h. Sumer-Babylon-Iran, realisiert). Konsequenter als bisher wird der kulturgeschichtliche Charakter der ständigen Ausstellung betont, indem die Objekte einem bestimmten Sachthema zugeordnet und vorgestellt werden. So kann sich seit einigen Jahren der Besucher u. a. über die Funde aus dem archaischen Ischtar-Tempel, Grabbeigaben, Hortfunde und Gründungsbeigaben (Raum 10), über den Grabinhalt der mittelassyrischen Gruft 45 (Raum 11, s. S. 93 Abb. 1) sowie über Glas-Glasur-Quarzkeramik, parthische Objekte sowie Magie und Kult (Raum 12) umfassend informieren. In einer der Vitrinen (Raum 12) treten Elfenbeinobjekte aus Assur (u. a. der mittelassyrische Einlagefries, kleine Pyxis, verzierte Nadeln) in den Dialog mit Elfenbeinarbeiten aus Nimrud und Arslan Tasch (u. a. Möbelteile), die das *Metropolitan Museum of Art* in New York als Leihgaben zur Verfügung gestellt hat. Das in Anlehnung an den Grabungsbefund in einer frei stehenden Installation gruppierte Tempelinventar (Raum 10) – vier Beterstatuetten aus Alabaster, drei Absatzaltäre und mehrere Räucherständer bzw. Kultständer aus Keramik – sollen die einstige Ausstattung des archaischen Ischtar-Tempels aus Assur andeuten (Abb. 8).

AUSBLICKE

Im Zusammenhang mit der zukünftigen Grundinstandsetzung und Erneuerung des Pergamonmuseums sind dem Vorderasiatischen Museum die Ausstellungsflächen beider Hauptgeschosse des Südflügels zugesprochen worden. Schon einmal, zu Beginn der Bauarbeiten am Südflügel des Neubaus am Kupfergraben (1913) waren der Vorderasiatischen Abteilung beide Stockwerke zugeteilt worden. Mit der Chance einer Flächenerweiterung werden neue Möglichkeiten eröffnet, den kulturgeschichtlichen Überblick über die Kulturen des Alten

Vorderen Orients sowohl in einen größeren geographischen Zusammenhang zu stellen (z. B. Alt-Südarabien) als auch konzeptionell neue Ideen zu verwirklichen. Einige Überlegungen dürfen an dieser Stelle bereits angestellt werden.

Unverzichtbare Konstanten des Vorderasiatischen Museums bleiben die Nachempfindung eines Assyrischen Palastraumes mit einer weiteren Annäherung an die archäologischen Befunde (Neutralisierung der Fenster) sowie die Serie großformatiger Wandreliefs aus Kalchu/Nimrud. Diese neuassyrischen Reliefs als älteste und besonders wertvolle Objektgruppe sollen als Reliefgalerie mit Raumcharakter im Obergeschoss ihren neuen Platz finden (jetzt Mschatta-Saal des Museums für Islamische Kunst).

Wesentlicher Teil der neuen Konzeption für die jetzige Raumflucht 10a bis 12 soll die Rekonstruktion und Neuinstallation eines »idealen assyrischen Tempels« im Bereich von Raum 10 werden. Damit wird nicht nur der Anteil an rekonstruierter Großarchitektur aus dem Alten Vorderen Orient verstärkt, sondern durch Einbeziehung von ohnehin bereits in der ständigen Ausstellung befindlichen Objekten und Magazinbeständen werden neue konstruktive und inhaltliche Zusammenhänge hergestellt.

Es ist geplant, die seit Anbeginn als Fremdkörper im neubabylonischen Kontext empfundene und ihrer historischen Bedeutung als erster Monumentalkalender der Welt bisher unter Wert präsentierte Stelenreihe aus Assur in das Obergeschoss zu verlagern. Dabei sollen diese Denkmäler in freier Raumaufstellung die Begehung dieses Memorialkomplexes in den Originalmaßen ermöglichen. Ebenso wird die Idee der Visualisierung des archaischen Ischtar-Tempels einschließlich seiner Ausstattung – jetzt in Raum 10 installiert – für die Ausstellungskonzeption im Obergeschoss übernommen. Auf Grund des reichen Fundmaterials können bei der neuen Rekonstruktion Installationen und Tempelinventar komplexer berücksichtigt werden, als das bisher möglich ist.

Nach gegenwärtigem Planungsstand werden Funde aus Assur auch bei einigen Themen der Archäologischen Promenade, der räumlichen und konzeptionellen Verbindung zwischen den Museen auf der Museumsinsel, den interdisziplinären Zusammenhang zwischen den Kulturen der Mittelmeerwelt illustrieren. Zum Beispiel lassen sich dem Themenkomplex »Architektur und Raum« zuzuordnende Teile von Baudenkmälern aus Assur (z. B. Lehmziegel, Stuckdekorationen, Baukeramik) in unmittelbarer Nähe zu Objekten aus dem Ägyptischen Museum und der Antikensammlung präsentieren. Die Königsgrüfte, die Privatgrüfte und Grabkeramik von Topfbestattungen finden später ihren neuen konzeptionell abgesicherten Platz innerhalb des Themas »Häuser des Todes«, ebenfalls in unmittelbarer Nähe mit Grabarchitekturen aus anderen kulturgeschichtlichen Zusammenhängen.

GERT JENDRITZKI – JOACHIM MARZAHN

FÜR FORSCHUNG UND BESUCHER GERETTET

RESTAURIERUNG ALS BEWAHRUNGSAUFTRAG

Ob zu Beginn der Arbeit in Assur oder noch heute: fast alle Funde, die der Archäologe birgt, befinden sich in einem Zustand, der eine sofortige Bearbeitung nicht zulässt. Ein erstes Reinigen lässt manchmal sogar nur grobe Einschätzungen zu, worum es sich handeln mag und nicht wenige Keramikfunde lassen sich erst nach Zusammensetzen der Scherben richtig betrachten und beurteilen. So sind Restaurierung und Konservierung von Anfang an als ein permanenter Begleitprozess der archäologischen Arbeit zu betrachten, der auch im Museum noch lange nicht endet. Nicht selten gelingt es erst hier durch den Einsatz besonderer Mittel und Techniken die Objekte wieder so herzurichten, dass sie weiterer Forschung zugänglich werden. Nicht zuletzt schafft die Restaurierungsarbeit jene Bedingungen, die dem Auftrag eines Museums entsprechen: die Funde für die Nachwelt zu bewahren und sie so in Stand zu setzen, dass sie für die Öffentlichkeit präsentabel sind. Mit einem Wort: was ein Restaurator für den Wissenschaftler nicht brauchbar rettet und wieder herstellt, bleibt für den Laien ebenso verborgen.

Grundsätzlich gilt dies für alle Objekte und Materialien. Zerbrochene Skulpturen oder Steingefäße müssen zusammengesetzt und ergänzt werden, damit sie sowohl sachgerecht gelagert oder in der Ausstellung gezeigt werden können. Glas- und Keramikgefäße, auch ungebrannte Ziegel, sind ebenso zu behandeln, dass ihre Aufbewahrung sicher ist und häufig genug sind es gerade die Keilschrifttafeln, die erst durch eine Restaurierung so rekonstruiert werden, dass der Schriftforscher ihren Inhalt erschließen kann. Darüber hinaus ist durch eine sach- und fachgerechte Konservierung Sorge zu tragen, dass auch künftige Generationen die Werke des Altertums betrachten und studieren können, weshalb nicht nur der Einsatz der Mittel sorgsam zu erfolgen hat, sondern auch eine sorgfältige Dokumentation unerlässlich ist. Dadurch verlängert sich zwar z. T. der Prozess einer bestimmten restauratorischen Arbeit, doch nur so kann sichergestellt werden, dass auch künftige Fachleute wissen, mit welchen Materialien sie es bei nachfolgenden Arbeiten zu tun haben.

Die Metallobjekte aus Assur fallen gleichfalls unter die vorangestellten Maximen. Sie stellen allerdings einen besonderen Problemfall dar. Während Stein und auch Keramik – sogar Glas – neben den Befunden der historischen Zerstörung ebenfalls einem Verfallsprozess unterliegen, lassen sie sich in der Regel weniger mühsam wiederherstellen, als dies bei den meist sehr stark korrodierten und zerfallenen Metallfunden möglich ist. Doch bei der Metallrestaurierung sind in jüngerer Zeit beachtliche Fortschritte im Hinblick auf die Aufdeckung neuer Erkenntnisse und Bewahrung gelungen, die hier stellvertretend für alle restauratorischen Leistungen nach den ersten Grabungen in Assur näher vorgestellt sein sollen. Trotz dieser Erfolge sei betont, dass angesichts der Fülle der in Berlin verwahrten Funde – nicht nur aus Assur! – noch Jahrzehnte an Restaurierungsarbeiten vor uns liegen, bevor auch das letzte Stück als gerettet gelten kann.

METALLARBEITEN AUS ASSUR IN BERLIN

Bei den assyrischen Metallen in Berlin handelt es sich um eine Objektgruppe, die sich teilweise im Endstadium der Korrosion befindet. Dies liegt vor allem am Bodenumfeld, in dem diese Artefakte lagerten und was nicht selten einen wenig erfreulichen Anblick zur Folge hat. Entscheidend ist dabei die Zusammensetzung des Bodenmediums. Sandige Lehmböden, wie sie in Assyrien vorherrschen, besitzen im Verhältnis zu lehmigen Böden große unregelmäßige Teilchen. Diese bilden ein poriges, netzartiges Gefüge aus, dessen Zwischenräume mit kleinen Bodenteilchen wie Salze und organische Verbindungen weiter gefüllt sind. Sauerstoff und Wasser können solche Strukturen gut durchdringen und es ergeben sich ideale Bedingungen für eine elektrochemische Korrosion. Der hohe Versalzungsgrad, insbesondere der Chloridgehalt, der Böden in Vorderasien, erfüllt beispielhaft die Voraussetzungen der Metallsalzbildung. Die Objekte reagieren und bilden neben zerstörend wirkenden Salzen bis zu mehrere Millimeter dicke, nach außen gewachsene Konglomeratschichten (Abb. 1).

Abb. 1   Konglomeratschicht im Vergleich zu freigelegter Oberfläche mit Patina.

Abb. 2 a. b   Fibel VA Ass 4666, Zustand vor und nach der Restaurierung mit gut erkennbarer Oberflächenstruktur.

Die meisten assyrischen Metalle der Sammlung lagen bis zu ihrer Bearbeitung noch im Ausgrabungszustand vor. Das bedeutete für die Restaurierung oft einen Glücksfall. Zum einen galt es, die Objekte durch die Bearbeitung erst richtig zu entdecken, zum anderem befanden sie sich noch in einem Zustand, der einer »natürlichen« Bodenkorrosion entsprach. So konnten wichtige Erkenntnisse gewonnen werden. Das Ziel der Restaurierung bestand insofern generell in der Sichtbarmachung der noch erhaltenen Originalform des Objekts mit allen seinen Merkmalen sowie der Stabilisierung des Materialzustandes, um weitere Korrosion zu stoppen. Neben solchen Grundsätzen lassen sich die assyrischen Metalle in Berlin, bezogen auf ihren Erhaltungszustand, in mehrere Gruppen einteilen.

KORRODIERTE OBJEKTE MIT INTAKTEM METALLKERN

Diese Metalle haben unter der Korrosionsschicht ihren metallischen Charakter bewahrt. Sie wirken oft stark verunklärt und zeigen nach außen gewachsene Konglomeratschichten, d. h. Kupferkorrosionsprodukte, die im Verbund mit Bodenbestandteilen aufliegen. Darunter befindet sich in der Regel eine dünne, oft geschlossene Patinaschicht, die der ehemaligen Objektoberfläche folgt. Dadurch kann der Restaurator die Trennung zwischen dem Konglomerat und der Patinaschicht erkennen. Der Erhalt der Patinaschicht gehört nun zu den ersten Voraussetzungen einer Restaurierung und die Abnahme des Konglomerats ist an dieser Objektgruppe oft mit erstaunlichen Ergebnissen möglich und sinnvoll. Sie sollte aber nur nach gründlicher Prüfung erfolgen, weil sich in den Auflagerungen wichtige Hinweise wie z. B. Abdrücke von textilen Strukturen, organische Reste, Spuren von Kontaktkorrosionen anderer Metalle usw. verbergen können, die erhalten werden müssen, da sich aus ihnen weitere Zusammenhänge erschließen lassen. Wurde eine Freilegung bis zur Patina vollzogen, so erhält das Objekt einen Teil seines ursprünglichen Charakters

zurück. Alte Handwerkstechniken wie Punzierungen, Schrotungen, Ziselierungen, Plattierungen, Tauschierungen, geschmiedete Strukturen u. a. können wieder sichtbar werden. Beispiele dafür sind die Dreiecksfibel VA Ass 4666 und die Silbertafel VA Ass 995.

Erst die Abnahme der Konglomeratschicht ermöglichte eine Zuordnung und weiterführende kulturgeschichtliche Einschätzung der Objekte. So waren z. B. Details der Fibel vorher nicht zu erkennen, doch erbrachte die Freilegung ein feingegliedertes Schmuckstück mit einem handförmigen Nadelhalter, einer Gitterschraffur und Blocksegmenten zum Vorschein (Abb. 2 a. b). Die kleine Silbertafel dagegen konnte aufgrund ihres Äußeren vor der Restaurierung noch für ein Bronzeobjekt gehalten werden (Abb. 3 a). Es zeigte sich aber, dass lediglich der hohe Kupfergehalt der Legierung nach außen korrodiert war und zu einer die Tafel umschließenden Korrosionsschicht geführt hatte, auf welcher sich außerdem Versinterungen, eine unregelmäßige Sulfidschicht und Verschmutzungen befanden. Das darunter liegende Originalmaterial wurde in einer vorher angefertigten Röntgenaufnahme mit hoher Dichte abgebildet und zeigte sich als partiell nicht durchkorrodiert. Eine nachfolgende Kombination aus nasschemischer und manueller Freilegung konnte dann erfolgreich durchgeführt werden. Sie verdeutlichte die schon in der Röntgenaufnahme gut sichtbare Keilinschrift (Abb. 3 b) und ließ überdies das Objekt wieder in einer als Silber erkennbaren Ansicht erscheinen.

DURCHKORRODIERTE METALLE IM AUSGRABUNGSZUSTAND

Besonders die Eisen- und Bronzeobjekte aus Assur befinden sich im Endstadium der Korrosion. An ihnen erkennt man deutlich, dass sich Metalle im übertragenen Sinne in einem »Zwangszustand« befinden. Der Weg über die Korrosion führt sie letztlich wieder zu dem Zustand vor der Metallgewinnung zurück. An einem Artefakt können noch metallische Reste vorhanden sein, so

Abb. 3 a. b   Silbertafel VA 9685, Zustand vor der Restaurierung mit Konglomeratschicht und Kupferkorrosion und danach mit gut sichtbarer Keilinschrift. Das Objekt erhielt seinen Charakter als Silbertafel zurück.

dass ein Objekt vorwiegend ohne weitere erhaltene metallische Substanz bestehen kann. Häufig genug finden sich nur noch Korrosionsschichten, in die chemisch aktive Metallsalze eingelagert sind. Dieser Zersetzungsprozess führt zu einer grundlegenden Veränderung der Materialdichte und somit zu einer hohen Fragilität. Unter ungünstigen Bedingungen kann es zum Aufsprengen der Schichten und zum Bruch des Materials kommen. Eine aktive Chloridkorrosion kann außerdem zwischen den Schichten eine Volumenzunahme verursachen. Besonders betroffen davon sind dünnwandige Gefäße und Objekte mit geringer Materialdicke. Sie liegen zudem oft nur noch fragmentarisch vor.

Der Ausgangszustand des Bronzemedaillons VA 8356 (Abb. 4 a) verdeutlicht diese Probleme. Doch zeigte sich, dass eine Restaurierung mit guten Ergebnissen möglich war (Abb. 4 b). Das Medaillon konnte wieder zusammengefügt und ergänzt werden, so dass eine Präsentation in der ständigen Ausstellung des Museums in Frage kam. Auf der Rückseite fand sich nach der Restaurie-

rung zusätzlich noch eine relativ gut sichtbare, nun wieder zusammengefügte Keilinschrift, der zufolge das Stück von einer Frau der assyrischen Ischtar für ihr Wohlergehen gestiftet worden war. So hatte die Restaurierung ein bemerkenswertes Zeugnis für die in jener Zeit eher selten belegte Stiftung von Gegenständen durch Frauen hervorgebracht.

MAGAZINIERUNGSSCHÄDEN – EIN SONDERFALL

Im Magazin des Museums wird ein Komplex assyrischer Blei-Objekte aus Assur aufbewahrt, der – bedingt durch seine Lagerung – einen hohen Schädigungsgrad erreichte. Diese Bleie gehören zu den augenscheinlichsten Beispielen eines Objektzerfalls durch ungünstige klimatische Bedingungen. An ihnen konnten über Jahrzehnte hinweg aktive Korrosionsprozesse beobachtet werden. Seit etwa 1970 setzte allerdings ein starker Zerfall ein,

Abb. 4 a. b   Bronzemedaillon, Rückseite vor der Restaurierung und Vorderseite nach der Restaurierung und Ergänzung.

der im Einzelfall bis zur totalen Auflösung führte. Das typische Erscheinungsbild war ein grau-weißes Korrosionsprodukt, das Grundmaterial wurde regelrecht pulverisiert. Zwar sind seit 1950 diese Objekte regelmäßig in unterschiedlichen Zeitabständen behandelt worden, wobei verschiedene Verfahren zum Einsatz kamen, doch brachte keine der angewandten Behandlungen den gewünschten Erfolg. Erst mikroskopische Untersuchungen seit Mitte der 1980er Jahre führten zu der Vermutung, dass sich die Korrosion vom Inneren der Objekte nach außen entwickelt.

Die Schädigungssituation wurde letztlich so dramatisch, dass ihre Untersuchung mit dem Ziel der nachhaltigen Schadensbeseitigung 1992/93 als Diplomarbeit im Fach Chemie vergeben wurde, wodurch es möglich war, zusätzliche Ressourcen zu nutzen. Hierzu wurden alle dokumentierten und mündlich überlieferten Zusammenhänge, wie durchgeführte Restaurierungsverfahren, eingesetzte Chemikalien, Hinweise zu Abformungen, Lagerungsbedingungen (die Bleie waren eine Zeit lang zum Teil in Folien eingeschweißt) usw. gesammelt, denn jeder dieser Faktoren konnte korrosionsauslösend sein. Danach konnte man Gruppen von Bleien zusammenstellen, die nachvollziehbar bestimmten Verfahren oder Lagerungsbedingungen ausgesetzt waren. Diese wurden zur Untersuchung übergeben.

Nach gründlichen Analysen stellte sich heraus, dass die alten Magazinschränke aus Eichenholz, in denen die Bleie lagerten, die Ursache des Zerfalls waren. Die Objekte unterlagen in ihnen einer kombinierten elektrochemischen und interkristallinen Korrosion, bei der sich ihre Auflösung entlang der Korngrenzen des Metallgefüges vollzog. Die Folge war eine netzartige Struktur von Mikrorissen im Metallverbund, welche Luftfeuchtigkeit

mit ihren chemischen Bestandteilen in die Materialstruktur aufnahmen. Harthölzer wie Eichenholz neigen zur Freisetzung von Ameisen-, Essig- und Gerbsäuren, die als Substanzen durch die entstandene Mikrostruktur in die Metallobjekte gut eindringen konnten. So kam es zu den entsprechenden Reaktionen, die Umwandlung und Zersetzung des Grundmaterials war die Folge. Über verschiedene Zwischenstufen hatten sich Bleioxide, Bleiacetate und Bleicarbonate gebildet, die an Volumen zugenommen und die Stücke weiter aufgesprengt hatten, wobei der entstandene Innendruck zusätzlich zur Rissbildung beitrug. Sämtliche vorher durchgeführten nasschemischen Restaurierungsverfahren hatten leider diesen Prozess noch gefördert, denn sie ermöglichten das Eindringen eines Elektrolyten besser, als es allein die Luftfeuchtigkeit vermocht hätte.

Restauratorisch war der Erhaltung dieser Objektgruppe nunmehr eine Grenze gesetzt, denn eine rückstandslose Entfernung oder Stabilisierung aktiver Korrosionsprodukte, die sich in einer Mikrostruktur im Inneren eines Materialverbundes befinden, scheint unmöglich. Die einzige gegenwärtige Alternative war die Schaffung eines Klimas, das keine elektrochemischen Reaktionen mehr zulässt. Seit 1994 befinden sich deshalb die Bleiobjekte in einem Schutzgasbehälter unter dem Edelgas Argon (Abb. 5). So sind sie keiner Feuchtigkeit mehr ausgesetzt, das Gas lässt chemische Reaktionen nicht mehr ablaufen. Der Zerfallsprozess scheint gestoppt, allerdings konnte der Behälter aufgrund begrenzter Mittel nur als Prototyp gebaut werden und ist daher keine Ideallösung. Inzwischen werden bessere, aber teurere Schutzgasschränke industriell hergestellt. Eine normale Handhabung, Ausleihe oder wissenschaftliche Bearbeitung der Objekte außerhalb des Gases sind beim heuti-

Abb. 5   Der Schutzgasbehälter für die dauernde Aufbewah-rung der Bleifunde aus Assur. Eine Umgebung aus dem Edelgas Argon sorgt für die Unterbrechung des Korrosionsvorgangs.

Abb. 6   Fundfoto des Bronzekreuzes VA 5379 vor den Restaurie-rungsmaßnahmen, Ass. Ph. S 5747.

gen Entwicklungsstand noch nicht möglich. Hier ist also noch Vieles zu leisten.

DER BESONDERE FUND – EINE RESTAURATORISCHE HERAUSFORDERUNG

Ein Höhepunkt restauratorischen Bemühens und eine besondere Herausforderung sind stets jene Funde, denen eine herausragende Bedeutung zugemessen wird. Na-hezu jedes archäologische Museum zeigt z. B. Gold- oder andere Edelmetallfunde, geben sie doch Kunde so-wohl vom Reichtum der einstigen Besitzer als auch von der meist sehr hoch entwickelten technologisch-hand-werklichen Leistungskraft der kulturellen Umgebung, in der sie entstanden. Das Vorderasiatische Museum be-klagt bis heute den Verlust seiner noch nach 1945 ab-handen gekommenen Edelmetallfunde, von denen nur wenige Reste blieben, manchmal erst nach Jahren wie-derentdeckt. Hierzu gehört auch der Komplex unter der Fundnummer Assur 16358, dessen Wiederauffindung an sich schon außerordentlich war, wie auch seine Re-staurierung eigentlich sensationell zu nennen ist.

Im Jahre 1909 in Assur gefunden, war dieser Hort-fund, bestehend aus 16 Artefakten, bereits früh abgebil-det worden (Abb. 6). Zu einer wissenschaftlichen Bear-beitung kam es jedoch zunächst nicht, dann galt er lange Zeit als Kriegsverlust. Seine Wiederentdeckung im Jahre 1993 war zwar ein Grund zur Freude, doch zeigte schon der erste Abgleich mit den Fundnotizen und den Fotos, dass in der Tat nicht alle Bestandteile mehr vorhanden waren. Nach der Wiederaufnahme der Teile zeigte sich folgen-des Bild:

Von ehemals drei Kreuzen waren nur noch das große und das kleine Bronzekreuz (VA 5379 + VA 5378) wie-der aufgetaucht, ein Silberkreuz (VA 5444) fehlte. Die beiden wichtigen, gehämmerten Goldplättchen (VA 5376 + VA 5376), die ehedem mit Hilfe von Bronze-drähten an den Schenkeln des großen Kreuzes befestigt gewesen waren, fehlten nicht. Von insgesamt sieben Sie-gelzylindern, von denen der eine ebenfalls mit Draht am Kreuz befestigt war, bzw. von den Rohlingen zu solchen fehlte nur ein halbes Rohstück aus Glas (VA 5372, VA 5371, VA 5373, VA 5365, VA 5858, VA 5375; VA 5374 fehlt). Eine ehemals modern aufgezogene Kette aus 11 Perlen (VA 5648) war vorhanden, eine Achat-

*Abb. 7   Lochfraßkorrosion im Bereich der Keilschriftzeichen,
Zustand während der Restaurierung.*

kugel (VA 5706) jedoch nicht. Daneben fanden sich
noch weitere Fragmente von Bronzedraht (VA 5377) sowie
fünf Stücke sogenanntes Millefioriglas (VA 5872).

Insgesamt war der Fund dennoch von einer solchen
Bedeutung, dass entschieden wurde, ihn sofort einer restauratorischen Behandlung zu unterziehen, die ihn
nicht nur der Forschung zugänglich machen, sondern
ihn auch in einen Zustand versetzen sollte, der es erlauben würde, ihn auszustellen. Die Restaurierung der
Steinmaterialien, die keine größeren Probleme oder
Überraschungen barg, konnte bald abgeschlossen werden. Die Restaurierung der Metallgegenstände, vor allem der Bronzekreuze, nahm mehr Zeit als erwartet in
Anspruch, da hierbei wichtige Entdeckungen gemacht
werden konnten. Dazu gehört vor allem die Aufdeckung
und Freilegung einer nicht vermuteten Keilinschrift, die
durch die Arbeit des Restaurators erst 86 Jahre nach Auffindung der Kreuze ans Tageslicht geholt werden
konnte.

ZUR RESTAURIERUNG UND TECHNOLOGIE
DES GROSSEN BRONZEKREUZES VA 5379

Bei dem großen Kreuz handelt es sich um zwei geschmiedete
Bronzebänder, die mittig miteinander vernietet wurden.
Sie haben eine maximale Länge von 20,9 cm, eine Breite
von 2,9 cm und eine Dicke von 0,35 cm. Das obere Ende
des senkrechten Schenkels besitzt eine sich verjüngende
Öse, die offensichtlich zum Durchziehen eines Bandes
oder eines anderen geeigneten Materials angebracht war
und somit ein Tragen oder Hängen des Kreuzes ermöglichte. Der waagerechte Schenkel wurde auf den Senkrechten montiert. Der zur Verbindung verwendete Bron-
zeniet wurde auf der Vorderseite als Zierniet gearbeitet.
Der Nietkopf ist mit Goldfolie beschlagen.

Zu Beginn der Restaurierungsarbeiten war die originale Oberfläche des Bronzekreuzes nicht mehr sichtbar.
Sie entsprach auf der Vorder- und Rückseite dem Er-

scheinungsbild eines Bodenfundes aus einem eher locke-
ren Umfeld und war durchsetzt mit Versalzungen (Chlo-
riden), die als Lochfraßkorrosion in das Grundmetall
vordrangen und durch Ausdehnung die ursprüngliche
Oberfläche abzusprengen drohten (Abb. 7). An drei
Schenkeln verlief der Korrosionsprozess von der ehemaligen Oberfläche nach außen. Der vierte Schenkel war
zum großen Teil durchkorrodiert und die Korrosion bildete übereinander liegende Schichten. Dieser Befund
könnte möglicherweise auf ein Halterungsband deuten,
das zum Zeitpunkt der Ablage um den Schenkel ge-
schlungen war und dessen Feuchtigkeitsänderungen eine
tiefgreifendere Korrosion zur Folge hatte.

Auf Grund des von außen schlecht einzuschätzenden
Gesamtzustandes des Kreuzes, dessen Oberfläche aber
einige Hinweise auf eine ehemalige Verzierung aufwie-
sen, sollten als erster Schritt zur Restaurierung naturwissenschaftliche Untersuchungen durchgeführt werden.
Die angefertigten Röntgenaufnahmen dokumentierten
zur Überraschung aller Beteiligten eine bisher nicht er-
kannte und sichtbare Beschriftung auf den Kreuzschen-
keln (Abb. 8). Die daraufhin erstellte Restaurierungs-
konzeption zielte auf die Sichtbarmachung und Erhaltung der Beschriftung.

Das Röntgenbild ergab eine relativ gut erhaltene Materialstruktur auf dreien der Schenkel. Am vierten hatte
der Korrosionsverlauf zur verstärkten Zerstörung geführt und die Inschrift war nur noch teilweise erkennbar. Einer Freilegung waren an dieser Stelle Grenzen gesetzt; sie hätte einen nicht vertretbaren Verlust an Ori-
ginalsubstanz bedeutet. Dort, wo es möglich war, erwies
es sich als hilfreich, zuerst nach der vorhandenen Röntgenaufnahme eine grobe Kopie (Handzeichnung) der
Beschriftung anzufertigen, damit eine Orientierung für
die Restaurierung vorgegeben war. Es bestand nämlich
die Hoffnung, nicht eindeutig zuzuordnende Zeichen
durch eine Rekonstruktion des Textinhaltes deutlicher
zu machen und eine zweite Arbeitshilfe zur Verfügung
zu haben. Tatsächlich ergab sich während der Bearbeitung, dass einzelne auf der Röntgenaufnahme erkennbare Schriftzeichen in Verbindung mit der Rekonstruktionszeichnung am Original sicherer freigelegt werden
konnten.

Das Abtragen der Konglomeratschicht an den drei
nach außen korrodierten Schenkeln erfolgte ausschließlich unter dem Mikroskop. Da ein nasschemisches Anlö-
sen der Versinterungen (z. B. durch Grahamsches Salz)
nicht durchgeführt werden konnte – die Gefahr einer
Elektrolytbildung und der damit verbundenen Korrosi-
onsbeschleunigung war zu groß – wurde zuerst manuell
mechanisch die Oberfläche der Kreuzschenkel ab-
schnittweise freigelegt. Dies geschah durch einen
Schichtenabtrag mit dem Ziel, sich der ehemaligen
Oberfläche zu nähern. Erfahrungen besagten, das die ge-
suchte Fläche nur wenige Zehntel Millimeter Dicke aufweisen kann, weshalb zum einen die von einer dünnen
Patinaschicht überzogene Oberfläche herausgearbeitet

Abb. 8   Röntgenaufnahme des
Kreuzes mit sichtbarer Keilinschrift.

werden muss, zum anderen aber eine Verletzung oder eine Bearbeitung unter das beschriebene Niveau nicht erfolgen darf (vgl. Abb. 1). Als Werkzeuge fanden Skalpelle, speziell geschliffene Schaber, verschiedene Nadeln und Diamantschleifkörper Verwendung. Erst danach konnte mit gleicher Technologie die Arbeit an den einzelnen Schriftzeichen begonnen werden, wobei sich an den Oberflächen der eingeschlagenen Keile die noch gut erhaltene Patinaschicht wiederfinden ließ.

Am vierten Schenkel mit Öse, der keine Freilegungsarbeiten mehr zuließ, markierten sich hier die vorhandenen Schriftzeichen nur noch schwach im Korrosionsbild und wurden zudem durch die Schichtenbildung nach oben gedrückt. Ein Verbund im Grundmaterial bestand somit nicht mehr. Es wurde entschieden, ihre Reste zu erhalten und an diesen Stellen nur noch Sicherungsarbeiten durchzuführen. Dadurch ergibt sich zwar ein Bruch im Gesamtbild der Restaurierung, aber die Erhaltung der Schriftfragmente verlangte diesen Kompromiss. Die Versinterungen auf dem vergoldeten Nietkopf konnten sehr gut mit angespitzten Hölzern und Hornspateln entfernt werden.

Anschließend galt es, die aktive Chloridkorrosion und die damit verbundene Lochfraßzerstörung zu stoppen. Es bestand die Gefahr von fortgesetzten Teilabsprengungen der intakten Oberfläche, wodurch weitere Schriftzeichen damit unrettbar verloren gegangen wären. Partiell wurde deshalb eine Materialfestigung in Betracht gezogen. Eine zunächst angesetzte Entsalzung kam zu keinen befriedigenden Ergebnissen, beschränkte sie sich doch nur auf die oberen Schichten des Lochfraßes. Die darunter liegende wachsartige Chloridkorrosion war so dicht, dass eine Entsalzungslösung sie nicht durchdringen konnte. Deshalb wurde die Behandlung abgebrochen. Eine weitere Möglichkeit bestand in der »Versiegelung« der Lochfraßkorrosion nach einer erfolgreichen Stabilisierung. Daher wurde das Kreuz mehrere Wochen unter Infrarotstrahlung und im Wärmeschrank getrocknet, um den Gehalt an Restfeuchtigkeit zu reduzieren. Die anschließende Stabilisierung fand durch Tränkung mit einer Benztriazollösung statt. Alle so behandelten Bereiche wurden durch einen Schichtenauftrag von Paraloid B 48 abgedeckt, womit ein weiteres Eindringen von Feuchtigkeit verhindert werden soll.

Zum Abschluss erhielt das Kreuz einen doppelt aufgetragenen Schutzwachsüberzug aus mikrokristallinem Wachs in Benztriazol. Seither verhält sich das Kreuz bis zum heutigem Zeitpunkt stabil, muss aber auf Grund der ausgeprägten Lochfraßkorrosion noch immer als gefährdet betrachtet und regelmäßig kontrolliert werden.

Der eigentlichen Restaurierung folgend sollte noch eine technologische Untersuchung der Schriftelemente angeschlossen werden, um zu klären, auf welche Weise die Zeichenelemente in das Material eingebracht worden waren. Immerhin unterschied sich das Verfahren erheblich von dem des Schreibens mit Griffeln auf einer Tontafel. Da die Auswertung unter dem Mikroskop in den Randbereichen der eingeschlagenen Schriftkeile Materialverdrückungen sowie Konturverwerfungen dicht benachbarter Keile gezeigt hatten, durfte man annehmen, dass es sich um gepunzte Eindrücke handelte. Man konnte zunächst annehmen, dass die hierfür notwendigen Werkzeuge – ebenfalls Punzen genannt – relativ vielfältig gewesen sein mussten, hatten doch die Bestandteile nur eines Keileindrucks jeweils unterschiedliche Längen und Tiefen im Material hinterlassen, die, aneinander gereiht, eine bestimmte Keilform ergaben. Demnach hätte sich durch Formvergleiche die Zahl der Einzelpunzen feststellen lassen müssen. Allerdings schienen aufwendig gearbeitete Punzen, wie zum Beispiel unseren heutigen Schlagbuchstaben ähnlich, weitgehend ausgeschlossen zu sein.

Die eingehendere Untersuchung der Werkzeugspuren zeigte dann ein ganz anderes Bild. »Köpfe« und »Schäfte« der Keilelemente der Inschrift zeigten eine solche Variabilität in Form und Einschlagtiefen (innerhalb eines Zeichens 0,5–1,3mm), dass eine recht große Zahl an Punzen hätte angenommen werden müssen. Das reale Werkzeug war aber wahrscheinlich sehr viel unkomplizierter gearbeitet. Geht man davon aus, dass man ein Schriftelement auch mit mehreren Schlägen nur eines Werkzeugs in das Material einbringen kann, ergibt sich eine recht einfache Form. Einen Hinweis darauf gab ein Schriftzeichen, dessen unterer Schaft besonders deutlich durch Nachsetzen der Punze und wiederholtes Schlagen verlängert worden war. Der so entstandene sichtbare Absatz innerhalb des Keils ließ Rückschlüsse auf die tatsächliche Werkzeugform und gleichzeitig seine Größe zu (Abb. 9 a–g).

Die Flächen innerhalb des Keilkopfes stehen in einem Winkel von ca. 95° zueinander, was zeigt, dass ein Einbringen des Keils mit einem rechteckig gearbeiteten Werkzeug möglich war, dessen Längsseiten spitzwinklig zueinander geschmiedet wurden (Abb. 9 b. c). Schlägt man die Punze über ihre Kante, erhält man je nach Einschlagwinkel und Schlagstärke den entsprechenden Keilkopf in seiner Tiefe. Durch mehrfaches Schlagen mit entsprechender Winkeländerung bestimmt man seine Länge (Abb. 9 d). Der so entstandene Keilkopf bildet nun gleichzeitig eine Führung zum Einbringen des Keil»schaftes«. Die Punze wird wiederholt unter Win-

kelveränderung geschlagen, wodurch – in Abhängigkeit des Einschlagwinkels – nicht nur der gesamte Keil, sondern auch seine geforderte und somit definierbare Länge entsteht (Abb. 9 e).

Diese Untersuchung wurde durch praktisch technologische Versuche begleitet. Die Abbildungen stellen den Originalen rekonstruierte Schriftelemente gegenüber (Abb. 9 f). Sie wurden in Kupferblech geschlagen. Nach dem Schlagen von wenigen Zeichen erreichte das Blech eine sehr hohe Härte und musste, um die Arbeit fortsetzen zu können, zwischengeglüht werden. Im Vergleich mit dem Kreuz bedeutet dies, dass es ebenfalls sehr oft geglüht worden sein muss, denn die durch das Schlagen entstandene Materialhärte konnte jeweils nur durch ein Rekristallisationsglühen beseitigt werden. Nur so war es möglich, den gesamten Textinhalt aufzubringen. Es zeigte sich außerdem, dass es sich dabei nur um Punzen aus Eisen gehandelt haben kann, die absolut genau gearbeitet werden mussten. Versuche mit Punzen aus einer harten Bronze stellten sich als unbefriedigend heraus.

DER GEWINN DER RETTUNG

Der Hortfund Assur 16358, von dem fast alle Teile wiedergefunden waren, konnte nunmehr insgesamt als vielseitig untersucht, restauratorisch stabil und damit physisch als gerettet gelten (s. S. 66). Was aber bedeutete er für die Wissenschaft und was ist daraus für einen Betrachter im Museum zu gewinnen? Die Fundsituation hatte insgesamt kaum Auskunft darüber gegeben, welchen Bestimmungszweck dieses Ensemble hatte, denn es war zwar im Bereich des Assur-Tempels gefunden worden, jedoch nicht im Gebäude selbst, sondern im Vorhof, nahe der Ostmauer (Planquadrat i D 3 V), verborgen unter Ziegeln und umgeben von Kalksteinblöcken – die Situation erinnerte an eine Art »Ziegelkapsel«. Hieraus war weder zu entnehmen, wer es dort aus welchem Grund verborgen hatte, noch wann dies geschehen war, kurz: Datierung und Zweck waren unbekannt.

Die Restaurierung des Hortfundes hatte gleich mehrere Möglichkeiten eröffnet, sich mit diesen Fragen erneut, diesmal jedoch gewinnbringend, auseinander zu setzen. Schon während der Bearbeitung in den Werkstätten konnte die in der Röntgenaufnahme recht gut sichtbare Beschriftung näher untersucht werden. Nach Abschluss der Arbeiten stand sie – soweit erhalten und umgezeichnet (Abb. 10) – ganz für Forschungszwecke zur Verfügung. Nach Lesung des Inhaltes und ausführlicher Diskussion darf heute folgende Übersetzung als weitgehend sicher gelten. Der Text in Klammern gibt verlorene bzw. ergänzte Textteile wieder.
– auf dem waagerechten Kreuzschenkel: »Dem Kusarikku, (dem Sohn des Schamasch) seinem Herrn, hat Schamasch-tukulti, der Sohn des Eriba-Assur, der Brauer des Eschara, für sein Leben und für das Wohler-

Abb. 9 a.   Nachsetzen zur Verlängerung eines Schaftes durch mehrfaches Schlagen.

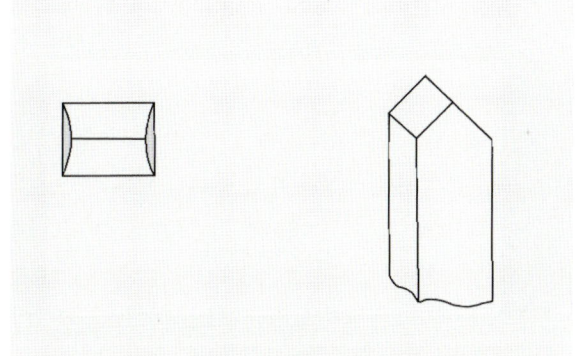

Abb. 9 b.   Rekonstruktion der Werkzeugform und der Arbeitskante der für die Inschrift verwendeten Punze.

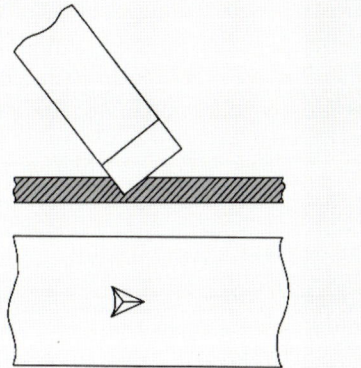

Abb. 9 c.   Schematische Funktionszeichnung der Herstellung eines «Winkelhakens».

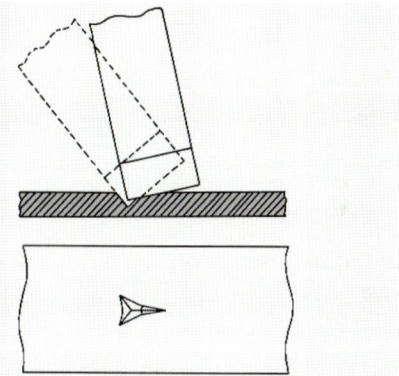

Abb. 9 d.   Schematische Funktionszeichnung der Herstellung eines »Keilansatzes«.

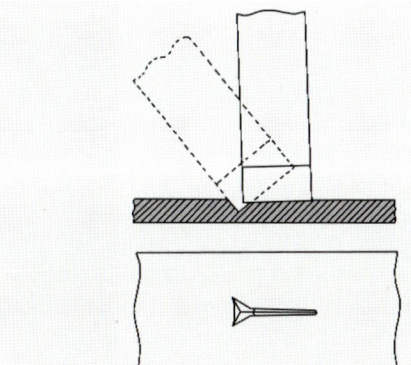

Abb. 9 e.   Schematische Funktionszeichnung der Herstellung eines kompletten Keileindrucks.

Abb. 9 f.   Original

Abb. 9 g.   Rekonstruktion.

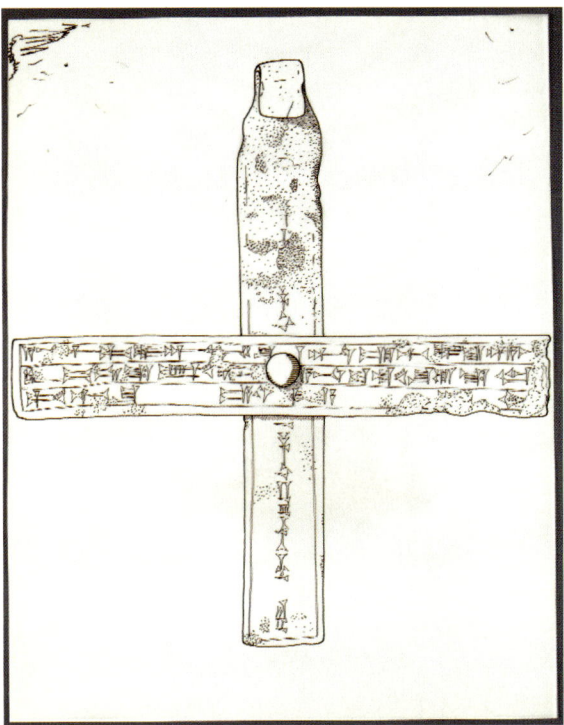

*Abb. 10   Umzeichnung der Inschrift auf dem großen Bronze-
kreuz (sog. Keilschriftkopie)*

gehen seines ›Verantwortungsbereiches‹ (diese) ›Gewandausstattung‹ geschenkt.«
– auf dem senkrechten Kreuzschenkel: »De(m) Ku(sa-
rikku, dem Sohn) des Schamasch: Schamasch-tukulti,
dein Diener.«

Damit wurde ersichtlich, dass es sich bei dem in
Hortlage gefundenen Ensemble eindeutig um ein Weih-
geschenk handelte, dessen Stifter sich selbst wie auch
den Zweck der Gabe nennt sowie selbstverständlich
auch den Adressaten. Eine komplette Lösung des Rätsels
war dies aber nicht. Denn wie so oft barg die Lösung zugleich wieder eine Reihe von neuen Rätseln in sich, so
dass bis heute keine endgültige, sondern nur eine weitgehende Erklärung zu diesem einmaligen Fund gegeben
werden kann.

Zunächst galt es, eine Datierung oder eine plausible
Eingrenzung des Zeitraumes zu finden, in dem das
Weihensemble gestiftet worden war. Leider waren hierbei die wichtigsten Elemente – die Kreuze – eher im
Wege, denn es handelt sich um eine seltene Form, die
nur wenige Vergleiche zulässt. Immerhin stammen aber
ähnliche Formen überwiegend aus der zweiten Hälfte
des 2. Jts. v. Chr. Darunter – wenn auch aus Babylon –
eine kassitenzeitliche Tontafel mit einer Kalenderein-
teilung, auf der sogar ein Kreuz auf einem Postament stehend abgebildet ist (Abb. 11); eine Darstellung, die an
Kultsockel mit (Götter)symbolen erinnert. Ein kleineres
Kreuz aus Quarzkeramik, direkt aus dem Ischtar-Tempel

in Assur, das einen Nietkopf wie bei dem großen Kreuz
nachahmt, lässt sich in die Zeit des Königs Tukulti-
Ninurta I. datieren, womit die Eingrenzung solcher
Funde auf die sogenannte mittelassyrische Zeit relativ sicher erscheint, was durch ähnliche Motive in der zeitgenössischen Siegelschneidekunst bestätigt wird (vgl. die
Kreuzmotive auf Siegeln S. 162 Abb. 6). Der Name des
Stifters hingegen bot leider gar keine sicheren Hinweise,
ist er doch zu selten außerhalb unserer Inschrift belegt,
als dass hieraus Rückschlüsse gezogen werden könnten.
Dass es sich bei diesem allerdings um eine relativ
einflussreiche Person mit beachtlichem Vermögen gehandelt haben dürfte, zeigt schließlich nicht nur sein Titel
»Brauer des Eschara«, was eine hohe Funktion war, denn
Eschara ist der Name des Assur-Tempels in Assur. Auch
die Stiftung selbst, bestehend aus seltenen und edlen
Materialien, die in höchster handwerklicher Kunst ver-
arbeitet sind, zeigt dies. Vielleicht noch deutlicher ist der
Hinweis auf die Stiftung für das Wohlergehen seines
»Verantwortungsbereiches«. Zwar ist die Deutung dieses
assyrischen Begriffes nicht völlig sicher, doch weist die
Stiftung damit eindeutig über die Absicht hinaus, ledig-
lich etwas für das eigene Wohlbefinden zu tun – eine
Intention, die bei Weihegaben besonders der Könige
durchaus stets im Mittelpunkt stand. Ob es sich bei diesem
Verantwortungs- oder Wirkungsbereich nur um die
Brauerei des Tempels handelte oder ob dahinter noch
mehr zu vermuten ist, bleibt offen. Sicher ist nur, dass
ein Mann gleichen Namens als Jahresbeamter, nach dem
eine Jahresdatierung erfolgte, belegt ist (s. S. 29–32).
Eine Identität ist damit jedoch nicht sicher.

Dass daneben aber durchaus das eigene Wohlergehen
das Ziel der Weihung gewesen ist, beweist das eine der
beigefügten Goldplättchen, die sicher nicht zufällig mit
dem Draht am Kreuz befestigt waren. Es zeigt wohl die
stilisierte Wiedergabe eines menschlichen Organs, das
als Brustkorb mit oben anschließender Luftröhre (?) gedeutet werden kann (s. Abb. S. 66). Wenn dies auch
nicht sicher ist, so liegt es doch nahe, die Bedeutung des
Objektes im magisch-medizinischen Bereich zu suchen.
Es könnte entweder als Bitte um Heilung eines bestimmten Organs, wie der Lunge, der Kehle oder des
Herzens gedeutet werden oder als »ex voto« für die Heilung dieser Organe gedient haben. Medizinisch-thera-
peutische Behandlungen der Lunge sind, zumindest als
literarischer Beleg, aus späterer Zeit bekannt.

Das andere der beiden Plättchen zeigt nun mit großer
Sicherheit denjenigen, an den die Stiftung gerichtet ist:
den als Stiermenschen gedachten Begleiter des Sonnen-
gottes Schamasch, den Kusarikku (s. Abb. S. 66). Seine
Wiedergabe ist in ihrer gesamten Gestaltung und in der
Durchbildung der Details von bemerkenswerter Qualität. Der tierische Unterkörper mit den Hufen und dem
langen Schwanz mit buschiger Quaste ist ebenso wie der
muskulöse menschliche Oberkörper hervorragend cha-
rakterisiert. Das Gesicht mit schwerer, gebogener Nase
und vollen Lippen hat fast individuelle Züge. Der Kusa-

rikku hält zudem eine Standarte, deren Emblem als Sonnenscheibe erscheint. Er ist so noch deutlicher in seiner Funktion als Türhüter und Diener des Schamasch gekennzeichnet. Sucht man nach Vergleichen für Darstellungen des Stiermenschen, dann findet man sie am häufigsten in der Glyptik des kassitischen, mittanischen und mittelassyrischen Stils, was zusätzlich die bereits gegebene relative Datierung stützt. Die Tatsache, dass das Kreuz und die damit verbundenen Gegenstände dem »Gott« Kusarikku geweiht wurden, zeigt, dass diesem Gott zumindest in der mittelassyrischen Periode größere Bedeutung zugemessen wurde. In dem aus dieser Zeit stammenden Gesetzestext, dem sog. mittelassyrischen Gesetzbuch (s. S. 95 Abb. 3), wird er als Eidgottheit genannt, bei dem eine Aussage betreffs Zauberei zu beschwören ist. Er scheint für bestimmte göttliche Eigenschaften zu stehen, auf die es dem Stifter ankam. Bereits aus seinem Namen Schamasch-tukulti (»Schamasch ist mein Beistand«) lässt sich auf ein besonderes Verhältnis zum Sonnengott schließen, das offenbar aus persönlichen Gründen auf seinen »Sohn« Kusarikku ausgedehnt wurde.

Die eigentliche Bedeutung des Fundes an sich scheint aber in einer besonderen Funktion zu liegen, die sich nur noch aus dem Begriff »Gewandausstattung« ableiten lässt. Das assyrische Wort, das so übersetzt wurde, ist zwar ebenfalls nur selten belegt, doch wird man wohl mit einiger Sicherheit auf einen solchen Zweck schließen dürfen. Immerhin ist das größte Kreuz mit einer Öse zum Aufhängen versehen. Die im Text erwähnte Kleidungsbeigabe ließe dann ein Gesamtensemble wahrscheinlich werden, zu dem ein Gewandstück gehörte, dem das Gehänge aus Kreuzen, Goldplättchen und Ketten sowie Siegeln gewissermaßen als »Kleinod« beigefügt war. Dass sich davon nur noch das dauerhafte Material erhalten hat, das vergängliche Textil hingegen nicht, erscheint einleuchtend. Als solche »Ausstattung« könnten die Kreuze mit den angehängten Objekten für die Anbringung an einer größeren Statuette des Kusarikku gedacht gewesen sein. Dass es solche Bildwerke gab, zeigt die aus neuassyrischer Zeit überlieferte Beschreibung des Sanherib, der an einem Bauteil des Assur-Tempels vier Kusarikku aus roter Bronze anbringen ließ, die auf Kultsockeln standen. Die Weihgeschenke könnten aber ebensogut in der »Kapelle« des Kusarikku aufgehängt gewesen sein. Allerdings gibt es für diese Theorien keine Beweise, da der gesamte Komplex nicht im Gebäude, sondern im Hof des Assur-Tempels gefunden worden ist, wo man sie womöglich aus Gründen des Schutzes vor Raub deponiert hatte.

Wie auch immer die exakte Weihung vonstatten gegangen sein mag, auf jeden Fall stellt das Hortensemble mit den Kreuzen eines jener seltenen Zeugnisse dar, die über den Gegenstand hinaus für uns sichtbare Spuren der Frömmigkeit und des Glaubens der Bewoh-

Abb. 11   Kreuzsymbol auf der Tontafel aus Babylon, VAT 15377.

ner Assurs sind und die belegen, dass eine der heutigen Praxis der »ex voto«-Gaben nahestehende Handlungsweise schon damals verbreitet war. Wenn solche Funde, wie in unserem Fall, außergewöhnlich sind, erregen sie umso mehr Interesse beim Betrachter und erlauben auf besondere Weise einen persönlichen Zugang zum Leben in Assyrien vor mehr als 3000 Jahren. Dass hierbei die Schrift die entscheidende Rolle spielt, ist einmal mehr der Beweis dafür, dass diese einmalige Kulturleistung Mesopotamiens in Form ihrer Zeugnisse die dafür notwendigen Restaurierungsleistungen verdient. Sei es in Form der Restaurierung von Tontafeln, welche die weitaus meisten Dokumente stellen, sei es in Form von Inschriften auf Metall, Stein oder auch auf anderen Trägern; einmal wiederhergestellt, bieten sie über ihre inhaltlichen Überlieferungen durchaus einen Gegenstand ästhetischer Betrachtungen. So zeigt das Kreuz durch die zu beobachtende Sorgfalt, mit der die einzelnen Zeichen, die sich im Formenbestand völlig im Stil der mittelassyrischen Zeit bewegen, angebracht wurden, die hohe handwerkliche Kunstfertigkeit jener Epoche. Darüber hinaus verrät das Bemühen um eine proportionale Verteilung des Textes angesichts der ungleichen Satzlängen einen ausgeprägten Sinn für eine der Keilschrift gelegentlich abgesprochene Eleganz.

Abb. S. 91
Relief mit der Darstellung eines bärtigen Gottes mit bergartigen Symbolen auf Kappe und Rock, zwei vegetarische Symbole haltend, an denen Ziegen fressen, begleitet von zwei Frauengestalten. Gefunden in Fragmenten in einem Brunnen des Vorhofes vom Assur-Tempel, Assur, Gipsstein, Erste Hälfte 2. Jahrtausend v. Chr. Höhe: 1,36 m, VA Ass 1358.

EVELYN KLENGEL-BRANDT

DIE ASSUR-FUNDE IM VORDERASIATISCHEN MUSEUM

IHRE BEWAHRUNG UND ERFORSCHUNG

Die Funde aus den deutschen Ausgrabungen in Assur gehören neben denen aus Babylon und Uruk zu den wichtigsten Beständen des Vorderasiatischen Museums. Ihr Schicksal, bedingt durch die Folgen von zwei Weltkriegen, war sehr wechselvoll. Das hatte auch Auswirkungen auf ihre Erforschung und Publikation. Walter Andrae und zahlreiche Mitarbeiter berichteten bereits während der Grabungen in Assur (1903–1914) kontinuierlich über ihren Verlauf und ihre Ergebnisse in den »Mitteilungen der Deutschen Orient-Gesellschaft«. Besonderes Interesse galt dabei den Inschriften, die Auskünfte über gefundene Architekturkomplexe, ihre Erbauer und ihre Geschichte geben konnten. Die Berichte beschäftigten sich auch mit herausragenden Funden wie der sog. Stelenreihe (s. S. 31 Abb. 2), die als eine Art von Zeitrechnung der Assyrer erkannt wurde, oder mit Gruftanlagen, die noch reiches Inventar enthielten (Abb. 1). Im Jahr 1913 wurde von Assur aus eine Expedition auf das gegenüberliegende Ufer des Tigris entsandt, um die dort befindlichen Ruinen der vom assyrischen König Tukulti-Ninurta I. (1233–1197 v. Chr.) gegründeten Stadtanlage gleichen Namens zu untersu-

chen. Auch darüber wurde in Einzelartikeln Auskunft gegeben. Eine Gesamtpublikation unter Einbeziehung neuerer Grabungen ist zur Zeit in Vorbereitung.

Gleichzeitig entstanden auch größere zusammenfassende Publikationen von Grabungskomplexen, die in der heute noch weitergeführten Reihe »Wissenschaftliche Veröffentlichungen der Deutschen Orient-Gesellschaft« herausgegeben wurden (Abb. 2). So beschäftigte sich Andrae ausführlich mit den Stadtmauern und Festungswerken, die in Assur im Laufe der Jahrhunderte entstanden waren. Großartige Stadttore und stark befestigte Wehranlagen machten Assur zu einer schwer einnehmbaren Stadt. Auch den Stelenreihen sowie einigen bedeutenden Tempelanlagen galt das Interesse von Andrae. Er legte die Ergebnisse der Ausgrabungen im Bereich des den Göttern Anu und Adad gewidmeten Tempels vor und beschäftigte sich eingehend mit dem über Jahrhunderte bestehenden Komplex der Tempel für die Göttin Ischtar. Andrae war nicht nur ein bedeutender Archäologe und Ausgräber, sondern auch ein guter Zeichner und Maler. Diese Fähigkeiten waren besonders bei der Rekonstruktion von Bauwerken und Stadtanla-

Abb. 1   Schmuckstücke aus einer Privatgruft in Assur (Gruft 45). Plattenhalsband mit zwei Anhängern, bestehend aus Lapislazuliplatten (durchbohrt), filigranen Goldplatten sowie zwei Buckelrinder-Kälbchen aus Jaspis(?) mit Goldschlaufen. Assur, 14./13. Jh. v. Chr., Länge: 27,5 cm, VA Ass 1008-13, 1022-23.

KEILSCHRIFTTEXTE AUS ASSUR

RELIGIÖSEN INHALTS

ERSTER BAND

AUTOGRAPHIEN

VON

ERICH EBELING

LEIPZIG

J. C. HINRICHS'sche BUCHHANDLUNG

1919

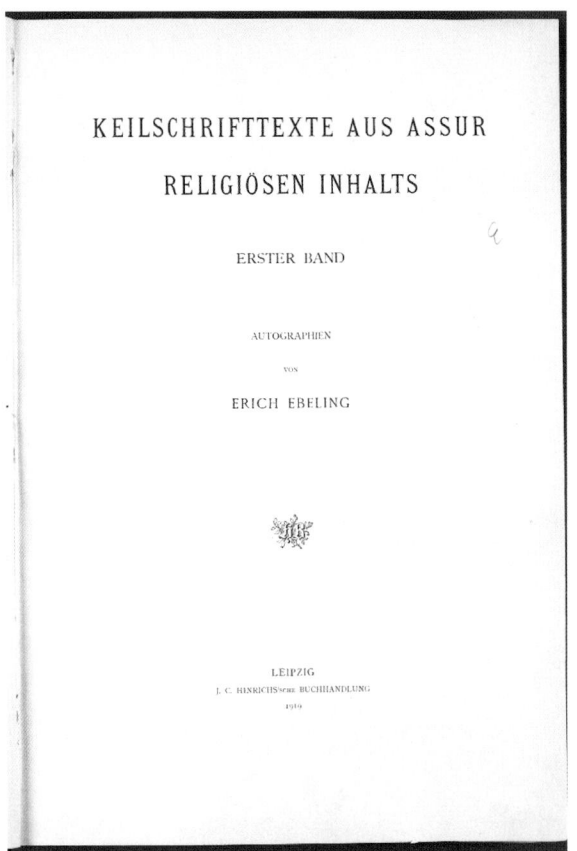

Abb. 2 Beispiel einer Grabungspublikation aus der Reihe Wissenschaftliche Veröffentlichungen der Deutschen Orient-Gesellschaft (die Schriftführung hatte bis in die 30er Jahre des vorigen Jahrhundert ihren Sitz im Museum). Die Arbeit »Keilschrifttexte aus Assur religiösen Inhalts« von Erich Ebeling von 1919, die – teilweise noch über Fotos – umgehend die gefundenen Texte berücksichtigte, bevor sie nach Berlin kamen, gehört zu den grundlegenden Arbeiten über die Religions- und Kulturgeschichte Assyriens.

gen sehr gefragt. So fertigte er eindrucksvolle Zeichnungen der von ihm ausgegrabenen Anlagen in Assur, gab einen Blick auf das Stadtbild von Assur mit seinen mächtigen Mauern und rekonstruierte die Befunde einzelner Tempelräume. Ihm verdanken wir auch ein Werk über die »Farbige Keramik aus Assur«, das er mit Zeichnungen aus seiner Hand versah. Sie waren meist kurz nach der Ausgrabung entstanden und zeigen noch die ursprüngliche Farbigkeit und die Muster auf Gefäßen und Wandmalereien, die später verblasst oder sogar verschwunden sind.

Zu den wichtigsten Funden der Ausgrabungen in Assur gehörten die Inschriften. Erst sie geben Auskunft darüber, welche Entwicklungen sich in Assur vollzogen haben. Schon 1911 wurde ein erster Band historischer Texte von Leopold Messerschmidt herausgegeben. Er enthielt vor allem die auf Ziegeln, Alabasterplatten und Türangelsteinen befindlichen Inschriften, die zur Baugeschichte und namentlichen Bezeichnung von Gebäuden beitrugen. In den folgenden Jahren waren Gelehrte wie Erich Ebeling und Otto Schröder mit der Erschließung der in Assur gefundenen Keilschrifttexte beschäftigt. Sie lasen und kopierten die Tontafeln und stellten sie in dieser Form der internationalen Forschung zur Verfügung. Gleichzeitig beschäftigten sie sich auch in Artikeln und Büchern mit den Übersetzungen und Deutungen der Inschriften. In zwei umfangreichen Bänden legte Ebeling religiöse Texte aus Assur vor. Sie zeigen, dass in Assur alle Gattungen der Literatur vertreten sind. Zahllose Hymnen und Gebete an die von den Assyrern verehrten Götter stehen neben Beschwörungen und Ritualen zur Abwehr von Unheil. Besonders eindrucksvoll ist auch ein literarisches Zwiegespräch zwischen einem Herrn und seinem Diener, welches das ambivalente Verhältnis zwischen den beiden veranschaulicht. Auch zu den schon länger bekannten großen Werken wie dem Gilgamesch-Epos und dem sog. Weltschöpfungsepos waren in Assur Tontafeln vorhanden. Otto Schröder setzte die Veröffentlichung der historischen Inschriften aus Assur fort und konzentrierte sich dabei besonders auf die Urkunden aus der ältesten Geschichte der Stadt, die bis in die Mitte des 3. Jts. v. Chr. zurückreichen. In einem weiteren Band beschäftigte er sich mit so wichtigen Texten wie den »Mittelassyrischen Gesetzen« (Abb. 3), die bis heute die ausführlichsten Informationen zum Rechtswesen und zur Gesellschaft in der zweiten Hälfte des 2. Jts. v. Chr. enthalten. In Assur wurden auch Abschriften auf Tontafeln von den Gesetzen des Königs Hammurapi gefunden. Sie basieren auf einer im 18. Jh. v. Chr. in Babylon entstandenen Sammlung, die auf einem heute im Louvre in Paris befindlichen Dioritdenkmal aufgezeichnet wurden. Schröder hatte in seine Publikation auch die auf Tontafeln geschriebenen Listen von Jahresbeamten, den sog. *līmu*, aufgenommen. In ihnen ist die zeitliche Abfolge ihrer Namen enthalten, was wiederum für die Deutung und Datierung der Steindenkmäler in der »Stelenreihe« vor der südlichen Stadtmauer von Assur wichtig war. Von der Privatsphäre der Bewohner von Assur, ihren Geschäften, ihren Urkunden zu Erbteilungen, Geldleihen, An- und Verkäufen zeugen eine Unzahl von Urkunden aus dem 2. Jt. v. Chr. Mit ihrer Lesung und Publikation beschäftigte sich Ebeling in einem ersten Band der mittelassyrischen Texte, der 1927 erschien.

Bis zum Jahr 1926, als die Kisten mit den Funden aus Assur aus ihrem unfreiwilligen Aufenthalt in der portugiesischen Hafenstadt Porto von Andrae nach Berlin geholt wurden, aber auch noch danach, mussten sich die Bearbeiter der Publikationen im Wesentlichen auf Grabungsnotizen, Fundbücher und die während der Ausgra-

Abb. 3 Erste Tafel des sogenannten »Mittelassyrischen Gesetzbuches« (Vorderseite). Dieser Teil enthält Rechtsvorschriften zum Frauenrecht in Assyrien. Assur, 12. Jh. v. Chr. gebrannter Ton, Höhe: 32 cm, VAT 10000.

bungen angefertigten Fotos stützen. Einige Originale, vor allem auch Tontafeln, waren bereits bei Fundteilungen nach 1904 nach Berlin gelangt, die meisten Stücke standen jedoch nicht zur Verfügung.

Auch in dem Zeitraum zwischen 1930 bis 1945 wurde weiter an der Endpublikation der Grabung von Assur gearbeitet, und es entstanden noch einige wichtige Veröffentlichungen. Andrae widmete sich, trotz seiner Aufgaben als Direktor des gerade eröffneten Vorderasiatischen Museums, in einem umfänglichen Band der Architektur und den Kleinfunden der späteren, dem 2. und 1. Jt. v. Chr. angehörenden Tempelbauten für die Göttin Ischtar. Mit der Veröffentlichung der Befunde aus den obersten Schichten von Assur betraute er den jungen Architekten Heinrich Lenzen. In der Periode vom 3. Jh. v. Chr. bis in das 2. Jh. gehörte Assur zu dem großen Reich der Parther, das sich vom Iran bis an den Euphrat ausgedehnt hatte. Einige größere Paläste und Tempel, die in einer interessanten Mischung von iranischen, altorientalischen und hellenistischen Stilelementen geschaffen worden waren, geben einen Eindruck von ihrer Kultur. Die von einem hohen Rundboden überspannte Eingangsfront zu einem der Palasträume, die mit Säulen und verzierten Gesimsen geschmückt ist, wurde gegenüber dem Ischtar-Tor von Babylon in der Ausstellung des Museums rekonstruiert.

In seinem Buch »Das wiedererstehende Assur« hat Andrae in beispelhafter Weise, für Laien und Wissenschaftler gleichermaßen interessant, die bis dahin erarbeiteten Ergebnisse seiner Ausgrabungen in Assur zusammengefasst. Die 1938 erschienene Publikation, die mit Fotos, Rekonstruktionszeichnungen und Plänen versehen ist, erlebte 1977 eine zweite, mit Kommentaren zu neueren Forschungen versehene Auflage. Weit über den Charakter einer Grabungsveröffentlichung hinausgehend, begleitet Andrae den Leser durch die Jahrtausende lange Entwicklung von Assur, stellt Architektur, Kleinfunde und schriftliche Überlieferung vor und schafft ein Gesamtbild dieser wichtigen alten Stadt.

Was die Entwicklung auf der Museumsinsel betrifft, so war bereits 1938 eine Schließung der Ausstellungen und die anschließend angeordnete Verpackung aller beweglichen Kunstgüter durchgeführt worden. Auf diese Weise versuchte man, einer möglichen Zerstörung der Objekte vorzubeugen. Ihre Auslagerung in Bunker und Höhlen in ganz Deutschland hatte unterschiedliche Folgen, die von der völligen Vernichtung über teilweise Beschädigung bis zur Übernahme durch die Siegermächte reichte. Andrae hatte es verstanden, die Verlagerung der Bestände hinauszuzögern und schließlich die gepackten Kisten in den tiefen Kellerräumen des Pergamon-Museums untergebracht. Dort überstanden sie relativ ungestört die Wirren am Ende des Krieges, bis sie 1945 in einer großen Aktion zusammen mit vielen anderen Kunstschätzen von Kulturoffizieren der Roten Armee übernommen und in die damalige Sowjetunion überführt wurden.

Die Museumsinsel hatte durch die Kriegsereignisse großen Schaden genommen. Einige Gebäude wie das Alte und das Neue Museum waren ausgebrannt und unbenutzbar. Das Pergamonmuseum befand sich, relativ gesehen, noch im besten Zustand. Die Dächer waren zerstört, einige Ausstellungsräume und dort befindliche Architekturdenkmäler durch Bombentreffer schwer beschädigt. Das betraf auch den Südflügel des Gebäudes mit dem Vorderasiatischen Museum, in dem Andrae mit wenigen Mitarbeitern mit dem Aufräumen und Sichten der noch vorhandenen Bestände beginnen konnte. Aus den Ausstellungsräumen waren so gut wie alle beweglichen Kunstschätze entnommen worden, zurückgeblieben waren die fest montierten Bauwerke wie das Ischtar-Tor und die Prozessionsstraße, die Mosaikfassade aus Uruk oder das Stadttor von Sam'al/Sendschirli mit seinen Reliefplatten und großformatigen Löwenfiguren. In den im Untergeschoss des Südflügels im Pergamonmuseum befindlichen Magazinen des Museums waren noch zahlreiche Funde vor allem Keramik, Steinobjekte und andere Kleinfunde zurückgeblieben, die nicht verpackt und demzufolge auch nicht abtransportiert wurden.

Auch diese Räume hatten durch Feuchtigkeit, Staub und zusammengebrochene Schränke gelitten, insgesamt waren aber noch beachtliche Bestände aus den deutschen Ausgrabungen im Vorderen Orient vorhanden. So bestand eine der ersten Aufgaben unter dem neuen Direktor Gerhard Rudolf Meyer darin, geeignete Kunstwerke zusammenzustellen, mit denen man eine neue Ausstellung bestücken konnte. Nach der Nationalgalerie gehörte das Vorderasiatische Museum zu den ersten Sammlungen auf der Museumsinsel, die bereits 1951 einen Teil der Ausstellungen öffneten. Zuerst war es die Mittelachse mit Ischtar-Tor und Prozessionsstraße, der 1953 dann die anderen Räume folgten.

Der Voraussicht von Andrae war es auch zu verdanken, dass die wertvolle Fachbibliothek des Museums Kriegs- und Nachkriegswirren überstanden hat. Die im Untergeschoss des Südflügels bis heute untergebrachte Bibliothek wurde damals einfach zugemauert, so dass niemand hinter der Wand etwas vermuten konnte.

In den Jahren zwischen 1945 und 1955 widmeten sich im Vorderasiatischen Museum einige bedeutende Bauforscher und Archäologen auch der Publikation der Grabungsergebnisse von Assur. Die meisten von ihnen, schon älter an Jahren, hatten in verschiedenen Ausgrabungsprojekten mitgearbeitet und waren nun, durch die Verhältnisse bedingt, ohne Anstellung und Auskommen. Es entstanden Veröffentlichungen zu den Palästen, dem Assur- und dem Sin-Schamasch-Tempel, die sich vor allem mit einer Beschreibung und Analyse der Architektur beschäftigen. Die Gräber und Grüfte von Assur wurden in einer Katalogform mit Kurzbeschreibung des Fundzustandes und der dort ausgegrabenen Beigaben publiziert. Aber auch diese Arbeiten basierten im Wesentlichen auf den schriftlichen Notizen der Grabung und

*Abb. 4   Beispiel eines
Sammlungssegments von Terrakotten
aus Assur (Figurenköpfe und
Körperfragmente), aus dem Magazin
des Museums.*

nicht auf einer Aufnahme der Originalfunde, die damals nur teilweise zur Verfügung standen.

Als im Jahr 1958 ein bedeutender Teil der Kunstschätze der Berliner Museen von der damaligen Sowjetunion unversehrt an die DDR zurückgegeben wurde, erhielt auch das Vorderasiatische Museum seine Bestände zurück. Nur über eine Kiste mit wertvollen Metallfunden, die auch in den Kellergewölben gestanden hatte, fehlen bis heute alle Nachrichten. Unter den Kunstschätzen befanden sich viele Objekte aus Assur. So eindrucksvolle Werke wie die Altäre und die zahlreichen Alabasterskulpturen aus den Ischtar-Tempeln oder das Relief eines Gottes aus dem Brunnen des Assur-Tempels (s. Abb. S. 91) konnten nach einer Neugestaltung der Räume wieder in die Ausstellung eingegliedert werden. Da dazu auch weitere Komplexe, wie ein großer Teil der Keilinschriften, sämtliche Roll- und Stempelsiegel sowie tausende weiterer Funde gehörten, dauerte es längere Zeit, bis alle Objekte in den Inventaren überprüft und in die Magazine eingeordnet werden konnten.

Die wenigen im Vorderasiatischen Museum tätigen Mitarbeiter, deren Zahl sich mit der Teilung Berlins noch reduziert hatte, waren über Jahrzehnte mit dem Sichten, Bestimmen, Reinigen und Inventarisieren der Fundobjekte in den Magazinen des Museums beschäftigt. Einer der Schwerpunkte lag dabei auf dem Material aus Assur, das sich zum Teil noch in den Fundkisten befand, in denen es einstmals in Assur verpackt worden war. Viele interessante, bisher in der Forschung unbekannte Stücke wurden dabei gesichtet und aufgenommen. Die meisten von ihnen ließen sich erst nach umfänglicher restauratorischer Bearbeitung in ihrer Bedeutung erkennen. Dazu gehören die originalen Wandputzfragmente mit Bemalung aus Kar-Tukulti-Ninurta und Assur, zahlreiche Bronzeobjekte mit Inschriften oder Elfenbeineinlagen mit Darstellung von Berggöttern. Ihrer Bearbeitung und Publikation widmeten sich sowohl die im Museum angestellten Wissenschaftler sowie ein sich allmählich vergrößernder Kreis von Forschern aus aller Welt.

Ein besonderes Interesse galt dabei den Inschriften aus Assur. Sie spielten in einem großen internationalen Projekt »*Royal Inscriptions of Mesopotamia*«, das in Kanada angesiedelt ist und alle historischen Inschriften aus

Assyrien umfasst, eine wichtige Rolle. Ausgewertet wurden sowohl die auf Tontafeln überlieferten Texte als auch die Königsinschriften auf Ziegeln oder Keramikgefäßen. Sie wurden in Keilschriftkopien und Übersetzungen unter Mitarbeit von Philologen des Museums der Fachwelt zugänglich gemacht. Mehrere Publikationen waren auch den Keilschrifttafeln magisch-medizinischen Inhalts aus Assur gewidmet, einem Gebiet, das sich im Verlauf der Forschungen als immer bedeutender erwies. Allein schon das Erkennen und Zusammenstellen dieser schwierigen, oft nur auf Fragmenten erhaltenen Texte, die Aufstellungen von Pflanzen und anderen Ingredenzien, von Krankheiten und ihrer Behandlung enthalten, verlangt spezielles Fachwissen. Die daran beteiligten Wissenschaftler des Instituts für Alte Geschichte und Archäologie der damaligen Akademie der Wissenschaften der DDR beschäftigten sich auch mit Keilschrifturkunden aus der mittelassyrischen Zeit, dem 14.–12. Jh. v. Chr., aus denen sich viele Erkenntnisse zur assyrischen Wirtschaft und Verwaltung ergeben haben.

Bei den Kleinfunden aus Assur konzentrierte sich das Interesse zuerst auf den großen Bestand an Terrakotten (Abb. 4). Es handelt sich in der Hauptsache um handgemachte, menschengestaltige Statuetten sowie Tierfiguren und Wagenmodelle, die einzeln erfasst und in einem wissenschaftlichen Katalog vorgelegt worden sind. Wichtig war dabei vor allem ihre Datierung in die verschiedenen Perioden der Geschichte von Assur, angefangen von der Mitte des 3. Jts. v. Chr. bis in das 2. Jh. unserer Zeit. Mit einzelnen Aufsätzen zu wichtigen Einzelfunden oder Fundkomplexen, ihrer Deutung und zeitlichen Einordnung wurden die Forschungen zu Assur weitergeführt. Unter den Steinfragmenten fanden sich z. B. mehrere Bruchstücke, die zu Gründungsbeigaben in Form von Korbträgerfiguren gehörten, ein Typ, der bisher vorwiegend aus dem südlichen Mesopotamien bekannt ist.

Ein Museum ist in erster Linie eine Institution, die der Öffentlichkeit durch Ausstellungen, Publikationen und Vorträge das von ihm aufbewahrte Material nahe bringen soll. So stand im Vorderasiatischen Museum stets auch die Pflege der ständigen Ausstellung im Pergamonmuseum im Vordergrund. Im Laufe der Jahre gab es verschiedene neue Gestaltungen, welche die Auswahl der Funde, das Aussehen der Vitrinen und ihre Beschriftung betrafen. Dass diesen neuen Präsentationen eine langwierige, oft auch schwierige Forschungsarbeit vorausgeht, bleibt der Öffentlichkeit weitgehend verborgen. Angefangen von der Auswahl aus den großen Beständen, der Beschreibung und Datierung der Objekte, der Erstellung von Datenverzeichnissen, der Anfertigung von Fotos geht es bis zur Gestaltung der Ausstellungsvitrinen und der Aufstellung der Objekte. In den drei großen Sälen des Vorderasiatischen Museums, die dem im nördlichen Irak entstandenen Staat der Assyrer gewidmet sind, wandelte sich das Bild der Ausstellung immer wieder. Kleinere Sonderausstellungen, die entweder im Per-

gamonmuseum selbst oder in auswärtigen Museen durchgeführt wurden, waren auch immer mit Material aus Assur bestückt.

Rückblickend auf die Jahre bis zur Wiedervereinigung Deutschlands und zur Eingliederung des Vorderasiatischen Museums in die Stiftung Preußischer Kulturbesitz, kann allgemein und speziell für die Beschäftigung mit den Funden aus Assur eine positive Arbeitsbilanz gezogen werden. Knappe finanzielle Mittel und fehlende materiellen Ressourcen sowie die Reisebeschränkungen erwiesen sich zwar als hemmend, die politische Beeinflussung der wissenschaftlichen Arbeit hielt sich jedoch in Grenzen. Das zunehmende internationale Interesse an den Beständen des Museums, die Zusammenarbeit mit ausländischen Institutionen sowie die Ausleihe zu Ausstellungen ermöglichten den Mitarbeitern eine begrenzte Reisetätigkeit und die Teilnahme an der internationalen Forschung. Gemeinsam mit italienischen Wissenschaftlern betriebene Forschungsaufgaben, wie die Bearbeitung von neuassyrischen Wirtschaftsurkunden, führten gelegentlich auch zu Austauschaufenthalten im Ausland. Durch Büchertausch und die freundliche Unterstützung von Kollegen und Institutionen konnten die Bibliotheksbestände auf einem erträglichen Niveau gehalten werden.

So stellte die Vereinigung mit den Staatlichen Museen Preußischer Kulturbesitz zwar eine von allen begrüßte Wende auch innerhalb der Museumslandschaft dar, sie führte jedoch nicht zu einer grundlegenden Veränderung der Arbeit innerhalb des Museums. Das Vorderasiatische Museum gehörte zu den wenigen Institutionen, zu denen kein Parallelmuseum auf westlicher Seite bestanden hatte; so erfuhr auch der Personalbestand keine Veränderung. Innerhalb des Museums für Ur- und Frühgeschichte war zwar eine Sammlung Vorderasiatischer Altertümer aus älterem Besitz oder aus Ankäufen entstanden, die jedoch nie ein großes Ausmaß oder einen selbständigen Status erreichte.

Eines der ersten erfreulichen Ergebnisse der gemeinsamen Museumslandschaft war die Übergabe von Schmuck aus Assur, der auf ungeklärtem Weg nach dem Zweiten Weltkrieg in das Museum für Ur- und Frühgeschichte gelangt war. Die wertvollen Ketten und Ohrgehänge waren von Andrae in einer Ziegelgruft in Assur gefunden worden, die er bei der Gestaltung der Ausstellung in einem Raum des Vorderasiatischen Museums nachbauen und rekonstruieren ließ. Etwas später erfolgte dann die Übernahme der Funde aus Habuba Kabira und Tell Bi'a, die von Charlottenburg auf die Museumsinsel überführt wurden. Langfristig wird das Vorderasiatische Museum weitere Bestände des altorientalischen Kulturraumes übernehmen.

Das Vorderasiatische Museum konnte nach der Wende durch eine Ausweitung der internationalen Beziehungen seine Stellung als eine der größten und bedeutendsten Sammlungen altorientalischer Kunst und Kultur weiter ausbauen. Die Wissenschaftler beteiligen

Abb. 5   Blick in das Steinmagazin des Vorderasiatischen Museums mit Funden aus Assur, 2003.

sich, wie schon früher, an der Lehre der Universitäten. Die Zahl der Studenten, Praktikanten und Volontäre, die seitdem im Museum gelernt und gearbeitet haben, ist angestiegen. Der Einsatz größerer finanzieller Mittel ermöglichte die Neueinrichtung eines Ton-, eines Ziegel- und eines Steinmagazins (Abb. 5), die durch bessere Magazintechnik mehr Raum für die sachgerechte Unterbringung von Funden bieten. Die Steinobjekte aus Assur konnten erstmalig großzügiger ausgelegt und damit der Forschung besser zugänglich gemacht werden. Es wurde begonnen, einzelne Grabungskomplexe, wie die Funde aus den Tempeln der Ischtar in Assur, räumlich in Regalen zu vereinen. Die Verbesserungen betreffen auch die ständige Ausstellung des Museums, in der neue Wandvitrinen eine variable Nutzung und bessere Beleuchtung bieten. Die Säle mit den Assur-Funden gehörten zu dem ersten großen Komplex, der 1995/96 neu gestaltet werden konnte.

Zunehmend wird das Vorderasiatische Museum auch in den internationalen Ausstellungsbetrieb einbezogen.

Die Anforderungen von Leihgaben haben dabei wesentlich zugenommen. Die erste eigene Sonderausstellung, die den Ausgrabungsergebnissen von Assur gewidmet war, fand im Jahr 1995 im »Metropolitan Museum of Art« in New York statt. Zu diesem Zweck verließen zahlreiche bedeutende Kunstwerke, wie etwa der Kultsockel mit Darstellung des assyrischen Königs Tukulti-Ninurta I. für ein halbes Jahr Berlin, um in New York zu den Glanzstücken der viel beachteten Ausstellung zu werden.

Die Zusammenarbeit mit der Deutschen Orient-Gesellschaft, die bis zur Wiedervereinigung völlig darniedergelegen hatte, wurde wieder aufgenommen. Eine Zusammenführung der durch die Teilung Berlins getrennten Archive der Gesellschaft, die sowohl Akten und Schriftwechsel als auch Unterlagen zu den Grabungen in Assur und Babylon betreffen, erwies sich als günstig für die weiteren Arbeiten. Auf dem Gebiet der wissenschaftlichen Forschung wurden gemeinsame Projekte diskutiert. Wie oben bereits geschildert, hatten die Ausgrabungsfunde aus Assur, die durch die Fundteilung dem

Abb. 6   Computerrekonstruktion der Herrscherstatue mit Kopf an Hand von Photos der Originale in Berlin und Bagdad (Christina Eickhoff, Grafik Design). Körper aus Diorit, Höhe: 1,37 m, VA Ass 2147.

sie erstmalig im vollen Umfang zugänglich. Die Idee, die lange unterbrochenen Arbeiten an ihnen wiederaufzunehmen, gewann zunehmend Gestalt und wurde bereits von 1992 an im Vorderasiatischen Museum durch eine computergestützte Aufnahme der Funde aus Assur vorbereitet. An dieser arbeiteten unter der Aufsicht von Mitarbeitern zahlreiche Studenten und Praktikanten, die damit auch ihre Materialkenntnisse verbessern konnten. Von 1997 an wurde dank der großzügigen Förderung durch die Deutsche Forschungsgemeinschaft die Arbeit intensiviert. Seitdem ist eine kleine Zahl von Wissenschaftlern, Zeichnern und Fotografen ständig mit einer Gesamtaufnahme aller in Assur gefundenen Objekte, an ihrer zeitlichen und räumlichen Zuordnung sowie ihrer Bedeutung für Assur und die Kulturgeschichte der Zeit beschäftigt (s. S. 105–109). Das betrifft nicht nur Inschriften, deren Publikation in den letzten Jahren große Fortschritte gemacht hat, sondern auch die archäologischen Funde, die nach ihrer Zugehörigkeit zu Baukomplexen oder Sachgruppen bearbeitet werden.

Es ist schwierig, die vielfältigen Arbeiten in einem Museum verständlich zu resümieren, noch dazu sie hier nur einen Teilkomplex betreffen. Viel Zeit wird für die Verwaltung, Organisation und Planung benötigt. Auch die Aufnahme von Funden zum Zweck der Veröffentlichung erfordert oft eine längere Vorbereitungszeit. Ungeplante Entdeckungen können dabei freudige Überraschungen auslösen. So konnte festgestellt werden, dass ein bei den irakischen Ausgrabungen 1982 in Assur gefundener Kopf auf die große Herrscherstatue passt (Abb. 6), die seit Jahren im Vorderasiatischen Museum aufbewahrt wird. Leider haben die Verhältnisse bis heute keinen Austausch von Gipsabgüssen mit dem Museum in Bagdad zugelassen. Völlig überraschend war auch die Auffindung einiger wertvoller Objekte aus Assur, die bei der genauen Untersuchung alter Magazinschränke in einem Versteck zutage kamen. Das Bronzekreuz mit seinen verschiedenen Beigaben, das erst nach der Restaurierung noch eine Weihinschrift erkennen ließ (s. S. 84–89), ist heute ein wichtiger Bestandteil der Ausstellung.

Die Stadt Assur gehörte immer zu den besonderen Forschungsschwerpunkten des Vorderasiatischen Museums. Die verstärkten Anstrengungen durch das Assur-Projekt sollen zukünftig das Bild von Assur erweitern, das sich somit auch in den Ausstellungen und Publikationen des Museums verändern wird. Es steht zu hoffen, dass die deutschen Ausgrabungen in Assur weitergeführt werden können (s. S. 183–190), durch die frühere Ergebnisse vervollständigt und neue Erkenntnisse gewonnen werden können.

Berliner Museum zugesprochen worden waren, über einen großen Zeitraum nicht zur Verfügung gestanden. Erst nach ihrer Ordnung, Sichtung und Inventarisierung in den Jahren nach dem Zweiten Weltkrieg waren

JOHANNES RENGER

DAS ASSUR-PROJEKT

EIN ARCHÄOLOGISCHES UND HISTORISCHES PROJEKT

DIE GRABUNG VON 1903 BIS 1914

Unter Leitung von Walter Andrae (Abb. 1) begann die Deutsche Orient-Gesellschaft (DOG) im Jahr 1903 eine langfristig angelegte Ausgrabung in Assur, einer der wichtigsten Ruinen des nordmesopotamischen Altertums. Seit der Mitte des 3. Jts. v. Chr. war Assur zunächst zentraler Ort eines bedeutenden Stadtstaates und ab der Mitte des 2. Jts. bis ins 9. Jh. v. Chr. Hauptstadt des mächtigen Territorialstaates Assyrien. Nach der Verlegung der königlichen Residenz durch Assurnasirpal II. (883–859 v. Chr.) nach Kalchu (Nimrud) bzw. durch Sargon II. (722–705 v. Chr.) nach Dur-Scharrukin (Chorsabad) und später durch Sanherib (705–681 v. Chr.) nach Ninive blieb Assur weiterhin religiöses und zeremonielles Zentrum des assyrischen Staates. Aber auch in der Partherzeit, d. h. zwischen dem 2. Jh. v. Chr. und dem 3. Jh. n. Chr., war die Stadt ein bedeutender Ort innerhalb des Arsakidenreiches.

Der Ruf der Andrae'schen Grabung in Assur beruht vor allem darauf, dass hier erstmals – mehr noch als in der gleichzeitig durchgeführten Grabung in Babylon – die Anlage einer mesopotamischen Stadt in ihren wesentlichen Strukturen archäologisch erschlossen worden ist. Die Grabung bietet überdies eine historische Tiefendimension von Monumentalarchitektur bzw. Baugeschichte, die in ihrer zeitlichen Erstreckung vom 3. Jt. v. Chr. bis in die parthische Zeit und der auf großer Fläche durchgeführten Untersuchungen ihresgleichen suchen kann (11–18).

Die Ausgrabung in Assur verdankt ihre Existenz dem Bemühen der intellektuellen, kulturellen und politischen Eliten in Deutschland und in Berlin an der Wende vom 19. zum 20. Jh. (s. S.35–44).

1903 begann die Grabung in Assur (Abb. 2. 3). Reichlich 10 Jahre grub man erfolgreich. Im Frühjahr 1914 wurde die Grabung planmäßig beendet, anders als in Babylon, wo die Grabung erst 1917 angesichts des Vormarsches der englischen Armee abgebrochen wurde. Aus Assur gelangten erste Funde, neben Grabungsfotos, bereits 1906 nach Berlin. Aufgrund der Wirren des Ersten Weltkrieges gelangte der Hauptteil der Funde erst 1926 in die Vorderasiatische Abteilung der Staatlichen Museen zu Berlin (s. S. 53–63).

Abb. 1   *Selbstportrait von Walter Andrae in Assur, 1908, farbige Kreiden auf getöntem Papier, Höhe: 23 cm*

BEARBEITUNG UND VERÖFFENTLICHUNG DER GRABUNGSERGEBNISSE

Bereits während die Grabung noch lief und sehr bald danach sind wichtige Ergebnisse in den »Wissenschaftlichen Veröffentlichungen der Deutschen Orient-Gesellschaft« (WVDOG) publiziert worden. Das betraf vor allem die inschriftlichen Funde, um deren zügiges Kopieren sich in erster Linie Leopold Messerschmidt, Otto Schroeder sowie Erich Ebeling bleibende Verdienste erworben haben (s. S. 94 Abb. 2). Dazu gehörten u. a. die zahlreichen Inschriften der assyrischen Könige, die es nun erstmals möglich machten, die Geschichte Assyriens und seiner Hauptstadt Assur vom Ende des 3. Jts. bis hinein ins 1. Jt. v. Chr. zusammenhängend darzustellen. Die Kultur und Religion Assyriens wurde durch die Publikation wichtiger Epen, Mythen, Kultlieder, Omina und magischer Texte ganz wesentlich erhellt. Rechtsurkunden und ein umfangreiches Rechtsbuch aus dem 12. Jh. v. Chr. (s. S. 95 Abb. 3) erlauben den Blick auf ein bisher unbekanntes Rechtsgebiet, das für die verglei-

*Abb. 2   Expeditionslager in Assur, 1903. Vor Beginn der Bauarbeiten zu einem festen Haus mussten die Expeditionsmitglieder in Zelten woh-
nen. Ass Ph A 86.*

*Abb. 3   Neu errichtetes Grabungshaus in Assur. Da die Expedion für die Dauer von vielen Jahren geplant war, wurde nach dem Vorbild
von Babylon ein festes Haus errichtet, das die Arbeits- und Wohnräume sowie die Lagerräume für die Funde enthielt,
Ass Ph A 198. Zustand 1903; das Haus dient noch heute als Expeditionsbasis.*

Abb. 4   Rekonstruktion einer Fassade des Partherpalastes in Assur aus dem 1. Jh. v. Chr., Gipsstuck, farbig gefasst, unter Verwendung von Nachbildungen der originalen Fassadenelemente, Höhe 11,6 m, VAG 263.

chende Rechtsgeschichte neue und überraschende Einsichten ermöglichte.

Auch die Archäologen waren nicht müßig. Obwohl die Fundobjekte nicht zugänglich waren, hat man alsbald begonnen, die wichtigsten ausgegrabenen Architekturkomplexe – Tempel, Paläste, Befestigungsanlagen – an Hand der Grabungsaufzeichnungen und während der Grabung gemachter Fotos zu veröffentlichen. Dies war in Anbetracht des gerade zu Ende gegangenen Ersten Weltkriegs und der Wirtschaftskrise in den Jahren danach eine besondere Leistung.

Die Ergebnisse bedeutender archäologischer Entdeckungen hat Andrae selbst mit Vorrang publiziert. Trotz kriegs- und inflationsbedingter Hindernisse erschien 1922 der Band »Die archaischen Ischtar-Tempel« (WVDOG 39, 1922), in dem erstmals systematisch ausgegrabene Architektur, Rundplastik und Kleinfunde der frühdynastischen Zeit (25./24. Jh. v. Chr.) aus dem nördlichen Mesopotamien der wissenschaftlichen Öffentlichkeit vorgestellt werden konnten (Abb. 5). Andrae hielt die Ergebnisse seiner Arbeit an den archaischen Ischtar-

Tempeln mit Recht für so wichtig, dass er sich seinerzeit entschloss, die dort gefundene Rundplastik nur an Hand der Grabungsphotos zu publizieren, weil Anfang der zwanziger Jahre nicht abzusehen war, ob und wann die Originale für eine Bearbeitung zur Verfügung stehen würden.

Nachdem die Funde aus Assur und damit auch die Objekte aus den Ischtar-Tempeln dann 1926/7 nach Berlin gekommen und die der Deutschen Orient-Gesellschaft zugesprochenen Objekte ins Vorderasiatische Museum (VAM) gelangt waren, vergingen noch weitere siebzig Jahre bis zu einer abschließenden Bearbeitung, die in Kürze vorliegen soll.

Aber trotz dieser ganz wesentlichen Veröffentlichungen, die unser Wissen um die mesopotamische Zivilisation entscheidend erweitert haben, blieb sehr vieles aus der Andrae'schen Grabung bis heute unbekannt. Wie prekär und unbefriedigend die Situation auch weiterhin war, zeigt sich darin, dass noch 1955 Konrad Preußer einen Band über die Paläste in Assur veröffentlicht hat, in dem er von den nahezu 2000 Kleinfunden gerade ein-

Abb. 5   Stufenförmiger Räucheraltar in Form von gegliederten Fassaden, gebrannter Ton, Höhe: 90 cm, aus den archaischen Ischtar-Tempeln, ca. 2300 v. Chr., VA 8143.

mal ca. 40 behandeln konnte! Es ist nun das Ziel des von der DOG und dem Vorderasiatischen Museum in Angriff genommenen Projektes, die bisher nicht bearbeiteten und publizierten Funde der Grabung aus Assur der Wissenschaft zugänglich zu machen.

Die enge personelle Verflechtung zwischen DOG und Museum – Andrae war bis nach dem Zweiten Weltkrieg gleichzeitig Vorsitzender der DOG und Direktor der Vorderasiatischen Abteilung der Berliner Museen – hat die Bearbeitung der Funde einerseits wesentlich befördert. Anderseits brachte sie auch insofern Nachteile mit sich, als das Museumspersonal ab 1927 nicht nur mit der Sichtung der Assur-Funde und ihrer konservatorischen und wissenschaftlichen Bearbeitung für die Ausstellung in der Vorderasiatischen Abteilung der Berliner Museen beschäftigt war, sondern gleiches auch für das zur selben Zeit nach Berlin gelangte Fundmaterial aus Babylon zu leisten war. Dazu kamen noch die Vorberei-

tungen für die Gestaltung des bereits vor dem Ersten Weltkrieg geplanten bzw. im Bau befindlichen neuen Museumsgebäudes (Pergamonmuseum). Bei dessen Einweihung am 30. Oktober 1930 war zunächst nur die Hauptachse mit der Prozessionsstraße aus Babylon zugänglich, die Räume mit den Assur-Funden erst 1934 (s. S. 69–73). So verblieben nur noch wenige Jahre bis zum Beginn des Zweiten Weltkrieges, wodurch Bearbeitung und Publikation der Funde aus Assur erneut erheblich beeinträchtigt wurden. Zudem war die Kraft des Museumspersonals, vor allem aber die des Ausgräbers Andrae, seit 1928 zusätzlich durch die Vorbereitung der Grabung in Uruk/Warka in Anspruch genommen.

Der Zweite Weltkrieg unterbrach alle Arbeiten erneut. Die Bestände wurden an Ort und Stelle gesichert oder verpackt. Nach den Zerstörungen im Laufe des Krieges standen nach 1945 die Sicherung und Sichtung der magazinierten Bestände, der Wiederaufbau des Museums sowie die Neugestaltung der Ausstellungsräume im Vordergrund der Museumsarbeit (s. S. 73–77, 96–97). Die Bearbeitung der Assur-Funde konnte unter diesen Umständen daher nur eine von mehreren Aufgaben des Museumspersonals sein. Trotzdem sind wichtige Publikationen einzelner Funde und Fundgruppen erschienen. Dazu haben vor allem im Bereich der Inschriftenfunde als Mitarbeiter der Deutschen Akademie der Wissenschaften, später Akademie der Wissenschaften der DDR, Franz Köcher und Helmut Freydank beigetragen. Liane Jakob-Rost und Joachim Marzahn haben ebenfalls zahlreiche Inschriften publiziert. Auf archäologischem Gebiet haben sich vor allem Evelyn Klengel-Brandt um die Publikation der Terrakotten und Ralf-B. Wartke um die Kleinfunde, insbesondere den Schmuck, verdient gemacht. Nach dem Zweiten Weltkrieg sind von der DOG vier Bände in der Reihe WVDOG herausgegeben worden, in denen archäologische Fundkomplexe der Assur-Grabung publiziert worden sind. Die DOG hat sich des weiteren bemüht, das in ihrer Obhut befindliche Archivmaterial für eine wissenschaftliche Bearbeitung zugänglich zu machen. Neben diversen kleineren Arbeiten sind hieraus vor allem die beiden Bände von Olaf Pedersén, »Archives and Libraries in the City of Assur« (1985, 1986), und sein Katalog aller Inschriften, die nicht auf Tontafeln sondern auf Objekten aus Stein, Keramik, Metall und anderen Materialien geschrieben standen, hervorgegangen. Dabei stellte sich heraus, dass ein beachtlicher Teil noch nicht publiziert war. Die Arbeit an der umfangreichen Monographie von Peter Miglus, »Das Wohngebiet von Assur – Stratigraphie und Architektur« und deren Druck sind großzügig durch die Deutsche Forschungsgemeinschaft finanziert worden. Die Bedeutung dieser Arbeit besteht insbesondere darin, dass bis dahin die Publikation von Monumentalarchitektur aus Assur im Vordergrund gestanden hatte.

Aber auch vor dem Krieg begonnene Arbeiten an den ausgedehnten archäologischen Fundkomplexen, wie etwa die Bearbeitung der ca. 1300 ausgegrabenen Gräber und Grüfte durch Arndt Haller (1954) konnten schließlich erscheinen. Aber auch hier ist eine Neubearbeitung erwünscht.

NEUE PERSPEKTIVEN SEIT 1990

Eine gänzlich neue und zukunftsträchtige Situation ergab sich angesichts der sich anbahnenden Wiedervereinigung. Bereits im Sommer 1990 hat der Vorstand der DOG die Initiative ergriffen und mit der Direktion des Vorderasiatischen Museums Überlegungen angestellt, wie nun endlich eine systematische Bearbeitung und Publikation dessen, was man in Assur ausgegraben hatte, weitergeführt und zum Abschluss gebracht werden könne.

Nach vielfältigen Gesprächen und Planungen haben dann die DOG und das VAM im Frühjahr 1991 beschlossen, mit der Arbeit zu beginnen und sich um deren Finanzierung zu bemühen. Denn es war allen Beteiligten klar, dass dieses Projekt eine längere Zeit beanspruchen und die Mitarbeit vieler Fachkollegen erfordern würde sowie erheblicher finanzieller Mittel bedürfe. Schließlich wurde im Jahre 1995 ein umfangreicher Antrag auf Finanzierung eines solchen Vorhabens bei der Deutschen Forschungsgemeinschaft gestellt. Dem Antrag wurde 1997 stattgegeben.

Das Assur-Projekt von DOG und VAM nimmt in mehrfacher Hinsicht eine herausragende Stellung ein:
– als Langzeitprojekt von der Deutschen Forschungsgemeinschaft (DFG) mit einem jährlichen Finanzvolumen von ca. 225.000 Euro unterstützt
– und damit als eines der großen geisteswissenschaftlichen Projekte der DFG,
– durch die besondere Struktur der Arbeitsgruppe: Sie besteht zum einen neben dem Leiter, Prof. Johannes Renger, aus dem Institut für Altorientalistik der Freien Universität Berlin, aus den aus DFG-Mitteln geförderten vier wissenschaftlichen Mitarbeitern und der Stelle für eine Zeichnerin, mehreren mit Werkverträgen arbeitenden Fotografinnen und Fotografen sowie Zeichnerinnen. Hinzu kommen zahlreiche Mitarbeiter aus ganz Deutschland, die sich von ihren jeweiligen akademischen Positionen aus wegen der Bedeutsamkeit des Forschungsgegenstandes an der Arbeit des Projektes beteiligen.

Unterstützt wird die Projektarbeit außerdem durch die Mitarbeiter des VAM Berlin, sowie durch die Bereitstellung von Möbeln, Computerausrüstung und Räumen. Logistische und personelle Unterstützung erfährt das Projekt durch die Freie Universität Berlin und die DOG.

ZIELE UND AUFGABEN DES ASSUR-PROJEKTES

Die Aufgaben, denen sich das Assur-Projekt gegenüber sieht, werden wesentlich bestimmt durch die zur Verfügung stehende Grabungsdokumentation und das Vorhandensein bzw. den Zustand der im VAM befindlichen Fundobjekte. Anders als bei einer laufenden Grabung, bei der die Grabungsstrategie auf vorheriger Planung, im Vorhinein definierten Fragestellungen und im Verlauf der Grabung möglicher Anpassungen beruht, sind wir im Falle der Aufarbeitung der Assur-Grabung mit dem konfrontiert, was zu Beginn des 20. Jhs. im Blickpunkt und im – zum Teil subjektiv geprägten – Interesse der damaligen Ausgräber, der seinerzeit aktuellen Fragestellungen, Vorstellungen und Erwartungen der Forschung an eine solche großangelegte Grabung stand (s. S. 45–52).

Damit geht es bei der Aufarbeitung der Funde und archäologischen Befunde zunächst darum, sich mit der hinterlassenen Grabungsdokumentation und den vorhandenen Fundobjekten auseinanderzusetzen. Erst in einem zweiten Schritt erscheint es möglich, aber auch sinnvoll und geboten, Fragestellungen an das Material heranzutragen, die sich aus heutiger Sicht stellen. Die Klarsicht, mit der Walter Andrae in seinem Buch »Das wiedererstandene Assur« im Jahre 1938 manches von dem formuliert hat, was auch heute von höchster Relevanz ist, nötigt uns immer wieder Bewunderung ab.

Die Grabungsdokumentation, die in erstaunlicher Ausführlichkeit vorliegt, besteht vor allem aus den genauen ziegelgerechten Bauaufnahmen der ausgegrabenen Gebäude, sorgfältig notierten Höhenmesspunkten des gesamten Grabungsareals, hunderten von Fotos, in denen sich die einzelnen Phasen der Ausgrabung widerspiegeln, umfangreichen Fundjournalen, ausführlichen Tagebüchern und sonstigen Aufzeichnungen – zum Teil von Andrae in Gabelsberger Kurzschrift verfasst. Trotzdem stellt sich heraus, dass in zahlreichen Fällen viel zu wenig Fotos und Zeichnungen vorliegen, die auf die sich bei der Bearbeitung der großen Architekturkomplexe ergebenden Fragen Antwort hätten geben können. Auch die Aufzeichnungen über die genaue Fundstelle der ausgegrabenen Objekte sind – nach heutigen Standards – in zahlreichen Fällen unzureichend, weil zwar das Planquadrat verzeichnet ist, aber Details über Höhenniveau und andere relevante Auskünfte fehlen. Dadurch wird die Rekonstruktion der Fundzusammenhänge erschwert und sich daraus ergebende Fragen nur schwer klären lassen. Die Fundobjekte, soweit sie nach Berlin gelangt sind, sind im Vorderasiatischen Museum nach Materialgruppen magaziniert.

Es war vor allem wichtig die Angaben der Fundjournale in einer Datenbank zu erfassen. Diese Arbeit ist geleistet. Es liegen jetzt ca. 45.000 Datensätze vor. Sie ermöglichen es u. a., alle gleichartigen Objekte nach bestimmten Kriterien oder entsprechend ihrem Fundort

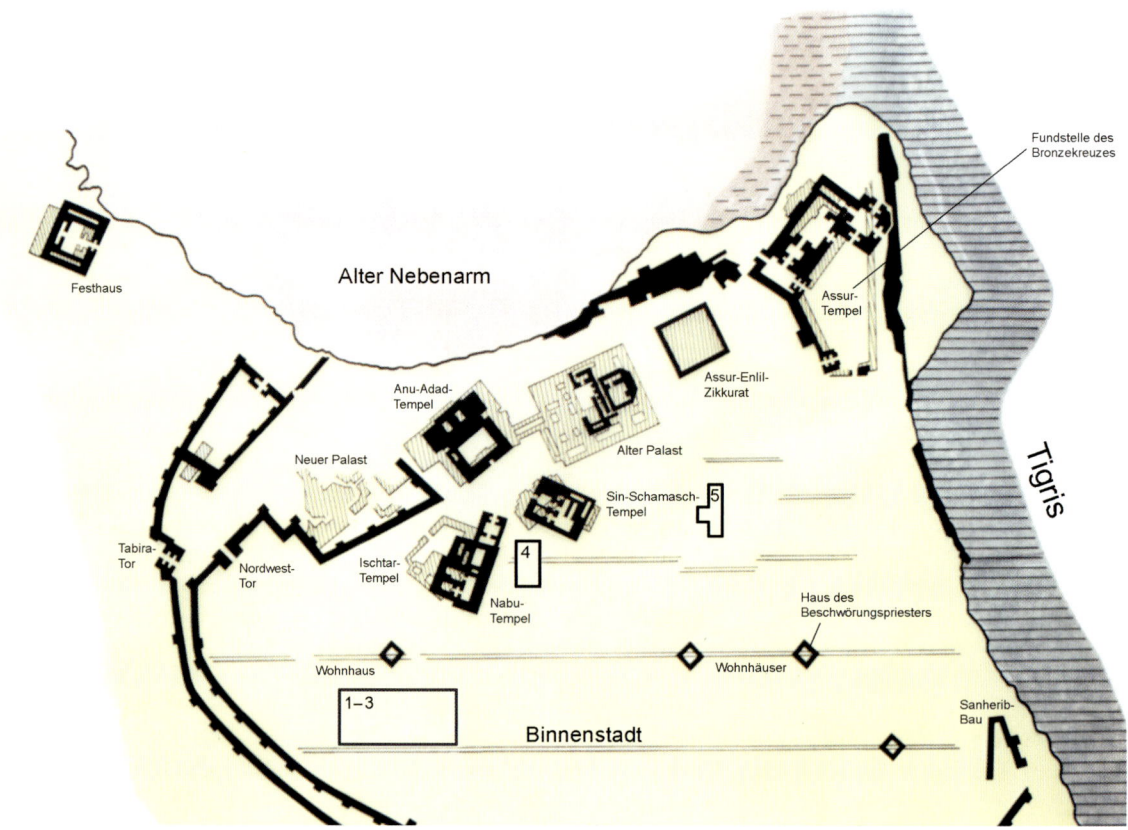

Abb. 6   Paläste und Kultbauten samt neuer Grabungsstellen in Assur, Detail des Generalplanes.

innerhalb eines bestimmten Planquadrates abzurufen. Mit Hilfe der in den Generalplan eingegebenen Höhenmesspunkte lassen sich zukünftig dreidimensionale Modelle einzelner Gebäude generieren.

Entsprechend dem vorrangigen Interesse der Ausgräber – Andrae und die meisten seiner Mitarbeiter waren Architekten und Bauhistoriker – an der Erforschung von Monumentalarchitektur sind bisher in großem Umfang die Ergebnisse zur Stadtarchitektur bzw. zu einzelnen Gebäudekomplexen vorgelegt worden (Abb. 6). Mehr als zehn Komplexe von Großarchitektur sind von Andrae und seinen Mitarbeitern freigelegt worden (Abb. im Nachsatz dieses Bandes). Der Behandlung der Großarchitektur ordnete man die Bearbeitung der Kleinfunde unter. Diese sind daher noch nicht in der gebotenen Vollständigkeit veröffentlicht. Ganze Fundgruppen blieben darüber hinaus hinsichtlich einer systematischen Bearbeitung nahezu völlig unberücksichtigt.

Ziel der Bearbeitung der Fundobjekte und der architektonischen Befunde ist eine ganzheitliche Präsentation. Dies erfordert eine umfängliche Koordination und einen permanenten Austausch zwischen den verschiedenen Mitarbeiterinnen und Mitarbeitern, die sich mit un-

terschiedlichen Fundgruppen befassen. Denn zunächst müssen die einzelnen Fundgruppen als Ganzes synchronisch und diachronisch, d. h. im Vergleich mit Funden aus anderen Orten sowie in ihrer Entwicklung über einen langen Zeitraum, behandelt werden. Die wichtigsten Fundgruppen, über einige von denen in diesem Band im Detail berichtet wird (s. S. 137–138, 139–147, 165–174), gehören u. a. die ca. 3100 Stücke aus Quarzkeramik, gemeinhin als Fritte bezeichnet (darunter viele Tierfigurinen und Gefäße), glasierte Knauffliesen, Keramik, Steingefäße, steinerne Keulenköpfe, Fragmente von steinernen Reliefs, beschrifteten Fußbodenplatten, reliefierten und mit Inschriften versehenen Obelisken, figürliche Bleiobjekte, Schmuck, Metallobjekte, wie Nadeln oder Gewandfibeln, Fragmente von Elfenbeinarbeiten, Münzen und vieles mehr.

Ein großes Problem stellt der Zustand vieler Objekte dar. Sie konnten, seit sie sich im Museum befinden, nur in wenigen Einzelfällen konservatorisch behandelt werden. Erst jetzt ist es möglich – mit großzügiger Unterstützung der Generaldirektion der Staatlichen Museen zu Berlin –, umfangreiche und kostspielige Restaurierungen durchzuführen. Das gilt insbesondere für die zahlreichen Metallobjekte. Bei der großen Zahl von ca. 4000 Stücken kommt es darauf an, Prioritäten zu setzen – welche Stücke eignen sich für eine Präsentation in der Ausstellung, welche haben lediglich wissenschaftlichen Wert und bei welchen Stücken erscheint der restauratorische Aufwand momentan nicht gerechtfertigt. Die Entscheidung zwischen diesen Kategorien ist nicht immer einfach zu treffen. Denn die starke Korrosion lässt mitunter nicht erahnen, welcher der drei Kategorien ein Objekt zuzuordnen ist. Die bisherigen, z. T. spektakulären Ergebnisse sprechen allerdings für den eingeschlagenen Weg (s. S. 79–89).

Das Bemühen um eine ganzheitliche Präsentation aller in einem Gebäudekomplex gefundenen Objekte in ihrem Fundzusammenhang wird exemplarisch deutlich an der gerade im Druck befindlichen neuerlichen Bearbeitung der älteren Ischtar-Tempel und an der gegenwärtig stattfindenden Arbeit am sog. »Alten Palast«. Unter den etwa 2000 in ihm geborgenen Objekten sind nahezu alle Objektgattungen vertreten. Dadurch sind mehrere Archäologen daran beteiligt, ein solches ganzheitliches Bild von diesem Gebäude, seiner Geschichte, der Funktion seiner Räume und Raumfluchten zu entwerfen (s. S. 119–128, 129–135, 137–138, 139–147).

Neben der Bearbeitung einzelner architektonischer Komplexe (u. a. Tempel- und Palastanlagen) soll das Augenmerk auch auf epochale Phänomene gerichtet werden. So hat beispielsweise in der bisherigen Forschung die Zeit nach dem Ende des neuassyrischen Reiches im Jahre 612 v. Chr. eine eher untergeordnete Rolle gespielt. Allerdings sind Belege für die Besiedlung im nördlichen Mesopotamien für die Zeit vom 6. bis zum 1. Jh. v. Chr. rar. Obwohl die Parther als Gegner Roms im Bewusstsein von Historikern und Archäologen immer gegenwärtig waren, ist die Zeit, in der die Arsakidendynastie das parthische Reich beherrschte (3. Jh. v. Chr. bis 3. Jh. n. Chr.), einer der am wenigsten erforschten Abschnitte altorientalischer Geschichte. Die Gründe hierfür liegen weniger im Fehlen ausreichender materieller Hinterlassenschaft als in einer – zum großen Teil wissenschaftsgeschichtlich bedingten – Konzentration der Forschungsschwerpunkte vorderasiatischer Archäologie auf Perioden, die durch die keilschriftliche Überlieferung gekennzeichnet sind. Andererseits fehlt es auf der Seite der Althistoriker an den Voraussetzungen, mit einem Quellenmaterial umzugehen, das außerhalb ihrer philologischen und archäologischen Kompetenz liegt. Insofern hat die Beschäftigung mit dieser Epoche auch programmatischen Charakter und verdient deshalb auch eine besondere Beachtung im Rahmen des Assur-Projektes.

Die parthische Arsakidendynastie beherrschte die Region um Assur zwischen ca. 140 v. Chr. und ca. 228 n. Chr. Diese Zeit stellt die letzte umfassende Besiedlungsperiode in Assur dar. Die archäologischen Befunde aus Assur repräsentieren nach wie vor einen der bedeutsamsten ausgegrabenen Komplexe an materieller Hinter-

lassenschaft jener Zeit im nördlichen Mesopotamien: Fast im gesamten Stadtgebiet oberhalb der neu- und spätassyrischen Schichten fanden sich Baureste und Objekte aus der Arsakidenzeit. Mehrere Palast- und Tempelanlagen sowie viele Privathäuser wurden ausgegraben. Ein großer Teil der freigelegten Architektur, insbesondere der sog. Partherpalast (Abb. 4) und Gebäudekomplexe in der Südstadt Assurs wurden von Andrae und Heinrich J. Lenzen (Die Partherstadt Assur, WVDOG 57, 1933) publiziert. Die Baureste in den Suchgräben (s. dazu jetzt die Arbeit von Peter Miglus, Das Wohngebiet von Assur – Stratigraphie und Architektur, WVDOG 98, 1996) und ein ca. 8000 m² großes Grabungsareal im Norden der Stadt über dem assyrischen Nabu-Tempel blieben damals allerdings unberücksichtigt. Auch die zahlreichen Einzelfunde – darunter eine sehr große Zahl von Keramikgefäßen bzw. Scherben – aus den Wohngebäuden dieser Zeit sind bisher nur unzureichend bearbeitet und publiziert.

Die Bearbeitung der Funde und Befunde durch Andrae und Lenzen geschah, wie von Andrae 1933 im Vorwort zur Publikation bemerkt, ohne dass die vorzüglichen Ergebnisse der inzwischen erfolgten Grabungen in Dura Europos (seit 1919) und in Seleukeia (seit 1928) in die schon lange vorbereitete Berichterstattung über die partherzeitlichen Schichten in Assur hätten eingearbeitet werden können. Allerdings waren bis 1933 nur kürzere Vorberichte der Grabungen in Dura Europos und Seleukeia publiziert worden, die kaum sinnvoll hätten zitiert werden können. Insofern ist deren fehlende Berücksichtigung nachvollziehbar. Offensichtlich aus Kostengründen hat man sich bei der Publikation von Bildmaterial als Untermauerung für den Grabungsbericht einschränken müssen und Interessierte auf das Archivmaterial verwiesen. Gravierender und deshalb Anlass für neuerliche Untersuchungen ist, dass die Beschreibungen des Grabungsbefundes eigentlich nur die fast wörtliche Wiedergabe der vor Ort von Bachmann und anderen angefertigten Aufzeichnungen darstellen.

In neuerer Zeit durchgeführte Grabungen vor allem in Seleukeia (vierzehn Kampagnen seit 1964), Hatra (seit 1987), Chirbet Jadallah bei Mossul und in Assur selbst (1988–1989) lassen erstmalig eine gesicherte chronologische Ordnung des Materials der Partherzeit und überdies Einsichten in regionaltypische Phänomene erwarten.

Die Publikation der zahlreichen inschriftlichen Funde war und ist ein weiterer Schwerpunkt der Aufarbeitung der Ergebnisse der Grabung in Assur. Tontafeln haben anders als vergängliche Schreibmaterialien wie Papyrus, Leder oder Pergament eine große Chance, auch unter widrigen klimatischen Bedingungen, die Zeit zu überdauern. So kommt den ca. 3000 auf Tontafeln geschriebenen mittelassyrischen Rechts- und Verwaltungsurkunden (14.–12. Jh. v. Chr.) eine besondere Bedeutung bei der Erforschung der politischen, religiösen und gesellschaftlichen Strukturen Assyriens in der zweiten

Hälfte des 2. Jts. v. Chr. zu. Wesentliche Erkenntnisse liefern die zahlreichen Siegelabrollungen auf diesen mittelassyrischen Tontafeln. Es ist gelungen, viele der hochqualitativen Abrollungen den in den Urkunden erwähnten Personen zuzuordnen. Dazu gehören insbesondere die Abrollungen von zwei Königssiegeln. Diese Arbeit geschieht in enger Kooperation mit den Bearbeitern der Texte, u. a. Eva Cancik-Kirschbaum, Helmut Freydank, und Barbara Feller, die sich auf die Analyse der Siegelabrollungen konzentriert (s. S. 157–164). Hinzu kommt eine große Anzahl von Verwaltungs- und Rechtsurkunden aus neuassyrischer Zeit (8. und 7. Jh. v. Chr.), die von Betina Faist bearbeitet werden. Sie ermöglichen uns im Einzelnen wichtige Einblicke in das Urkundenwesen und ganz allgemein das Rechtssystem sowie gesellschaftliche und wirtschaftliche Strukturen und Umstände dieser Zeit (s. S. 149–156).

Welch überraschende und unerwartete Erkenntnisse die Analyse der Texte u. a. erbringt, mag das Folgende zeigen: Den Opferlisten und anderen Texten ist lt. Stefan Maul zu entnehmen, dass die Gouverneure aus allen Teilen des Reiches lebende Tiere zum Opferfest nach Assur sandten, um damit die unmittelbare Verbindung aller Regionen des Reiches mit dem Kult des Reichsgottes Assur zu dokumentieren. Geopferte Vögel, Schafe und Rinder sowie Fische repräsentieren die Gaben der drei Zonen des Kosmos – die Luft des Himmels, die Erde und das Wasser des Meeres.

Von den zahlreichen Texten, die der gelehrten Tradition entstammen (Mythen und Epen, Hymnen und Gebete, medizinische, divinatorische und Beschwörungstexte, Rituale sowie Wort- und Gegenstandslisten und vieles mehr) ist ein beachtlicher Teil schon frühzeitig durch Erich Ebeling publiziert worden. Eine systematische Durchsicht der Tafelbestände im Magazin des Museums und der Museumsinventare hat aber gezeigt, dass aus dieser Textgruppe doch noch eine große Zahl unpubliziert geblieben ist. S. M. Maul aus Heidelberg hat es sich zur Aufgabe gemacht, diese Texte zu sichten, inhaltlich zu bestimmen (da es sich oft nur um fragmentarisch erhaltene Tontafeln handelt) und zu edieren. Gegenwärtig läuft überdies ein von Brigitte Groneberg, Göttingen, initiiertes Teilprojekt, in dem es darum geht, gut erhaltene Wort-, Gegenstands- und Synonymenlisten, sog. lexikalische Texte, mit einer Digitalkamera aufzunehmen und sie schließlich ins Internet zu stellen. Dies erspart in vielen Fällen die langwierige und aufwändige Arbeit des Autografierens. In Zeiten, in denen der Druck solcher Textkopien aus Kostengründen zunehmend schwieriger wird, könnte das ein neuer Weg sein, wichtige Textinformationen der wissenschaftlichen Öffentlichkeit auf einfache Weise zugänglich zu machen.

Ein wesentliches Bemühen gilt der Form, in der die im Rahmen des Assur-Projektes erarbeiteten Ergebnisse zu publizieren sind. Andrae hat in seinem Buch »Das wiedererstandene Assur« den zweiten Teil »Assur im geschichtlichen Werden« genannt und nach Zeitabschnit-ten gegliederte Betrachtungen des ganzen Fundstoffes unter Einbeziehung der schriftlichen Überlieferung vorgelegt. Auch seine beiden Bände über die archaischen und die jüngeren Ischtar-Tempel vermitteln durch die Verbindung der Darstellung des architektonischen Befundes mit dem sonstigen Fundgut nicht nur eine Vorstellung vom Aussehen der Tempel, sondern auch von deren Nutzung. Damit ist in gewisser Weise ein Modell für die noch zu erarbeitenden Publikationen vorgegeben. Für Andrae und seine Mitarbeiter waren die einzelnen Gebäude der Bezugspunkt. Sie sollten es auch im Rahmen einer epochalen und gesamtheitlichen Präsentation sein. In unterschiedlicher Ausführlichkeit könnte dann also als Abschluss eine Darstellung stehen, in der

– Assur von der frühdynastischen bis zum Ende der Ur-III-Zeit (etwa 2400–2000 v. Chr.),
– Assur in der altassyrischen Zeit (20./19. Jh. v. Chr.),
– Assur in der mittelassyrischen Zeit (15.–11. Jh. v. Chr.),
– Assur in der neuassyrischen Zeit (10.–7. Jh. v. Chr.) und
– Assur in der nachassyrischen, parthischen und islamischen Zeit (d. h. Assur nach 614 v. Chr.)
dargestellt wird.

REZENTE GRABUNGSTÄTIGKEIT IN ASSUR

Ein Bericht über das Assur-Projekt kann nicht schließen, ohne auf rezente Grabungstätigkeiten in der Ruine Assur hinzuweisen. Der irakische Antikendienst hat seit den 70er Jahren des 20. Jhs. auf dem weitläufigen Gelände der Ruine an verschiedenen Punkten Ausgrabungen unternommen und Restaurierungsarbeiten durchgeführt. Deutsche Ausgräber haben seit 1988 – oftmals unterbrochen durch die kriegerischen Konflikte bzw. die wechselhafte politische Situation im Nahen Osten – erfolgreich begonnen, die 1903 begründete Tradition deutscher Ausgrabungen in Assur fortzuführen, denn die Ruine ist noch längst nicht erschöpfend erforscht (s. S. 183–190). So vermutet man zum Beispiel unter einem langgestreckten Hügel innerhalb der Ruine Teile der ältesten Stadtanlage aus der zweiten Hälfte des 3. Jts. v. Chr. Den Zugang zu diesen ältesten Schichten der Stadtgeschichte verwehrt aber ein islamischer Friedhof, in dem bis 1956 die Bewohner der nahegelegenen Ortschaft Kalat Schergat begraben wurden: Aber gerade aus diesem Ort kommen die erfahrenen und trainierten Arbeiter für die Ausgrabung in Assur und anderswo im Irak! Es versteht sich von selbst, dass die Ergebnisse dieser neuerlichen Grabungen bei unseren Arbeiten berücksichtigt werden, zumal sich in einigen Arealen Anschlüsse an die Andrae'schen Grabungen ergeben. Eine Kooperation bietet sich daher von selbst an und findet auch bereits statt.

WAS BRINGT DIE ZUKUNFT?

In jüngster Zeit wurden sowohl die irakischen als auch die deutschen Ausgräber dadurch beunruhigt, dass die irakische Regierung unter Saddam Hussein einen riesigen Staudamm am Tigris unterhalb von Assur geplant und mit dem Bau begonnen hatte. Er soll der verheerenden Wassernot im Süden des Irak begegnen, die vor allem durch die zahlreichen Staudämme am Euphrat in Syrien und der Türkei sowie das unverantwortliche Austrocknen der Hors und Marschgebiete im Süden des Landes hervorgerufen ist. Die aufgestauten Wasser des Tigris drohen die Ruine Assur für immer verschwinden zu lassen. Wie sich allerdings die Zukunft der Ruine in den nächsten Jahren, d. h. nach dem Krieg von 2003, gestalten wird, bleibt vorläufig unklar. Hoffnungen verbinden sich mit der Tatsache, dass die UNESCO die Ruine Assur in die Liste der geschützten Stätten des Weltkulturerbes aufgenommen hat.

Jürgen Bär

DIE TEMPEL DER GÖTTIN ISCHTAR

DIE WIEDERENTDECKUNG EINES ALTORIENTALISCHEN HEILIGTUMS

Die Ischtar-Tempel sind die bislang ältesten ausgegrabenen und fundreichsten Baukomplexe in Assur. Das Areal dieses Heiligtums liegt im Nordwesten des Stadtgebietes und befand sich im Gegensatz zu den übrigen sakralen und offiziellen Gebäuden der Oberstadt ursprünglich wohl inmitten eines Wohngebietes (Stadtplan im Nachsatz dieses Bandes).

Die Ischtar oder sumerisch Inana, die in diesem Heiligtum verehrt wurde, war die Göttin der Liebe, der Sexualität und des Krieges. Sie gehörte zu den ranghöchsten Gottheiten im altorientalischen Pantheon. In zahlreichen Städten Mesopotamiens fanden sich Tempel, die ihr geweiht waren und in denen sich zusätzliche, lokale Aspekte ihrer Erscheinung herausbildeten; zu den prominentesten zählten die Ischtar von Uruk, Arbela, Ninive und Assur.

ENTDECKUNG UND FREILEGUNG

Die Existenz eines Ischtar-Tempels in Assur war bereits lange vor dem Beginn der deutschen Ausgrabungen im Jahre 1903 durch eine Inschrift des assyrischen Königs Tiglatpilesar I. (1114–1076 v. Chr.) bekannt, die im Britischen Museum in London aufbewahrt wurde und zu einer der ersten Keilschriften gehörte, die damals entziffert werden konnten.

Archäologische Hinweise auf einen der Ischtar geweihten Tempel ergaben sich aber erst 1908, nach der Freilegung des Nabu-Heiligtums, einem großen Kultbau aus der Spätzeit des assyrischen Reiches gegen Ende des 6. Jhs. v. Chr. Unter dessen Fundamenten stellten die Ausgräber in einem relativ eng begrenzten Gebiet mehrere teils neben- teils übereinanderliegende Anlagen fest, die sich in nördlicher und nordwestlicher Richtung erstreckten. Die äußerst komplexen Schichten- und Befundverhältnisse, bedingt durch die sich gegenseitig überlagernden Gebäudereste, stellten hohe Anforderungen an die Ausgrabungstechnik (s. S. 45–47). Doch nach vierjähriger, fast ununterbrochener Tätigkeit gelang es dem Grabungsleiter Walter Andrae bis 1914 insgesamt acht verschiedene Bauschichten zu unterscheiden, die aus Neu- und Umbauten mit diversen Nutzungsphasen bestanden. Zeitlich ließen sich die Tempel in zwei Gruppen unterteilen.

Zunächst wurden drei nebeneinanderliegende Bauwerke freigelegt, die mit Hilfe der darin gefundenen Inschriften als Tempel der Göttin Ischtar identifiziert werden konnten und jeweils Neubauten verschiedener assyrischer Könige darstellten, deren Namen ebenfalls aus den Schriftquellen hervorgingen. Dazu gehörten zunächst eine stark verfallene Anlage, die dem neuassyrischen König Salmanassar III. (858–824 v. Chr.) zugewiesen wurde, sowie ein besser erhaltenes Gipssteinfundament aus dem 11. Jh. v. Chr. Der aufwendigste und am besten erhaltene Bau war aber von dem bedeutenden mittelassyrischen Herrscher Tukulti-Ninurta I. (1233–1197 v. Chr.) errichtet worden, der sich mit gewaltigen Gründungsurkunden aus Stein und Metall darin verewigt hatte. Diese drei ersten Tempel wurden die »jüngeren« Ischtar-Tempel genannt (Abb. 1).

Darunter kamen Reste von fünf übereinanderliegenden Gebäuden zum Vorschein, die älter waren als sämtliche bisher in Assur ausgegrabenen Architekturreste und aus diesem Grund von den Ausgräbern als »archaische« Ischtar-Tempel bezeichnet wurden. Die Bezeichnung »archaisch« ist in diesem Zusammenhang nicht als Epochen- oder Stilbegriff zu verstehen, wie etwa in der griechischen Antike, sondern wurde von den Archäologen generell für Funde und Befunde verwendet, die in das 3. und beginnende 2. Jt. v. Chr. datierten, weil zum Zeitpunkt der Ausgrabung noch kein gesichertes Chronologiegerüst für diese Zeitspanne in der vorderasiatischen Altertumskunde vorlag.

Obwohl man in diesen älteren Kultbauten keine Inschriften fand, die Auskunft darüber gaben, welche Gottheit in ihnen verehrt wurde und wer die Tempel errichtet hatte, bestand aufgrund der im Alten Orient üblichen Kultkontinuität kein Zweifel daran, dass es sich auch bei diesen Bauwerken um der Ischtar geweihte Tempel handeln musste. Darüber hinaus ist aus anderen keilschriftlichen Überlieferungen bekannt, dass es auch in den früheren Zeiten Assurs einen Ischtar-Tempel gab (Abb. 2).

Gerade die archaischen Bauten erregten aus zwei Gründen das besondere Interesse Andraes. Zum einen zeigen die Tempel mit einem langrechteckigen Kultraum, der seitlich an einem Ende der Langseite betreten werden konnte, einen Grundriss, der die verbindliche Bauform für alle späteren assyrischen Tempel vorwegnimmt und damit baugeschichtlich von großer Bedeutung für die Entwicklung der altorientalischen Architektur ist. Zum anderen vermitteln die zahlreichen Funde eine genaue Vorstellung von der Einrichtung und Ausstattung eines Heiligtums in der Frühzeit Assyriens.

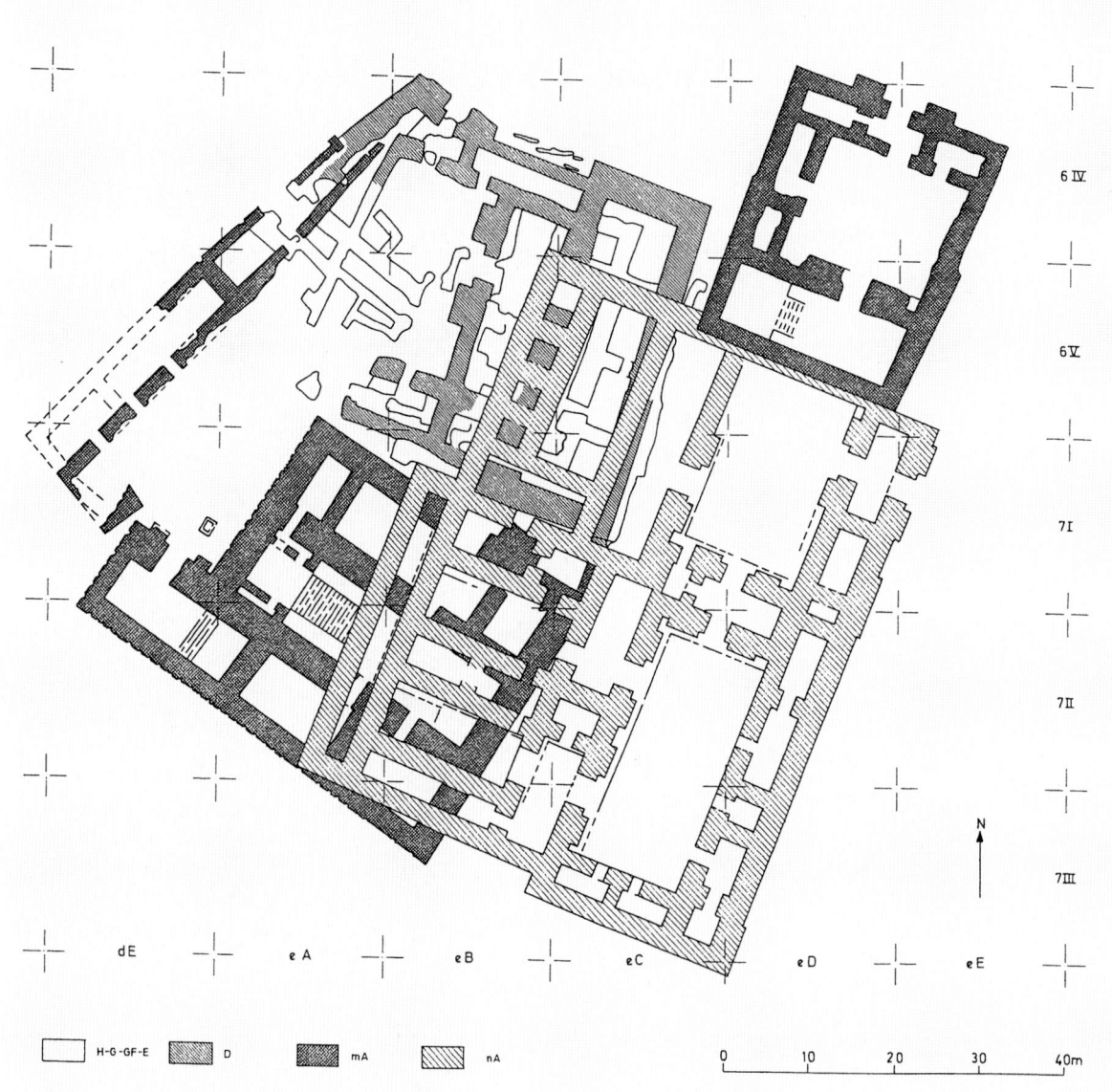

Abb. 1   Grundrisse des Nabu-Heiligtums (neuassyrisch), der jüngeren Ischtar-Tempel (mittelassyrisch) und der älteren Ischtar-Tempel (H–D) von der zweiten Hälfte des 3. Jts. bis zum Ende des 6. Jhs. v. Chr.

BAUGESCHICHTE

Das älteste Tempelgebäude, das mit dem Buchstaben H bezeichnet wurde (Abb. 2), erhob sich unmittelbar auf dem gewachsenen Sandstein des Felsrückens, auf dem die Stadt Assur liegt. Es bestand aus einem 16 m langen und 6 m breiten Kultraum, der Cella, von der noch einmal ein kleinerer Raum, das sog. Adyton, abgetrennt war. Darin befand sich ein über drei Stufen begehbares Postament, auf dem sehr wahrscheinlich das Kultbild der Ischtar stand, durch das die numinose Anwesenheit der Göttin gewährleistet war. An allen Seiten des Tempels schlossen sich mehrere Nebenräume an. Der Ischtar-Tempel H war infolge einer längeren Benutzung derart

baufällig geworden, dass eine Reparatur des aus Lehmziegeln bestehenden Gebäudes nicht mehr möglich war und einen Neubau erforderlich machte. Dazu wurden die noch anstehenden Mauern auf eine gleichmäßige Höhe gebracht und die Zwischenräume mit dem Schutt der Ruine aufgefüllt und planiert, so dass eine Fundamentplatte für den neuen Kultbau entstand. Zuvor jedoch wurde der alte Tempel vollständig ausgeräumt. Zurück blieben lediglich wenige unbrauchbar gewordene Gegenstände des Inventars und zerbrochene Keramikgefäße.

Für den nachfolgenden Bau mit der Benennung G wurde der Grundriss leicht vergrößert, die Aufteilung und Anzahl der Räumlichkeiten aber im Wesentlichen beibehalten (Abb. 2). Der ummauerte Tempelbezirk

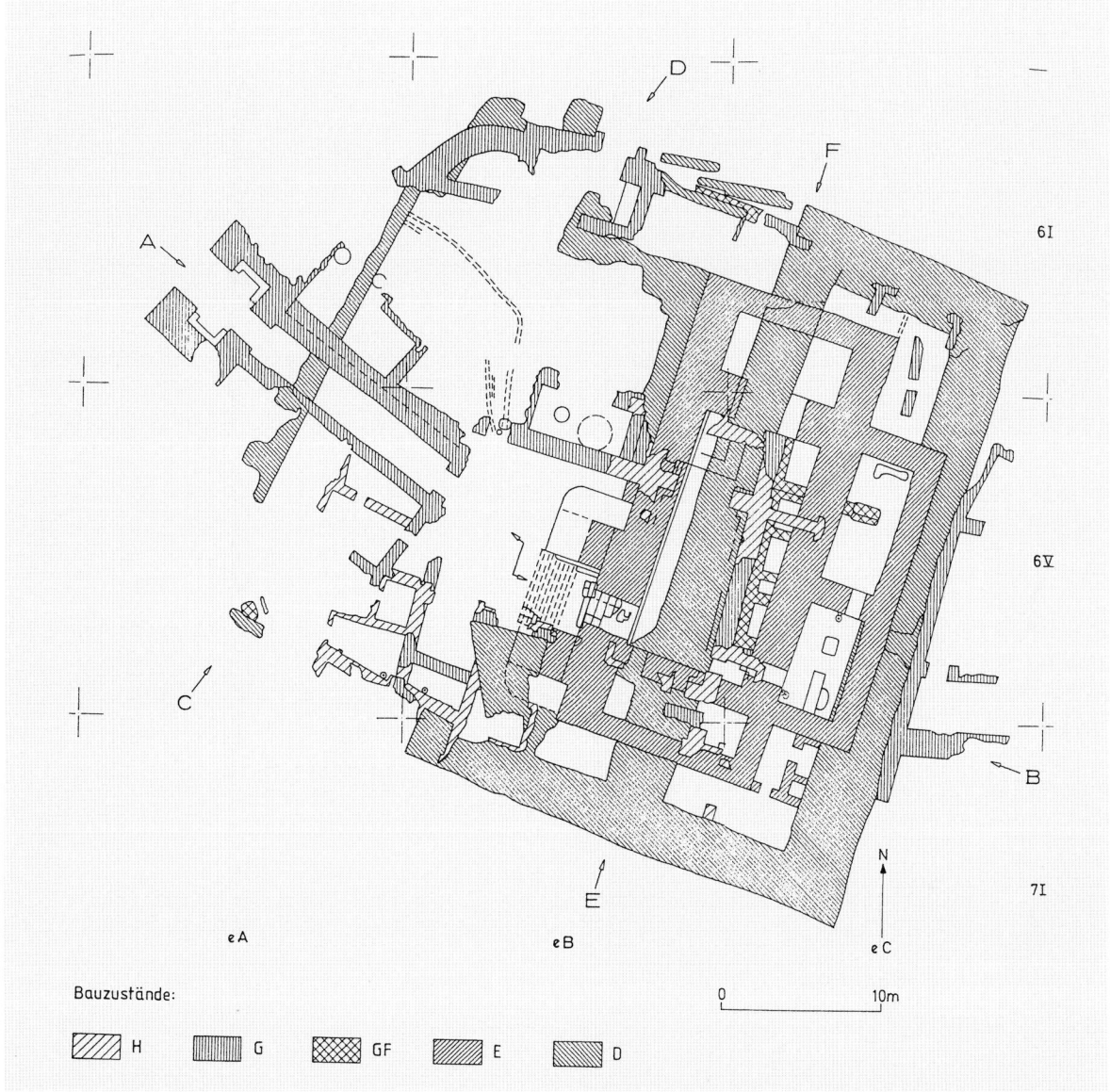

Abb. 2   Grundrisse der älteren Ischtar-Tempel H–D von der zweiten Hälfte des 3. Jts. bis zur Mitte des 2. Jts. v. Chr.

konnte über zwei Eingänge betreten werden, von denen der nordwestliche mit einem turmbewehrten Tor und einem etwa 20 m langen Korridor sehr aufwendig gestaltet war, während es sich bei dem kleineren, nordöstlichen Tor wohl um einen Nebenzugang handelte. Beide Eingänge mündeten in zwei unterschiedlich große Höfe, an die zahlreiche Räume unterschiedlicher Größe grenzten. Die darin gefundenen Installationen wie z. B. Brennöfen und Artefakte u. a. Reibsteine, Mörser und Gebrauchskeramik bestätigen die wirtschaftliche Nutzung dieser Bereiche, wie sie in altorientalischen Heiligtümern üblich war. Denn ähnlich zu unseren mittelalterlichen Klöstern fungierten die Tempel als selbstständige Wirtschaftseinheiten.

Die Beurteilung der Bauschicht GF im Gebiet der Ischtar-Tempel bereitete den Ausgräbern wegen des schlechten Erhaltungszustandes große Probleme (Abb. 2). Deren Überreste lagen zwischen den besser erhaltenen und fundreicheren Tempeln G und E und wurden lediglich punktuell untersucht (s. S. 46–47). Eine erneute Auswertung der archäologischen Hinterlassenschaften anhand der originalen Grabungsdokumentation ergab jedoch, dass der ältere Tempel G in dieser Zeit zumindest noch teilweise bestand und wieder renoviert wurde. Ebenso weist das Vorhandensein zweier Hofflächen sowie deren Ausdehnung und Randbebauung auf eine auch in funktionaler Hinsicht fortgesetzte Nutzung des gesamten Tempelareals hin.

Abb. 3   Weibliche Beterfigur aus Alabaster, zweite Hälfte 3. Jt.
v. Chr. (Assur S 22129 + 22144 / VA 8144). Die Statue fand sich in
der Cella des Ischtar-Tempels, Bauzustand G. Ein kleines Stück
vom Saum des Zottengewandes war bereits in der Antike abgebrochen
und mittels Dübeln repariert worden. Dabei wurde die schadhafte
Stelle so exakt wieder eingepasst, dass sie mit bloßem Auge kaum
zu erkennen ist.

Der Tempel E repräsentiert ein völlig neues Planungsstadium in der Abfolge der Ischtar-Tempel
(Abb. 2). Die Ausgrabung brachte eine groß dimensionierte, fünfräumige Anlage ans Licht, die sich auf dem
inzwischen angehäuften Schutthügel der Vorgängerbauten erhob. Der dadurch entstandene Niveauunterschied
zum umliegenden Tempelareal wurde mit Hilfe einer
mindestens achtstufigen Freitreppe überbrückt, die nun

zu einem repräsentativen, mit Türmen bewehrten Eingang führte. Ferner war der Kultbau auch nicht mehr in
eine Gruppe von beidseitig anschließenden Nebenräumen eingebunden, sondern allem Anschein nach bereits
als freistehendes Gebäude konzipiert worden. Das typische Grundrissgefüge, bestehend aus einem langrechteckigen Kultraum mit Adyton, der an einem Ende der
Langseite betreten werden konnte, zeichnete sich aber
auch im Befund von Tempel E deutlich ab.

Im Vergleich zu den bisherigen Bauten stellt der Tempel D wiederum einen völligen Neubau dar (Abb. 2).
Mit 34 m Länge, 9,50 m Breite und bis zu 4,50 m starken Mauern ist es der größte nachgewiesene Ischtar-
Tempel, der je in Assur erbaut wurde. Da sich das
Gebäude lediglich in seinen Fundamenten nachweisen
ließ und nahezu fundleer war, können keine näheren
Angaben zur Gestaltung des Innenraumes, dessen Einrichtung und funktionale Nutzung gemacht werden.
Der Kultbau bestand jedoch wieder aus einem langrechteckigen Saal mit einem Eingang am Ende der nordwestlichen Langseite. Die Reste außerhalb des Tempels
weisen trotz ihres schlechten Erhaltungszustandes auf
eine freistehende Eingangstreppe sowie einen ummauerten Hofbereich mit Nebenräumen hin.

Die Benutzungsdauer der älteren Ischtar-Tempel
reichte von der zweiten Hälfte des 3. Jts v. Chr. bis in die
Mitte des 2. Jts. v. Chr., bevor sie durch die oben erwähnten jüngeren Anlagen abgelöst wurden.

FUNDE

Fast 100 Jahre nach dem Ende der Ausgrabungen in Assur und mehr als 70 Jahre nach der Einlieferung der
Fundobjekte in das Vorderasiatische Museum zu Berlin
war es im Rahmen des Assur-Forschungsprojektes erstmals möglich, sämtliche Funde aus den Ischtar-Tempeln
wissenschaftlich zu bearbeiten (s. S. 35–44, 53–63,
101–109). Dabei stehen Gegenstände des täglichen Gebrauchs in ihrem Informationsgehalt gleichrangig neben
qualitativ hochwertigen Kunstobjekten, denn nur aus
dem kompletten Inventar lässt sich ein realistisches
Gesamtbild vom Betrieb und dem Kult des Heiligtums
rekonstruieren.

Die meisten, stratigrafisch gesicherten Fundstücke
kommen aus der zweitältesten Bauschicht G der älteren
Ischtar-Tempel, die durch eine Naturkatastrophe oder
einen kriegerischen Überfall völlig zerstört wurde. Dadurch wurden die Funde und Baureste von einer dicken
Schutt- und Ascheschicht bedeckt und gleichsam konserviert.

Funktional lassen sich die Objekte in drei Kategorien
einteilen:
– Weihgaben, die der Gläubige der Göttin in der Hoffnung schenkte, ein Wunsch oder eine Bitte möge in
Erfüllung gehen.
– Kult- und Liturgiegeräte, die zur Ausübung von rituel-

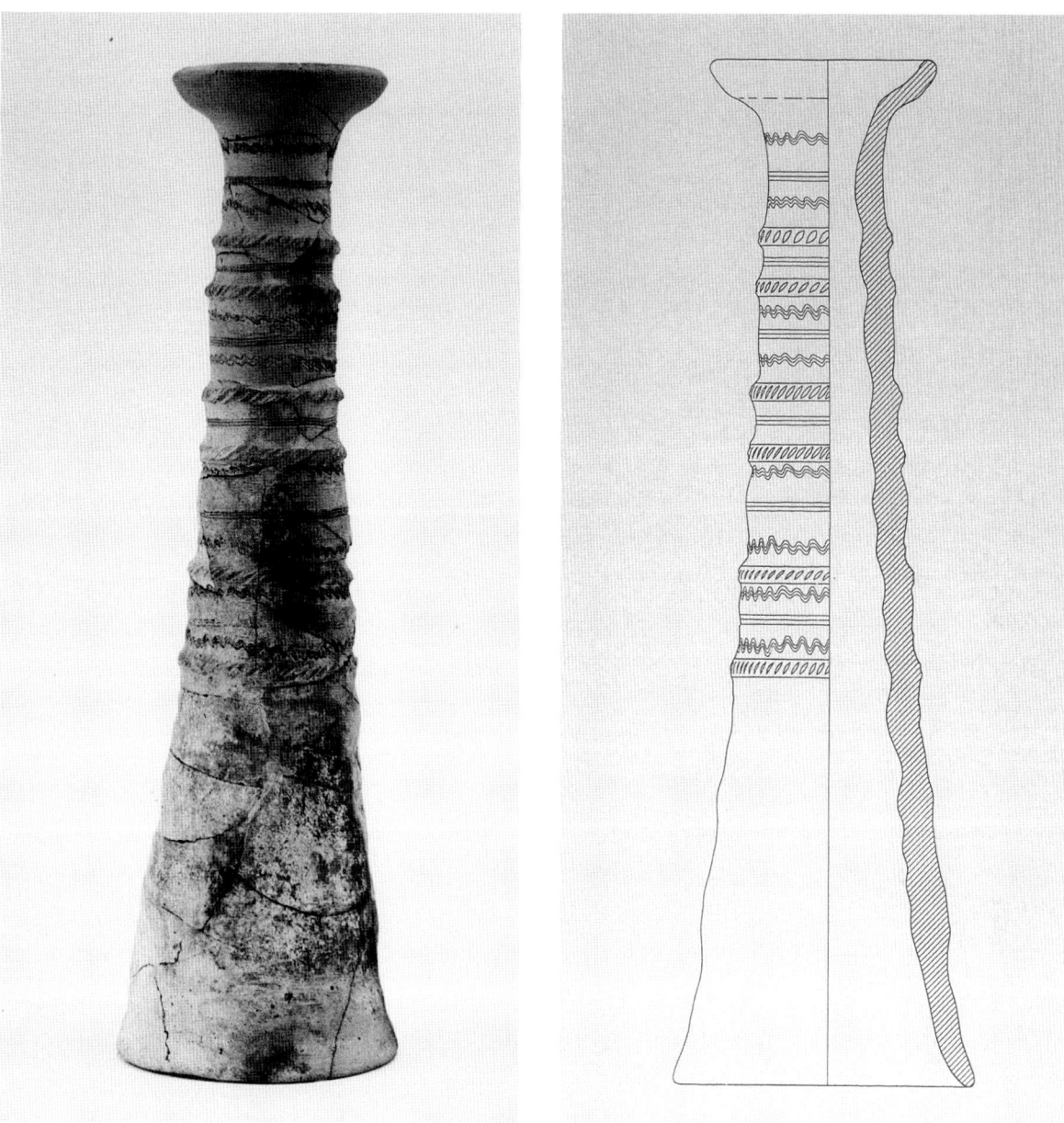

Abb. 4 a. b   Gefäßständer aus gebranntem Ton, 3.–2. Jt. v.Chr. (Assur 22030/VA Ass 4199).

len Handlungen während des Gottesdienstes notwendig waren.

– Gebrauchsgegenstände des täglichen Lebens, die zum Haushalt und zum Betrieb der tempeleigenen Wirtschaftseinheit gehörten.

Zu den spektakulärsten Weihgaben gehören zweifellos die sog. Beterfiguren aus Alabaster (Abb. 3 und Umschlag dieses Bandes). Diese unterlebensgroßen, rundplastischen Darstellungen meist stehender, zum Teil sitzender männlicher und weiblicher Personen hatten die Aufgabe, den Stifter vor der Gottheit zu vertreten, indem sie ständig für sein Leben und Wohlergehen und das seiner Familie beteten. Vermutlich sind die kostba-

ren Standbilder nach dem Ableben des Stifters im Tempel verblieben, um als Ahnenbilder zu dienen. Die Figuren aus Assur tragen zwar keine Inschriften, doch ist von beschrifteten Exemplaren von anderen Fundorten bekannt, dass in dieser Form nur hochstehende Persönlichkeiten des öffentlichen Lebens wie Herrscher, hohe Beamte sowie Priester und Priesterinnen, dargestellt waren. Die Männer (s. Umschlag dieses Bandes) erscheinen in einer der üblichen Trachten jener Zeit, mit kahlgeschorenem Kopf, gelocktem Kinnbart, nacktem Oberkörper und einem aus mehrlagigen Schlaufen bestehenden Wickelrock, dem sog. Zottenrock. Die weiblichen Skulpturen aus Assur (Abb. 3) gehörten zum Zeitpunkt

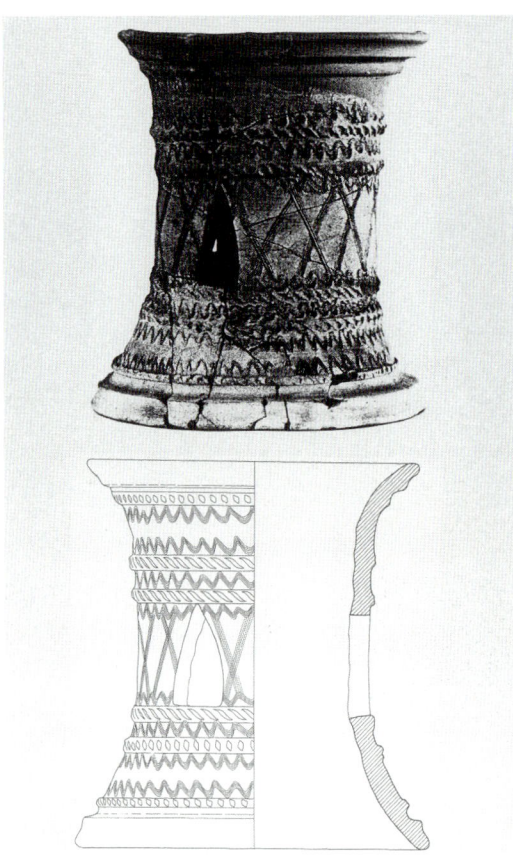

ihrer Freilegung zu den ersten überhaupt bekannt geworde-
nen Frauendarstellungen aus dem Alten Orient. Sie tragen
ein den Körper bedeckendes Gewand, das aus glattem oder
ebenfalls in Zotten strukturiertem Stoff geschneidert ist und
meist eine Schulterseite freilässt. Eine größere Variations-
breite herrscht indes bei den turbanartigen Kopfbedeckun-
gen mit komplizierten Drapierungen oder den kunstvoll geflochtenen Frisuren.

Zur obligaten Ausstattung altorientalischer Heiligtümer
gehörten verschiedene Arten von Ständern. Durch die in
Keilschrift abgefassten Ritualtexte sind wir gut über die damals gebräuchlichen Kultpraktiken unterrichtet. So musste
die Gottheit täglich mit Speisen und Getränken versorgt

*Abb. 5   Gefäßuntersatz aus gebranntem Ton mit eingeritztem Dekor,
3.–2. Jt. v.Chr. (Assur S 22126 / VAAss 1002).*

*Abb. 6   Gruppe von Fundobjekten aus den archaischen Ischtar-Tempeln
von Assur. Erkennbare bekannte Skulpturen, die seit langem in der
Dauerausstellung des Museums stehen, sind »wiedervereint« mit den
dazugehörigen Objekten, die am selben Ort entdeckt wurden, aber nur
im Magazin verwahrt sind. Stein- und Keramikgefäße. Räucherständer
und Treppenaltäre, Beterfiguren aus Alabaster und Schmuckkollektio-
nen aus unterschiedlichsten Materialien. Sämtlich 24./23. Jh. v. Chr.,
diverse Inv.-Nr., Höhe der mittleren Figur: 46 cm, Steinmagazin des
Vorderasiatischen Museums.*

Abb. 7   Blick von Westen auf das Gebiet der Ischtar-Heiligtümer von Assur im heutigen Zustand mit den modernen Rekonstruktionen (März 2002).

werden. Wichtige Bestandteile in diesen Opferriten waren das Verbrennen verschiedener Substanzen und Aromata sowie das Ausgießen von Flüssigkeiten. Von Bilddarstellungen ist bekannt, dass solche Brand- und Flüssigkeitsopfer in Gefäßen ohne eigenen Standfuß vollzogen wurden. Schalen, Teller sowie rundbodige Schüsseln und Töpfe wurden dafür auf hohen, schlanken Gefäßständern (Abb. 4 a. b) oder niedrigen, gedrungenen Gefäßuntersätzen abgestellt (Abb. 5).

Die großen, kastenförmigen Gebilde aus gebranntem Ton (Abb. 6 und s. S. 104 Abb. 5) hielt man aufgrund der Form und des aus der Architektur entlehnten Dekors zunächst für Modelle realer Häuser, bis ihre Verwendung als Altar auf einigen Siegelbildern ersichtlich wurde. Beter und Priester legten dafür ihre Geschenke und Opfergaben auf den beiden Absätzen nieder. Die erhaltenen Altäre sind zwischen 58 cm und 110 cm hoch, 35 cm breit und bis zu 50 cm tief. Die Außenseiten sind mit zahlreichen fensterartigen Öffnungen und nischenartigen Vertiefungen, gelochten Leisten sowie aufgesetzten Tonfiguren in der Gestalt von Löwen, Schlangen und Vögeln verziert. Zweifellos bedurfte es großer handwerklicher Erfahrung und technischer Kenntnisse, um Objekte dieser Größe aus Ton zu brennen.

AUSBLICK

Seit dem Ende der Assur-Expedition 1914 ist es im Gebiet der Ischtar-Tempel zu keiner weiteren systematischen archäologischen Untersuchung gekommen. Die inzwischen sowohl von irakischer als auch erneut von deutscher Seite aufgenommenen Ausgrabungen in Assur verfolgen andere Zielsetzungen in neuen Grabungsarealen. Allerdings hat der irakische Antikendienst in den 60er und 70er Jahren des 20. Jhs. im Bereich der Ischtar-Tempel umfangreiche Rekonstruktionsmaßnahmen angestrengt, in dem die Fundament- und Mauerverläufe des Nabu-Tempels, der jüngeren Ischtar-Tempel sowie des älteren Ischtar-Tempels im Bauzustand E mit Zement- und Backsteinmauern nachgebildet wurden. Außerdem haben dort bis in jüngste Zeit vereinzelte Sondagen stattgefunden, die bislang jedoch unveröffentlicht geblieben sind.

Aus diesen Gründen muss die Möglichkeit einer Überprüfung oder gar Ergänzung der bisherigen Ergebnisse durch erneute Ausgrabungen im Inneren des Tempelgebietes als eher gering angesehen werden. Dies unterstreicht jedoch einmal mehr die Bedeutung einer nachträglichen Bearbeitung für die moderne Forschung anhand der originalen Grabungsdokumentation und der im Museum aufbewahrten Fundobjekte, auch wenn es sich dabei um eine äußerst mühevolle und aufwendige Tätigkeit handelt.

Heute stellt sich das Gebiet der Ischtar-Heiligtümer als annähernd kreisförmige Senke im Gelände dar, die entlang ihres nördlichen Randes von der rezenten Schotterpiste begrenzt wird, die man als Fahrweg durch die gesamte Oberstadt anlegte (Abb. 7).

Etwaige Beschädigungen in der Ruine von Assur sowie Plünderungen durch Raubgräber, die im Zuge der aktuellen kriegerischen Ereignisse erfolgten, können noch gar nicht abgeschätzt werden. Ungeachtet dessen bleibt der hohe wissenschaftliche Wert der Ischtar-Tempel als eines der ältesten und bedeutendsten Heiligtümer Assyriens für die Nachwelt bewahrt.

FRIEDHELM PEDDE

DER PALAST DER VÄTER

DIE AUSGRABUNG DES ALTEN PALASTES

Die allererste Grabungsstelle der Assur-Expedition war das Gebiet des sog. Alten Palastes, eines Gebäudes von gewaltigen Ausmaßen, nämlich ca. 110 m x 100 m, gebaut aus luftgetrockneten Lehmziegeln. Die Untersuchungen dauerten von September 1903 bis Februar 1904. Einige Nachuntersuchungen fanden vom Herbst 1911 an bis zum Ende der Grabung 1914 statt.

An dieser Stelle waren Reste eines Palastes aus der neuassyrischen Zeit (10.-7. Jh. v. Chr.) erhalten, dessen Mauern teilweise noch bis zu 3,50 m hoch anstanden, so dass hier eine hügelartige Erhöhung des Geländes bestand (Abb. 1). Dieser «Tell» repräsentierte jedoch nur den östlichen Teil einer vormals viel größeren Anlage, die zum Zeitpunkt der Ausgrabung durch Erosion bereits größtenteils abgetragen war. Unter dieser Palastanlage aus der neuassyrischen Zeit wurden Überreste eines älteren Palastes entdeckt, der aus mittelassyrischer Zeit (15.–11. Jh. v. Chr.) stammte. Diese Mauerfragmente ließen Rückschlüsse auf die ehemaligen Räumlichkeiten zu, so dass eine unvollständige Rekonstruktion jenes älteren Grundrisses möglich war. Von beiden Palästen wird weiter unten noch ausführlicher die Rede sein.

Um mehr über die noch früheren Perioden dieses Areals zu erfahren, mussten die Archäologen tiefer graben. Da die oben anstehende Baumasse nicht zerstört

werden sollte, wurden die tieferen Schichten erforscht, indem man niedrige Tunnel grub, deren System schließlich eine Gesamtlänge von 1,5 km aufwies. Dabei wurden folgende Erkenntnisse gewonnen:

Über die früheste Besiedlung dieses Areals sind wir nicht gut informiert, da eine zu geringe Fläche ausgegraben wurde. Die Befunde deuten auf eine Wohnbebauung hin. Die Funde, insbesondere Keramik, Tontafeln und Terrakotta-Figürchen, lassen eine Datierung bis mindestens in die zweite, möglicherweise gar bis in die erste Hälfte des dritten vorchristlichen Jahrtausends zu.

Vermutlich etwa in der Mitte des 19. Jhs. v. Chr. sollte an dieser Stelle ein sehr großes Gebäude errichtet werden. Die Ausgräber fanden unter den Fundamenten des neu- und mittelassyrischen Palastes ein vollständiges System von Fundamentgräben, die für dieses Gebäude ausgehoben worden waren. Das Grabensystem nahm nicht nur die Dimensionen, sondern auch die Grundkonzeption des späteren Palastes bereits vorweg und wurde von den Archäologen als «Urplan» bezeichnet (Abb. 2). Die Gräben waren an denjenigen Stellen, an denen der Untergrund felsig war, in den Fels geschlagen worden. In anderen Abschnitten, in denen der Fels tiefer lag und nicht erreicht wurde, hatte man die Gräben in den bereits vorhandenen älteren Siedlungsschutt einge-

Abb. 1   *Die Ruine des Alten Palastes von Osten. Suchgraben und freigelegte Mauern, soweit erhalten. Aufnahme von 1904. Ass Ph 69.*

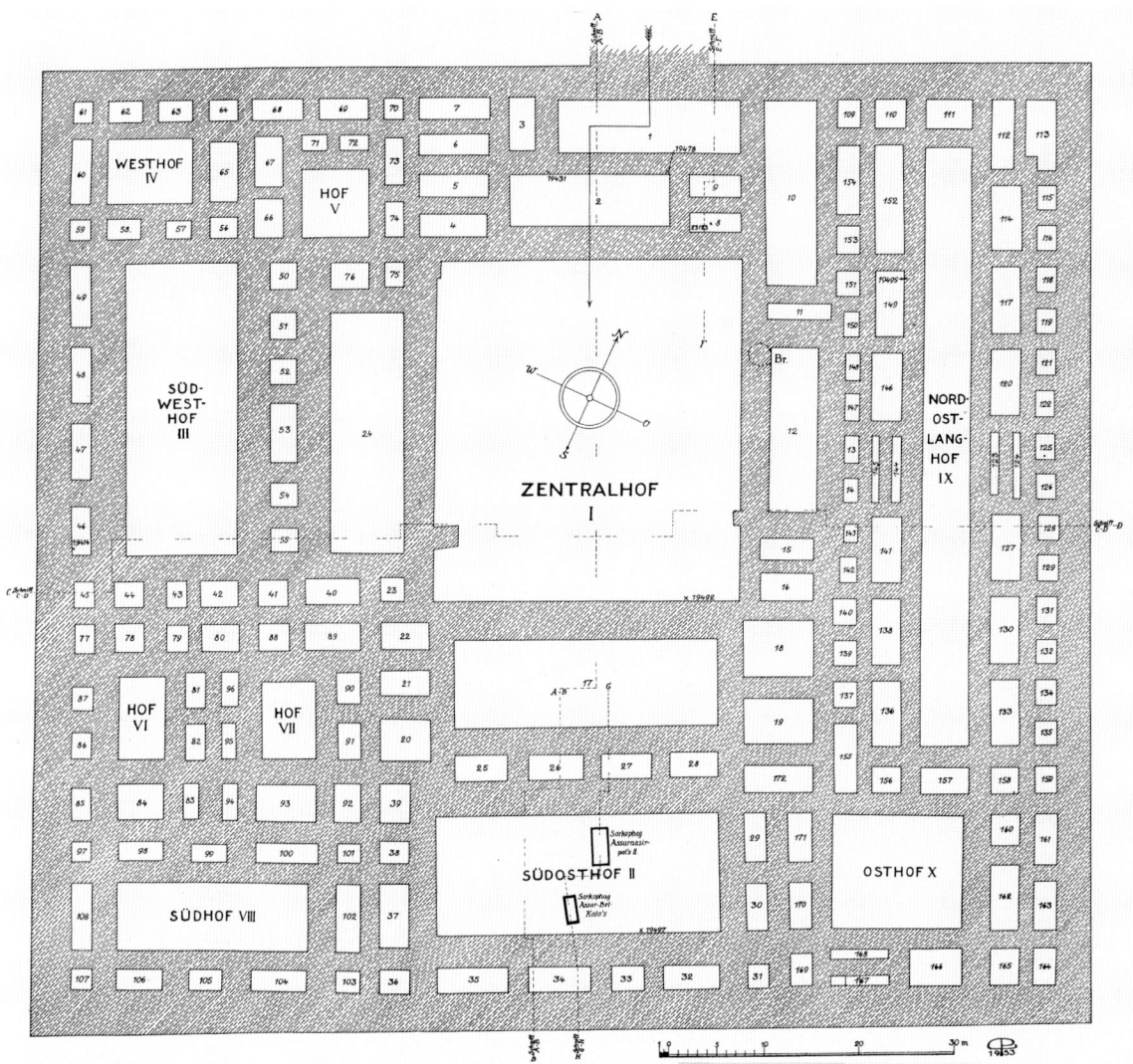

Abb. 2   Der Alte Palast. Der »Urplan«, ein vollständiges System von Fundamentgräben aus der Zeit des 19. Jhs. v. Chr. Der entsprechende Bau wurde offenbar nicht ausgeführt.

tieft und den Boden dieser Gräben anschließend mit Kiesschotter belegt. Nach Meinung der Ausgräber sollte der Schotter vielleicht den Felsboden imitieren.

Dieser «Urplan» besteht aus einem nicht ganz regelmäßigen Rechteck von ca. 98 m x 112 m und lässt eine große Zahl von vorgesehenen Räumen und Höfen erkennen. Da es sich jedoch nur um Fundamentgräben handelt, liegt es in der Natur der Sache, dass die notwendigen Durchgänge und Türen noch nicht angelegt wurden. Insofern ist die räumliche Erschließung des Gebäudes unsicher. Das geplante Bauwerk wurde nämlich merkwürdigerweise nicht errichtet. Der Grund dafür ist unbekannt. Stattdessen wurden die Gräben im Laufe der Zeit wieder bis zu einer gewissen Höhe zugeweht.

Gleichwohl müssen die Umrisse des Grabensystems noch lange sichtbar gewesen sein, weil zu einem späteren Zeitpunkt doch noch Fundamente hineingesetzt wur

den, die den ursprünglichen Boden der Gräben allerdings bei weitem nicht erreichten. Dieses Fundament bestand aus ungebrannten Ziegeln. Das Format der verwendeten Ziegel lässt darauf schließen, dass das Fundament in der Regierungszeit des Königs Schamschi-Adad I. (1808–1776 v. Chr.) errichtet worden war. Erstaunlicherweise wurden auch diesmal die Bauarbeiten abgebrochen, so dass auch dieser begonnene Bau nicht zur Ausführung kam und in der Folgezeit offenbar wiederum zuwehte. Nach anderer Gelehrtenmeinung handelt es sich allerdings doch um die Reste eines Palastes, der durch die späteren Neuerrichtungen zerstört wurde. Dafür spricht auch eine Inschrift des drei Generationen später regierenden assyrischen Königs Puzur-Sin, der sich rühmt, den Palast seines Vorgängers Schamschi-Adad zerstört zu haben. Allerdings muss man sich fragen, wo denn dann Puzur-Sin und seine Nachfolger ge

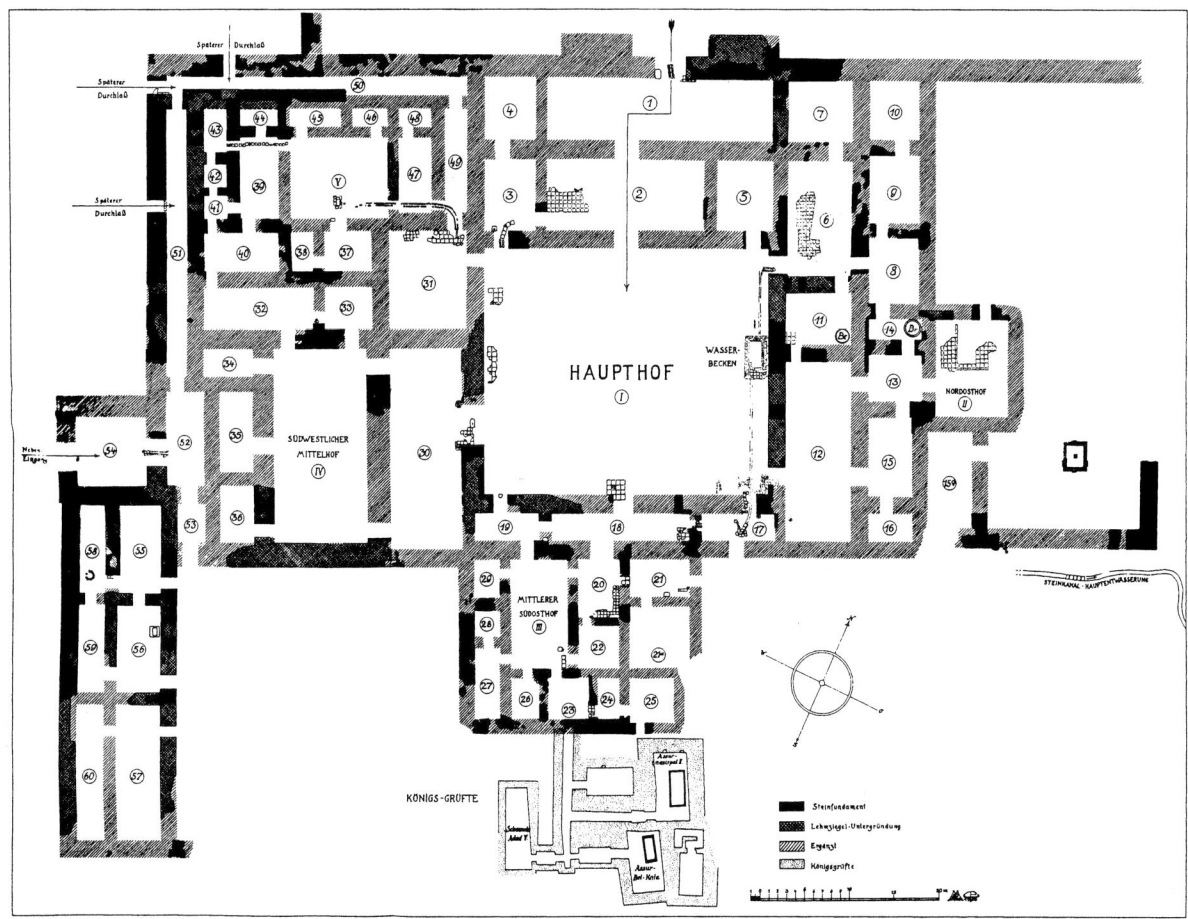

Abb. 3   Der Alte Palast. Mittelassyrischer Zustand, 15.–11. Jh. v. Chr. Bei den Strukturen am unteren Bildrand in der Mitte handelt es sich um Königsgrüfte, die von der mittelassyrischen Zeit an hier angelegt wurden.

lebt hätten. Falls mit dem zerstörten Palast ein anderes Gebäude als der Alte Palast gemeint sein sollte, so ist dieses jedenfalls bisher nicht entdeckt worden.

In der mittelassyrischen Zeit (15.–11. Jh. v. Chr.) kam es schließlich zur Ausführung des bereits eingangs erwähnten Palastbaues, der sich – sieht man von einem großen Anbau an der Ostseite ab – in etwa an die alte Konzeption des Urplanes hielt, und zwar dementsprechend mit einer Reihe von größeren und kleineren Höfen, um die sich zahlreiche Räume gruppierten (Abb. 3). Dieses Hofsystem hat bei kleinen und großen Gebäuden im Vorderen Orient bis heute überdauert. Ein wichtiger Grund dafür ist u. a., dass die Außenwände häufig keine Fenster haben und die Räume ihr Licht vom Hof her erhalten. Gleichzeitig dienen die Höfe als Verteiler, von wo man bequem und ohne große Umwege in die einzelnen Räume gelangt.

Existiert hat der Palast mindestens seit der Mitte des 15. Jhs. v. Chr.; der Gründer könnte der König Assurnadin-ahhe II. (1450–1431 v. Chr.) gewesen sein. Besonders gut nachweisen lässt sich jedoch die Bautätigkeit unter König Adad-narari I. (1295–1263 v. Chr.). Von

ihm und einigen anderen Königen sind Inschriften vor Ort gefunden worden. In der mittelassyrischen Zeit wurden im südlichen Bereich des Palastes Gruftanlagen gebaut und einige Könige fanden dort ihre letzte Ruhestätte (s. S. 129–135).

Die vorgefundenen Überreste des Palastes sind leider unzureichend erfasst und darum ist auch die Funktion der verschiedenen Räume nicht ohne weiteres zu erschließen. Viele Fragen müssen unbeantwortet bleiben.

Die Außenmauern auf der Palastseite im Südosten sind nicht mehr erkennbar, während die Begrenzung an der Nordwestseite des Palastes rekonstruiert werden kann. Markant sind hier die Bastionen, die den Haupteingang oder zumindest einen wichtigen Eingang anzeigen. Von dort gelangte man durch zwei große Säle in den zentral gelegenen Haupthof, an dessen Nordostseite sich ein Wasserbecken befand. An der gegenüberliegenden südwestlichen Seite lag eventuell der Thronsaal (Abb. 3, Raum 30). Diese Annahme rührt daher, dass der Raum über einen besonders breiten Eingang verfügte. Auf ihn folgt ein noch größerer Raum oder Hof (Hof IV), an den sich drei Räume anschließen. Bei dem

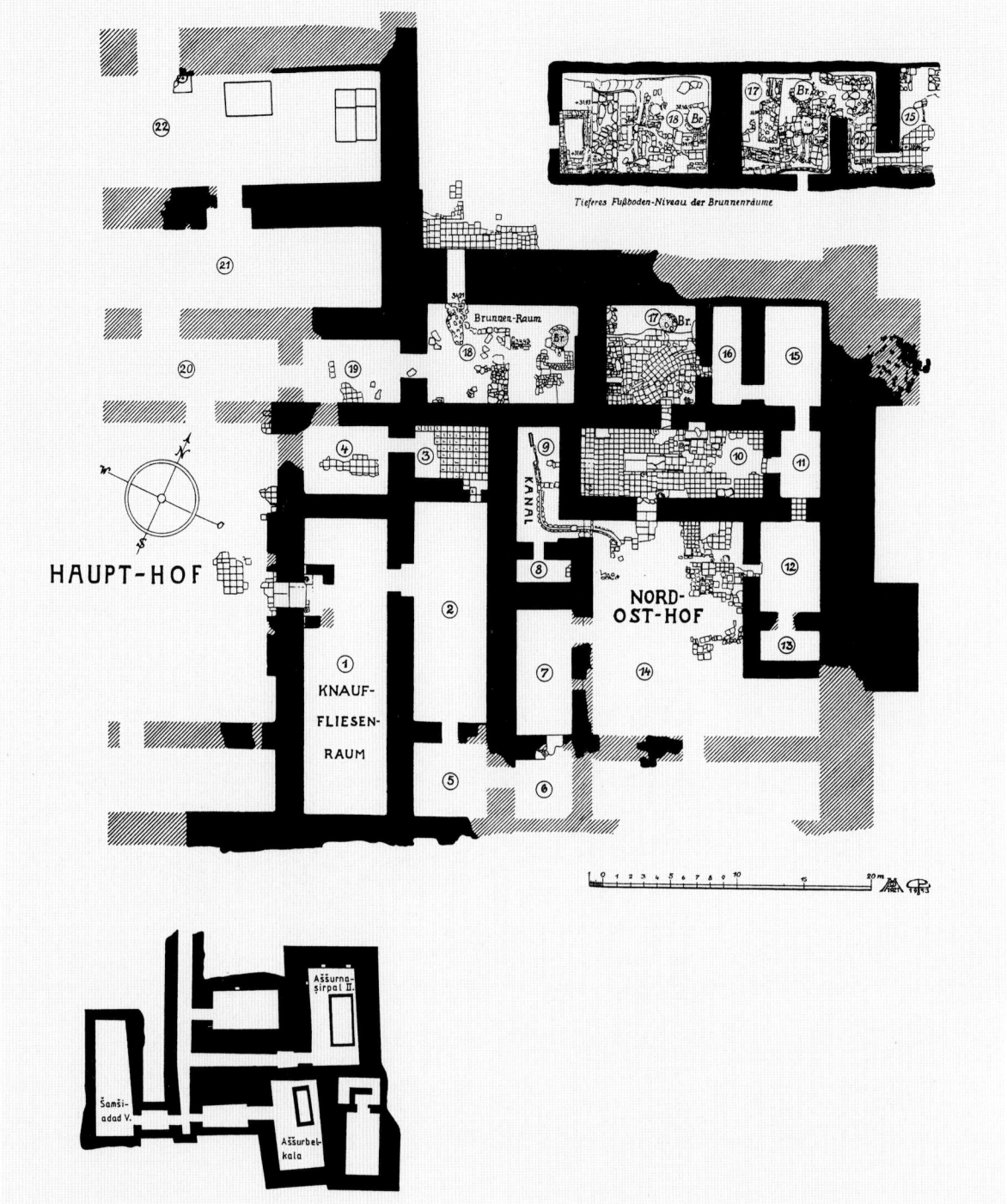

Abb. 4   Der Alte Palast. Neuassyrischer Zustand, 9.–7. Jh. v. Chr. Von diesem Bauwerk ist nur der östliche Teil erhalten geblieben. Dabei handelt es sich um einen Wohnbereich.

angrenzenden Gebäudetrakt im Nordwesten handelt es sich offenbar um Gemächer mit privatem Charakter. Die Außenmauern dieses Wohngebäudes und die Palastaußenmauern waren durch einen schmalen Gang getrennt, der sich um das Gebäude herumzog und vermutlich dem Gesinde vorbehalten war, das auf diese Weise unauffällig im Hintergrund agieren konnte. Ein

Vorbild für die Anordnung der Räume sowohl des Thronsaaltraktes als auch des Wohnkomplexes finden wir im Palast des Königs Zimrilim (1782–1759 v. Chr.) in Mari, einer antiken Stadt am Euphrat im heutigen Syrien.

Der Komplex im nordöstlichen Teil des Palastes ist vom Haupthof aus ebenfalls durch einen Saal zu betreten, an den sich eine Reihe von kleineren Räumen

Abb. 5   Der Alte Palast.
»Knauffliesenzimmer« von Süd-
westen. An der Wand sind noch die
Abdrücke der abgefallenen Knauf-
fliesen zu erkennen. Ass Ph 427.

Abb. 6   Der Alte Palast.
Das »Nischenzimmer« von Osten.
In der Nische standen ursprünglich
große Wassergefäße. Möglicherweise
diente die Nische aber auch als
Hausschrein. Ass Ph 90.

anschließt, hinter denen sich ein weiterer verhältnismäßig kleiner Hof befindet. Diese Strukturen sind nur zu geringen Teilen erfasst, das meiste wurde von den Ausgräbern nach bestem Wissen ergänzt. In dem noch weiter nordöstlich angrenzenden Gebiet fehlen selbst diese Anhaltspunkte, daher lassen sich über diesen Palastteil keinerlei Angaben machen.

Südlich von den bisher beschriebenen Strukturen erstreckt sich ein sehr großer Hof, der von zwei länglichen Gebäudetrakten begrenzt wird und in den in der Mitte ein Gebäude hineinragt. Von diesem mittleren Gebäude aus, welches vom zentralen Haupthof her erreicht wurde, konnte die sich unterirdisch anschließende Gruftanlage betreten werden. Es liegt nahe, dass das ganze Gebäude funktional mit den Grüften und dem entsprechenden Bestattungskult in Verbindung stand. Der große Hof selbst dürfte kaum offiziell genutzt worden sein, denn er ist von den anderen Gebäudeteilen her nur durch wenige schmale Zugänge zu erreichen. Es ist nicht einmal sicher, dass es sich um einen zusammenhängenden Hof handelt. Möglicherweise waren es zwei Höfe, die getrennt waren durch Mauern oder Räume, von denen sich nichts erhalten hat. Diese könnten sich über der Gruftanlage befunden haben.

Im 9. Jh. v. Chr. schließlich wurde der Alte Palast von dem neuassyrischen König Assurnasirpal II. (883–859 v. Chr.) neu errichtet. Trotzdem ließ sich dieser König aber einige Jahre später in Nimrud, seiner weiter nördlich gelegenen neuen Hauptstadt, einen weitaus größeren Palast erbauen, in den er dann bereits nach wenigen Jahren umzog, und das, obwohl der neue Palast noch gar nicht fertiggestellt war. Der Grund für diese Maßnahme ist unbekannt. Sicherlich: eine räumliche Erweiterung des Alten Palastes war nur sehr begrenzt möglich, da dieser zwischen dem Tempelturm des Gottes Assur im Osten, dem Anu-Adad-Tempel im Westen und dem Sin-Schamasch-Tempel im Süden lag und im Norden ein befestigter Steilhang zum Tigris eine Ausweitung verhinderte. Möglicherweise waren es aber auch andere Ereignisse, die zu diesem etwas überstürzten Umzug führten und weiter unten erörtert werden.

Von dem hier besprochenen Alten Palast in Assur, der etwa die gleichen Ausmaße wie sein Vorgängerbau gehabt haben muss, sind von der westlichen Begrenzung nur noch einige Mauerfragmente erhalten, jedoch steht – wie bereits erwähnt – der östliche Teil partiell noch an (Abb. 4). Der Verlauf der Innenseite der Mauer an der Südostseite ist noch erkennbar, aber weder ist deren wirkliche Stärke erfasst worden, noch ist bekannt, ob dahinter weitere Räume folgten. Wenn man allerdings den Aufbau des Palastes mit anderen neuassyrischen Palästen vergleicht, sollte man zumindest noch eine weitere Raumreihe erwarten dürfen. Es zeigt sich, dass die Lage der Höfe und Räume nicht identisch ist mit derjenigen des älteren mittelassyrischen Palastes, sondern dass alle Räumlichkeiten versetzt wurden. Die neuen Höfe und Räume liegen also nicht genau über den Vorgängerstrukturen. Es wurden stattdessen neue Mauern mit neuen Fundamenten errichtet.

Bei dem erhaltenen Teil des neuassyrischen Palastes handelt es sich größtenteils um einen Gebäudetrakt, der sich östlich vom zentralen Haupthof befindet. Diesem Hof zugewandt sind zwei hintereinander gelagerte, große längliche Räume mit repräsentativem Charakter (Abb. 4 Räume 1 und 2). Der vordere Saal hat immerhin eine Länge von fast 22 m. Die Wände waren zwar verputzt, aber offenbar nicht dekoriert. Stattdessen schmückten Tonfliesen mit Knäufen, von denen eine größere Anzahl gefunden wurde, die Wände. An einigen Stellen, wo die Fliesen gehangen hatten, waren in den Wänden sogar noch die Abdrücke zu erkennen (Abb. 5) (s. S. 137–138). Darüber hinaus waren sog. «Handkonsolen» in die Wände eingelassen, Tongebilde in Form einer geschlossenen Hand. Sowohl diese als auch die Knauffliesen mögen dazu gedient haben, etwas nicht allzu Schweres daran aufzuhängen, z. B. Stoffe zur Verkleidung der ansonsten kahlen Wände.

Hinter diesem Trakt liegen Räumlichkeiten, die um einen kleineren Innenhof (Nordosthof) gruppiert sind, und auf welche die dicke, von Bastionen verstärkte Außenmauer des Palastes folgt. Dieses Raumensemble dürfte nichtöffentlichen Zwecken gedient haben, denn es gleicht in seinem Aufbau und in verschiedenen Merkmalen den größeren privaten Häusern in Assur, die offensichtlich von den Wohlhabenden bewohnt wurden. Es liegt nahe anzunehmen, dass sich in diesen Privatgemächern der König selbst und vielleicht auch seine Familie aufhielten.

In der Westecke dieses Hofes befindet sich ein nischenartiger Freiraum, wie er auch in manchen Wohnhäusern zu beobachten ist. Die Anschlussmauern und die Zimmer an seiner östlichen und südöstlichen Seite sind nicht erhalten, aber analog zu den Wohnhäusern dürfen wir erwarten, dass sich hier ein Zugang von den Räumen in den Hof befand.

Hervorzuheben ist der gepflasterte Raum 10 an der Nordwestseite des Hofes, das sog. Nischenzimmer (Abb. 6). In die dem Eingang gegenüberliegende Wand ist eine Nische eingetieft. Bemerkenswert ist, dass solche Nischen in anderen Häusern ebenfalls vorkommen, und zwar zum Teil paarweise links und rechts von Türen, aber auch als Einzelnischen. Der Boden in und unmittelbar vor der Nische war mit Alabasterplatten ausgelegt. Vergleichbare, besser erhaltene Platten in den großen Wohnhäusern haben in der Mitte eine pfannenähnliche Vertiefung. Es ist unklar, ob hier große Wassergefäße oder andere Behältnisse aufgestellt wurden oder ob es sich vielleicht um eine Art Hausschrein handelt. Des weiteren finden sich hier auf dem Fußboden, der an vielen Stellen grob ausgebessert worden war, Steinplatten mit Spurrillen, auf denen ein Kohlenbecken auf Rädern hin- und hergerollt werden konnte: ein Indiz dafür, dass es beheizbare Räume gab. Es darf nicht übersehen werden, dass es in dieser Gegend im Winter sehr kalt werden kann. Leider können Öfen dieser Art nur selten nachgewiesen werden, da die Fußbodenpflasterungen oft beschädigt oder völlig verschwunden sind. Immerhin gibt es solche Platten mit Spurrillen auch in Wohnhäusern in Assur sowie in einem großen Raum des erst kürzlich ausgegrabenen Ostpalastes südöstlich vom Alten Palast, darüber hinaus aber auch in Sendschirli und im Nordwest-Palast von Nimrud.

Der von den Archäologen vorgefundene Zustand des hier besprochenen großen Zimmers spiegelt nur die letzte Phase wider, in welcher der Raum bewohnt wurde. Vieles ist nur notdürftig ausgebessert worden und war zum Zeitpunkt der Zerstörung Assurs sicherlich bereits in einem recht desolaten Zustand. Das gilt insgesamt für den ganzen Alten Palast. In der Zeit der Belagerung Assurs wurden dort, ebenso wie in anderen Gebäuden, große Mengen Getreide gelagert, die 614 v. Chr. bei der Eroberung der Stadt verbrannten.

Obwohl sie nicht mehr von Assur aus regierten, haben einige Könige hin und wieder Ausbesserungen und Umbauten am Alten Palast vornehmen lassen. An der Nordwestfront des Haupthofes fanden die Ausgräber Reste von zwei sehr großen hintereinander gestaffelten Sälen (Abb. 4 Räume 21 und 22), die von einer späteren Neu- und Umbautätigkeit zeugen. Verantwortlich für diese Neuerrichtung war möglicherweise der neuassyrische König Sanherib (705–681 v. Chr.), der etwa 180 Jahre nach Assurnasirpal regierte. Er ließ hier, wo sich mit großer Wahrscheinlichkeit der alte Hauptzugang des Palastes befand, alles niederreißen und schuf ein neues Eingangsensemble. In dem äußeren Saal (Abb. 4 Raum 22) liegen auf dem Fußboden noch einige große Steinplatten, die möglicherweise als Thronsockel dienten; auch der Türangelstein ist noch vorhanden. Bei der Freilegung der Mauerfundamente stieß man auf einen ungewöhnlichen Fund, der viele Probleme und Fragen aufwirft, die an dieser Stelle exemplarisch dargestellt werden sollen.

Es handelt sich um den Kopf eines in kleine Stücke zerschlagenen, alabasternen Lamassus, eines menschenköpfigen Mischwesens, das zur Abwehr von Gefahren sehr häufig in neuassyrischen Palästen als Paar links und rechts des Einganges aufgestellt wurde. Dieser Lamassu wurde offensichtlich gezielt zerstört. Insgesamt sind aus dem Fundament dieses äußeren Saales nachweislich 115 zumeist sehr kleine Bruchstücke zutage getreten. Ein sehr ähnlicher Kopf[2] (Abb. 7), der vielleicht der Gegenpart dieses Stückes ist, wurde weiter westlich, zwischen der Nordseite des Anu-Adad-Tempels und einer Befestigungsanlage auf einer Gasse liegend gefunden, ca. 100 m von der Stelle des Alten Palastes entfernt, an welcher der Lamassu ursprünglich gestanden haben muss. Zwar waren Augen, Ohren, Nase und Bart zerstört worden, der Kopf wurde jedoch immerhin nicht gänzlich in Stücke zerschlagen. Offenbar hatte dies aber ausgereicht, dem Lamassu seine Kräfte zu entziehen. Abgesehen von den Köpfen ist nur sehr wenig von den Körpern gefunden worden.

Der Grund, warum diese Statuen zerstört wurden, ist unbekannt; ebensowenig wissen wir, wer die Zerstörung veranlasst hat. Die Möglichkeiten sind zahlreich. War es Sanherib, der, um Platz für seinen Neubau zu schaffen, die etwa 180 Jahre alten Statuen pietätlos zerschlagen ließ? Oder waren die Lamassus bereits vorher schadhaft und wurden nun «entsorgt»? Könnte es gar möglich sein, dass sie bereits, während Assurnasirpal noch im Alten Palast wohnte, durch unbekannte Ereignisse beschädigt wurden und dadurch ihrer apotropäischen Kraft beraubt waren? Dann wäre der Palast ungeschützt und buchstäblich «von allen guten Geistern verlassen» gewesen – und das wäre vielleicht der Grund, warum Assurnasirpal so hastig nach Nimrud umzog. Bemerkenswert ist allerdings, dass er sich später trotzdem hier bestatten ließ. Je-

Abb. 7   Nördlich vom Anu-Adad-Tempel in einer Gasse gefundener Lamassu-Kopf. Vermutlich wurde der Kopf während der Plünderung Assurs 614 v. Chr. hierhin verschleppt. Ass Ph 1542, heute in Istanbul.

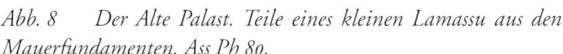

Abb. 8   Der Alte Palast. Teile eines kleinen Lamassu aus den Mauerfundamenten. Ass Ph 80.

denfalls mied auch sein Sohn Salmanassar III. (858–824 v. Chr.), der ja ebenfalls in Nimrud residierte, den Alten Palast und zog es vor, sich in Assur lieber einen neuen Palast erbauen zu lassen, den Ostpalast.

Solcherlei Erwägungen ließen sich fortsetzen, sie bleiben aber zum gegenwärtigen Zeitpunkt unbeweisbar, zumal auch bisher keine schriftlichen Nachrichten über diese Ereignisse gefunden worden sind. Wie ungemein ernst jedoch die Schutzfunktion der Lamassus in neuassyrischen Palästen genommen wurde, lässt sich kaum ermessen: In den drei Königsresidenzen in Nimrud, Chorsabad und Ninive sind Lamassu-Paare vor den meisten größeren Eingängen aufgestellt worden (Abb. 9).

Ebenfalls unklar ist, warum der eine Kopf als Füllschutt benutzt wurde und der andere nicht. Letzterer kann unmöglich jahrhundertelang auf der Gasse gelegen haben, sondern wird von einem uns unbekannten Ort, wo er in der Zwischenzeit gelagert war, entwendet worden sein. Außerdem bleibt zu fragen, warum man sich die Mühe gemacht hat, einen solch schweren Stein – der Kopf hat immerhin eine Höhe von etwa 70 cm und ein Gewicht von schätzungsweise mehr als drei Zentnern – dorthin zu schleppen und dann liegen zu lassen. Man könnte annehmen, dass dies während der Wirren der Eroberung Assurs im Jahre 614 v. Chr. geschah, als es zu Plünderungen und systematischen Zerstörungen kam (s. S. 146). Rätselhaft bleibt hier allerdings die Tatsache, dass die Lamassus in den anderen drei Residenzstädten von den Eroberern weitgehend unangetastet blieben.

Sollten die beide Stücke wider Erwarten doch nicht als Paar zusammengehören und stattdessen die Relikte zweier Paare darstellen, könnte der auf der Gasse gefundene Lamassukopf auch vom Neubau Sanheribs stammen. Denn auch hier werden sicherlich Lamassus aufgestellt gewesen sein, von denen aber nichts gefunden worden ist.

Handelt es sich jedoch um ein zusammengehörendes Paar, ist dieses in Assur singulär – sieht man einmal von den Resten eines ungewöhnlich kleinen einzelnen Lamassus ab, der ebenfalls zerschlagen wurde und im Füllschutt lag (Abb. 8). Man kann davon ausgehen, dass dieses Paar am Eingang des wichtigsten Raumes gestanden haben muss – und das ist in einem Palast natürlich der Thronsaal. Ob sich dieser Thronsaal Assurnasirpals an der Stelle des später von Sanherib neu errichteten äußeren Saales (Abb. 4 Raum 22) befand oder vielleicht an der Stelle des mutmaßlichen früheren Thronsaales in mittelassyrischer Zeit (Abb. 3 Raum 30), lässt sich nicht endgültig entscheiden, aber es liegt nahe anzunehmen, dass der zerschlagene Lamassukopf dort in die Erde kam, wo er beim Neubau im Wege war – und dies wäre ein Indiz dafür, dass sich der Thronsaal Assurnasirpals an der Stelle des neu errichteten Raumes 22 befunden haben könnte.

In der bereits seit der mittelassyrischen Zeit genutzten Gruftanlage im Alten Palast wurden auch einige neuassyrische Könige beigesetzt (s. S. 129–135). Darüber hinaus wurden zehn Gräber auf dem Gelände des Alten Palastes entdeckt. Sie stammen sowohl aus der mittel- als auch aus der neuassyrischen Zeit. Vermutlich wurden diese Gräber von der einfachen Bevölkerung in Räumen angelegt, die zu dem jeweiligen Zeitpunkt unbewohnt oder sogar bereits zu Ruinen zerfallen waren. Ein Zusammenhang zwischen diesen Bestattungen und der Funktion des Palastes ist nicht erkennbar. Aber es kann nicht ausgeschlossen werden, dass es sich bei den Toten um Personen handelt, die dem Palast in der einen oder anderen Weise nahe standen. Jedenfalls gleichen diese Gräber in ihrer Art, und auch was die bescheidenen Beigaben betrifft, ganz den vielen anderen privaten Bestattungen in Assur.

Das Schicksal des Alten Palastes in neuassyrischer Zeit ist unmittelbar mit der Gesamtsituation Assurs verknüpft: von den Nachfolgern Assurnasirpals hat keiner mehr von Assur aus regiert. Im Laufe der Zeit verlagerte man die Hauptstadt vielmehr zunächst nach Nimrud, dann nach Chorsabad und schließlich nach Ninive. Aber Assur blieb stets die «alte Hauptstadt», die man regelmäßig zu bestimmten Anlässen aufsuchte, und ein kultischer Mittelpunkt, da der Reichsgott – ebenfalls mit dem Namen Assur – hier seinen Sitz hatte. Es ist anzunehmen, dass die Könige zu diesen Gelegenheiten im Alten Palast wohnten, wenngleich sich dies nicht in archäologischen Zeugnissen niedergeschlagen hat. Nicht völlig auszuschließen ist indes, dass sie bei Besuchen in Assur auch in einem anderen Gebäude residierten, von dem wir bisher keine Kenntnis haben.

Viele Könige ließen sich hier in der alten Haupt- und Kultstadt bestatten. Dabei blieb der Alte Palast in Assur, der eine ungewöhnlich lange Baugeschichte von über 1200 Jahren aufweist, der «Palast der Väter», wohin man im Tode zurückkehrte.

Zum Zeitpunkt der Ausgrabungen – vor dem Ersten Weltkrieg – waren wegen des damals noch hohen Aufwandes nur recht wenige Fotos gemacht worden. So liegen für einige Areale wenige, für andere gar keine Fotos vor. Auch wurden – gemessen an heutigen Standards – viel zu selten Zeichnungen von archäologischen Befunden angefertigt. Durch die momentanen Arbeiten im Rahmen des Assur-Projektes kann dieser Mangel jedoch teilweise ausgeglichen werden. Die Archäologen hatten nämlich während der Ausgrabung eine große Zahl von Höhenmesspunkten aufgezeichnet, von denen seinerzeit nur ein Teil in die publizierten Architekturpläne aufgenommen worden war. Sie zeigen die Oberkanten von Mauerwerk, von Fußböden etc. Diese Höhenangaben sind nun sämtlich in einen digitalisierten Plan eingegeben worden. Das geschah mit der Absicht, eine dreidimensionale Rekonstruktion anzufertigen, die den Zu-

Abb. 9.   Lamassu im Vorderasiatischen Museum Berlin.

stand des Alten Palastes zum Zeitpunkt der Ausgrabung widerspiegelt. Auf diese Weise lässt sich sehr viel einfacher ein optischer Eindruck von der Ruine vermitteln, als abstrakte Zahlen es könnten.

Darüber hinaus sind seinerzeit die im Alten Palast vorgefundenen Objekte größtenteils unpubliziert geblieben, obgleich es immerhin knapp 2000 an der Zahl sind. Es handelt sich um viele verschiedene Gruppen aus Ton, Stein, Metallen und anderen Materialien, zu denen Schriftzeugnisse, Gefäße, Werkzeuge, Waffen, Schmuckgegenstände, Bauschmuck, Skulpturen und vieles mehr gehören. Diese Fundgruppen werden im Rahmen des Assur-Projektes von einer Reihe von Forschern wissenschaftlich ausgewertet. Hierbei stehen in der Regel Fragen nach dem Sinn und Zweck und der Beschaffenheit dieser Gegenstände sowie Fragen der Datierung im Vordergrund. Bei der Bearbeitung eines bestimmten Gebäudekomplexes wie dem Alten Palast ergeben sich zuweilen Probleme hinsichtlich der spezifischen Befundsituation, die durch die regelmäßige und enge Zusammenarbeit der Wissenschaftler erörtert und gelöst werden sollen. Manchmal kommt es aber auch zu ganz neuen Fragestellungen und Antworten, die ohne die Teamarbeit nicht möglich gewesen wären.

Mit Hilfe einer umfangreichen Datenbank aller Fundobjekte aus Assur und der digitalisierten Pläne sollen die entsprechenden Funde – soweit dies die oft leider sehr unpräzisen Fundstellenangaben zulassen – in den Plan dreidimensional eingefügt werden. Die Objekte sind nicht gleichmäßig über die Fläche des Alten Palastes verteilt, sondern treten an manchen Stellen gehäuft auf. Wenn z. B. in einem Raum Steingefäße gelagert wurden, sind sie natürlich hier sehr viel zahlreicher vertreten als in den übrigen Räumen, in welchen möglicherweise wiederum andere Fundgruppen vermehrt vorkommen. Man spricht in diesem Falle von einer Clusterbildung. Diese Fundhäufungen der vielfältigen Fundobjektgruppen sind sehr unterschiedlich über das Gelände und in der vertikalen Schichtenabfolge verteilt. Anhand dieser Beobachtung kann man, wenn man die Architektur mit den entsprechenden Rauminventaren zusammen betrachtet, etwas über die Funktion eines Raumes oder gar eines ganzen Gebäudetraktes erfahren.

Seit der Ausgrabung in Assur vor 100 Jahren haben sich unsere Kenntnisse des Alten Orients durch die Ergebnisse zahlreicher hinzugekommener Ausgrabungen in Vorderasien vermehrt. Was die Stadt Assur im Allgemeinen sowie den Alten Palast im Speziellen betrifft, haben wir heute, fußend auf den alten Grabungen und der damaligen Dokumentation, neue Fragen an die Funde und Befunde. Diese lassen sich zum Teil mit Hilfe der modernen Computertechnik beantworten.

Steven Lundström

»ES KLAGEN DIE GROSSEN KANÄLE...«

DIE KÖNIGSGRÜFTE IM ALTEN PALAST VON ASSUR

EINLEITUNG

»Es klagen die großen Kanäle, es antworten die kleinen Kanäle. Verfinstert ist das Antlitz der Bäume und aller Früchte. Es weinen die Obstgärten, die im Gras... verkümmern. Die Türschwelle[n] führ[en Klage], die Mau[ern] weh[klagen].« Dieses Zitat entstammt einem in assyrischer Sprache verfassten Keilschrifttext, der das Begräbnis eines assyrischen Herrschers der ersten Hälfte des 1. Jts. v. Chr. beschreibt. Das Motiv der Naturklage findet sich immer wieder im Zusammenhang mit dem Tod bedeutender Persönlichkeiten. Dabei empfand man das Ableben eines Königs im Alten Orient als einen tiefen Einschnitt in das öffentliche Leben. Nicht zuletzt sah man darin eine Störung der kosmischen Ordnung, als deren Garant der König zu Lebzeiten auftrat. Man suchte dem Chaos, das der Tod des Herrschers – wie generell der eines jeden Menschen – verursacht hatte, durch Bestattungs- und Trauerrituale zu begegnen, um den Toten in eine neue Existenz zu geleiten und die Lücke, die der Tote hinterlassen hatte, wieder zu schließen. Es galt, die Gemeinschaft der Lebenden vom Tod, der ihr wie eine Krankheit anhaftete, zu reinigen.

In Assyrien nahm der Kronprinz, legitimiert durch die Durchführung des Krönungs- wie auch des Bestattungsrituals, den Platz des verstorbenen Herrschers ein. In der Vorbereitung der Grablege, der Beigaben und der Trauerfeierlichkeiten spiegeln sich uralte Traditionen und Vorstellungen vom Leben nach dem Tode wider. Schauplatz dieser Bestattung war Assur, das religiöse und politische Zentrum des assyrischen Weltreiches.

Die Größe des Machtbereiches Assyriens brachte es mit sich, dass sich seine Herrscher mit ihren Truppen immer wieder auf Feldzügen fernab von den Stätten des Kernlandes befanden, das zwischen den beiden Strömen Euphrat und Tigris lag. Am Ende ihres Lebens aber fanden sie ihre letzte Ruhe im »Palast der Väter«, dem Alten Palast ihrer Vorgängerkönige in Assur (s. S. 119–128).

BESTATTUNGSRITUAL UND AHNENVEREHRUNG DER ASSYRISCHEN KÖNIGE

Der Ablauf des Bestattungsrituals lässt sich teilweise nach den oben genannten Texten rekonstruieren. Um ein vollständigeres Bild zu erhalten, werden zudem Texte verschiedener Perioden aus Babylonien herangezogen,

davon ausgehend, dass die vollzogenen Riten ähnlich waren.

Am Anfang stand das Salben und Schmücken des Toten. Daraufhin bahrte man den Leichnam für sieben Tage auf. Das »Zeigen des Leichnam« (akkadisch *taklimtu*) ist uns schon aus einem sumerischen Text über den Tod des Königs Urnamma (2112–2095 v. Chr.) bekannt, dem die Öffentlichkeit in seinem Palast die letzte Ehre erwies. So überliefert es uns auch ein Brief aus Tell Asmar aus dem frühen 2. Jt. v. Chr., in dem es neben den für das Begräbnis des amurrischen Herrschers Abda-El zu liefernden Grabbeigaben auch um eine öffentliche Feier geht, zu dem Vertreter aus dem gesamten Herrschaftsgebiet des toten Fürsten geladen werden sollen. Die in der Zwischenzeit bereits herbeigeschafften Grabbeigaben zeigte der neue König dem Sonnengott, bevor diese gemeinsam mit dem Leichnam in einem steinernen Sarkophag niedergelegt wurden. Nach Abschluss der Grablegung versiegelte man den Sarkophag und die Grabkammer. Es folgte eine Zeit der Staatstrauer, die – so berichtet es uns eine Inschrift des babylonischen Königs Nabonid (555–539 v. Chr.) für seine Mutter Adad-Guppi – wohl eine Woche andauerte. An dieser nahmen auch Gesandte des gesamten Landes teil. Sicher waren auch im Falle des verstorbenen assyrischen Herrschers seine führenden Beamten wie auch Vertreter ausländischer Herrscher versammelt. Zum Zeichen ihrer Trauer gingen sie in einfachen Gewändern und streuten sich Asche auf ihr Haupt. Am Ende der Trauerzeit stand wahrscheinlich wie in Babylonien ein Festmahl. Die sog. Harran-Inschrift des Nabonid vermittelt uns einen Eindruck von den Begräbnisfeierlichkeiten anlässlich des Ablebens königlicher Personen:

»Und vor ihr (der Adad-Guppi) versammelte er die L[eute] von Babylon und Borsippa. Die Kö[nige], Bewohner der fernen Bezirke, [Fürsten] und Statthalter von [der Grenze] zum Land Ägypten, dem ob[eren] Meer bis zum unteren Meer [ließ er aufstehen.] Die Totenklage und [...] Weinen [führten sie] bitterlich [aus]. Wehklagen stießen sie aus. Sieben Ta[ge] und sieben Nächte spielten sie F[löten]. Ihre Kleider waren mit [mit Staub] bedeckt. Als der siebte Tag [anbrach] haben die Leute des ganzen Landes [ihre Ha]are geschoren. Ihre [Ge]wänder [...] und ihre Beigaben le[gten sie nieder]. Sie traten ein in... Bei einem Mahl...«

Nach Abschluss der Feierlichkeiten setzte in Assyrien wie in Babylonien auch die Ahnenverehrung (akkadisch *kispu*) ein. Im Falle der assyrischen Könige fand diese im

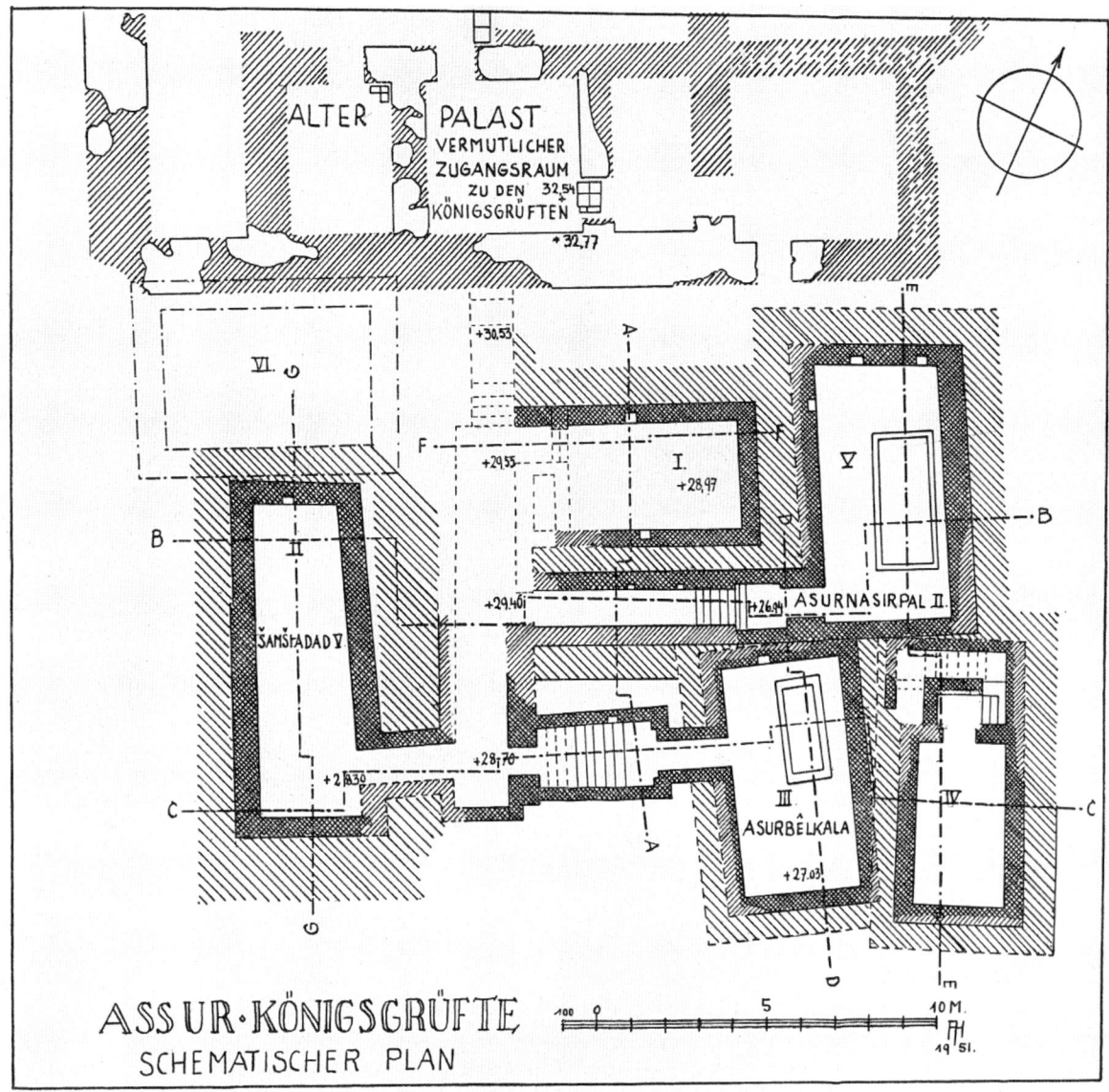

Abb. 1   Schematischer Plan der Königsgrüfte im Alten Palast, nach der Zeichnung für die Publikation von Arndt Haller 1954.

»Palast der Väter« – wohl in dem Teil, unter dem die Grüfte angelegt waren – statt. Der Tempelhaushalt des Reichsgottes Assur war für den Unterhalt und die Verwaltung dieser Einrichtung zuständig, für die er Kultpersonal zur Durchführung des Rituals und Arbeitskräfte für die Bewirtschaftung von Feldern zur Verfügung stellte, die das für das Ritual benötigte Getreide produzierten. Neben Getreide und Getreideprodukten wie Bier und Brot spielten Gemüse, Fleisch, Gewürze, Honig und Milch eine Rolle. Das *kispu* der königlichen Ahnenverehrung brachte man regelmäßig Mitte und Ende eines jeden Monats dar. Dabei war neben Speiseopfern und Libationen auch das Rufen des Namens ein fester Bestandteil des Rituals.

Der »Palast der Väter« blieb bis zum Ende des assyri-

schen Weltreichs Grablege der Könige, und war damit für die Königsideologie von grundlegender Bedeutung. Dort gedachte man der königlichen Vorfahren, deren ununterbrochene Folge der assyrischen Königsliste nach bis in die Anfänge der Stadt Assur zurückreichte. Aus dieser Kontinuität und dem Auftrag des Reichsgottes heraus bezog der amtierende Herrscher als Stellvertreter Assurs und aller anderen Götter Assyriens seine Legitimation. Der »Palast der Väter« war in den Götterkult durch alljährliche Prozessionen einbezogen, wobei Assur und andere Gottheiten dort Wohnung nahmen und Opfer vom König erhielten. Am selben Ort spielte sich auch ein Teil des Krönungsrituals ab. Da die Stätten der Ahnenverehrung zu diesen Vorgängen in einer – wenn auch bislang noch nicht genauer fassbaren – räumlichen

und kultischen Beziehung standen, war auch das Andenken an die vergangenen Herrscher mit dem Götterkult
verbunden. Bei der Eroberung Assurs im Jahre 614
v. Chr. brandschatzen und plünderten die Meder nicht
einfach nur die Stadt einschließlich des Palastes. Systematisch vernichteten sie die königlichen Grüfte, den Ort
des Andenkens an die Könige der Gegner und damit
einen der wichtigsten ideologischen Grundpfeiler Assyriens.

DIE ENTDECKUNG DER KÖNIGSGRÜFTE

Etwa 2400 Jahre später, in den Jahren 1903 bis 1914 ar-
beitete eine Expedition der Deutschen Orient-Gesellschaft (DOG) unter der Leitung Walter Andraes. Neben
der Wohnbebauung fand man im Nordteil der Stadt auf
einer Terrasse mehrere repräsentative Gebäude. Zwischen den Tempeln der wichtigsten Gottheiten Assyriens
– dem Tempel der Ischtar, Göttin der Liebe und Sexualität aber auch des Krieges, dem Doppeltempel des Himmelsgottes Anu und des Wettergottes Adad sowie dem
des Reichgottes Assur, lag nun jener besagte »Palast der
Väter«, unter dem man die Königsgrüfte am 15. Dezember 1912 entdeckte (Abb. 1).

Allerdings war man sich über die tatsächliche Bedeutung der Grüfte anfangs noch nicht im Klaren, sah man
in ihnen doch Bestattungen einer jüngeren Zeit. Diesen
Befund kommentierte Andrae zunächst folgender-
maßen: »Im Südostflügel unseres Grundrisses [des Alten
Palastes, Anm. des Verf.] hat sich ein zweiter, 30 m brei-
ter Hof mit den anliegenden Raumreihen ergeben.
Durch parthische Gruftanlagen … waren die Funda-
mentgrabenzüge sehr gestört … Die Grüfte sind meist
außen mit Lehmziegeln ummantelt, während das Innere
aus gebrannten Ziegeln, zum Teil in Asphaltmörtel, besteht.«

Fast zwei Jahre später stellte sich heraus, dass man
hier nicht auf Grüfte aus der parthischen Zeit (3. Jh.
v. Chr. bis 3. Jh. n. Chr.) gestoßen war. Wiesen bereits
die Größe der Anlagen und deren Ausstattung mit steinernen Türen, Sarkophagen und Platten auf assyrische
Königsgrüfte hin, brachten Inschriften die endgültige
Bestätigung. Im Tagebuch des Fundjournales der Grabung vom November 1913 heißt es dazu: »Die „Königsgrüfte" werden klarer, sie sind ungewöhnlich groß. … In
Gruft I (mittlere Nordwestliche) wird ein schön gearbeiteter
Falkenkopf (Ass 22832 Griff einer Steinschale oder
Lampe?) gefunden Die zahlreichen Brs. (d. h. Bruchstücke, Anm. des Verf.) von Basalt ergänzen sich zu Sarkophag und Deckel, zwei zu Pflaster- und Sockelplatten
mit Falz u. Steg, Henkeln, Knäufen und kurzen Füssen.
In Gruft II ergeben Brs. des Basaltsarkophages mit Inschrift die Datierung. Es ist die Gruft Šamši-Adads' V.
des Gatten der Semiramis. Der Sark. (d. h. Sarkophag,
Anm. des Verf.) hat keine Füße u. Falz.«. Die Untersuchungen währten vom 7. November 1913 bis zum

*Abb. 2   Überreste des Basaltsarkophages Assurnasirpals II. in
Gruft V. Deutlich sichtbar sind die zersprengten Teile und der ste-
hen gebliebene Rest der Wandung sowie der Originalabstand zur
Gruftwand (im Museum verändert), Ass Ph 6785.*

2. März 1914. Vom ursprünglichen Zustand der Grüfte
war nicht viel geblieben: Gänge und Grabkammern waren durch die Überreste der eingestürzten Gewölbekon-
struktionen und der darüber liegenden Teile des Palastes
verschüttet, Sarkophage und Türen waren in zahlreiche
Fragmente zersplittert (Abb. 2). Von den einstmals
reichen Grabbeigaben und den sterblichen Überresten
der Könige war beinahe alles verloren gegangen. Dennoch konnte man nach Abschluss der mehrmonatigen
Untersuchungen von der architektonischen Konstruktion und der Ausstattung der Anlagen ein umfassendes
Bild zeichnen: Die insgesamt sechs Königsgrüfte waren
über ein System von Rampen und Treppen mit einem
Raum(komplex) des Palastes verbunden. Ausgeführt
waren die Wände und Fußböden dieser Anlagen in Zie-
gelmauerwerk, wobei Asphalt und Gips als Mörtel
dienten. Die Grüfte selbst waren durch massive steinerne
Türen verschlossen (Abb. 3). Durch sie gelangte man in große
Kammern, die von in Nischen installierten Lampen erhellt wurden. Darin befand sich in der Regel ein aus Basalt
gefertigter Sarkophag. Die Fußböden waren entweder
mit Ziegeln oder mit Basaltplatten ausgelegt. Aus dem-

Abb 3.
Grufttür von außen.
Rekonstruktions-
vorschlag von Walter
Andrae. Die aus einer
massiven Platte
gefertigte Tür drehte
sich oben in einer
Wandangel, unten in
einem (nicht sicht-
baren) Angelstein.

selben Material bestanden auch die Sockelplatten, auf denen sich die Kammerwände gründeten. Das Rohmaterial dafür bezog man wahrscheinlich aus einem 400 km nördlich der Stadt Assur gelegenen Steinbruch. Der materielle Aufwand, der zum Bau solcher Anlagen und deren Ausstattung nötig war, muss beträchtlich gewesen sein. Allein das Herbeischaffen und Einbringen der bis zu 20 Tonnen schweren Sarkophage war gewiss mit großen Anstrengungen verbunden (Abb. 4).

Abb. 4   Versetzen des Deckels auf den Sarkophag Assurnasir-
pals II. Illustration Walter Andraes zum Baugeschehen. Aus Grün-
den der Größe und des Gewichts des Sarkophages rekonstruierte
sich Andrae eine Szene, in der der Sarg zunächst eingebracht und
provisorisch geschlossen wurde. Erst danach konnte die eigentliche
Gruft vollendet werden. Beim Tode des Königs erfolgte dann die
Bestattung und das Versiegeln des Deckels.

Aus der eingangs vorgestellten Beschreibung des Begräbnisses eines neuassyrischen Königs wissen wir um die Grabbeigaben, die man dem toten Herrscher mit auf den Weg gab. Da ist von silbernen und goldenen Gefäßen die Rede, von Waffen wie Schwertern und Lanzen, von Schmuck, aber auch von Pferden und Streitwagen. Pferde und Streitwagen waren – dem alten sumerischen Text »Der Tod des Gilgamesch« nach – Geschenke für Gilgamesch, den legendären König von Uruk, der in der Unterwelt über die Totengeister gebot. Ein Vergleich mit der Liste der Beigaben aus der Begräbnisbeschreibung und diesem wohl anderthalb Jahrtausende älteren Text zeigt, dass auch Gaben an Ereschkigal, die Herrscherin der Unterwelt, und andere dort lebende Gottheiten vorgesehen waren. Einen guten Eindruck von dem ursprünglichen Reichtum der Bestattungen geben uns die Grüfte der Königinnen aus dem Nordwestpalast Assurnasirpals II. (883–859 v. Chr.) in Kalchu/Nimrud. Dieser spektakuläre Fund gelang irakischen Archäologen Anfang der 1990er Jahre. Seine Bedeutung liegt vor allem in der Unversehrtheit der Bestattungen. Wie bei den königlichen Grablegen von Assur handelt es sich auch hier um Ziegelgrüfte mit vergleichbarer Ausstattung wie steinerne Türen und Sarkophage. Ausführliche Inschriften sollten die Unversehrtheit des Grabes und der Bestattung bewahren. Eine der Königinnen trägt den Namen Mulissu-mukannischat-Ninua. Sie war die Frau des Erbauers des Nordwestpalastes – Assurnasirpals II. Dieser Herrscher fand seine Ruhe allerdings nicht in Kalchu, sondern in Assur in einer der sechs Grüfte (Gruft V) des Alten Palastes. Die dazugehörige Inschrift lautet (Abb. 5): »(Das ist der) Palast des Assurnasirpal, des Königs der Gesamtheit, des Königs von Assur, Sohn des Tukulti-Ninurta, des Königs von Assur, des Königs der Gesamtheit, Sohn des Adadnirari, des Königs von Assur, des Königs der Gesamtheit«.

Die Ausgräber konnten damals die Namen zweier weiterer Herrscher feststellen: Assurbelkala (1073–1056 v. Chr., Gruft III) und Schamschi-Adad V. (823–811 v. Chr., Gruft II), dessen Frau Jaba allerdings in Kalchu bestattet worden ist. Die übrigen drei Grüfte (I, II und IV) aber blieben namenlos. Die bislang älteste Grablegung ist die des Assurbelkala (Gruft III). Im Gegensatz zu den übrigen Grüften stieß man hier auf zwei Sarkophage. Der eine aus Basalt bestehende war wie die übrigen Sarkophage ebenfalls in zahlreiche Bruchstücke zerschlagen. Der zweite aber blieb fast vollständig erhalten, allein der Deckel wurde zerstört (Abb. 6). Er fällt durch sein Material, nämlich Kalkstein, auf und übertrifft in seinen Maßen den basaltenen Sarkophag Assurbelkalas. Man kann über die Gründe dafür nur Vermutungen anstellen. Da er keine Inschriften trägt und er weitestgehend unversehrt blieb, hat er vielleicht nie eine Bestattung aufgenommen. Die Zerstörung der Königsgrüfte mag er daher heil überstanden haben. Möglicherweise war dieser Sarkophag ursprünglich für Assurbelkala vorgesehen und erst später entschied man sich dafür, einen

Abb. 5   Unterseite des Basaltsarkophags Assurnasirpals II. Selbst die Auflagefläche des etwa 20 t schweren Behälters erhielt eine Inschrift. Ass Ph S 7017.

Abb. 6   Kalksteinsarkophag eines unbekannten Herrschers in der Gruft III. Ass Ph 6792.

Basaltsarkophag zu verwenden. Da es eines hohen Arbeitsaufwandes bedurft hätte, den alten Sarkophag zu entfernen, beließ man diesen in der Gruft und stellte den neuen einfach daneben auf.

Ein bis heute ungelöstes Problem ist die geringe Zahl der königlichen Grüfte im Vergleich zu der großen Zahl der uns bekannten assyrischen Herrscher. Waren die übrigen Herrscher ebenfalls im »Palast der Väter« bestattet? Oder fanden sie an einem anderen Ort ihre letzte Ruhe? Verschwanden sie im Laufe der Zeit durch Zerstörung, Erosion und die Nutzung als Steinbruch für billiges Baumaterial? Es besteht jedoch auch die Möglichkeit, dass einzelne Könige im Laufe der Zeit die Gebeine ihrer königlichen Ahnen an einen anderen Ort bringen ließen. Anlass dafür könnte der Umzug in einen anderen Palast gewesen sein, wie ihn z. B. Tukulti-Ninurta I. (1233–1197 v. Chr.) oder Assurnasirpal II. nach Kar-Tukulti-Ninurta oder Kalchu vornehmen ließen. Bei dieser Gelegenheit haben sie vielleicht auch die sterblichen Überreste ihrer Vorfahren an ihren neuen Wohnort mitgeführt, so wie es in Mesopotamien auch für andere Herrscher und private Personen belegt ist.

GRABINSCHRIFTEN ASSYRISCHER KÖNIGE

In ihrem Aufbau sind die Grabinschriften der assyrischen Könige schlicht, sie nennen nur den Namen und die Titulatur des Bestatteten sowie die seines Vaters und die seines Großvaters:

»(Das ist der) Palast des KN, des Königs der Gesamtheit, des Königs des Landes Assur, Sohn des KN, des Königs der Gesamtheit, des Königs des Landes Assur«.

Diese Inschrift fand sich sichtbar auf der Außen- und Innenseite der Tür, auf den Sockelplatten und der Sarkophagwanne und deren Deckel, desgleichen auch im Verborgenen auf der Unterseite der Bodenplatten und

des Sarkophages wie auch der Oberseite der Lehmziegel. Fast könnte man den Eindruck gewinnen, als sollten die Inschriften den verstorbenen Herrscher wie eine schützende Hülle, die Gefahren von ihm ableitet, umgeben, und Menschen und Göttern von seiner Identität künden. Die Ansprache im Verborgenen ist für Mesopotamien charakteristisch. Sehr häufig legten Könige Steintafeln oder Tonprismen in Gründungsgruben oder in Fundamenten von Tempeln und Palästen nieder. Solange die Bauwerke intakt blieben, waren die Götter Adressaten dieser Texte. Erst mit dem Verfall eines Gebäudes wenden sie sich an einen künftigen Herrscher, der im Zuge von (Um)-Baumaßnahmen darauf stößt (s. S. 198).

Im Rahmen des Assur-Projektes der DOG und des Vorderasiatischen Museums zu Berlin konnte nun die Arbeit an den Königsgrüften wieder aufgenommen werden. Hunderte von Fragmenten, die einst zu Türen, Sarkophagen und Bodenplatten gehörten, werden dabei untersucht und soweit möglich auch wieder zusammengesetzt. Naturwissenschaftliche Untersuchungen sollen Auskunft über das Material und dessen Bearbeitung geben. Die antiken Zerstörungen, verbunden mit den späteren Umwelteinflüssen, haben uns diese Stücke in einem oft beklagenswerten Zustand hinterlassen. Die Palette reicht dabei von gerade einmal handtellergroßen Teilen über Brocken von bis zu 30 cm Seitenlänge und etwa 20 kg Gewicht bis zu Stücken, die nur unter erheblichen Schwierigkeiten bewegt werden können (Abb. 7). Oft lassen sich nur noch mit Mühe überhaupt Reste von Keilschriftzeichen identifizieren. Dennoch finden sich immer wieder Hinweise auf Neues. So sind es drei kleine Fragmente, die aus der bisher nicht namentlich zugewiesenen Gruft IV stammen. Zwei dieser Fragmente zeigen den sog. Personenkeil zur Kennzeichnung eines Personennamens sowie den Rest eines Zeichens, das u. a. für den Namen des mesopotamischen Mondgottes Sin

Abb. 7   Erhaltener größerer Rest des Basaltsarkophages Assur-
nasirpals II. in Gruft V. Ass Ph S 7018.

steht. Ein weiteres Fragment zeigt die Reste des Zeichens
ŠEŠ, das akkadisch mit dem Wort *aḫu* »Bruder« wiedergegeben wird. Die Zeichengruppe Personenkennzei-
chen + Mondgott Sîn deutet auf den Königsnamen *Sîn-
aḫḫē-erība* – Sanherib (705–681 v. Chr.) – hin. Für die
Verbindung dieses Königs mit dem »Palast der Väter«
und den Königsrüften spricht nicht zuletzt auch der
Fund seiner Grabinschrift auf Lehmziegeln im Alten Palast,
die man im Schutt der Grüfte sowie in den Räumen des
Palastes fand: »(Das ist der) Palast des Schlafens, das
Grab der Ruhe, der Wohnort der Ewigkeit des Sanherib,
des Königs der Gesamtheit, des Königs von Assur«.

Zwar ist *aḫu* »Bruder« Bestandteil des Namens San-
heribs, doch wird dieser zumeist nicht mit dem Zeichen
ŠEŠ geschrieben. Dagegen findet sich dieses Zeichen
häufig im Namen seines Sohnes *Aššur-aḫu-iddina*, des
Asarhaddon (681–669 v. Chr.) der Bibel (2 Kö 19, 37;
Jes 37, 38). Erinnern wir uns nun noch einmal der
Struktur der Grabinschriften: Sie nennen den Namen
des Toten sowie den des Vaters und des Großvaters.
Dies bedeutete, dass die Gruft IV entweder das Grab
Asarhaddons oder dasjenige Assurbanipals war, da
Sanherib als Vater bzw. Großvater nicht Inhaber dieser
Gruft sein kann. Für Asarhaddons Sohn Assurbanipal

(669–627 v. Chr.) spricht, dass dessen *būt kimaḫḫi*
(»Haus/Raum des Grabes«, d. i. der Ahnenverehrung) in
Assur – vermutlich im »Palast der Väter« zu lokalisieren ist.

Er übernahm das Weltreich seines Vaters und führte
dessen Politik fort. Im militärischen Bereich tat er es seinem
Vater gleich. Ja, er übertraf ihn sogar, indem es ihm gelang, auch Ägypten zu erobern und dauerhaft zu beset-
zen und so eine Zeit lang Assur zu unterstellen. Aus seiner Regierungszeit stammt auch eine textliche Quelle,
die für das Verständnis des archäologischen Befundes der
Königsgrüfte von Assur entscheidend ist. In dem Bericht
zu seinem achten Feldzug gegen Elam schildert Assurbanipal, wie er nach dem Sieg über das im iranischen
Hochland gelegene Gebiet mit den Gräbern der Ah-
nenkönige seines Gegners verfuhr: »Die Grabstätten ihrer früheren und späteren Könige, die Assur und Ischtar,
meine Herren, nicht gefürchtet, und die die Könige,
meine Väter beunruhigt hatten, zerstörte ich, riß ich ein
und ließ sie die Sonne sehen. Ihre Gebeine nahm ich
nach Assyrien fort. Ihren Totengeistern legte ich Ruhe-
losigkeit auf. Der Totenopfer und des Ausgießens von
Wasser beraubte ich sie.«

Sein grausames Vorgehen hatte zum Ziel, die Verbindung seiner Gegner zu ihren Ahnen zu unterbrechen.
Durch die vollständige Vernichtung der Grabanlagen
und der Gebeine der toten elamischen Könige sollte es
seinen Gegnern für immer unmöglich gemacht werden,
Kontakt zu ihren Ahnen aufzunehmen und so daraus
ihre eigene Identität abzuleiten und Kraft zur Gegen-
wehr zu schöpfen.

DIE ZERSTÖRUNG DER KÖNIGSGRÜFTE

Gerade einmal siebzehn Jahre nach dem Tode Assurbanipals sollte den Grüften der assyrischen Könige unter
dem Alten Palast von Assur dasselbe Schicksal widerfah-
ren. Als 614 v. Chr. die Meder Assyrien eroberten und
Städte wie Ninive und Nimrud in Schutt und Asche legten, fiel auch Assur, das alte religiöse und politische Zentrum des assyrischen Weltreiches. Dabei richtete sich der
Zorn der Eroberer auch gegen die Königsgrüfte. Es ging
dabei sicherlich nicht allein darum, sich die reichen Beigaben anzueignen. Vielmehr spricht der archäologische
Befund dafür, dass man die Grüfte systematisch zerstörte. Dies gilt insbesondere für die schrifttragenden
Teile, die z. T. in kleinste Fragmente unter großer Hitze-
einwirkung (wahrscheinlich unter der Verwendung von
Naphta und Wasser) gesprengt und zerschlagen worden
waren (Abb. 8). Von Rache getrieben, trachteten die
Meder danach, die Ahnen derer zu vernichten, die ihnen
und ihren Vorfahren großes Unheil und Schande gebracht hatten. Sie übten Vergeltung an Königen wie
Assurbanipal, der seine Gegner gezwungen hatte, die
Gebeine ihrer Ahnen zu zerstampfen.

Die biblische Überlieferung sah in den Assyrern sowohl ein Werkzeug Gottes zur Bestrafung der Sünden

Abb. 8   Reste der Tür zu Gruft V Assurnasirpals II. Ass Ph 6797.

Israels und Judas als auch ein Sinnbild für Hochmut und Gewalt. Das Wort von der Hure Ninive, die Drohreden gegen die Völker bei Jeremija zeigen dies deutlich. Eindrücklich beschreibt der Prophet Nahum den Untergang Ninives: »Weh der mörderischen Stadt, die voll Lügen und Räuberei ist und von ihrem Rauben nicht lassen will! Denn da wird man hören die Peitschen knallen und die Räder rasseln und die Rosse jagen und die Wagen rollen. Reiter rücken herauf mit glänzenden Schwertern und mit blitzenden Spießen. Da liegen viele Erschlagene, eine Unzahl von Leichen; ihrer ist kein Ende, so daß man über sie fallen muß. Das alles um der großen Hurerei willen der schönen Hure, die mit Zauber umgeht, die mit ihrer Hurerei die Völker und mit ihrer Zauberei Land und Leute an sich gebracht hat… Sieh, Dein Kriegsvolk soll zu Weibern werden, und die Tore Deines Landes sollen Deinen Feinden geöffnet werden, und das Feuer soll Deine Riegel verzehren… Aber das Feuer wird Dich fressen und das Schwert töten…« (Nah 3,1–15).

Ähnlich stellte man sich gewiss auch die Vernichtung der Stadt Assur vor. Dabei bediente man sich solcher Schilderungen, die an die in sumerischer Sprache geschriebenen Städteklagen aus dem 2. Jt. v. Chr. erinnern, in denen von der Zerstörung von Städten wie Ur oder Nippur die Rede ist: »Die großen Äxte wurden vor Ur geschärft. Die Speere, Arme der Schlacht, wurden geworfen … Die gefiederten Pfeile überdecken ihre (der Stadt) Außenseite wie eine Regenwolke. Große Steine, einer nach dem anderen, fielen polternd.«

Die Zerstörung war vollständig. Ihr Ziel war die Tilgung der Namen der assyrischen Herrscher, die Namen derjenigen, die sich immer wieder in Kriegszügen gegen das iranische Hochland wandten, um es unter die Herrschaft Assurs zu bringen. Allerdings sollte sich die Vernichtung des assyrischen Weltreiches noch über mehrere Jahre hinziehen. Im Jahr 608 v. Chr. stellte sich Assur-uballit II. (611–608 v. Chr.) bei der im nordwestlichen Mesopotamien gelegenen Stadt Harran ein letztes Mal gemeinsam mit ägyptischen Hilfstruppen einem babylonisch-medischen Heer. Über sein Schicksal nach der Niederlage ist nichts bekannt.

Dennoch gerieten die Herrscher Assyriens nicht in Vergessenheit. Neben der biblischen Überlieferung berichten auch griechische Historiker wie Berossos und Hesiod in ihren Werken über die babylonische und medische Geschichte. Nicht zuletzt sind es aber trotz der Vernichtung der Grüfte bei der Eroberung von Assur vor allem die Grabinschriften der Könige selbst, die ihr Andenken bis auf den heutigen Tag bewahrt haben. Beinahe 100 Jahre nach ihrer Entdeckung geben sie uns dank eingehender Forschungen nun ein weiteres ihrer Geheimnisse preis: »(Das ist) der Palast des Asarhaddon/Assurbanipal, des Königs der Gesamtheit, des Königs des Landes Assur«.

ASTRID NUNN

DIE GLASIERTEN KNAUFPLATTEN IN ASSUR

EINLEITUNG

Schon zu Beginn der Grabung in Assur kamen Keramikplatten ans Licht, die mit einem glasierten, meist floralen Dekor, geschmückt sind (Abb. 1–3). Diese Keramikplatten tragen einen Knauf, der selbst einen Kopf und einen Hals besitzt. Die Platte ist in der Mitte durchbohrt, der Knauf hohl. Ein Holzpflock wurde in den Knauf geschoben, die andere Seite in der Wand verankert. Um die Knaufplatte und den Holzpflock zusammenzuhalten, gab es zwei oder seltener vier Löcher am Knaufhals, durch die Holzstifte geschoben und in den Pflock eingetieft wurden. Platte und Knauf wurden getrennt geformt, dann aber zusammengefügt, bemalt und gebrannt.

Diese Objekte werden als »Knaufplatten« oder von Walter Andrae als »Knauffliesen« bezeichnet. Für »Knauf« wird in der archäologischen Literatur häufig das akkadische Wort »Sikkatu, šikkatu, siqqatu, šiggatu« gebraucht. Es bedeutet Pflock, Gründungs- und Wandnagel oder Knauf.

ÜBER ZAHL, MUSTER, FARBGEBUNG UND DATIERUNG DER KNAUFPLATTEN

Im Vorderasiatischen Museum zu Berlin werden etwa 30 vollständige oder gut erhaltene Knaufplatten aufbewahrt. Dazu kommen etwa 470 Fragmente, die nicht zusammengehören und deswegen zu jeweils einer Platte rekonstruiert werden müssen. Die Sammlung des Archäologischen Museums in Istanbul zählt weitere vollständige und fragmentarische Knaufplatten aus Assur.

Grundsätzlich gibt es eckige und runde Knaufplatten. Zwei Drittel sind eckig und ein Drittel ist rund, was m. E. auf die unterschiedliche Länge der Produktionszeit zurückzuführen ist.

Etwa 150 Knaufplatten besaßen eine Seitenlänge von 25–30 cm, 100 Knaufplatten eine Seitenlänge von 30–40 cm. Kleinere Knaufplatten waren selten. Auch bei den runden Knaufplatten gibt es Unterschiede und Vorlieben in der Größe. Der gängigste Durchmesser bewegt sich zwischen 35 und 55 cm.

Der Dekor ist fast ausschließlich pflanzlich und geometrisch. Unter den großen, eckigen Platten besteht das Motiv der größten Einzelgruppe aus der Kombination von Pinienzapfen und einem »Pinienbaum«, der von einem Pinienzapfen gekrönt wird (Abb. 1). Am häufigsten auf den Knaufplatten kommen jedoch unterschiedliche Anordnungen von Palmetten, Granatäpfeln (Abb. 2) und Pinienzapfen vor (Abb. 3). Auf den runden Knaufplatten erscheinen zusätzlich Lotosblüten und Lilien. Der Dekor wird immer von einem äußeren Rand eingerahmt. An Motiven sehen wir dafür Sparren, das Flechtband, das M-förmige Muster oder das Zickzackband.

Neben den Platten mit rein pflanzlichem Dekor gab es auch seltene Platten mit figürlichen Mustern. Sie stellen einen Beter und Jagdszenen und möglicherweise einen Beter dar.

Die Rekonstruktion der ehemaligen Farbgebung ist schwierig, da sich Farben über die Jahrtausende hinweg verändert haben oder ganz verschwunden sind. Das Randmuster wurde in der Regel in Schwarz und Weiß oder Weiß und Gelb gehalten. Die heute erkennbaren Farben für die floralen Elemente sind Schwarz, Weiß und Gelb. Grün war wohl ehemals die normale Hintergrundfarbe. Bei den runden Platten ist er auch schwarz. Ab und zu gesellen sich Rottöne zu diesen Farben. Die Umrisslinien sind immer schwarz, außer in der Zeit des Königs Sargon II. (722–705 v. Chr.) und vielleicht Tiglat-pilesars III. (745–727 v. Chr.), wo sie weiß sind.

Wie werden nun diese Knaufplatten datiert? Für die eckigen Platten lässt sich diese Frage schnell beantworten, da sie in der Regel beschriftet sind. Mit etwa 80 Inschriften ist Assurnasirpal II. (883–859 v. Chr.) der König, dessen Inschrift am häufigsten vorkommt. Zwei Texte gehen auf Tiglat-pilesar III. und sieben auf Sargon II. (722–705 v. Chr.) zurück. Die runden Knaufplatten sind unbeschriftet. Für ihre Datierung muss man deswegen auf andere Mittel zurückgreifen. Sie weisen eindeutig auf die Zeit zwischen Sargon II. und Assurbanipal (669–627 v. Chr.).

ZUM FUND- UND AUFSTELLUNGSORT

So viel ist sicher: die Knaufplatten wurden ausschließlich in profanen Gebäuden angebracht. Im Alten Palast (s. S. 119–128) hingen an der jeweiligen Ostwand der Räume 1, (»Hauptraum« oder »Knauffliesenraum«), und 2 (»Vorfliesenzimmer«) Knaufplatten. Ein beeindruckendes Grabungsfoto zeigt die Plattenabdrücke, die Andraes Grabungsmannschaft tatsächlich im Raum 1 noch erkennen konnte (s. S. 123 Abb. 5). Die Platten »waren in wechselnden Abständen von 76 bis 87 cm... ungefähr mannshoch befestigt«. Daraus ergibt sich, dass die ältesten und zugleich die große Mehrheit der auf Assurnasirpal II. zurückgehenden eckigen Knaufplatten vermutlich nur in den zwei Räumen 1 und 2 seines Alten Palastes angebracht waren. Auch Tiglat-pilesars III. und Sargons Platten schmückten den Alten Palast.

Einige eckige sowie die große Mehrheit der runden

Abb. 1   Vollständig erhaltene Knaufplatte (Knauffliese) mit einer kombinierten Dekoration von Pinienzapfen und einem »Pinienbaum«, der von einem Pinienzapfen bekrönt wird, VA 2324/2335. Polychrome ornamentale Glasurmalerei auf Ton.

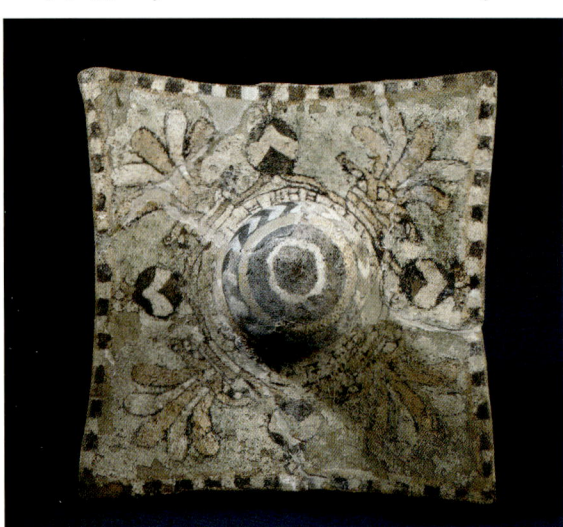

und der figürlich gestalteten Knaufplatten kamen im Areal zwischen der von dem König Salmanassar III. (858–824 v. Chr.) errichteten inneren Stadtmauer und dem Anu-Adad-Tempel ans Licht. An dieser Stelle liegt ein am Ende der neuassyrischen Zeit solide errichteter Verwaltungsbau. Darin scheinen fast ausschließlich runde Knaufplatten gehangen zu haben.

DER ZWECK DER KNAUFPLATTEN

Der innovative König Assurnasirpal II. erfand auch im Bereich der Kleinkunst eine Dekorart, die bis zum Ende des assyrischen Reichs erfolgreich weitergeführt wurde. Bei einem Streifzug durch Mesopotamiens Vergangenheit denkt man dennoch unweigerlich an vergleichbar gestaltete Objekte, etwa an die frühdynastischen Weihplatten des 3. Jts. v. Chr. Ohne auf ihre Bebilderung einzugehen, ähneln diese Steinplatten, die durch einen Pflock in der Wand gehalten wurden, im technischen Aufbau auffällig den neuassyrischen Platten. Nach der Frühdynastischen Zeit verschwinden die Platten bis zur Mitte des 2. Jts. v. Chr. Unbeschriftete und beschriftete Keramikknäufe und Keramiknägel sind jedoch sehr häufig. Allein 2075 beschriftete Keramiknägel kennen wir von Gudea (um 2100 v. Chr.). Aus Assur selbst sind heute 468 beschriftete, von O. Pedersén bearbeitete Keramikknäufe bekannt, deren Zeitspanne zwischen der altassyrischen Zeit (16. Jh. v. Chr.) und der Herrschaft des Königs Sinscharischkun (623–612 v. Chr.) reicht, die von Pedersén bearbeitet wurden. Hauskaufverträge wurden auch auf Keramiknägel geschrieben. Noch eindeutiger ist die symbolisch bekräftigende und verankernde Funktion der Tafel mit dem Nagel in der Mitte, wenn sich diese in dem Gründungsdepot eines Tempels befanden.

Dekorelemente besitzen im Alten Orient eine Bedeutung, die stets über die des reinen Schmucks hinausgeht. Betrachtet man zudem die bemerkenswert lange Geschichte der Platten und Nägel, so kann man nur folgern, dass diese Objektgattung einen sehr spezifischen Sinn besaß. All diesen Platten und Nägeln aus unterschiedlichen Zeiten ist das Bild des Festmachens und Sicherstellens gemeinsam. Dabei kann es sich um Verträge handeln oder um die Handlungen, die auf den Weihplatten abgebildet sind und die wir nicht genau entschlüsseln können. In der neuassyrischen Zeit war die präzise Verbindung zwischen Knaufplatte und etwa einem Vertragsabschluss verloren gegangen. Dennoch bin ich davon überzeugt, dass der allgemeine Sinn des Festankerns – in diesem Falle sollte das Gute verankert und somit das Gebäude geschützt werden – noch lebendig war. Diese Platten hatten also eine doppelte Funktion: sie sollten schmücken und schützen.

Abb. 2   Vollständig erhaltene Knaufplatte mit Palmetten und Granatäpfeln, VA 2348/2390.

Abb. 3   Teilweise ergänzte Knaufplatte mit Pinienzapfen und Palmetten, VA 8336.

Julia Orlamünde

IN STEIN GEHAUEN

INSCHRIFTEN ASSYRISCHER KÖNIGE

In den Fundjournalen der Ausgrabungen in Assur, die von 1903 bis 1914 unter Leitung von Walter Andrae durchgeführt wurden, sind mehr als 8500 Steinobjekte registriert worden, von denen ungefähr 2500 Beschriftungen in der damals gebräuchlichen Keilschrift in assyrischer Sprache aufweisen. Dazu zählen Inschriften auf Steinobjekten, die in Gebäuden verbaut wurden, wie zum Beispiel Türangelsteine, Blöcke, Platten und Orthostaten. Aber auch Stelen, Skulpturen, Sarkophage, Obelisken und kleinere Steinobjekte wie beispielsweise Amulette, Gewichte, Knäufe, Perlen, Prismen und Gefäße konnten beschriftet werden. Die Keilschriftzeichen wurden hierfür von qualifizierten Steinmetzen in unterschiedlichster Größe in die jeweiligen Steinobjekte eingeschlagen.

Aufgrund der Fundteilungen, die nach Abschluss der Ausgrabungen vorgenommen wurden, befinden sich heute zahlreiche Steinobjekte aus Assur im Vorderasiatischen Museum in Berlin und im Archäologischen Museum in Istanbul. Ein Teil der großen Monumente, insbesondere Steinblöcke, wurde auf dem Grabungsgelände zurückgelassen. Von ihnen existieren häufig nur Fotos oder Gipsabklatsche.

Einige Monumente sind vollständig erhalten, wie der tonnenschwere Steinblock, der als Gründungsurkunde des Neubaus des Ischtar-Tempels aus der Zeit des Herrschers Tukulti-Ninurta I. (1233–1197 v. Chr.) diente und der heute in der ständigen Ausstellung des Vorderasiatischen Museums in Berlin zu sehen ist (s. S. 198 Abb. 7). Die überwiegende Mehrheit der beschrifteten Steinobjekte ist jedoch nur noch fragmentarisch erhalten. Bei mehr als 750 beschrifteten Steinfragmenten ist die Klassifizierung bisher noch nicht gelungen.

Die älteste Steininschrift stammt von einem gewissen Ititi, der in der Mitte des 3. Jts. v. Chr. lebte, als Assur noch ein unabhängiger Stadtstaat war. Die meisten Steininschriften entstanden während der Blüte der Stadt in der mittel- und neuassyrischen Periode, als Assur religiöses und administratives Zentrum des assyrischen Reiches war. Die keilschriftliche Überlieferung auf Steinobjekten aus Assur umfasst somit einen Zeitraum von knapp 2000 Jahren.

Aus der parthischen Zeit stammen einige spätaramäische Votivinschriften auf Steinplatten. Sie entstanden in einer Zeit, als die Keilschrift längst vergessen und auch die assyrische Sprache verdrängt worden war.

In der unmittelbaren Umgebung von Assur gibt es Kalkstein-, Gipsstein- und Sandsteinvorkommen. Diese Gesteine sind zwar leicht zu bearbeiten, sie sind aber aufgrund ihrer Beschaffenheit nicht in jedem Fall als Baumaterial geeignet. Basalt und Alabaster sind dagegen wesentlich langlebiger und eignen sich aufgrund ihrer Struktur besser für das Anbringen von Inschriften und Reliefierungen. Diese Gesteine kommen aber nicht in der Nähe von Assur vor. Basalt wurde wohl in der Nähe der heutigen Stadt Mossul im Irak abgebaut. Es lassen sich heute unterschiedliche Arten des verwendeten Basaltgesteins unterscheiden, das hauptsächlich für Pflaster- und Orthostatenplatten, aber auch für Skulpturen, Sarkophage und Obelisken verwendet wurde. Luxusgüter aus ägyptischem Calcit-Alabaster und Lapislazuli gelangten hauptsächlich als Beutegut oder Tribute unterworfener Herrscher nach Assur.

Bei den Steininschriften handelt es sich stets um Königsinschriften. Man kann dabei im Wesentlichen Annalen-, Bau- und Weihinschriften unterscheiden. Eine wichtige Rolle bei der Erforschung der Stadtgeschichte und der Datierung einzelner Gebäude spielen diejenigen Steininschriften, die die Ausgräber noch in der originalen Verwendung vorfanden und die so eindeutige Hinweise auf die Datierung des betreffenden Gebäudes geben. So gibt es in Assur zahlreiche Bauurkunden, die Angaben zu dem Bauherrn sowie den Namen und den Zweck des Baus enthalten. Häufig sind Steinfragmente aber auch sekundär – beispielsweise als Füllmaterial für Fundamentierungen – verwendet worden.

Beschriftete und unbeschriftete Steinobjekte dienten vor allem der Ausstattung und Gestaltung wichtiger administrativer und kultischer Gebäude. So wurden häufig die Fußböden mit Steinblöcken ausgelegt oder die Lehmziegelmauern mit Steinplatten verschalt. Die Bedeutung von verschiedenen Steinobjekten bei der Grundsteinlegung eines Gebäudes illustriert eine Bauinschrift, die König Asarhaddon (681–669 v. Chr.) anlässlich der Neugestaltung des Assur-Tempels anfertigen ließ. Asarhaddon beschreibt darin, dass er das Fundament des Tempels durch die Deponierung von Gold, Silber, Edelsteinen, Antimon, Gewürzen, Topföl, gutem Öl, Honig, Feinöl, Wein sowie Kalkstein und hartem Berggestein »gleich dem Gefüge der Berge« gefestigt hätte und »Steinurkunden und königliche Inschriften mit meinem Namen« anfertigen und in das Fundament legen ließ.

Die Steininschriften aus Assur sind bislang nur sehr unzureichend publiziert. So wurde bisher erst ein Viertel der insgesamt 2500 Steininschriften untersucht und teilweise philologisch bearbeitet. Häufig existieren nur Umschriften und Übersetzungen der Inschriften oder sie

Abb. 1   Bruchstück vom Halsansatz eines Alabastergefäßes mit einer Inschrift des Königs Ninurta-apil-Ekur (1181–1169 v. Chr.), Länge: 16 cm, VA 7881.

sind lediglich als Lesungsvariante bei der Bearbeitung eines anderen Textes berücksichtigt worden. Selten sind gleichzeitig auch Keilschriftautographien veröffentlicht worden, die zudem oft nur auf der Grundlage der alten Grabungsfotos angefertigt wurden. Einige Gattungen, wie die Obeliskenfragmente, wurden bisher überhaupt noch nicht publiziert.

Ziel der neuerlichen Untersuchung im Berliner Assur-Projekt ist eine heutigen Maßstäben gerecht werdende philologische Bearbeitung und Publikation der Steininschriften. Dazu gehören Keilschriftautographien, Umschriften und Übersetzungen, die nach Möglichkeit anhand der Originalstücke angefertigt werden. Dabei stehen Fragen zu Möglichkeiten von Textzusammenschlüssen und der Textrekonstruktion, das Auffinden von Duplikaten sowie die inhaltliche Analyse des Textmaterials im Mittelpunkt der Arbeit. Einen weiteren Schwerpunkt bildet die Untersuchung der Funktion und des archäologischen Kontextes der betreffenden Steinobjekte.

Im Rahmen des Assur-Projektes ist es jetzt erstmals möglich, alle Steininschriften, die im Vorderasiatischen Museum aufbewahrt werden, anhand der Originale zu bearbeiten. So ist jetzt eine Neubearbeitung der Inschriften auf dem großen Wasserbecken möglich, das König Sanherib (705–681 v. Chr.) in einem Anbau des Assur-Tempels aufstellen ließ, da weitere dazugehörige Basaltfragmente mit Inschriftenresten im Magazin des Museums identifiziert werden konnten.

Die Bearbeitung der Inschriften erfolgt mit zwei Schwerpunkten. Einerseits steht die Analyse sämtlicher Steininschriften aus bestimmten Gebäudekomplexen im Mittelpunkt – das sind in dieser Phase die Inschriften des Alten Palastes. Parallel dazu werden bestimmte Gat-

tungen, und zwar momentan die Obeliskenfragmente, bearbeitet.

Im Folgenden soll am Beispiel der Alabastergefäße gezeigt werden, wie diese Luxusgüter Zeugnis von der Expansionspolitik der Assyrer ablegen. Im zweiten Abschnitt wird an den Obeliskenfragmenten exemplarisch ein Einblick in die laufende Bearbeitung der Steininschriften gegeben.

ALABASTERGEFÄSSE AUS DEM ALTEN PALAST

Im Gebiet des Alten Palastes – und hier besonders im sog. Fliesenzimmer –, das zu den repräsentativen Räumen des Palastbaus aus der neuassyrischen Zeit gehört (s. S. 123–124), wurden vollständige und zerbrochene Alabastergefäße gefunden.

Aus der mittelassyrischen Zeit stammen einige nur bruchstückhaft erhaltene Alabastergefäße. Inschriftenreste auf Scherben besagen, dass diese Gefäße bei den Feldzügen des Königs Adad-narari I. (1295–1263 v. Chr.) aus der Stadt Taidu erbeutet wurden. Taidu war eine wichtige Stadt im Mittani-Reich, das in assyrischen Quellen Hanigalbat genannt wurde. Nach ihrer Einnahme veranlasste Adad-narari I. den Wiederaufbau der zerstörten Stadt. Hierfür wurden in Assur Steininschriften angefertigt, die für die Neubauten in Taidu bestimmt waren. In diesen Inschriften fehlen allerdings die Namen der betreffenden Gebäude. Die Bauvorhaben wurden aber offenbar nie vollendet, da die Steininschriften in Assur verblieben.

Auch in den folgenden Jahrzehnten war die Eroberung Nordmesopotamiens bis hin zum Euphrat das vorrangige außenpolitische Ziel der (mittel-)assyrischen Herrscher. Damit wurden sie zu den mächtigsten Rivalen der Hethiter, die ihre Herrschaft ebenfalls in dieses Gebiet auszudehnen suchten.

Die Scherbe eines schön gearbeiteten Gefäßes trägt die Inschrift des Herrschers Ninurta-apil-Ekur (1181–1169 v. Chr.), von dem bisher nur sehr wenige Inschriften bekannt sind (Abb. 1).

Einige sehr große Alabastergefäße aus dem Alten Palast konnten bereits kurze Zeit nach ihrer Entdeckung restauriert bzw. rekonstruiert werden. Diese Alabastren bestehen aus ägyptischem Calcit-Alabaster und wurden offenbar auch in Ägypten hergestellt; sie bezeugen die wechselvollen ägyptisch-assyrischen Beziehungen in der neuassyrischen Zeit.

Mehrere solcher ägyptischen Alabastren gelangten offenbar zunächst als Geschenke an die Höfe kleinerer Fürstentümer im syrisch-palästinischen Raum. Die ägyptischen Machthaber versuchten damit, den Widerstand der dortigen Fürsten gegen die assyrische Expansionspolitik zu unterstützen. Einige Jahrzehnte später konnte sich allerdings Ägypten selbst nicht mehr der assyrischen Eroberung widersetzen. Unterägypten geriet unter assyrische Oberherrschaft.

Ein Alabastron (VA Ass. 2255) mit einer Höhe von 74 cm gehörte gemäß der Inschrift, die auf der Schulter des Gefäßes eingearbeitet ist, einer gewissen Taschmetum-scharrat (Abb. 2). Sie wird darin als Palastfrau des Königs Sanherib (705–681 v. Chr.) bezeichnet. Möglicherweise brachte Sanherib das Gefäß als Beutegut von seinen Eroberungszügen in das syrisch-palästinische Gebiet mit nach Assur. Es ist aber auch denkbar, dass das Gefäß als Geschenk eines unterworfenen Herrschers nach Assur gelangte. So ist aus Inschriften bekannt, dass einige lokale Herrscher ihr Leben retten und ihre Städte vor der Zerstörung bewahren konnten, indem sie sich rechtzeitig dem übermächtigen assyrischen Heer ergaben. Als Zeichen ihrer Unterwerfung wurden ihnen dann alljährliche Tributzahlungen an das assyrische Königshaus auferlegt. Detaillierte Schilderungen in den Königsinschriften sowie die realistischen Darstellungen auf Orthostatenreliefs, welche die Wände der Paläste in den neugeschaffenen Residenzstädten Kalchu/Nimrud und Ninive schmückten, ließen die unterworfenen Herrscher ohne Zweifel, welches Schicksal sie bei einer etwaigen Verweigerung der Tributzahlungen erwartete. Man muss aber trotzdem damit rechnen, dass die unterworfenen Völker mit erheblichem Widerstand und Revolten reagierten, was verständlicherweise in den assyrischen Königsinschriften nicht ausgeführt wird. Aus den Annaleninschriften wird aber deutlich, dass das assyrische Heer in seinen jährlichen Feldzügen häufig in Gebiete zog, die bereits als erobert galten.

Mindestens zwei solcher ägyptischen Alabastren ließ König Sanherib jedenfalls mit einer keilschriftlichen Widmung versehen und schenkte sie der Taschmetum-scharrat, die offenbar eine besondere Stellung unter den Gattinnen des Herrschers innehatte. Der Skorpion, der neben der Inschrift in das Gefäß geritzt wurde (Abb. 3), ist ein Symbol der Liebesgöttin. Taschmetum-scharrat ist bereits aus einer einzigartigen Inschrift an einer Löwenfigur im Südwestpalast in Ninive bekannt. Darin heißt es: »Für Taschmetum-scharrat, die Palastdame, meine geliebte Gattin, deren Gestalt (die Muttergöttin) Belet-ili schöner als die aller anderen Frauen gemacht hat, ließ ich einen Palast der Liebe, der Freude und des Jubels erbauen... Auf Befehl Assurs, des Vaters der Götter, und der Königin Ischtar mögen wir beide in Gesundheit und Lebensfreude innerhalb jener Palastanlagen lange leben und uns sättigen an Wohlergehen.«

Ein anderes Alabastron (VA Ass. 2258) stammt ebenfalls ursprünglich aus Ägypten (Abb. 4). Eine unterhalb der Gefäßschulter umlaufende Hieroglypheninschrift mit einer königlichen Namenskartusche deutet darauf hin, dass das Gefäß während der 22. Dynastie hergestellt wurde. Aus assyrischen Quellen ist bekannt, dass Asarhaddon (681–669 v. Chr.), der Sohn und Thronfolger Sanheribs, insgesamt drei Feldzüge nach Ägypten unternahm, um Unterägypten unter seine Herrschaft zu bringen.

Abb. 2   Zweihenkliges Alabastergefäß mit Widmungsbeschriftung für Taschmetum-scharrat, einer Gattin des Königs Sanherib (705–681 v. Chr.), Höhe: 74 cm, VA Ass 2255.

Die Inschriften von Asarhaddon auf einer Stele aus Sendschirli (VA 2708) und einem Felsrelief in der Nähe von Beirut im heutigen Libanon geben an, dass er – zumindest für kurze Zeit – die Residenzstadt Memphis un-

Abb. 3   Skorpion und Keilinschrift auf dem Gefäß der Taschmetum-scharrat. VA Ass 2255, Ausschnitt.

Abb. 4
Alabastergefäß
(Beutestück aus Sidon)
mit ägyptischer
Hieroglypheninschrift und
sekundärer Keilinschrift des
Königs Asarhaddon
(681–669 v. Chr.) auf der
Schulter, Höhe: 55 cm,
VA Ass 2258.

ter seine Kontrolle bringen konnte. Als Tributleistung der unterworfenen ägyptischen Machthaber verlangte Asarhaddon die Lieferung von Pferden für seine Streitwagen sowie die Entsendung von Ärzten und spezialisierten Kunsthandwerkern.

Aus einer sekundär auf der Schulter des genannten Alabastrons angebrachten dreizeiligen Keilinschrift geht aber eindeutig hervor, dass Asarhaddon dieses Gefäß nicht aus Ägypten selbst, sondern zusammen mit anderem Beutegut aus der Stadt Sidon nach Assur brachte: »Palast Asarhaddons, des großen Königs, des mächtigen Königs, des Königs des Alls, des Königs von Assyrien, des Statthalters von Babylon, des Königs von Sumer und Akkad, der stark ist in Kampf und Schlacht, der nieder-

wirft seine Feinde, des Sohnes Sanheribs, des Königs des Alls, des Königs von Assyrien, Sohnes des Sargon, des Königs von Assyrien, des Statthalters von Babylon, des Königs von Sumer und Akkad: *naḫbaṣu*-Gefäße, die reich gefüllt sind mit fürstlichem Öl, die samt reichem Besitz und ungezählter Habe, dem Schatz des Palastes Adbimilkutis, des Königs von Sidon, die mit Hilfe der Götter Assur, Sin, Schamasch, Nabu, der Ischtar von Ninive, der Ischtar von Arbela meine große Hand erbeutet hat.«

Die Eroberung der strategisch wichtigen Hafenstadt Sidon am Mittelmeer wird auch in einer Inschrift auf einem Tonprisma beschrieben: »Abdimilkuti, der König von Sidon, der meine Herrschaft nicht fürchtete und dem

Wort meiner Lippen nicht gehorchte, der auf das wogende Meer vertraute und das Joch Assurs abgeschüttelt hatte – Sidon..., welches mitten im Meer liegt, walzte ich wie eine Sintflut nieder, seine Mauern und sein Stadtgebiet riss ich aus und warf ich ins Meer. ... Sein König Abdimilkuti floh vor meinen Waffen aufs hohe Meer. Auf Befehl Assurs, meines Herrn, holte ich ihn gleich einem Fische aus dem Meere heraus und schlug ihm den Kopf ab. Seine Gattin, seine Söhne, seine Töchter, seinen Hofstaat, Gold, Silber, Habe, Besitz, Edelgestein, Gewänder aus buntem Stoff und Leinen, Elefantenhaut, Elfenbein, Ebenholz, Buchsbaumholz, allerhand Schätze seines Palastes, schleppte ich in Mengen fort.«

Ein kleineres Alabastron (VA Ass. 2256) wurde offenbar als Beutegut von einem Feldzug nach Unterägypten nach Assur gebracht. Die ergänzte Inschrift lautet: »Palast Assurbanipals, des großen Königs, des mächtigen Königs, des Königs des Alls, des Königs von Assyrien, Sohnes des Asarhaddon, des Königs des Alls, des Königs von Assyrien.« Nach dem Tode Asarhaddons musste nämlich sein Sohn und Nachfolger Assurbanipal (669–627 v. Chr.) schon bald mit neuerlichen Feldzügen die assyrische Herrschaft über Unterägypten festigen und Revolten niederschlagen. Ihm gelang schließlich sogar die Einnahme der wichtigen Stadt Theben. Über diesen Feldzug berichtet er auf einem Tonprisma: »Diese Stadt insgesamt eroberten meine Hände mit der Hilfe von Assur und Ischtar. Silber, Gold und Edelsteine... buntgesäumte Leinengewänder, große Pferde, die männliche und weibliche Bevölkerung, zwei erhabene Säulen, Gebilde aus Elektron, von 2500 Talenten Gewicht, die am Tempeltor aufgestellt waren, riss ich aus ihrem Standort heraus und nahm sie mit nach Assyrien. Schwere Beute ohne Zahl führte ich aus Theben heraus. Über Ägypten und Kusch ließ ich meine Waffen schärfen und errang den Sieg. ... Mit gefüllten Händen kehrte ich wohlbehalten nach Ninive, meiner Residenzstadt, zurück.«

Aber schon wenige Jahre nach der Eroberung von Theben ging die assyrische Herrschaft über Ägypten für immer verloren.

Die hier vorgestellten ägyptischen Alabastren mit sekundären Keilinschriften neuassyrischer Herrscher zeigen, dass zumindest ein Teil des Beutegutes oder der Tribute auch noch dann nach Assur gelangte, als der Ort nicht mehr als königliche Residenzstadt diente.

OBELISKENFRAGMENTE AUS ASSUR

Während der Ausgrabungen in Assur kamen auch mehr als 200 meist reliefierte und mit Inschriften versehene

Abb. 5   Sogenannter Schwarzer Obelisk des Königs Salmanassar III. (858–824 v. Chr.) aus Kalchu/Nimrud, Höhe ca. 2 m.

Abb. 6a. b   Zwei Seiten eines Eckbruchstückes mit Join eines Obelisken aus Assur mit Darstellungen musizierender Frauen, neuassyrisch,
H. 23 cm (gesamt), VA 16673 und 16672.

Basaltbruchstücke zu Tage, welche die Ausgräber aufgrund ihrer Darstellungen sofort an assyrische Obelisken erinnerten.

Der berühmteste von ihnen ist der vollständig erhaltene »Schwarze Obelisk«, der 1846 während der britischen Ausgrabungen unter Leitung von Sir Austen
Henry Layard in Kalchu/Nimrud gefunden wurde
(Abb. 5). Er lässt sich aufgrund seiner Inschriften, die an
dem dreifach abgestuften Aufsatz und am Sockel angebracht sind, zweifelsfrei dem assyrischen König Salmanassar III. (858–824 v. Chr.) zuweisen. Die Keilinschrift stellt die endgültige Annalenfassung des Herrschers dar und zählt die Kriegs- und Eroberungszüge bis
zu seinem 31. Regierungsjahr auf. Das Denkmal kann
demnach nicht vor dem Jahre 827 v. Chr. entstanden
sein. Der ca. 2 m hohe, sich nach oben leicht verjüngende Obelisk ist auf allen vier Seiten mit je fünf
reliefierten Bildflächen verziert, die durch vertikale und
horizontale Stege voneinander getrennt sind. Die Friese
zeigen, wie der assyrische König Tribute besiegter Untertanen entgegennimmt, die von Tributträgern in verschiedenen Behältnissen herangeschleppt werden. Auch
kostbare Tiere wie Pferde, Affen und ein Elefant werden
als Tributleistungen abgeliefert. Die umlaufenden Bild-
unterschriften auf den horizontalen Stegen nehmen auf
die bildlichen Darstellungen Bezug. Namentlich wird

zum Beispiel der israelitische König Jehu aus dem Hause
Omri genannt.

Der älteste uns bislang bekannte assyrische Obelisk
ist der sog. »Broken Obelisk«, der in Ninive gefunden
wurde. Er wird dem assyrischen König Assur-bel-kala
(1073–1056 v. Chr.) zugewiesen, obwohl sein Name
nicht ausdrücklich in der Inschrift erwähnt wird. Von
diesem Obelisken ist nur der obere Teil mit zwei Stufen
erhalten. Eine Besonderheit besteht darin, dass er nur
eine bildliche Darstellung aufweist, die den König mit
vier sich ihm Unterwerfenden zeigt. Es wird vermutet,
dass dieser Obelisk ursprünglich in Assur aufgestellt war,
da dieser König in Assur regierte.

Ein weiterer fast vollständig erhaltener Obelisk ist der
sog. »Weiße Obelisk«, der acht umlaufende Friese, die
nicht durch senkrechte Stege voneinander getrennt sind,
aufweist. Er wurde 1853 in Ninive gefunden. Die Darstellungen zeigen in einem fortlaufenden Band in sich
geschlossene Handlungsabläufe, wie Belagerungs- und
Kampfszenen vor einer durch mächtige Mauern befe-
stigten Stadt, aber auch von Kult- und Jagdszenen. Die
Inschrift ist unvollständig und bricht mitten im Satz
ab. Die Datierung dieses Denkmals wurde kontrovers
diskutiert; es wird jetzt trotz einiger noch bestehender
Unsicherheiten überwiegend dem neuassyrischen König
Assurnasirpal II. (883–859 v. Chr.) zugeschrieben.

Abb. 7   Bruchstück eines Obelisken aus Assur mit Resten einer zweiregistrigen Reliefdarstellung: Tributbringer und Gefangene, neuasyrisch, Höhe 30 cm, VA 7274.

Demselben König kann auch der sog. »Rassam-Obelisk« aus Kalchu/Nimrud zugeordnet werden, der seinen Namen dem Ausgräber verdankt. Er wurde aus verschiedenen Bruchstücken rekonstruiert und steht wiederum dem »Schwarzen Obelisken« nahe, da die einzelnen Bildfriese ebenfalls seitlich gerahmt sind.

Die oben vorgestellten Obelisken sind heute im British Museum in London zu bewundern.

Daneben existieren zahlreiche Bruchstücke – hauptsächlich aus Ninive –, die offenbar von weiteren Obelisken stammen.

Allen bekannten assyrischen Obelisken sind nicht nur äußerliche Merkmale gemein, wie der abgestufte obere Abschluss und die pfeilerartige Form mit annähernd quadratischem Querschnitt, sondern auch die Thematik der dargestellten Szenen. Sie zeigen die

kriegerische Eroberung fremder Städte sowie das Abliefern von Tributen der unterjochten Völker an das assyrische Königshaus. Der assyrische König selbst wird mehrfach mit seinem Hofstaat bei der Entgegennahme der Tribute gezeigt. Im Idealfall finden sich in anderen Königsinschriften Anhaltspunkte für die genaue historische Einordnung einzelner thematisierter Kriegszüge.

Assyrische Obelisken sind somit ein Zeugnis der Selbstdarstellung assyrischer Könige, die mit ihnen ihren Machtanspruch nach innen und außen demonstrierten. Annalistische Inschriften, die über die Nennung der tributpflichtigen Unterworfenen hinausgehen, erleichtern – sofern sie erhalten sind und eine sichere Datierung erlauben – die historische Einordnung dieser Gruppe von Steindenkmälern, die im assyrischen Raum offenbar nur für eine relativ kurze Zeit von etwa 250 Jahren bezeugt sind.

Abb. 8   Zwei zusammengehörende Obeliskenfragmente (Join) mit Resten einer Figur (Unterschenkel und Füße) sowie einer Keilinschrift, neuassyrisch, Höhe 17 cm, VA 16674 und 16675.

In der Vergangenheit wurde kontrovers diskutiert, ob die Form der assyrischen Obelisken von den stufenförmigen Tempeltürmen des Zweistromlandes inspiriert oder etwa nach ägyptischen Vorbildern gefertigt wurden.

Auch die in Assur gefundenen Obeliskenbruchstücke von sehr unterschiedlicher Größe weisen enge thematische Parallelen zu den erwähnten Obelisken aus neuassyrischer Zeit auf.

Einige Fragmente gehören aufgrund des abgetreppten Absatzes eindeutig zum oberen Teil eines Obelisken. Daneben existieren Eckbruchstücke mit waagerechten und senkrechten Stegen, die die einzelnen Bildflächen begrenzen. Ein besonders schönes Eckfragment (Abb. 6) mit den Resten von vier Friesen zeigt, dass die dargestellten Figuren nicht immer in die gleiche Richtung laufen.

Das größte erhaltene Bruchstück (Abb. 7) weist Überreste von zwei Friesen auf, die durch einen schmalen Inschriftensteg voneinander getrennt sind. An der rechten Bruchkante ist noch der senkrechte Steg zu erkennen. Dieses Fragment zeigt, dass die Figuren die ganze Höhe und Breite der Bildfriese ausfüllen. Auf dem oberen Fries sind zwei vollständig erhaltene bärtige Tributträger zu erkennen, die auf ihren Schultern Gefäße tragen. Sie laufen barfuß und ihre Rücken sind von der Last gekrümmt. Hinter ihnen sind noch zwei – wahrscheinlich nackte – bärtige Männer zu erkennen, die von einem dritten Mann mit einer Halsfessel vorgeführt werden. Die Szene lässt sich gut durch die Darstellung auf dem unteren Fries rekonstruieren. Aus verschiedenen Quellen ist bekannt, dass die Assyrer von den unterworfenen Völkern nicht nur ausgewiesene Spezialisten, sondern auch Arbeitskräfte in großer Anzahl für die aufwendigen und ehrgeizigen Bauprojekte in den assyrischen Städten deportierten.

Leider gibt es kein Bruchstück, das die ganze Breite

eines Frieses aufweist. Einige der dargestellten Personen sind in ihrer vollen Größe erhalten, so dass man die Höhe der einzelnen Friese mit ungefähr 20 cm angeben kann. Auf den meisten Bruchstücken sind oft nur noch Reste der Reliefierung und der Inschriften zu erkennen (Abb. 8).

Ganz offensichtlich sind auch nur solche Bruchstücke in die Fundjournale aufgenommen und dann später in die Museen gebracht worden, die Reste der ursprünglichen Oberflächengestaltung, also Überreste eines Reliefs oder einer Inschrift, aufweisen. Kleinste Bruchstücke sind von den Ausgräbern oft nur als zu den Obelisken zugehörig erkannt worden, weil sie in einem Fundzusammenhang mit anderen leicht zu identifizierenden Stücken lagen. Andererseits sind einige Basaltfragmente von den Ausgräbern zu den Obelisken gezählt worden, deren Zugehörigkeit angezweifelt werden muss.

Bislang konnten noch keine Fragmente von den Sockeln der Assur-Obelisken identifiziert werden, auf denen möglicherweise weitere Inschriften zu erwarten sind.

Nach einer ersten Untersuchung stammen die Obeliskenbruchstücke aus Assur aufgrund der unterschiedlichen Dichte des verwendeten Basalts, aber auch der auffällig abweichenden Größe der Beischriften sowie der verschiedenartigen Ikonographie der dargestellten Figuren von mindestens zwei verschiedenen Obelisken (Abb. 7. 8).

In größerer Konzentration wurden die Obeliskenbruchstücke südöstlich des Anu-Adad-Tempels bei einem Torpostament und an zwei Stellen im Assur-Tempel gefunden. Eine beträchtliche Anzahl von Fragmenten wurde im ganzen Stadtgebiet verstreut gefunden, das in weiten Teilen ja nur durch Suchgräben untersucht worden war.

Einige Bruchstücke weisen Brandspuren oder auch Spuren von Schlägen von einem meißelähnlichen Werkzeug auf. Offensichtlich wurden die Obelisken systematisch zerstört. Bekannt ist, dass große Steinmonumente zertrümmert wurden, indem sie zuerst durch Feuer extrem hohen Temperaturen ausgesetzt und anschließend mit kaltem Wasser abgelöscht wurden. Mit dieser Methode zerbersten Basaltmonumente an bereits vorhandenen Schwachstellen. Das würde auch die glatten Bruchstellen an vielen Obeliskenfragmenten erklären. Darüber hinaus lässt sich beobachten, dass einige der dargestellten Personen offenbar zusätzlich durch gezielte Gewalteinwirkung mit Werkzeugen beschädigt worden sind. Die Zerstörungswütigen hatten offensichtlich trotz des hohen Aufwandes eine systematische und dauernde Vernichtung der Obelisken zum Ziel!

Da die Bruchstücke hauptsächlich in den obersten Schuttschichten gefunden wurden und nicht sekundär verbaut worden sind, kann man davon ausgehen, dass die Obelisken, wie zum Beispiel auch der Assur-Tempel, im Zuge der Eroberung und Zerstörung der Stadt Assur durch die Meder im Jahre 614 v. Chr. systematisch als

Symbol einstiger assyrischer Macht zerstört worden sind.

Am Beispiel der Obeliskenbruchstücke, die bisher keiner wissenschaftlichen Bearbeitung unterzogen und die bis auf einige Fotos kleinster Bruchstücke nicht publiziert wurden, möchte ich an dieser Stelle die Vorgehensweise bei der Aufarbeitung der meist nur noch fragmentarisch erhaltenen Steininschriften schildern, um einen Einblick in die aktuellen Arbeiten im Assur-Projekt zu geben:

Zunächst wurden alle im Vorderasiatischen Museum befindlichen Bruchstücke zusammengetragen, die bereits von den Ausgräbern als zu den Obelisken gehörig erkannt wurden. Im Steinmagazin konnten weitere Fragmente ausfindig gemacht werden, die mit großer Wahrscheinlichkeit ebenfalls zu den Obelisken gehören. Zwar tragen nicht alle Bruchstücke Spuren von Inschriften – für die Bearbeitung eines solchen einzigartigen Objekts ist es jedoch unerlässlich, alle Fragmente, die zur Rekonstruktion desselben beitragen können, in die Untersuchung einzubeziehen.

Als Grundlage für die weitere Bearbeitung werden dann alle betreffenden Fragmente katalogisiert. Hierfür werden mit Hilfe einer Datenbank, die Angaben zu den Funden aus Assur enthält, alle notwendigen Informationen aus der originalen Grabungsdokumentation zusammengestellt und durch die Ergebnisse der laufenden Arbeiten ergänzt. Die Objekte werden anschließend mit Fotografien und Umzeichnungen der Reliefdarstellungen dokumentiert, die durch jeweilige Spezialisten angefertigt werden. Diese Dokumentationen bilden die Grundlage für die weitere Untersuchung und finden auch Eingang in die wissenschaftliche Publikation.

Erschwerend für die heutige Bearbeitung der Obeliskenfragmente ist die Tatsache, dass in einigen Fällen selbst Bruchstücke ein und desselben Denkmals bei den Fundteilungen auseinandergerissen wurden. Manchmal wurden sogar Sammelnummern in Anbetracht der Fülle des Materials und der gebotenen Eile getrennt. Das hat zur Folge, dass heute Obeliskenfragmente, die während der Ausgrabungen in den Jahren 1903 bis 1914 gefunden wurden, zum Teil in Istanbul und zum anderen Teil in Berlin aufbewahrt werden. Im British Museum in London befinden sich weitere Obeliskenfragmente aus Assur, die Mitte des 19. Jhs. bei ersten Flurbegehungen und Probegrabungen durch britische Archäologen gefunden wurden.

Im Mittelpunkt der Arbeit mit den Bruchstücken in Berlin steht zunächst das Bemühen, möglichst viele direkte Zusammenschlüsse, sog. *Joins*, zu finden. Abbildung 6a zeigt ein Beispiel, bei dem ein solcher *Join* gelungen ist. Die beiden Fragmente weisen erhebliche Farbvariationen auf, die durch verschiedene Lagerbedingungen verursacht wurden. Schon jetzt hat sich gezeigt, dass selbst Bruchstücke, die sich zweifelsfrei zusammenfügen lassen, von weit auseinanderliegenden Fundplätzen stammen können.

In einem weiteren Schritt wird dann versucht, die relative Position der verschiedenen Fragmente zueinander zu bestimmen und indirekte Zusammenschlüsse zu finden. Die Eckfragmente spielen in diesem Zusammenhang eine besondere Rolle. Orientierung bietet dabei zum Beispiel die unterschiedliche Bekleidung oder Haartracht der Tributträger. Bei der Untersuchung anderer Obelisken hat sich aber auch gezeigt, dass sich manchmal Tributträger aus ganz unterschiedlichen Regionen nicht immer durch verschiedene Kleidung oder Frisuren unterscheiden, sondern dass sie zum Teil standardisiert dargestellt wurden.

Wenn es gelingt, mindestens die Originalbreite eines Frieses zu ermitteln, kann man auf eine ungefähre Größe des betreffenden Obelisken schließen.

Bei der Bearbeitung der Inschriften wird zunächst ebenfalls der Zustand der Keilinschrift durch das Anfertigen von Handkopien festgehalten. Nicht immer erlauben die Zeichenspuren auf den sehr kleinen Fragmenten eine eindeutige Identifikation. In diesem Fall zahlt es sich aus, wenn durch *Joins* der Fragmente ein Zeichen, ein Wort oder gar eine Wortgruppe in einem größeren Zusammenhang gelesen und – soweit es der Erhaltungszustand erlaubt – übersetzt werden kann (Abb. 8). In einigen Fällen kann durch die Einbeziehung vergleichbarer Inschriften die Lesung nicht vollständig erhaltener Passagen ergänzt werden.

Bei der Auswertung des inschriftlichen Befundes spielt die Frage, welchem oder welchen Herrscher(n) man die Obelisken aus Assur zuweisen kann, eine zentrale Rolle. Wichtige Anhaltspunkte liefern dazu ebenfalls ikonographische Überlegungen, die durch Vergleiche mit anderen bekannten assyrischen Obelisken, aber auch mit thematisch vergleichbaren Darstellungen auf den berühmten Orthostatenreliefs, die seit Assurnasirpal II. für die Ausschmückung der Paläste in den neuen Residenzstädten verwendet wurden, gestützt werden.

Die Erkenntnisse bei der Bearbeitung der Assur-Obelisken können nicht nur einen Beitrag für die Rekonstruktion der Geschichte der Stadt Assur leisten, sondern auch wichtige Anregungen bei der Bewertung dieser im assyrischen Raum nur für relativ kurze Zeit anzutreffenden Monumentalgruppe liefern.

Die bisher gefundenen Bruchstücke werden nicht ausreichen, um die Obelisken vollständig wiederherzustellen. Der Versuch, wenigstens Ausschnitte der Bildfriese zu rekonstruieren, wird aber immer eine wichtige Rolle bei der Bearbeitung der Fragmente spielen. Die Ergebnisse der Arbeiten werden Sie später in der Ausstellung des Vorderasiatischen Museums sehen können!

BETINA FAIST

SPRACHEN UND SCHRIFTEN IN ASSUR

WAS DIE AUSGRÄBER GEFUNDEN HABEN

Als die Grabungen in Assur im Jahre 1913 abgeschlossen wurden, war eine schriftliche Überlieferung zurückgewonnen, die durch ihren Umfang, ihre Vielseitigkeit und ihre zeitliche Ausdehnung zu den wichtigsten Textcorpora des alten Vorderasiens zählt. Um die 6000 Tontafeln und Tontafelfragmente aus 1400 Jahren Geschichte wurden in Assur entdeckt. Sowohl Archivmaterial wie Kaufurkunden, Eheverträge, Testamente, königliche Privilegien, Briefe und Verwaltungsurkunden, als auch Bibliotheksbestände, darunter Mythen, Hymnen und Gebete, Omentexte und apotropäische Rituale, medizinische Rezepte und kultische Vorschriften – die verschiedensten Bereiche gesellschaftlichen Lebens und Denkens sind in den Assur-Texten vertreten.

Während die meisten Tontafeln aus dem 1. Jt. v. Chr. in Privathäusern der Stadtbewohner entdeckt wurden, stammen ältere Textfunde zu nahezu gleichen Teilen auch aus öffentlichen Gebäuden (Tempel, Palast, Verwaltungsbüros). Dies steht in engem Zusammenhang mit der politischen Entwicklung der Stadt. Ihre Geschichte kann bis in die Mitte des 3. Jts. v. Chr. zurückverfolgt werden, doch erlangte sie erst zu Beginn des 2. Jts. v. Chr. Bedeutung, als assyrische Kaufleute Handelsniederlassungen in Zentralanatolien gründeten und den Metall- und Textilhandel zwischen Mesopotamien und Kleinasien kontrollierten. Aus dieser Periode, der sog. altassyrischen Zeit (20.–18. Jh. v. Chr.), gehen die ersten Zeugnisse assyrischer Schrift und Sprache hervor. Die überwiegende Anzahl der Texte wurde jedoch nicht in Assur selbst gefunden, sondern in der Unterstadt von Kanisch, unweit des heutigen Kayseri in der Zentraltürkei gelegen und Hauptniederlassung der assyrischen Kaufleute.

In der mittelassyrischen Zeit, die sich vom 15. bis zum 11. Jh. v. Chr. erstreckt, wird Assur Hauptstadt eines mächtigen Reiches, das zusammen mit Babylonien, Ägypten und dem Reich der Hethiter in Zentralanatolien die internationale Szene beherrscht. Aus dieser Zeit konnten neben sechs Privatarchiven drei Bibliotheken und fünf Archive aus öffentlichen Gebäuden identifiziert werden. Besonders zahlreich sind Urkunden administrativen Inhalts, die im Einklang mit der Hauptstadtfunktion Assurs Einblicke in die Verwaltungsstruktur des Reiches gewähren.

In den darauffolgenden Jahrhunderten findet die große militärische Expansion statt, die nahezu den ganzen Vorderen Orient unter assyrische Herrschaft bringt und von der die ausführlichen Königsannalen so

wie die eindrucksvollen Palastreliefs Zeugnis ablegen. Wir befinden uns in der neuassyrischen Zeit (10.–7. Jh. v. Chr.), dem am besten erforschten Abschnitt assyrischer Geschichte. Assur ist nicht mehr Hauptstadt, behält jedoch seine prominente religiöse Rolle als Sitz des Reichsgottes Assur. Die Hauptstadtfunktion übernehmen nacheinander Kalchu, das moderne Nimrud, Dur-Scharrukin, heute Chorsabad, und schließlich Ninive. Dort wurden die großen Staatsarchive aus dieser Periode gefunden sowie die berühmte Bibliothek des Königs Assurbanipal (Sardanapalus in den griechischen und römischen Quellen). Abgesehen von der Bibliothek des Assur-Tempels stammen die Textfunde aus Assur – insgesamt dreißig Archive und sechs Bibliotheken – aus Privathäusern. Die größten Sammlungen gehören Mitgliedern der intellektuellen Elite, namentlich Familien von Beschwörern (umfangreichster Textfund mit ca. 900 Tontafeln und Tontafelfragmenten), Obermusikern und Schreibern.

Während Alltagsdokumente (Briefe, Rechts- und Verwaltungsurkunden) in assyrischer Sprache geschrieben sind, verwenden literarische Texte ein in verschiedenem Maße archaisierendes, stilistisch gepflegtes Babylonisch, das als kultivierter empfunden wurde. Assyrisch und Babylonisch stellen die beiden Hauptdialekte des Akkadischen dar, das als nordöstlicher Vertreter des alten Typs der semitischen Sprachen gilt. Aus den Eindrücken des dreikantigen Schreibgriffels im Ton, dem wichtigsten Schreibmaterial Mesopotamiens, entstanden die charakteristischen keil- oder nagelförmigen Zeichenformen, die der Keilschrift ihren Namen gaben. Sie wurde von den Sumerern im 4. Jt. v. Chr. in Südmesopotamien erfunden und stellt eines der erfolgreichsten Schriftsysteme des vorgriechischen Altertums dar, das außer dem Sumerischen und Akkadischen auch anderen Sprachen als Ausdrucksmittel diente, wie dem Hethitischen, Ugaritischen und Hurritischen im 2. Jt. v. Chr. und dem Urartäischen und Altpersischen im 1. Jt. v. Chr.

Neben der Tontafel sind auch andere Schreibmaterialien belegt. Besonders würdig erachtete Texte wie Gründungstafeln konnten einen Träger aus Stein (Alabaster) oder Metall (Gold, Silber, Blei) erhalten. Wachsüberzogene Schreibtafeln, bestehend aus zwei oder mehreren Platten, wurden für die Niederschrift von Verwaltungstexten sowie langen literarischen und astrologischen Werken verwendet. Sie waren aus Holz oder Elfenbein und hatten den Vorteil, dass der Wachsüberzug entfernt und sie neu beschrieben werden konnten. In Assur, im Haus des Beschwörers Kisir-Assur, der im Dienste des Königs Assurbanipal (669–627 v. Chr.) stand, wurde ein

Abb. 1   Elfenbeinplatte aus Assur (H: 8,2 cm; VA Ass. 3541). Ihre Verwendung als Schreibtafel kann aufgrund vergleichbarer, obgleich vierfach so großer Exemplare aus Kalchu/Nimrud (heute im Britischen Museum) erklärt werden. Auf einem dieser Exemplare befinden sich noch Reste von Keilschrift, die auf eine Wachsschicht angebracht wurde.

kleines Exemplar einer solchen Elfenbeinplatte gefunden (Abb. 1).

Ein Kuriosum stellen sieben Bleistreifen dar, die in einem späten (vermutlich post-assyrischen) Wohnhaus

entdeckt wurden, das im Tempelbezirk des Himmelsgottes Anu und des Wettergottes Adad in Assur errichtet worden war (Abb. 2). Die Bleistreifen waren ursprünglich aufgerollt und wurden bereits während der Grabung ausgewickelt. Es handelt sich um sechs Geschäftsbriefe eines gewissen Taksalas, die an verschiedene Personen gerichtet sind (einer der Briefe umfasst zwei Streifen). Sie sind in Hieroglyphen-Luwisch geschrieben, einer anatolischen, indogermanischen Schriftsprache, die vom 12. bis Anfang des 7. Jh. v. Chr. besonders im Süden und Südosten Kleinasiens sowie in Nordsyrien überliefert ist. Ein Hinweis in einem der Schreiben begründet die Annahme, Taksalas habe in Karkamis am Euphrat, unweit der heutigen syrisch-türkischen Grenze, gelebt. Wie die Bleirollen nach Assur gelangten, bleibt ungeklärt. Sie waren zusammen mit einer beschriebenen Gipssteinplatte aus altassyrischer Zeit, also mit einem tausend Jahre älteren Keilschrifttext, vergraben, was den Ausgräber Walter Andrae zu der Vermutung veranlasste, die Objekte seien von dem Hausbesitzer als magische Gründungsbeigaben dort deponiert worden.

Man kann davon ausgehen, dass neben den erwähnten Holztafeln auch andere organische Schreibstoffe verwendet wurden, die aber nicht mehr erhalten sind. In einem Brief an seinen Vater, König Sargon II. (722–705 v. Chr.), stellt der Kronprinz Sanherib eine Liste von Tributabgaben auf, die an verschiedene Beamte verteilt wurden: Der Palastschreiber erhielt neben einer Mine Silber und einem Gewand zwei Papyrusrollen. Papyrus sowie Leder wurden von Schriftsystemen wie dem Ägyptischen oder dem Aramäischen bevorzugt, deren Zeichen sich viel besser zum Malen mit Tusche als zum Ein-

Abb. 2 a. b   Bleistreifen aus Assur (L: 23,5 cm; VA 5819 e, VA 5819 f). Es handelt sich um zwei Geschäftsbriefe in Hieroglyphen-Luwisch (zum längeren Streifen gehörte ursprünglich noch ein zweiter, auf dem sich der Brief fortsetzte, der aber leider nicht mehr erhalten ist). Die Streifen sind auf beiden Seiten jeweils in zwei Registern beschrieben. Der Text beginnt oben rechts und wird abwechselnd links- und rechtsläufig gelesen (Bustrophedon).

ritzen auf Ton eigneten. Diese Stoffe standen jedoch in ihrer Haltbarkeit dem Ton nach. So kommt es, dass die Überreste der hochentwickelten Schriftkultur des alten Ägypten, die sich des Papyrus bediente, oder auch die des klassischen Griechenlandes, wo Papyrus, Pergament und Holztafeln verwendet wurden, vergleichsweise karg sind.

DIE ÄGYPTISCHE GEMEINSCHAFT IN ASSUR

In einem in Assur gefundenen Archiv aus der Endphase des assyrischen Reiches kommen auffallend häufig Personen mit ägyptischen Namen bzw. Personen, die als Ägypter bezeichnet werden, vor. Bei der nach Abschluss der Ausgrabungen durchgeführten Fundteilung zwischen der Antikenverwaltung des Osmanischen Reiches und der Deutschen Orient-Gesellschaft wurden leider nicht immer Fundzusammenhänge berücksichtigt. Aus diesem Grund befindet sich heute ein Teil dieses Archivs in Istanbul und der andere in Berlin. Die entsprechenden Istanbuler Texte wurden unlängst veröffentlicht und die Berliner Tafeln, insgesamt 24 Stück, leider nicht sehr gut erhalten, werden zur Zeit im Rahmen des Assur-Projekts bearbeitet und sollen ebenfalls demnächst erscheinen.

Die Zusammensetzung des Archivs entspricht dem, was wir aus den anderen Privatsammlungen kennen. Die meisten Texte sind Rechtsurkunden, wobei an erster Stelle Silberdarlehen und ferner Kaufurkunden zu erwähnen sind. Von Bedeutung ist die Tatsache, dass Personen ägyptischer Herkunft in den genannten Rechtsgeschäften als Gläubiger und Besitzer von Immobilien und Sklaven belegt sind, was auf eine gewisse Position innerhalb der assyrischen Gesellschaft hindeutet. In einigen Familien besaß der Vater einen ägyptischen Namen, der Sohn indes einen assyrischen. Dies spricht ebenfalls für ein hohes Maß an sozialer Integration, die eine Rückbesinnung auf die eigenen Wurzeln nicht ausschloss, wie es das Beispiel von La-turammanni-Assur nahelegt, der selber einen assyrischen Namen hatte, während seine Söhne, Huṭ-nahti und Puṭi-Munu, Namen ägyptischer Herkunft trugen. Überdies tauchen in den Urkunden nicht selten mehrere Zeugen mit ägyptischen Namen auf. Man gewinnt daher den Eindruck, dass es eine etablierte ägyptische Gemeinschaft in Assur gab, die zudem in nachbarschaftlicher Nähe wohnte.

Die Frage, wann und wie die Ägypter nach Assur kamen, lässt sich nicht abschließend beantworten. Gewiss ist, dass infolge der fünf Ägyptenfeldzüge der Könige Asarhaddon (681–669 v. Chr.) und Assurbanipal (669–627 v. Chr.) Bevölkerung aus diesem Land deportiert und in Assyrien angesiedelt wurde. Leider gibt es in unseren Texten nur vereinzelt Hinweise auf die beruflichen Tätigkeiten der Ägypter. Einige von ihnen, wie der bereits erwähnte La-turammanni-Assur, der »Anführer einer Fünfzigergruppe« und in dieser Funktion verantwortlich für die Abgaben und Dienstver-

pflichtungen von fünfzig Untertanen gegenüber dem assyrischen König war, waren fest in den assyrischen Verwaltungsapparat integriert.

Wenn man annehmen würde – und dies scheint nicht abwegig zu sein –, dass die Ägypter untereinander in ihrer Muttersprache kommunizierten, so ist es doch höchst unwahrscheinlich, dass sie neben Keilschrifttafeln ägyptische Papyri für die Aufzeichnung ihrer privaten Rechtsangelegenheiten benutzten. Zwar sind ägyptische Schreiber in Assyrien belegt, ihr Wirkungsbereich war jedoch auf den königlichen Hof begrenzt. Ganz anders stellt sich die Situation bei den Aramäern und der aramäischen Sprache dar.

ZWEISPRACHIGKEIT IM ASSYRIEN DES 1. JTS. V. CHR.

Als das assyrische Heer 722/721 v. Chr. nach dreijähriger Belagerung Samaria einnahm und infolgedessen Israel, das nordhebräische Königreich, in das assyrische Provinzsystem eingefügt wurde, versuchte König Hiskia das südliche Reich Juda vor einem vergleichbaren Schicksal zu bewahren. Das Alte Testament berichtet über diese Ereignisse (2. Könige 18–19) und überliefert in diesem Zusammenhang ein Gipfeltreffen zwischen Vertretern der beiden Staaten vor den Toren von Jerusalem. Die Gesandten aus Juda gerieten dabei unter starken assyrischen Druck. Um Panikausbrüche in der Bevölkerung zu vermeiden, sagten sie in einer unterwürfigen Haltung: »Rede mit deinen Knechten aramäisch, denn wir verstehen's, und rede nicht mit uns hebräisch vor den Ohren des Volks, das auf der Mauer ist« (2. Könige 18, 26). Diese Passage spiegelt die Bedeutung der aramäischen Sprache im Vorderen Orient des 8. Jhs. v. Chr. wider. Wie wir im Folgenden sehen werden, beschränkte sich diese Bedeutung nicht nur auf den diplomatischen Bereich.

Der Begriff »Aramäisch« leitet sich von der ethnischen Bezeichnung der Aramäer ab. Die ältesten historischen Nachrichten über die Aramäer finden sich in den Inschriften der assyrischen Könige des 11. Jhs. v. Chr. Sie waren ursprünglich westsemitische Kleinviehnomaden, die aus dem Randgebiet der syrischen Wüstensteppe in das Kulturland Syriens und Mesopotamiens eindrangen. Zu Beginn des 1. Jts. v. Chr. gründeten sie dort eine Reihe von Fürstentümern, von wo einige Monumentalinschriften auf uns gekommen sind. Damaskus (Aram im Alten Testament) sollte die größte Bedeutung unter ihnen gewinnen.

Die aramäischen Fürstentümer bekamen vor Israel und Juda die Stärke des assyrischen Heeres zu spüren. Im Laufe des 9. und 8. Jhs. v. Chr. wurden sie teils nach geleistetem Widerstand teils kampflos dem assyrischen Machtbereich eingegliedert. Das Verhältnis zwischen Eroberern und Eroberten war komplex und vielseitig. Es besteht kein Zweifel daran, dass die Aramäer den größten und nachhaltigsten Einfluss auf die Assyrer ausgeübt haben, vergleichbar mit der Wirkung, die die griechische Kultur auf die Römer hatte. Wichtig bei diesem Prozess war einerseits die Tatsache, dass der assyrische Herrschaftsapparat auch Kräfte aus den unterworfenen Gebieten aufzunehmen vermochte. So sind Personen westsemitischer Herkunft in hohen Positionen sowohl in der Verwaltung als auch in der Armee belegt. Eine besondere Erwähnung verdient die mächtige Königin Naqi'a, Mutter Asarhaddons und Großmutter Assurbanipals, die ihren (ursprünglichen) aramäischen Namen neben dem akkadischen Äquivalent, Zakûtu, führte.

Noch entscheidender für die zunehmende Aramäisierung Assyriens waren die Deportationen und Umsiedlungsmaßnahmen, die auf die Eroberung eines Landes folgten. Dabei spielten militärische sowie wirtschaftliche Kriterien eine Rolle: Deportierte wurden zum Beispiel in Grenzfestungen angesiedelt, um den Zusammenhalt der Bevölkerung zu untergraben. Andere wurden als Arbeitskräfte in den ehrgeizigen königlichen Bauunternehmungen eingesetzt. Doch hauptsächlich wurden ganze Dörfer zur Kolonisierung und Stärkung der Wirtschaft dünn besiedelter Regionen deportiert. Ein beträchtlicher Anteil der Deportierten aus den aramäischen Fürstentümern wurde im assyrischen Kernland im heutigen Nordirak angesiedelt, so dass sich spätestens im 7. Jh. v. Chr. die Verhältnisse auf dem Lande stark zugunsten der Aramäer verändert haben dürften.

Es ist vielleicht kein Zufall, dass in den assyrischen Schriftquellen keine Hinweise auf aramäische Dolmetscher vorhanden sind. Die königliche Korrespondenz erwähnt Dolmetscher in Verbindung mit Urartu, dem assyrischen Gegenspieler auf dem armenischen Hochplateau während des 8. Jhs. v. Chr., mit dem Land der Mannäer im Nordwestiran und mit der assyrischen Provinz Mazamua im Zagros-Gebirge.

VOR ÜBER 2600 JAHREN GESCHRIEBEN: DIE URKUNDEN DES ASSUR-SCHALLIM-AHHE

Am 19. Juni 1907 trug der Ausgräber Walter Andrae die Entdeckung von »ca. 17 zieml(ich) vollständ(igen) assyr(ischen) beschrift(eten) Tontafeln« in sein Fundjournal ein. Sie wurden in einem Privathaus im Südwesten der Stadt Assur gefunden, das unmittelbar an der Außenkante der zu jenem Zeitpunkt bereits verfallenen inneren Befestigungsmauer gebaut worden war. Außerdem wurden drei aramäische Tontafeln geborgen, von denen wir heute sagen können, dass sie zum selben Archiv gehörten. Mehr als die Hälfte der Texte stehen in Verbindung mit einem Mann namens Assur-schallimahhe, ein beliebter assyrischer Satzname, der eine Bitte an die Gottheit enthält: »Assur, erhalte die Brüder gesund!«. Es handelt sich vorwiegend um Darlehensurkunden, die in die neuassyrische Zeit datiert werden können (638–618 v. Chr.).

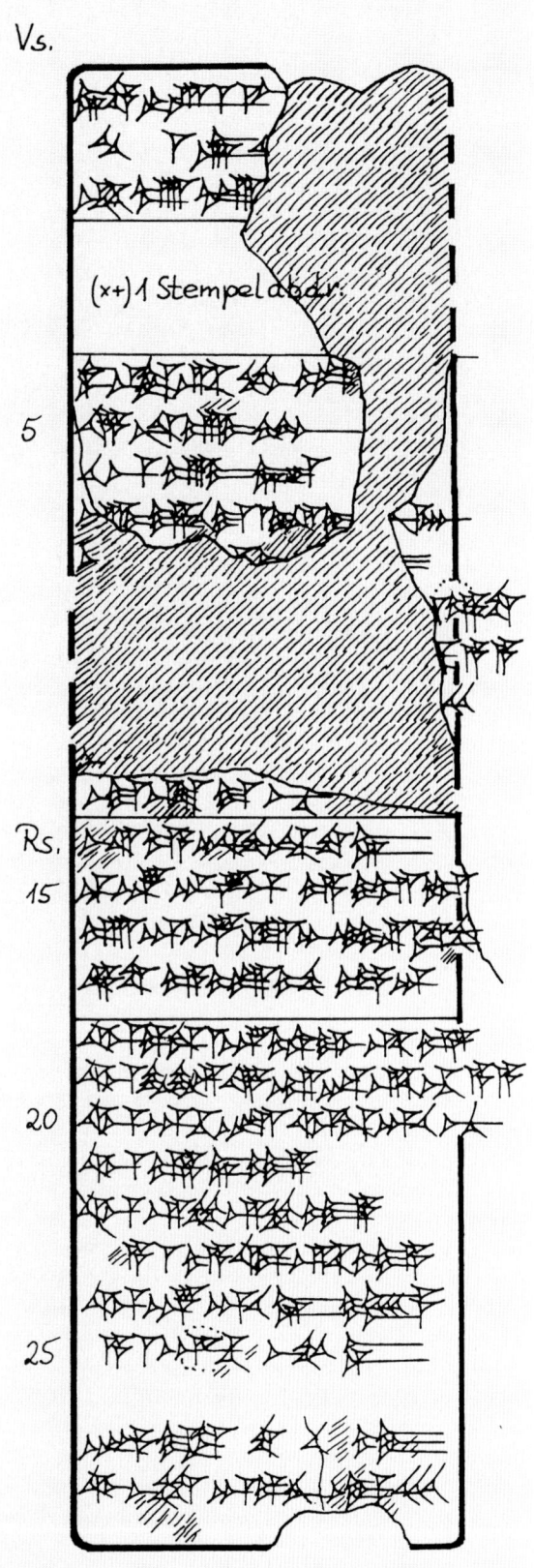

Abb. 3   Kopie einer neuassyrischen Rechtsurkunde. Die Vorderseite der Tontafel ist teilweise beschädigt. Der Text behandelt den Kauf eines unbebauten Grundstücks und wurde 681 v. Chr. verfasst.

Die Tontafeln befinden sich in einem guten Zustand, so dass weder Konservierungs- noch Restaurierungsmaßnahmen nötig waren. Anders als das Archiv der Ägypter befindet sich dieses vollständig in Berlin und wird ebenfalls im Rahmen des Assur-Projekts aufbereitet. Das Urkundenmaterial aus Assur hat von Anfang an großes Interesse erweckt, seine systematische Veröffentlichung begann jedoch erst in den 1980er Jahren. Keilschrifttexte werden gewöhnlich als Handkopien publiziert (Abb. 3). Diesen sind in der Regel entsprechende Umschriften (Transliterationen) und Übersetzungen beigefügt. Zum wissenschaftlichen Alltag gehören außerdem computergestützte Hilfsmittel wie Datenbanken und Bilddatenbanken. Forscher aus Europa und Amerika arbeiten gegenwärtig an dreidimensionalen Tontafelaufnahmen sowie an der Kodierung der Keilschrift in Unicode (Universal Coding System), so dass künftig Keilschriftzeichen auch mit dem Computer geschrieben werden können.

Die Assyrer pflegten ihre Dokumente in Keramikbehältern aufzubewahren. Es ist für uns leider nicht immer ersichtlich, weshalb bestimmte Tontafeln zusammen archiviert wurden. Insofern sticht unser Archiv durch seine besondere Kohärenz hervor. Es wurde bereits gesagt, dass die meisten Texte mit einem gewissen Assur-schallim-ahhe in Verbindung stehen. Im Jahr 638 v. Chr. nimmt er zusammen mit einer weiteren Person ein Silberdarlehen auf. Vier Jahre später ist er Bürge für eine kreditierte Silbersumme. Zwischen 622 und 618 v. Chr. vergibt Assur-schallim-ahhe mehrere Darlehen an verschiedene Personen, die Silber und hauptsächlich Gerste betreffen. Wichtig für unser Thema ist die Tatsache, dass von den sechs überlieferten Gerstedarlehen drei in assyrischer und drei in aramäischer Sprache dokumentiert wurden (Abb. 4). Dies zeigt, dass sich Assur-schallim-ahhe in den beiden sozialen Milieus bewegte – ein schönes Beispiel, das uns das erhaltene Material in dieser Eindeutigkeit nicht so oft beschert. Zudem kommen einige der aufgelisteten Zeugen in beiden Textgruppen vor.

Dementsprechend dürfen wir davon ausgehen, dass zumindest ein Teil der Urkundenschreiber mit beiden Schriftsystemen vertraut war. Dabei gibt es nicht unwesentliche Unterschiede. Das Keilschriftsystem ist eine Kombination aus Wort- und Silbenschrift. Es besteht aus ca. 600 Zeichen, von denen jedoch in den einzelnen Epochen eine begrenzte Anzahl gebräuchlich war (in der neuassyrischen Zeit waren es um die 400 Zeichen). Das Aramäische gehört indes zu den Konsonantenschriften und kommt mit einem erheblich geringeren Zeichenbestand aus (22 Buchstaben, ohne geschriebene Vokale). Wie die Griechen haben die Aramäer das Alphabet von den Phöniziern übernommen.

Den bezeichnendsten Hinweis dafür, dass Schreiber sowohl in Keil- als auch in Konsonantenschrift bewandert waren, stellt die Entwicklung der Keilschriftorthographie dar. Eine neue Studie hat diesbezüglich gezeigt,

Abb. 4   Aramäische Tonbulle aus dem Archiv des Assur-schallim-ahhe in Assur, 7. Jh. v. Chr. (H: 5 cm; VA 7497). Sie beurkundet ein Gerstedarlehen des Archivinhabers an Schep-Assur, das dieser »an der Tenne«, d. h. zur Zeit des Dreschens, begleichen soll. Nach Tilgung der Schuld wurden diese Dokumente in der Regel zerstört (z. B. mit Hilfe eines Mörsers). Dass wir heute Urkunden dieser Art besitzen, verdanken wir also der Insolvenz der Schuldner.

dass gewisse Unregelmäßigkeiten, die im Neuassyrischen sowie im Neu- und Spätbabylonischen zu beobachten sind, wie z. B. Verwechslung von Vokalen (*tur-gu-ma-ni* statt *tar-gu-ma-ni* »Dolmetscher«) oder gar ihre Auslassung *(ku-din* statt *ku-di-ni* »Maulesel«), keineswegs auf sprachlichen Verfall und mangelnde Schreiberausbildung zurückzuführen sind, sondern vielmehr als rein orthographische Phänomene zu beurteilen sind, die sich unter dem Einfluss der aramäischen Konsonantenschrift entwickelten. Diese Orthographie bezeugt lt. Michael Streck einmal mehr – im Gegensatz zu vielfachen Behauptungen – gerade die Lebendigkeit der keilschriftlichen Tradition in neuassyrischer und spätbabylonischer Zeit, da nur ein noch nicht erstarrtes Schriftsystem auf die neuen Herausforderungen des Alphabets reagieren konnte.

Ein weiteres Beispiel für die »Symbiose« der assyrischen und aramäischen Schriftsysteme liefert das Format der Darlehensurkunden. Rechtlich bindende Vereinbarungen haben in der neuassyrischen Zeit ein ganz spezifisches Aussehen. Wir unterscheiden dabei drei Grundtypen: 1. Rechteckige, hochformatige (d. h. entlang der

Abb. 5   Assyrisches Silberdarlehen aus dem Archiv des Assur-schallim-ahhe aus dem Jahr 618 v. Chr. (Tafel-L: 5,0 cm; VAT 9319, VAT 15529). Als Haftung für das geliehene Silber musste der Schuldner seine Frau verpfänden. Innentafel und Hülle tragen grundsätzlich den gleichen Text, aber nur letztere ist gesiegelt. Die Innentafel liefert ein zweites Vertragsexemplar für den Fall einer beabsichtigten oder unbeabsichtigten Beschädigung der Hülle vor Erfüllung der Pflicht.

kürzeren Seite beschriebene) Tafeln werden prinzipiell für Kaufverträge benutzt (s. Abb. S. 92). 2. Hüllentafeln, bestehend aus einer rechteckigen, querformatigen (d. h. entlang der längeren Seite beschriebenen) Tafel, die in eine gesiegelte Hülle eingeschlossen ist, sind charakteristisch für Darlehen (Abb. 5). 3. Dreieckige Tonbullen, sog. »dockets«, dienen ebenfalls der Aufzeichnung von Darlehen, hauptsächlich über Getreide (Abb. 6).

Eine sehr suggestive Erklärung dieser Tonbullen, die erst seit dem 8. Jh. v. Chr. nachweisbar sind, führt sie auf aramäische Einwirkung zurück. Sie geht davon aus, dass ursprünglich die meisten Darlehensgeber aus wohlhabenden assyrischen Familien stammten, die in den Städten wohnten, während die Schuldner eingewanderte bzw. deportierte Aramäer waren, die vorwiegend auf dem Land vertreten waren. Diese hätten es bevorzugt, ihre Schulden auf Aramäisch beurkundet zu haben. Da aber Papyrus nicht direkt gesiegelt werden konnte und für die damalige Rechtspraxis ein Dokument ohne Siegelung keine Authentizität besaß, wurde die Papyrusrolle mit einer Schnur umgeben und um die Schnur eine gesiegelte Tonbulle geformt. Mit Rücksicht auf den Gläubiger hätte man den Urkundentext auf der Tonbulle auf Assyrisch wiederholt. Später, nicht zuletzt als

Ergebnis der zunehmenden Zweisprachigkeit, wurde die Tonbulle auch auf Aramäisch beschrieben. Im Archiv des Assur-schallim-ahhe sind beide Versionen vorhanden. Wann die Tonbulle auf Aramäisch und wann auf Assyrisch beschrieben wurden, ist leider nicht erkennbar.

DIE SPRACHPOLITIK DER ASSYRISCHEN KÖNIGE

Neben den aramäischen Tontafeln lassen sich weitere Zeugnisse anführen, die die Verbreitung des Aramäischen im Assyrien des 8. und 7. Jhs. v. Chr. belegen. Sie sollen im Folgenden kurz aufgezählt werden:
– Aramäische Vermerke auf assyrischen Tontafeln, hauptsächlich auf Kaufurkunden, die Immobilien oder Personen betreffen. Sie enthalten den Namen des Verkäufers und manchmal auch andere Angaben wie den Gegenstand der Transaktion. Ihre Funktion bestand darin, denjenigen den Umgang mit den Urkunden zu erleichtern, die keine Keilschrift lesen konnten bzw. Mühe beim Lesen der Keilschrift hatten. In diesem Zusammenhang können auch zwei Urkunden aus Ninive angeführt werden, die jeweils den gleichen Text, auf der einen Seite auf Assyrisch, auf der anderen auf Aramäisch tragen;
– Aramäische Inschriften auf Tonverschlüssen, die u. a. Auskunft über den Inhalt des mit einem Tonverschluss gesicherten Behälters (z. B. Säcke oder Kisten) gaben;
– Bronzene Gewichte in der Form eines liegenden Löwen mit aramäischer oder aramäisch-assyrischer Inschrift, die u. a. das entsprechende Gewicht angab;
– Darstellungen von zwei Schreibern, die Kriegsbeute und die Zahl der getöteten Feinde notieren: Der eine schreibt mit einem Rohrgriffel auf eine Tontafel (alternativ ist eine Holztafel dargestellt), der andere mit einer Feder auf Papyrus oder Leder (Abb. 7). Es handelt sich jeweils um einen auf Assyrisch sowie einen auf Aramäisch spezialisierten Schreiber. Dies entspricht der Unterscheidung zwischen »aramäischen« und »assyrischen« Schreibern, die gelegentlich in den Texten vorkommt;
– Keilschrifttafeln mit Orakelanfragen an den Sonnengott Schamasch, die auf ein beigefügtes Dokument hinweisen, auf das z. B. der Name der Person geschrieben wurde, die der König in ein Amt zu berufen gedachte. Dieses beigefügte Dokument konnte entweder eine Tontafel oder ein Papyrus sein.

In einem berühmten Schreiben Sargons II. an Sin-iddina, einen Beamten aus Ur in Südmesopotamien, das zu jener Zeit unter assyrischer Herrschaft stand, nimmt der König Bezug auf eine eingegangene Bitte seines Briefpartners. Dieser hatte um Erlaubnis gebeten, dem König seine Botschaften auf Aramäisch zu schreiben, was dieser jedoch mit der Bemerkung, er solle ihm auf Akkadisch schreiben, ablehnt. Die Antwort Sargons II. deutet darauf hin, dass es seitens der assyrischen Könige eine bewusste Initiative gegeben haben kann, um das

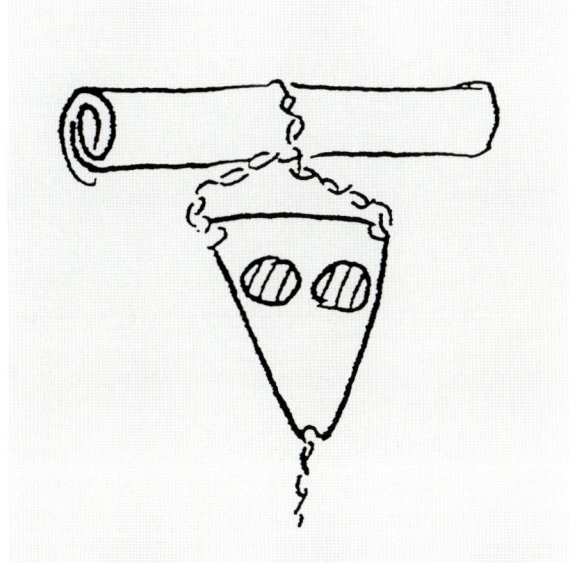

Abb. 6   Assyrisches Gerstedarlehen aus dem Archiv des Assur-schallim-ahhe aus dem Jahre 622 v. Chr. (H: 5,0 cm; VAT 9351). Man geht davon aus, dass die Tonbulle an eine aramäische Papyrusrolle gebunden war (vgl. Strichzeichnung). Da sie die Siegelung des Schuldners trug, entsprach sie in ihrer Funktion der Hülle von Hüllentafeln (vgl. Abb. 5).

Akkadische gegen die zunehmende Verbreitung des Aramäischen in Schutz zu nehmen. Inwiefern ist es ihnen gelungen?

Wir haben gesehen, dass das Aramäische neben dem Akkadischen im Bereich des Rechts und der Verwaltung benutzt wurde, nicht aber als Literatur- und Kultsprache. Zugegebenermaßen handelt es sich hier um zwei stark traditionsorientierte Bereiche. Und dennoch drängt sich die Frage auf, ob die eifrige Sammlung mesopotamischer Schriften, die von König Assurbanipal angeleitet wurde, nicht auch vor diesem Hintergrund zu sehen ist. Die Korrespondenz, die er und sein Vater Asarhaddon mit den Gelehrten geführt haben, ist ebenfalls auf Akkadisch überliefert.

Gewiss muss man zwischen dem Kerngebiet und den westlichen Provinzen unterscheiden. Hier, auf dem Boden der ehemaligen aramäischen Fürstentümer, war – wie nicht anders zu erwarten – der aramäische Einfluss viel stärker. Wir begegnen nicht nur einer verhältnismäßig größeren Gruppe aramäischer Texte, sondern auch ungewöhnlichen Tafelformaten sowie der Verwendung von Tusche für aramäische Vermerke auf Tontafeln. Gleichzeitig belegen die Texte spezifisch aramäische Rechtsbegriffe, und in den assyrischen Urkunden findet man Grammatikfehler, die darauf hinweisen, dass die Muttersprache der Schreiber Aramäisch war.

Trotz der rezenten Funde aus ehemaligen assyrischen Provinzstädten, die einen bedeutsamen Zuwachs des aramäischen Materials gezeigt haben, stellt dieses nach

wie vor einen Bruchteil der Gesamtüberlieferung aus jener Zeit dar. Die überwiegende Mehrzahl der aramäischen Tontafeln bezieht sich sowohl im Kernland als auch in den Provinzen auf Darlehen, vornehmlich Gerstedarlehen, die von den entsprechenden assyrischen Formularen weitgehend abhängig sind. Kann ihre zweifache Ausfertigung (Papyrusrolle plus Tonbulle) auf die Einwirkung der aramäischen Bevölkerung zurückgeführt werden, so ist bei den Kaufurkunden keine vergleichbare Entwicklung festzustellen. In dieser Hinsicht können die aramäischen Vermerke, die im übrigen auch nur auf eine verhältnismäßig kleine Gruppe von Texten beschränkt sind, eher als Zeugnisse der Beharrungsfähigkeit des Assyrischen gewertet werden. Offensichtlich ließen sich Aramäer, die zu Besitz und Vermögen kamen (denn nur der Erwerb von wertvollen Gütern wie Häusern, Feldern und Sklaven wurde schriftlich dokumentiert), ihre Rechte auf assyrischen Urkunden bestätigen.

Eine namenskundliche Untersuchung ergab ferner, dass im assyrischen Kernland trotz der zahlreichen aramäischen Bevölkerung der Anteil an nicht-assyrischen Namen nie über zwanzig Prozent lag und dass er sogar in der letzten Generation (647–612 v. Chr.), als keine Deportationen mehr stattfanden, zurückging, was als erfolgreicher Assimilationsprozess gedeutet wurde. Wir haben bereits auf die Untersuchung zur Keilschriftorthographie hingewiesen, die das assyrische Schriftsystem als lebendig und veränderungsfähig betrachtet.

Abb. 7
Darstellung von zwei
Schreibern aus Till Barsip/Tall
Ahmar aus dem 8. Jh. v. Chr.
Der eine (rechts) schreibt
assyrische Keilschrift mit einem
Rohrgriffel auf eine Tontafel,
der andere (links) aramäische
Konsonantenschrift mit einer
Feder auf Papyrus oder Leder.
Letzterer wurde gelegentlich als
Zeichner gedeutet.

Vor dem Hintergrund dieser Bemerkungen scheint die oben erwähnte Antwort Sargons II. nicht ohne Konsequenzen geblieben zu sein. Selbst wenn man mit einem hohen Verlust an aramäischer Dokumentation rechnet, so konnte sich das Assyrische innerhalb der intellektuellen Elite sowie der städtischen Bevölkerung, insbesondere im assyrischen Kerngebiet, bis an das Ende des Reiches durchsetzen.

BARBARA FELLER

VON HELDEN UND DÄMONEN

SIEGELABROLLUNGEN AUF MITTELASSYRISCHEN TONTAFELN AUS ASSUR

Zu den Aufgaben des Assur-Projektes gehört auch die wissenschaftliche Bearbeitung der Siegelabrollungen auf den Tontafeln aus Assur, die sich in den Beständen des Vorderasiatischen Museums Berlin befinden. Zielsetzung ist, bei der Publikation der Keilschrifttexte auch die auf diesen Tontafeln vorhandenen Abrollungen zu berücksichtigen. Daher werden nun die Keilschrifttexte in Verbindung mit den Siegelabrollungen in der Reihe »Wissenschaftliche Veröffentlichungen der Deutschen Orient-Gesellschaft« (WVDOG) unter dem Titel »Mittelassyrische Rechtsurkunden und Verwaltungstexte« veröffentlicht. Mittels dieser Vorgehensweise werden zwei wichtige Informationsträger, d. h. Schrift und Bild, miteinander vereint. Damit können neue Erkenntnisse zu zeitlichen, ikonographischen, wirtschaftlichen und rechtlichen Themen gewonnen werden. Daneben ist eine detaillierte Analyse sämtlicher Siegelabrollungen auf mittelassyrischen Tontafeln von der Autorin in Bearbeitung, innerhalb derer auch die Punkte behandelt werden, die in den neuen Publikationen nicht berücksichtigt werden konnten.

SIEGEL IM ALTEN VORDEREN ORIENT

Roll- und Stempelsiegel, insbesondere die aus Edelsteinen haben seit jeher die Menschen fasziniert und angezogen. Ihr Farbenspiel, ihr Glanz, die Art ihrer Bearbeitung und das Material, aus dem sie gefertigt wurden, kennzeichneten ihren Wert und ihre Bedeutung (Abb. 1). Das hat sich bis heute nicht geändert. So verwundert es nicht, dass die in den Ruinenstädten des Alten Orients so zahlreich gefundenen Roll- und Stempelsiegel auf großes Interesse stießen. Kleine Kunstwerke aus wertvollem Material gearbeitet, die uns mit ihren eingravierten Darstellungen die Vorstellungswelt der Menschen des Alten Vorderen Orients etwas näher zu bringen scheinen. Durchbohrt und auf einer Schnur oder einem Draht aufgezogen, wurden sie um den Hals oder am Handgelenk getragen und sollten so dem Siegelbesitzer auch Schutz vor bösen Mächten bieten.

Mit der Verwendung eines Siegels beabsichtigte man zunächst, z. B. Gefäßinhalte oder Räume vor unbefugtem Zugriff bzw. Zutritt zu sichern. Dabei wurden z. B. Körbe, Krüge, Türen usw. durch Stoffe oder Kordeln verschlossen. Anschließend drückte man auf die verknoteten Verschlüsse feuchte Tonklumpen, auf dem die Siegel dann abgedrückt bzw. abgerollt wurden. Wenn ein Siegel beschädigt war, konnte man davon ausgehen, dass

Abb. 1   a Neuassyrisches Rollsiegel aus Chalcedon. Anbetungsszene mit Vogelgenien und Stiermenschen sowie einer Inschrift. Vorderasiatisches Museum Berlin, H: 5,0 cm; VA Bab 1510.   b Mittelassyrisches Rollsiegel aus Lapislazuli mit moderner Abrollung. Säugendes Schaf mit Lamm an einem Baum. Darüber das Keilschriftzeichen für Gottheit. Vorderasiatisches Museum Berlin, H: 2,1 cm; VA Ass 1129.

an den Gefäßinhalten oder Rauminventaren manipuliert worden war.

Eine weitere Verwendung fanden die Siegel gegen Ende des 4. Jts. v. Chr. nach der Erfindung der Schrift.

Durch das Anbringen eines Siegels auf in Ton geschriebenen Dokumenten wie zum Beispiel Schuldurkunden oder Werkverträgen konnte festgestellt werden, wer das Siegel angebracht und damit z. B. auf den Tontafeln eine Rechtshandlung beurkundet oder einen Vorgang quittiert hat. Über die Identifikation des Siegelbildes, der in einigen Fällen in das Siegelbild eingearbeiteten Legende oder einer Siegelbeischrift ist es mittlerweile möglich, den Siegelinhaber kenntlich zu machen. Diese Art der Siegelnutzung lässt sich heute mit einer Unterschrift vergleichen.

Die ersten Siegel, die benutzt wurden, waren Stempelsiegel, häufig in Form eines liegenden Tieres oder eines Tierkopfes. In die Unterseite dieser Siegel wurden Motive eingeritzt oder eingeschnitten, die beim Abdrücken auf plastischem Ton als erhabenes Relief sichtbar wurden. Mit ihrer kleinen Siegelfläche hatten die Stempelsiegel allerdings den Nachteil, dass immer nur kleinere Flächen gesiegelt werden konnten. Verdrängt wurden die Stempelsiegel daher von den Rollsiegeln. Diese im 4. und beginnenden 3. Jts. v. Chr. entstandenen Siegelrollen waren gewöhnlich durchbohrt und trugen ein Muster oder eine Darstellung, die in die Außenflächen eingearbeitet waren. Die angebrachten Darstellungen ließen sich auf plastischem Untergrund wie z. B. Ton unendlich abrollen und ergaben ein fortlaufendes Bildband. Sie waren somit zum Übersiegeln größerer Flächen besser geeignet .

Das Material, aus dem sie gefertigt wurden, war vielfältig. Am häufigsten verwendet wurde zweifellos Stein, wobei weiche und eher einfache Steinsorten ebenso in Gebrauch waren, wie harte und kostbare Edelsteine. Sicherlich wird die Haltbarkeit des Materials bei der Auswahl ebenfalls von Bedeutung gewesen sein, ebenso wie die Farbe, da man bestimmten farbigen Steinarten wie z. B. dem Lapislazuli besonders magische Kräfte zuschrieb. Es ist davon auszugehen, dass ein Siegel mit seinem äußeren Erscheinungsbild, dem Material, aus dem es hergestellt wurde, und der häufig kunstvoll eingearbeiteten Darstellung, Aufschluss über die gesellschaftliche Position oder den sozialen Rang des Siegelbesitzers geben konnte.

SIEGELFORSCHUNG

Die Rolle, die Siegel und Siegelabrollungen bei der Erforschung der Gesellschaft und Kunst alter vorderasiatischer Kulturen einnehmen, gewinnt an Bedeutung. Gerade in der jüngsten Forschungsgeschichte konnten mittels neuer Ansätze umfangreiche Ergebnisse erzielt werden. Das große Interesse, das den Siegeln in der modernen Wissenschaft daher heute entgegengebracht wird, bestand aber nicht von Anfang an. Es war ein langer, mühevoller Weg, bis Siegel nicht mehr nur als Kuriositäten oder als Amulette betrachtet wurden, sondern in ihnen eine der wichtigsten Quellen zur Erforschung der Kulturgeschichte des Alten Orients gesehen wurde.

Wahrscheinlich gelangten schon zur Zeit der Römer einige Beispiele orientalischer Kunst, darunter auch die handlichen Roll- und Stempelsiegel nach Europa. Aber erst Mitte des 19. Jhs., bedingt durch die erfolgreiche Entzifferung der Keilschrift, wurden die Siegel immer bedeutsamer. Einen großen Aufschwung nahm die Siegelforschung durch die nun zahlreicher werdenden Reisebeschreibungen vor allem aber auch durch Ausgrabungsberichte dieser Zeit aus dem vorderasiatischen Raum. Bereits bei den ersten Untersuchungen antiker Ruinenstätten wurden auch Siegel gefunden. So brachten zunächst vor allem die Grabungen der Engländer und Franzosen Mitte des 19. Jhs. neue Ergebnisse für die Siegelforschung zu Tage. Der Ausgräber Henry Austen Layard, der in Ninive und Nimrud forschte, beschäftigte sich eingehend mit den Siegeln und ordnete sie bereits nach ihren Motiven versuchsweise bestimmten Zeiten und Kulturen zu. Diese kleinen, aus kostbaren Steinen gearbeiteten Objekte faszinierten ihn derart, dass er im Jahr 1869 für seine junge Frau als Hochzeitsgeschenk eine Schmuckkollektion aus Roll- und Stempelsiegeln anfertigen ließ, die aus einem Armband, einem Paar Ohrringen und einer Halskette bestand (Abb. 2).

Mit der zunehmenden Grabungstätigkeit im Nahen Osten vervielfachte sich auch die Zahl der Roll- und Stempelsiegel, bzw. der gesiegelten Tontafeln aus den Archiven, die bei diesen Unternehmungen zu Tage kamen. Dadurch entstanden zahlreiche Siegel- und Tontafelsammlungen in Museen sowie bedeutende private Kollektionen. Zeitgleich mit dem Anwachsen der Funde nahm auch die illegale Suche nach Antiken zu. Dadurch wurden besonders Siegel und Tontafeln als bevorzugte Handelsobjekte nach Europa gebracht. Das sprunghaft gestiegene Interesse an diesen Kunstobjekten führte auch zu Fälschungen, insbesondere von Siegeln. Da Siegel- und Siegelabrollungen für die Wissenschaft von immer größerer Bedeutung waren, wurde es notwendig, diese fast unüberschaubar große Zahl von Objekten zunächst zu katalogisieren und zu ordnen, um sie dann wissenschaftlich zu bearbeiten und der Öffentlichkeit zugänglich machen zu können. Bereits seit dem 19. Jh. beschäftigte sich die Forschung mit den Themen der Siegeldarstellungen und versuchte Erklärungsansätze für die mitunter schwer deutbaren Bilder zu finden. Dabei führten die ersten Versuche verständlicherweise häufig noch in die falsche Richtung. Die Interpretationen der auf den Siegelbildern dargestellten Motive und Figuren entsprachen logischerweise immer dem zur Zeit gültigen Kenntnisstand. Mit dem Anwachsen des Materials vergrößerten sich aber auch die Möglichkeiten, neue Erkenntnisse zu gewinnen. Siegel bzw. Siegelabrollungen sind nach wie vor die einzige Gattung, in der reiches Material aus beinahe allen Perioden und Gebieten vorhanden ist. Daher können mit ihrer Hilfe viele Fragen

*Abb. 2   Enid Layard mit
ihrem Hochzeitsgeschenk,
einer Schmuckkollektion aus
Roll- und Stempelsiegeln.
Ölgemälde von Vincente
Palmaroli y Gonzales 1870.
British Museum London.*

zu Kunst und Kultur beantwortet werden. Häufig wird zum Beispiel auf die Glyptik zurückgegriffen, um die Stilmerkmale einer bestimmten Zeit, auch für andere zum Teil nur spärlich vorhandenen Fundgattungen zu beschreiben. Dabei muss allerdings zwischen dem Siegel und der Abrollung differenziert werden. Quantitativ stehen der Forschung weitaus mehr Abrollungen als Originalsiegel zur Verfügung. Dieser Umstand gilt gerade auch für die sog. mittelassyrische Zeit. Es liegen nur so wenige Siegel vor, dass die Auswertung der Glyptik sich fast ausschließlich auf gesiegelte Tontafeln stützen muss. Die Arbeiten sind bereits soweit vorangeschritten, dass anhand der verschiedenen Siegelstile sogar Aussagen zur regionalen Herkunft oder zu unterschiedlichen Werkstätten gemacht werden. Durch die Hinzunahme mo-

dernster Techniken lassen sich auf Fragen zu Material, Siegelherstellung oder Werkzeugbenutzung Antworten geben, die früher unmöglich erschienen.

GLYPTIK IN MITTELASSYRISCHER ZEIT

Der hier zu behandelnde Zeitraum, die Mitte des 2. Jts. v. Chr., ist im Vorderen Orient gekennzeichnet durch große politische und ethnische Umwälzungen, aus denen heraus sich Assyrien in der sog. mittelassyrischen Zeit zu einer Großmacht entwickelt. Der politische Aufstieg des mittelassyrischen Staates spiegelt sich auch in der Kunst wider. Unter den Erzeugnissen der Kunst nimmt gerade die Glyptik einen hervorragenden Platz

Abb. 3   Mittelassyrische Tontafel mit Siegelabrollung. Darstellung eines aus Mischwesen und Dämonen gebildeten Figurenbandes. Vorderasiatisches Museum Berlin, H: 7,3 cm; VAT 8976. Rekonstruktionszeichnung von Ina Beyer.

ein, da sowohl einige Rollsiegel als auch zahlreiche Abrollungen auf Tontafeln in größerer Zahl aus Grabungen, vor allem aus der Hauptstadt des assyrischen Reiches, Assur gefunden worden sind. Eine chronologische Einordnung der mittelassyrischen Glyptik versuchte man insbesondere anhand des Materials aus den Archiven dieser Fundorte mit Hilfe der sog. »Eponymen« zu gewinnen. Dabei handelt es sich um Beamte, nach denen jeweils ein Jahr benannt wurde. Bei der Angabe des Datums auf den Urkunden wurde so der Tag, der Monat und der Name des entsprechenden Beamten angegeben (s. S. 29–32).

In Assur selbst wurden mehrere Archive sowohl in Privathäusern als auch in öffentlichen Gebäuden entdeckt. Bei den meisten Texten aus Privathäusern handelt es

sich um Geschäftskorrespondenz wie Darlehensurkunden, bei denen Feld und Haus des Schuldners als Pfand eingesetzt werden konnte. Es gibt allerdings auch Dokumente, die sich mit Adoptions- oder Erbschaftsangelegenheiten beschäftigen. Die Texte aus den Archiven der öffentlichen Gebäude sind häufig Verwaltungsurkunden oder Briefe, die sich mit Belangen der Tempel oder des Palastes beschäftigen, wie zum Beispiel Lieferungsbescheinigungen über Opfergaben aus den Provinzen, die für den Assur-Tempel gedacht waren. Alle diese Dokumente mussten gesiegelt werden, um die Rechtmäßigkeit eines Vorgangs zu quittieren. Gerade dieses »Unterzeichnen« der Dokumente mittels eines Siegels kann der Forschung wichtige Aufschlüsse zu den handelnden Personen geben

Durch die Datierung der assyrischen Tontafeln wurde eine differenziertere chronologische Einordnung der darauf befindlichen Abrollungen möglich. Für die mittelassyrische Zeit liegt aber mangels entsprechender Listen noch keine verbindliche Abfolge der Eponymen vor, wodurch Unsicherheiten und Schwankungen bei den Datierungen entstehen. So ist auch der Wissensstand der mittelassyrischen Glyptik bis heute nicht wesentlich erweitert worden.

Die ersten Arbeiten von Anton Moortgat aus den Jahren 1942 und 1949 und weiterführend von Thomas Beran im Jahr 1957 bilden auch heute noch die einzigen zusammenfassenden Studien zur mittelassyrischer Glyptik, abgesehen von der unveröffentlichten Habilitationsschrift von Ruth Mayer-Opificius aus dem Jahr 1969. Moortgat und Beran konzentrierten sich auf die in Assur gefundenen Archive, deren Abrollungen entweder in das 14./13. Jh. oder in das 12. Jh. v. Chr. datiert werden konnten. In den darauffolgenden Jahren folgten größtenteils Beiträge, die sich jeweils nur mit einem Teilaspekt der Glyptik dieser Zeit beschäftigten. Eine neue, zusammenfassende Studie zur mittelassyrischen Glyptik ist daher mehr als notwendig. Wichtig dabei sind nun die zahlreichen Siegelabrollungen auf den Tontafeln aus Assur, da sie die ganze Breite der Glyptik der mittelassyrischen Zeit erkennen lassen und mit deren Hilfe sich auch Lücken in der zeitlichen Einteilung schließen lassen.

Die mittelassyrische Glyptik wird in den meisten Fällen in drei bzw. vier größere Phasen oder Gruppen unterteilt. Dabei differenzierten Moortgat und Beran die Siegel nach Jahrhunderten, Mayer-Opificius orientierte sich stattdessen an den Regierungsdaten einzelner Herrscher. Die Anordnung der Figuren wird von antithetischen und symmetrischen Prinzipien bestimmt, die gegenüber den älteren Siegeldarstellungen mehr in den Vordergrund treten. Ein typisches Motiv dieser frühen Siegel, ist ein aus Mischwesen und Dämonen gebildetes Figurenband, welches immer wieder abgewandelt wird (Abb 3). Sehr charakteristisch ist dabei ein geflügelter Dämon, der seine Beute packt. Die Tierdarstellungen gewinnen an Realismus und Bewegtheit. Neben Kampf-

Abb. 4
Mittelassyrisches Rollsiegel
aus Chalcedon mit moderner
Abrollung. Kampf zwischen
einem bewaffneten Löwen-
kentauren und einem Löwen.
Vorderasiatisches Museum
Berlin, H: 3,5 cm; VA 2667.

darstellungen spielt der von Tieren oder Menschen flankierte Baum eine besonders wichtige Rolle ebenso wie das häufig wiedergegebene Motiv der Flügelsonne, das besonders bei den Assyrern bedeutende Gottes- und Machtsymbol.

Gerade die Glyptik des 13. Jhs. v. Chr. zeichnet sich durch eine besondere Innovationsfreudigkeit aus, die sich sowohl durch ausgewogene Kompositionen als auch durch lebendige und aktionsreiche Darstellungen widerspiegelt. Den Siegelschneidern gelang es, die Einzelformen naturalistisch und kraftvoll zu gestalten. Diese zum Teil ungewöhnlichen Kompositionen erzeugen eine Dynamik, die ihresgleichen sucht. In der Glyptik des 13. Jhs. v. Chr. kommt der schon gegen Ende des 14. Jhs. v. Chr. erkennbare Versuch, Motive so realistisch wie möglich darzustellen, voll zur Geltung. Die künstlerische Gestaltung erreicht in dieser Zeit ihren Höhepunkt. Die Themen des 14. Jhs. v. Chr. werden beibehalten und durch neue Motive ergänzt. Das Bemühen der Künstler, einzelne Bewegungen so genau wie möglich festzuhalten, führt zum Teil zu grotesken Bildern. Bestes Beispiel sind hierfür die weit nach hinten geworfenen Beine der Tiere, die das anatomisch Mögliche übersteigern (Abb. 4). Diese Erscheinungsform wird nun typisch für die Darstellung mittelassyrischer Tiere und Mischwesen.

Die Glyptik des 12. Jhs. v. Chr. wird vor allem von zwei Tontafelarchiven aus Assur repräsentiert. Trotz einiger kleiner Unterschiede lässt sich eine Fortführung der Traditionen des 13. Jhs. v. Chr. feststellen. Die Siegelabrollungen aus Assur scheinen zumindest die Themen zu wiederholen, obwohl sich dort bereits eine Tendenz zur Formalisierung bemerkbar macht, die sich durch Umgestaltung oder Auflösung der vorher so lebendigen Szenen zeigt. Neben den bekannten Motiven des Tierkampfes oder der Jagd tauchen nun vermehrt Ritualszenen oder kultische Darstellungen auf. Daneben galt das Interesse der Siegelschneider aber auch der Wiedergabe

von Bauwerken und Architekturdetails, die in der Forschung für die Ausführung von Rekonstruktionen hinzugezogen werden können (Abb. 5).

DIE FORSCHUNGSARBEITEN INNERHALB DES ASSUR-PROJEKTES

In den Beständen des Vorderasiatischen Museums Berlin befinden sich hunderte von mittelassyrischen Tontafeln, die eine oder mehrere Siegelabrollungen aufweisen. Ein Teil dieser Tafeln ist bereits in Kopie oder Foto publiziert worden, wobei auch einige der Siegelabrollungen einbezogen wurden. Der größte Teil dieses Materials wurde allerdings noch nicht wissenschaftlich aufgearbeitet und publiziert. Nun werden innerhalb des Assur-Projektes bei der Veröffentlichung der Keilschrifttexte auch die auf ihnen vorhandenen Abrollungen mit berücksichtigt. Der erste Schritt bestand in der Sichtung des vorhandenen Materials in den Magazinen des Vorderasiatischen Museums Berlin. Dabei wurde sehr schnell deutlich, dass das zu bearbeitende Material einige Schwierigkeiten in sich birgt. Der zum Teil schlechte Erhaltungszustand der Tontafeln sowie der Siegelabrollungen bringt es mit sich, dass alleine schon die bildliche Dokumentation ein äußerst zeitaufwendiger Prozess ist. Oftmals wurden die Siegel nur flüchtig abgerollt, oder die Tafel ist nur fragmentarisch erhalten. Die Abrollungen können durch Keilschrift (untersiegelt) oder mit Tusche aufgebrachte Fund-Nummern überlagert sein. Das allein erschwert schon die einfache Identifikation von Siegelabrollungen auf den Tontafeln.

Ein nächster wesentlicher Schritt ist die Dokumentation der Siegelabrollungen mittels Fotos und Zeichnungen. Dabei besteht bezüglich der Fotos die Schwierigkeit, die Aufnahmen so anzulegen, dass selbst bei sog. untersiegelten Tontafeln die Abrollungen noch gut zu erkennen sind. Das setzt voraus, dass der Fotograf die

Abb. 5   Mittelassyrische Tontafel mit Siegelabrollung. Darstellung einer Tempelfassade mit davor kauernden Ziegenfischen. Vorderasiatisches Museum Berlin, H: 6,1 cm; VAT 15468. Rekonstruktionszeichnung von Ulrike Dubiel.

Abrollungen als solche erkennt und weiß, um welches mögliche Motiv es sich handeln könnte. Unabdingbar ist daher eine genaue Absprache zwischen der wissenschaftlichen Bearbeiterin und dem Fotografen.

Gleiches gilt natürlich für die zeichnerische Dokumentation. Die Zeichnungen selbst beziehen sich auf die Originalvorlagen. Da so für eine Zeichnung mehrere Perspektiven erforderlich sind, ein Foto aber eine Zentralperspektive bietet, können mitunter kleine Differenzen zwischen Zeichnung und Foto auftreten. Als Neuerung in der zeichnerischen Dokumentation wurde die

Lage der Siegelabrollungen auf den Tontafeln berücksichtigt. Damit ist für den Betrachter nachvollziehbar, an welcher Stelle der Tontafel die beteiligten Personen ihrem Status entsprechend gesiegelt haben. Desweiteren wurden die Umrisse bzw. Beschädigungen der Tontafeln sowie die Keilschrift angegeben. Für die Rekonstruktionszeichnungen wurden sämtliche relevanten Siegelabrollungen herangezogen. So können auf einer Tontafel mehrere Siegelabrollungen vorhanden sein, die dann zu einem Gesamtbild führen oder die Rekonstruktion ergab sich unter Hinzunahme einer Dublette. Siegel-

Abb. 6   Mittelassyrische Tontafel mit Siegelabrollung des Königs Eriba-Adad I. Doppelköpfiger, geflügelter Löwendämon und zwei eine Flügelsonne stützende Greifen. Vorderasiatisches Museum Berlin, H: 4,4 cm; VAT 9009. Rekonstruktionszeichnung von Ulrike Dubiel.

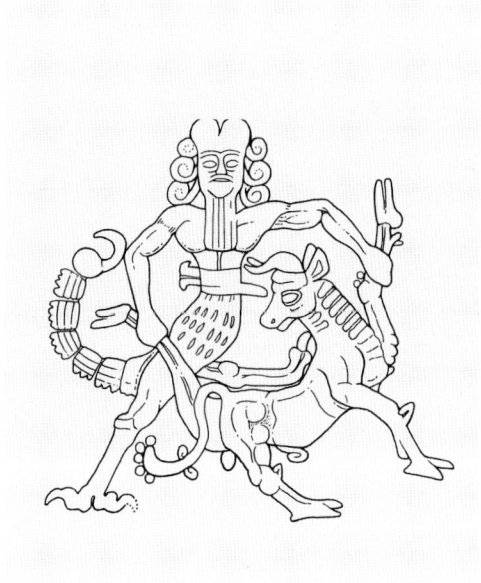

Abb. 7   Mittelassyrische Tontafel mit Siegelabrollung. Darstellung eines stierbezwingenden Skorpionmenschen. Vorderasiatisches Museum Berlin, H: 5,4 cm; VAT 15490. Rekonstruktionszeichnung von Helga Kosak.

abrollungen die für eine Rekonstruktion zu keinen neuen Ergebnissen führten, wurden nicht gezeichnet. Ebenso ist auf die Anfertigung von Zeichnungen bei solchen Tontafeln verzichtet worden, auf denen nur noch schwache Siegelspuren festgestellt werden konnten, so dass keine weiteren Aussagen zum Motiv möglich waren. Diese Beispiele werden aber in Form von Fotos dokumentiert.

Nachdem das Material gesichtet, die Siegelabrollungen identifiziert, fotografiert und gezeichnet wurden, können die inhaltlichen Arbeiten weitergeführt werden. Die Zuordnung zu Motivgruppen und die damit verbundene Stilanalyse ermöglichen in den meisten Fällen eine Datierung des Siegels. Die Siegel galten aber auch als Prestigeobjekt, welche zum Beispiel innerhalb einer Familie von Generation zu Generation vererbt und benutzt werden konnten. Es darf daher nicht verwundern, wenn die Siegelabrollungen auf den Tontafeln mitunter von einem älter zu datierenden Siegel stammen als die Tontafel selbst. Über den philologischen Ansatz lassen sich dann weitere Aussagen zum Siegelbesitzer, seinem Status oder seinen Beruf machen. Das ist bei dem zum Teil sehr fragmentarischen Zustand der Tafeln leider selten der Fall. Gerade in solchen Fällen ist die äußerst enge Zusammenarbeit zwischen Archäologen, Philologen und Zeichnern besonders wichtig, um möglichst sämtliche Aspekte des Text und der Bilddarstellung wahrzunehmen.

Einen besonderen Rang nehmen diejenigen Abrollungen ein, die namentlich Königen zugeordnet werden können. Dabei handelt es sich ausnahmslos um Abrollungen von höchst qualitätvollen Siegeln, die äußerst de-

tailfreudig gearbeitet wurden und einen Eindruck von den künstlerischen Fähigkeiten der Siegelschneider vermitteln. Um ein besonders erlesenes Stück muss es sich bei dem Siegel des Königs Eriba-Adad I. (1383–1354 v. Chr.) gehandelt haben, dessen Abrollung schon von Beran 1957 veröffentlicht wurde und hier in einer aktualisierten Fassung gezeigt wird (Abb. 6). Die stilistische Durchgestaltung der Details zeigt auf beeindruckende Weise die Fähigkeit des Siegelschneiders.

Als ebenfalls großer Erfolg ist auch die Identifizierung mehrerer Siegelabrollung ein und desselben Siegels mit der Darstellung eines stierbezwingenden Skorpionmenschen anzusehen. Dadurch ist es möglich geworden, Details noch genauer herauszuarbeiten und damit eine wesentlich präzisere als die bisher bekannte Zeichnung anzufertigen. Diese Darstellung eines stierbezwingenden Skorpionmenschen, gilt auch heute noch als herausragendes Beispiel der mittelassyrischen Steinschneidekunst.

Der Skorpionmensch, eine Mischung aus dem Oberkörper eines sechslockigen Helden und dem Unterkörper eines Raubvogels mit einem Skorpionschwanz ist dem Betrachter zugewandt. Er greift einen Stier, der den Kopf rückwärts gewendet hat, je an einem Vorder- und Hinterbein während sich seine linke Kralle in den Rücken des Tieres bohrt. In einem Gürtel scheint er einen Dolch zu tragen. Bei der geringen Flächenausnutzung und der in einem Schwung verlaufenden Linienführung erinnert das Motiv allerdings eher an ein Stempel- als an ein Rollsiegel (Abb. 7).

Vor allem aber konnte ein weiterer wichtiger Aspekt geklärt werden, die Frage nach dem möglichen Siegelbe-

sitzer. Die Auffindung der verschiedenen Abrollungs-
spuren auf den Tafeln bzw. Hüllenfragmenten und die
intensive Zusammenarbeit mit dem Philologen erbrachte das Ergebnis, dass es sich bei dem Siegelbesitzer
um einen hochstehenden Beamten aus dem Verwaltungsapparat des mittelassyrischen Königs Tiglatpilesar I.
(1114–1076 v. Chr.) handelt.

Mit dem Fortgang dieser oben geschilderten Forschungsarbeit vergrößert sich unser Wissen um die Vielfalt
des vorhandenen Materials immens. Gerade die mittlerweile vermehrte Identifizierung von Dubletten lässt
Analogieschlüsse auf den Siegelbesitzer und seinen Status oder Beruf zu, wodurch sich weitere wichtige Anhaltspunkte zur Siegelpraxis ergeben. Die Auswertung
der Siegelabrollungen sowie der Inhalt der Tontafeltexte
lassen immer deutlicher erkennen, dass sich beide Quellen in Fragen der Datierung und der Zuweisung zu
Fundkomplex und Archiv ergänzen und unterstützen.
Die bearbeiteten, fotografierten und gezeichneten Siegelabrollungen haben die Kenntnis der mittelassyrischen
Glyptik schon jetzt um wesentliche Details erweitert.
Gerade im Zusammenspiel der verschiedenartigen Do-
kumentationsmöglichkeiten spiegelt sich die Bandbreite
dieses faszinierenden Materials wider. Es bleibt zu hoffen, dass auch hundert Jahre nach dem Grabungsbeginn
in Assur die Möglichkeiten bestehen bleiben, mehr Informationen zu Kunst und Kultur des Alten Vorderen
Orients zu erlangen.

Arnulf Hausleiter und Claudia Schmidt

NUR SCHERBEN UND ALTE TÖPFE?

FORSCHUNGEN ZUR GEFÄSSKERAMIK IN ASSUR

EINFÜHRUNG

Keramik gehört zu den wichtigsten archäologischen Fundgattungen des Vorderen Orients, da sie in jeder Siedlung seit Erfindung der Töpferei vor mehr als 12 000 Jahren belegt ist. Zweifellos bilden Scherben aus gebranntem Ton den größten Anteil der materiellen Hinterlassenschaften bei einer Ausgrabung – davon kann sich jeder Besucher einer archäologischen Ruinenstätte selbst überzeugen. Unter dem Begriff Keramik wird dabei gewöhnlich die Gefäßkeramik subsummiert, in der Regel das Gebrauchsgeschirr der Bewohner einer Siedlung, das aus gebranntem Ton hergestellt wird. Die Verwendungsmöglichkeiten des Ausgangswerkstoffs Ton sind jedoch wesentlich vielseitiger: handhabbare Schriftträger – die Tontafeln – wurden aus ungebranntem Ton gefertigt, Terrakottafiguren, Wandfliesen, Lampen, Sarkophage, Wasserleitungen und vieles mehr aus Keramik. Wie wenige Elemente der materiellen Kultur birgt die Keramik ein weitreichendes Potenzial für Forschungsfragen, das von der Chronologie und Technologiegeschichte bis hin zur Ermittlung von Gesellschaftsstrukturen reicht.

Das systematische Dokumentieren und Auswerten von Gefäßkeramik ist im Vergleich zu anderen archäologischen Forschungsschwerpunkten jedoch noch eine recht junge Disziplin. Bei den Ausgrabungen im Vorderen Orient, die ab der Mitte des 19. Jhs. einsetzten, wurden meist nur vollständig erhaltene Gefäße wahrgenommen – wenn überhaupt. Keramikscherben fanden damals wenig oder keine Beachtung, standen doch monumentale Palastanlagen und Tempel im Zentrum des Interesses. Während archäologische Untersuchungen sich früher vor allem auf die Keramik als Datierungsmittel und typologisches Referenzobjekt konzentrierten, umfasst das Forschungsinteresse heute die gesamte Bandbreite im Leben der Keramikgefäße: vom Produktionsprozess über die Nutzung bis zur Zerstörung. Es ist das Ziel der folgenden Ausführungen, die Bedeutung der Keramikforschungen in der Vorderasiatischen Archäologie am Beispiel des Fundortes Assur darzulegen und die damit verbundenen Probleme und Forschungsaufgaben einem breiten Publikum bekannt zu machen.

KERAMIK IN ASSUR – EIN RÜCKBLICK

Wie an zahlreichen anderen Fundorten sehen sich auch die Ausgräber in der Stadt Assur einem massenhaften Scherbenaufkommen von Keramikgefäßen gegenüber, die von den damaligen Bewohnern in vielfältiger Weise benutzt worden waren. Diese immensen Mengen lassen sich damit erklären, dass Keramik im Gegensatz zu organischen Produkten den Zersetzungsprozessen zwischen Ablagerung und Wiederauffindung widersteht, bezeugen aber auch, dass Rohstoffe ständig verfügbar waren und die Kenntnis zur routinemäßigen Herstellung von Keramikgefäßen vorhanden war. Bei den Grabungen Walter Andraes in der Stadt stießen zumeist nur vollständig erhaltene Objekte auf Interesse: »In [den Quadranten] bD, E6III, IV zwingen die Privathäuser zur langsamen Abräumung, wobei die üblichen Einzelfunde an Siegelzylindern, emaillierten und rohen Tongefäßen (…) auftreten«. Das Dokumentationssystem gewährleistete immerhin, dass viele dieser Funde geborgen, registriert und gezeichnet wurden (Abb. 1). Daher befindet sich eine große Anzahl vollständig erhaltener oder fragmentarischer Gefäße im Vorderasiatischen Museum zu Berlin (Abb. 2). Scherben zerbrochener Gefäße wurden zumindest in einigen Bereichen der Ausgrabungen aufgelesen, wie zum Beispiel in den »archaischen« Ischtar-Tempeln. Obwohl der Gefäßkeramik als archäologischem Fundgut in Assur also eine gewisse Würdigung zuteil wurde, kann von einer umfassenden Keramikdokumentation aus den Nutzungsschichten privater Wohnbebauung, öffentlicher Gebäude, von Straßen und Abfallgruben in Assur nach gegenwärtigem Maßstab nicht die Rede sein. Diese Situation beeinflusst bis heute den Kenntnisstand über die Keramik aus Assur. Oftmals sind vollständig erhaltene Gefäße im Fundjournal lediglich mit der Angabe des Netzquadranten und der Bezeichnung »Stadtgebiet« versehen. Eine Ausnahme bilden dabei die Gräber und Grüfte der Stadt. Aus ihnen wurden tausende ganz erhaltener oder rekonstruierbarer Keramikgefäße geborgen, die dort im Zusammenhang mit den rituellen Erfordernissen bei der Bestattung der Verstorbenen platziert wurden (Abb. 3). Abgesehen von einigen Einzelfunden wurde allein die Grabkeramik von Assur in einer repräsentativen Auswahl von Umzeichnungen veröffentlicht, genau vierzig Jahre nach Ende der Ausgrabungen. Diese Veröffentlichungen bilden bis heute die Hauptinformationsquelle für Keramik aus der Stadt. Bereits bei den frühen Grabungen profitierte die

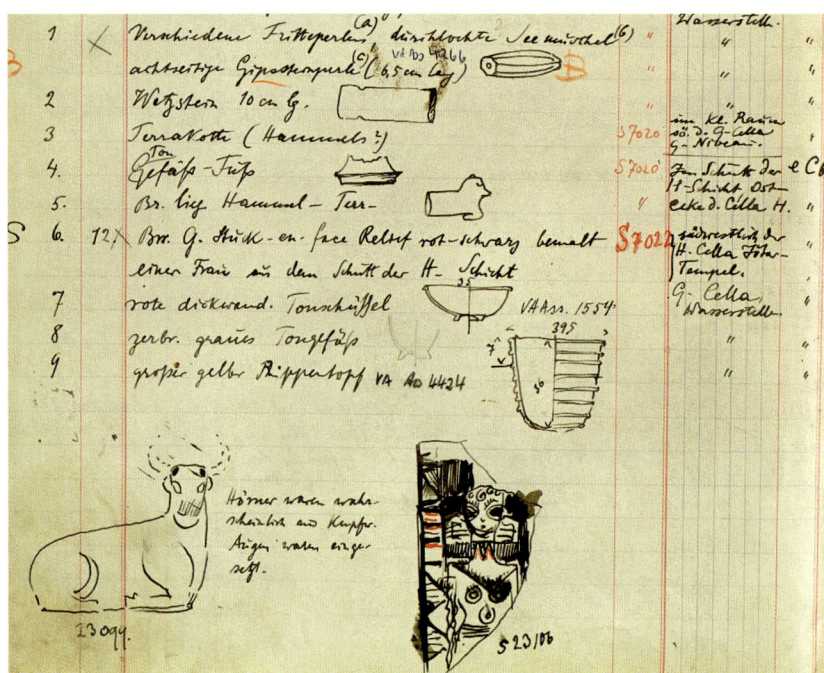

Abb. 1
Eintrag im Fundjournal
der Ausgrabungen über vier
Keramikgefäße aus dem Ischtar-
Tempel (Schicht H, Mitte des
3. Jts. v. Chr.).
Auf die Fundnumer
(hier Ass. 23104 sowie 23107 bis
23109) folgen das Funddatum
(12. März 1914), eine Kurz-
beschreibung mit Skizze,
Museums- und Fotonummer sowie
Bemerkungen zum Kontext.

Keramikdokumentation auch von dem intensiven Einsatz der Fotografie. Zahlreiche Fotoaufnahmen bilden hunderte von Gefäßen ab, wenn auch zumeist außerhalb des archäologischen Kontexts. Besonders schöne Exemplare glasierter Gefäße wurden entweder in Farbaufnahmen abgelichtet (Abb. 4) oder als Aquarell vorgelegt (Abb. 5). Ohne dieses Bildmaterial wäre für uns die Farbenpracht dieser herausragenden Stücke heute nicht nachvollziehbar, da ihr Erhaltungszustand nicht mehr dem ihrer Auffindung entspricht. In der Publikation »Farbige Keramik aus Assur«, die vor achtzig Jahren erschien, wird Gattung und Material im weitesten Sinne Rechnung getragen: glasierte Gefäße, Wandfliesen und Dekorziegel sind dort zusammen publiziert. Dass unbemalte Keramik in den frühen Veröffentlichungen kaum eine Rolle spielt, reflektiert dabei den damaligen Forschungsstand.

Nach langjähriger Unterbrechung archäologischer Tätigkeiten in Assur wurden Keramikgefäße aus den irakischen Ausgrabungen der späten 1970er Jahre veröffentlicht. Jedoch erst zehn Jahre später, in den 1980er Jahren, wurde der Keramik verstärkte Aufmerksamkeit zuteil, denn erstmals wurde vor Ort ein Formenkatalog angelegt und ein Referenzsystem für Daten zur Herstellungstechnik geschaffen. Diese Instrumente sollten es ermöglichen, große Mengen an Scherben auf dem Wege

Abb. 2   Blick in das Keramikmagazin des Vorderasiatischen Museums, August 2003.

Abb. 3   Fundsituation in Grab Ass. 20586. Lage, Form und Erhaltungszustand der Gefäße lassen sich auf dem Foto sehr deutlich erkennen. Sie gehören zu einer Mehrfachbestattung der neuassyrischen Zeit (8.–7. Jh. v. Chr.).

Abb. 4   Glasierte Keramik aus Assur. Emaillierte Flaschen (gefunden 28. 1. 1909). Fundnummern Ass. S14805b (VA 8445), 14687f (VA Ass 4151), 14815 (VA Ass 4126), 13884 (VA Ass 4124), 14613?, 14774. (Farbaufnahme vom 28. 01. 1909).

Abb. 5   Aquarell eines glasierten Gefäßes (VA Ass 2419), das von Andrae neun Jahre nach Grabungsende veröffentlicht wurde.

Abb. 6   »Wasser«-Gefäß (VA Ass 1001) aus der Cella des Ischtar-Tempels (Mitte 3. Jt. v. Chr.), Ass. Ph. 6573.

des Vergleichs statistisch zu erfassen und aufzuarbeiten. Es kam zur Anlage eines Tiefschnittes, dessen Ziel es war, die Keramikabfolge in den Ablagerungen aus drei Jahrtausenden in all ihren Aspekten zu erfassen, um ein sicheres Gerüst für die zeitliche Zuweisung der Keramik aus Assur zu gewinnen. Allerdings wurden diese vielversprechenden Arbeiten durch den Golfkrieg und die schwierigen Arbeitsbedingungen in den 90er Jahren nicht fortgesetzt. Erst nach einer weiteren zehnjährigen Unterbrechung konnten die Verfasser bei den neuen Ausgrabungen der Jahre 2000 und 2001 an den zuvor geschaffenen Grundlagen anknüpfen. Währenddessen wurden seit den 90er Jahren Untersuchungen in die Wege geleitet, die – parallel zu den Feldforschungen – im Rahmen des Assur-Projekts des Vorderasiatischen Museums und der Deutschen Orient-Gesellschaft in Berlin ein weiteres Standbein der Keramikforschungen der Stadt Assur bilden.

FUNDKONTEXT

Geht es um die Vorstellung, welche Verwendung Keramik im täglichen Leben einer Siedlung erfuhr, bildet die ideale Fundsituation ein Gebäude mit all seinem Inventar, das die Einwohner überraschend verlassen mussten – sei es wegen eines Feuers oder Erdbebens. In einer solchen Situation retten die Bewohner in der Regel nicht mehr als ihr Leben, so dass Archäologen noch nach Jahrtausenden eine Momentaufnahme des häuslichen Lebens wiederfinden können. Die meisten Gegenstände gehen in einer solchen »Pompeji-Situation« zwar zu Bruch, doch sind die einzelnen Fragmente in der Regel nur in einem geringen Umkreis um den ursprünglichen Aufbewahrungsort verteilt. Auf diese Weise lassen sich in einer konzentrierten Puzzlearbeit zum einen vollständige Gefäße wiederherstellen (Abb. 6), zum anderen die Standorte der einzelnen Gefäße oder ganzer Gefäßgruppen ermitteln. Dies gestattet wiederum Aussagen zur Raumnutzung und zur Verwendung der Gefäße. Der Regelfall sieht allerdings ganz anders aus: der Großteil der Keramik besteht aus Scherben, deren Länge und Breite nicht größer als 5 cm ist und sich nicht unbedingt zusammensetzen lässt. Dieser Zustand tritt ein, wenn Gefäße oder Gefäßteile auf Gassen und Straßen entsorgt werden, beiläufig in eine offenstehende Ruine in der Siedlung weggeworfen werden oder auf eine Müllhalde. Wiederverwendung von Schutt oder eine Verschiebung von Ablagerungen tragen weiter zur Verunklärung des ursprünglichen Kontextes bei. In Assur trifft man des öfteren auf »Keramikpackungen«, d. h. Schichtungen zahlloser Keramikscherben, die als Füll- oder Ausgleichsmaterial unter neuen Lehmziegelmauern oder Begehungsniveaus angelegt werden. Derartige Befunde können für Datierungsfragen wichtig sein. Die Scherben wurden vor der Errichtung der Mauer dort platziert –

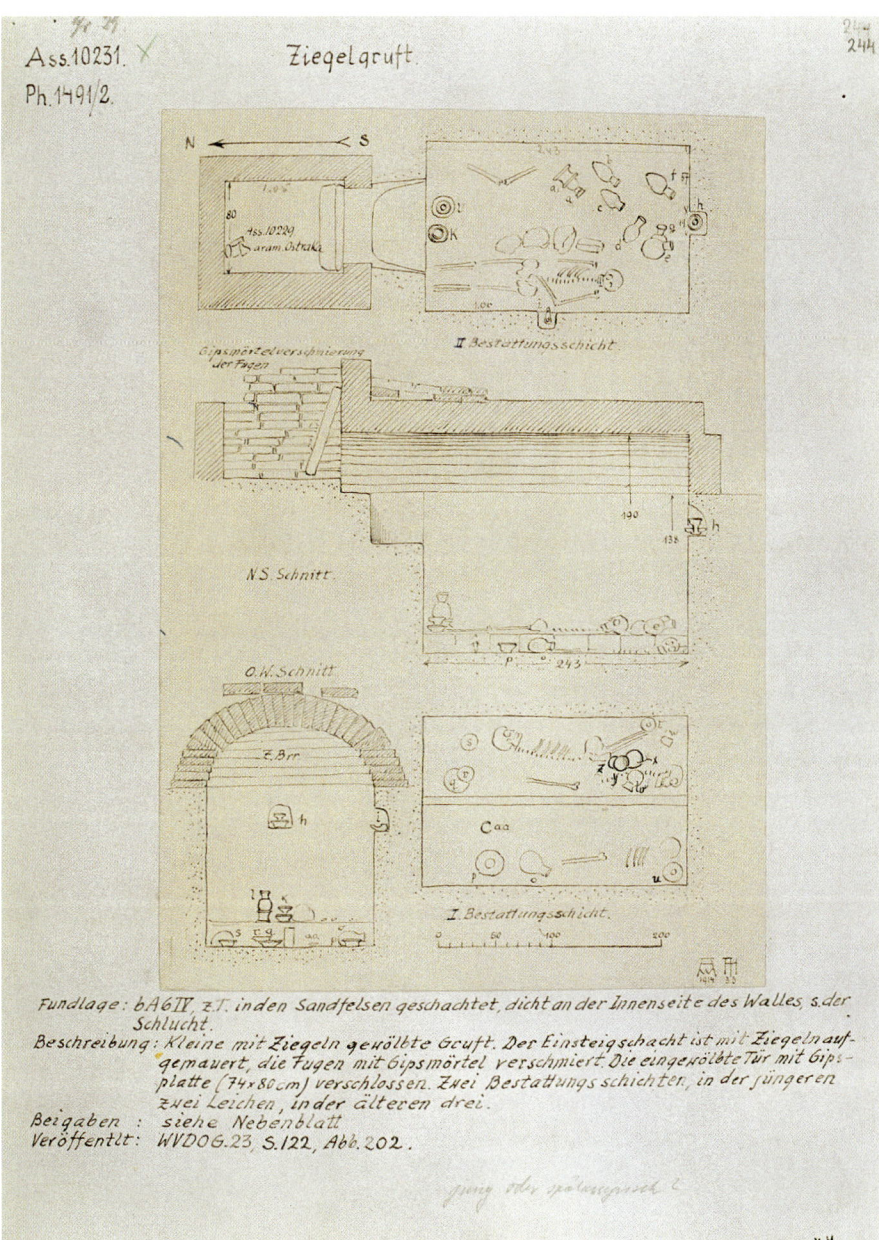

Abb. 7
Gruft Ass. 10231. Auf der
Grundlage der Feldnotizen
wurden hier sämtliche
Informationen über die
Bestattung und die Objekte
zusammengetragen.

folglich sind sie älter als die Mauer. Ähnliches gilt für Scherben, die in luftgetrockneten Lehmziegeln gefunden werden. Der Versuch, aus den hier beschriebenen Fundzusammenhängen Gruppen von Keramikscherben zu isolieren, die zu einem Gefäß gehören, ist zwar theoretisch nicht völlig aussichtslos, würde aber einen zu hohen personellen und damit finanziellen Aufwand erfordern. Um den großen Keramikmengen gerecht zu werden, kommt es heutzutage zur Verwendung statistischer Verarbeitungsmethoden, um repräsentative Trends zu ermitteln. Auch dies setzt die sorgfältige Beobachtung und Aufnahme des Befundes voraus. Mithilfe von Zerscherbungsindizes, die an Verfahren in der Zoologie angelehnt sind, lassen sich aus großen Mengen von Scherben

hypothetische Angaben zur Anzahl der ursprünglichen Gefäße ableiten. Dabei erweisen sich Untersuchungen zum Bruchverhalten von Gefäßgruppen als Interpretationshilfe.

Wesentlich günstigere Erhaltungsbedingungen für Gefäße bieten die Gräber, sofern sie nicht in der Vergangenheit oder in jüngster Zeit geplündert oder anderweitig zerstört wurden. Die Ausgräber in Assur dokumentierten von 1903 bis 1914 mehr als 1000 Grab- oder Gruftanlagen mit ihrem Inventar, die über Menge, Aussehen und Anordnung der Gefäße im Grabzusammenhang Auskunft geben können. Die meisten von ihnen wurden im Feldtagebuch der Ausgräber als Skizze wiedergegeben. Viele der Gefäße sind vollständig erhalten

Abb. 8   Grabgefäße der neuassyrischen Zeit (Grab Ass. 10879 sowie VA Ass. 163, 169, 174 und 542).

oder lassen sich rekonstruieren. Gruftbauten, die über mehrere Generationen hinweg verwendet wurden, beinhalten Gefäße und andere Objekte der jeweiligen Bestattungen (Abb. 7. 8). Da die Skelette früherer Beisetzungen offensichtlich zur Seite geschoben worden waren, als die nächste Bestattung niedergelegt wurde, ist es in diesen Fällen nicht mehr möglich, eine exakte Zuordnung der funerären Objekte zur jeweiligen Bestattung vorzunehmen. Oft hielten die Toten Schalen in der Hand oder sie waren zum Mund geführt, was eine Deutung als Trinkgefäße wahrscheinlich macht. Möglicherweise sind auch solche Gefäße, die in unmittelbarer Nachbarschaft oder außerhalb von Gräbern gefunden wurden, textlich bezeugten rituellen Handlungen im Zusammenhang mit dem Totenkult zuzuweisen, sofern diese überhaupt am Grab stattgefunden haben. Allerdings wurde dieser Fragestellung seinerzeit keine Aufmerksamkeit zuteil. Die meisten dieser Bestattungen können in die mittel- und neuassyrische Zeit, d. h. vom 14. Jh. bis an das Ende des 7. Jhs. v. Chr. datiert werden. Aus der Analyse sämtlicher mit diesen Bestattungen vergesellschafteten Objekte und der Beobachtungen an den Bestatteten lassen sich Schlussfolgerungen ableiten, die über rituelle Handlungen, sozialen Status, Ausstattung und geschlechtliche Differenzierung der Toten Auskunft geben können. Neben der Heranziehung von Textquellen dienen für die Rekonstruktion von Totenritualen vergleichende Untersuchungen der Ethnografie eine wichtige Informationsquelle.

DOKUMENTATION

Es ist kein Geheimnis, dass vielen Ausgräbern die Keramikbearbeitung als eine eintönige und unaufregende Tätigkeit erscheint, da sie überwiegend mit den Bruchstücken der Küchenware vergangener Zivilisationen befasst ist. Gleichwohl bietet gerade eine sorgfältig dokumentierte Keramikkollektion eine Vielfalt von Informationen, die über das Material selbst weit hinausgehen. Nach Abschluss der Dokumentation der Fundstelle im Feld wird die Keramik im Expeditionshaus weiterbearbeitet (Abb. 9). Abgesehen vom Zusammensetzen von Scherben zu Gefäßen bildet die zeichnerische Aufnahme den ersten Teil der wissenschaftlichen Auswertung des Gefäßspektrums eines Fundortes. Die Zeichnung gibt dabei nicht das ganze Gefäß dreidimensional wieder: sie besteht aus einem vertikalen Schnitt durch das aufrechte Gefäß oder die Scherbe. Diesem »Profil« steht eine Rekonstruktion gegenüber (Abb. 10). Eine solche Zeichnung erfasst alle wichtigen Daten zu Gefäßmorphologie, -dimension und Verzierungsart. Ein Profil ist vollständig, wenn eine durchgehende Linie vom Rand bis zum Boden des Gefäßes gebildet werden kann. Auch ein unvollständiges Profil kann zu weitreichenden Erkenntnissen verhelfen. So kann schon die Randform ein typisches Merkmal für eine Epoche, eine Region oder eine Töpferwerkstatt aufweisen. Der Ansatz des Wandungsverlaufs kann Charakteristika von bereits bekannten vollständigen Gefäßformen aufweisen.

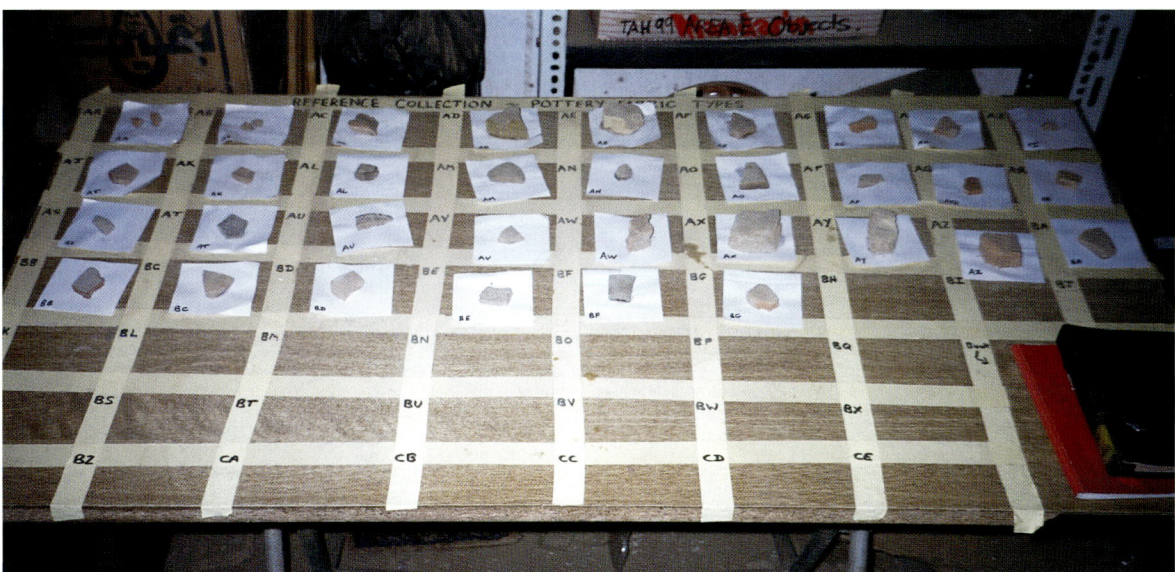

Abb. 9   Tableau mit Übersicht verschiedener keramischer Warentypen der Eisenzeit, Tell Achmar Syrien.

Die Analyse der produktionsbezogenen Daten wie Zusammensetzung des Tons, Brennverfahren, technischer Aufbau des Gefäßes und besonderer Merkmale bildet den zweiten Teil des Dokumentationsverfahrens. Dieses basiert auf den Pinzipien der Archäometrie. Es ließ sich feststellen, dass bereits im Alten Orient spezielle Tonmischungen für spezielle Gefäßfunktionen verwendet wurden, wie dies auch heute noch in der Keramikindustrie der Fall ist. Die auf makroskopische Weise in der Ausgrabung erhobenen Daten werden in einem weiteren Schritt um chemisch-physikalische Analyseverfahren im Labor ergänzt. Das Potenzial dieser naturwissenschaftlichen Analysen des Rohstoffs Ton und dessen Endprodukt, der gebrannten Keramik, ist groß, da sie über die

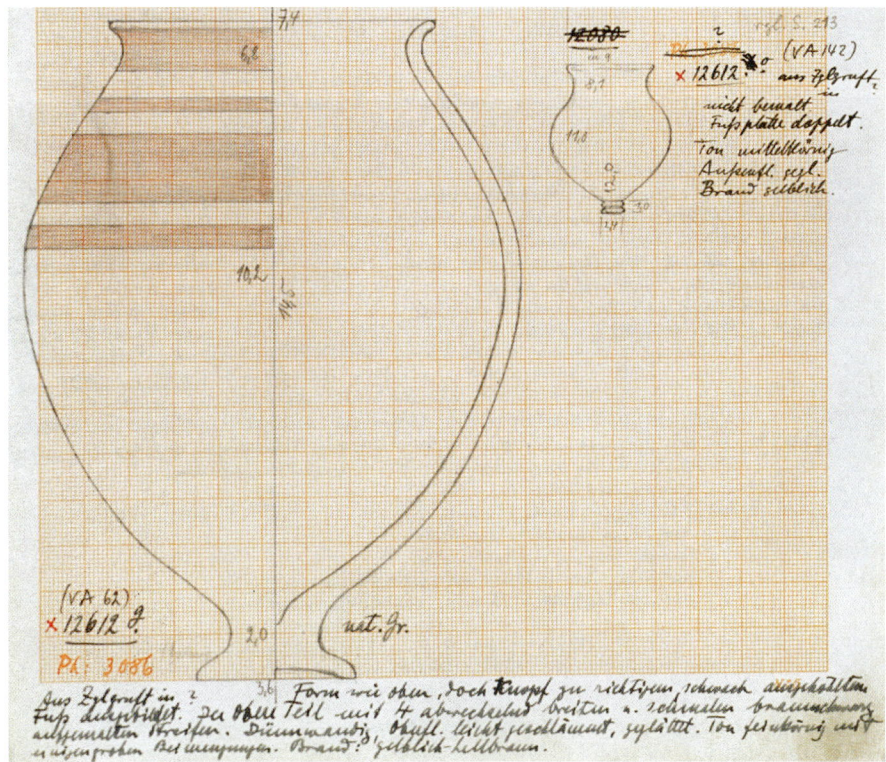

Abb. 10   Profilzeichnung und Rekonstruktion eines Gefäßes (VA Ass 62).

Gestaltungsmöglichkeiten des Herstellungsprozesses und die Versuche der Handwerker, diesen zu verbessern, Aufschluss geben können. Diese mikroskopischen Untersuchungen geben damit einen detaillierten Einblick in die Technologiegeschichte, welcher mit dem bloßen Auge nicht zu erzielen ist.

Im Vergleich der Gefäßformen und -technologie der Keramik Assurs mit dem Material anderer Fundorte lassen sich lokale Eigenheiten, Traditionen und Produktionsgewohnheiten sowie importierte Keramik ermitteln. Dabei erweisen sich allein die Daten der chemisch-physikalischen Untersuchungen als weniger aussagekräftig, da die Geologie Mesopotamiens kaum regionale Unterschiede in den Tonvorkommen zeigt.

DATIERUNG UND INTERPRETATION

An das nach den oben beschriebenen Kriterien dokumentierte Material richten sich verschiedene Fragestellungen, welche wiederum auf die angewendeten Dokumentationsmethoden zurückwirken.

Für die meisten Archäologen steht dabei immer noch das Ziel im Vordergrund, im Formenrepertoire eines Fundortes »Leitformen« zu isolieren, die eine chronologische Relevanz haben (»Wie wird dieses Gefäß datiert?«). Hierfür werden Keramikkollektionen aus eindeutig identifizierten Siedlungsablagerungen eines Fundortes statistisch miteinander verglichen. Häufig vorkommende Gefäßformen und -typen können über die Schichtenabfolge (Stratigrafie) an das chronologische Gerüst angeschlossen werden. Durch die lange Besiedlung bietet die Stadt Assur das einzigartige Potenzial für eine Keramikabfolge vom 3. Jt. v. Chr. bis zur Partherzeit (ca. 3. Jh. n. Chr.), das in Nordmesopotamien bislang nur mit Ninive vergleichbar erscheint. Bei den Ausgrabungen Andraes wurde jedoch nur an einigen Stellen eine Keramikstratigrafie erzielt. Erschwerend wirkten sich hierbei die zahllosen antiken Abriss- und Nivellierungsmaßnahmen aus, die eine ununterbrochene Ablagerungsfolge nur an wenigen Stellen übrig ließ.

Ebenso wichtig, aber ungleich interessanter ist die Frage nach der Keramikproduktion, da sie uns den Schlüssel zu den technologischen Fertigkeiten und der Arbeitsorganisation der Produzenten in der Antike bereithält. Für Assur ist festzuhalten, dass eine Lokalisierung größerer Produktionsstätten von Keramik bislang nicht gelungen ist. Dies liegt vielleicht darin begründet, dass in dem dicht besiedelten Stadtgebiet des 2. und 1. Jts. v. Chr. Brandgefahr und Rauchentwicklung zu einer Verlagerung der Brennöfen außerhalb der Stadt geführt haben – andererseits sind weite Teile des Stadtgebiets bis heute nicht untersucht. An einigen Stellen wurden Keramikbrennöfen entdeckt, die allenfalls auf eine Haushaltsproduktion oder Kleinbetriebe hinweisen. Ethnografische Vergleiche deuten darauf hin, dass in solchen Klein-

betrieben Frauen die Anfertigung von Keramikgefäßen übernahmen. Ansonsten informieren uns Textzeugnisse allein aus Babylonien über die soziale Stellung der Töpferhandwerker. Gegenwärtig lässt sich für Assur sagen, dass bereits ab der frühesten Besiedlung Mitte des 3. Jts. v. Chr. eine weitgehende Standardisierung in der Keramikproduktion festzustellen ist. Die Keramik dort erscheint seit dieser Zeit als homogen in Form und Produktionstechnik. Sie wird auf der schnelldrehenden Scheibe hergestellt, wie die Drehspuren an der Innen- und Außenseite des Gefäßes beweisen. In der mittelassyrischen Periode (14.–11. Jh. v. Chr.) ist im Haushaltsgeschirr von Assur eine Konzentration auf eine begrenzte Menge von Standardtypen zu beobachten, die bereits in der Ausgrabungsstelle eine Zuweisung der Scherben zu Form- und Funktionsklassen gestattet, noch bevor das Scherbenmaterial gewaschen und gezeichnet wird. Gefäße oder Scherben, die von diesen standardisierten Typen abweichen, können in einigen Fällen als Importe aus entfernteren Regionen identifiziert werden, was jenseits oder auch entgegen jeglicher schriftlicher Evidenz, Aufschluss über überregionale Austauschmechanismen gibt. Es könnte sich aber auch um Varianten handeln, die individuelle Gestaltungswünsche oder Geschmacksrichtungen repräsentieren.

Die ursprüngliche Funktion der Gefäße zu ermitteln, ist ein weiterer Gegenstand der Keramikforschungen. Problematisch ist dabei, dass die in der Archäologie benutzten Formbezeichnungen der heutigen Terminologie für Gefäße entstammen: Teller, Näpfe, Schalen, Becher, Schüsseln, Flaschen, Eimer, Vorratsgefäße usw. Diese Begrifflichkeit ist einer Codierung von Gefäßtypen in Kombinationen aus Buchstabe und Zahl gewiss vorzuziehen. Das Risiko der Verwendung dieser modernen Begriffe besteht allerdings in der stillschweigenden Übertragung auch der Funktion, wie dies bei den früheren Versuchen festzustellen ist, altorientalische Gefäße in das Raster der Klassischen Antike einzubringen. Die zeitgenössische keilschriftliche Überlieferung hält zwar eine Vielzahl von Gefäßnamen bereit, doch gelingt es bisher nicht, solche Namen mit einzelnen archäologischen Gefäßtypen in Verbindung zu bringen. Während Stein-, Metall- und Holzgegenstände in den Texten als solche gekennzeichnet sind, gilt dies selten für Keramikgefäße. Ist in den Texten von Kochtöpfen die Rede, so kann es sich mit einer gewissen Wahrscheinlichkeit um einfache und grobgefertigte Keramikgefäße handeln. Es ist aber damit zu rechnen, dass altorientalische Gefäßbezeichnungen verwendungsabhängig benutzt wurden, also nicht allein an die Form des Gefäßes gebunden sind. In einigen Fällen wurden Gefäße beschriftet, wobei sich die Angaben auf den Inhalt, den Überbringer oder den Empfänger beziehen. Bei manchen »Verzierungen« auf Keramikgefäßen ist bisher ungeklärt, ob sie nicht eine ähnliche Funktion erfüllten, d. h. einen Hinweis auf den Inhalt, auf den Besitzer oder eine Werkstatt geben sollten. In anderen Fällen ließ sich anhand von Brandspu-

Abb. 11   Blick in das Zelt eines Heerlagers mit Wiedergabe von unterschiedlichen zeitgenössischen Gefäßformen. Relief aus dem Palast von Ninive, um 650 v. Chr. Höhe 39 cm, VA 965.

ren nachweisen, dass Keramikgefäße, die morphologisch als Näpfe zu klassifizieren sind, als Lampen in Gräbern Verwendung fanden. In der zweiten assyrischen Hauptstadt Kalchu, dem heutigen Nimrud, führte zum Beispiel die assoziative Verbindung von Vorratsgefäßen im Erdgeschoss und Texten aus dem darüber liegenden Stockwerk (den sog. Weinlisten) zur hypothetischen Identifizierung des Raumes als Weinkeller.

Die Anzahl der bildlichen Darstellungen, die einen Hinweis auf die Nutzung einzelner Gefäße als Geschirr oder Vorratsgefäß im Alltag bezeugen, ist gering: Keramikgefäße sind bereits in den ersten sumerischen Schriftzeichen des ausgehenden 4. Jts. v. Chr. zu erkennen. Für die neuassyrische Zeit sind es überwiegend die Reliefzyklen aus Nimrud und Ninive, welche mehrere Gefäßtypen in unterschiedlichem Kontext abbilden (Abb. 11). Das Material dieser Gefäße kann erschlossen werden. Während das königliche »Tafelsilber« (und -gold) aus Metallgefäßen bestand, war die Mehrzahl der übrigen Gefäße aus Keramik gefertigt. Den Metallgefäßen am nächsten kommen dabei dünnwandige Trink-

gefäße aus feinem Ton, die in Form und Wandungsstärke ihren Metallvorbildern gleichen (Abb. 12).

Für die Deutung der Funktion von Keramikgefäßen bleibt heute vor allem die Möglichkeit, die Fundsituation der Scherben und Gefäße genau zu studieren. Es ist daher von großer Bedeutung, das Umfeld einer Fundstelle zu verstehen, um die Gefäßkollektion zumindest mit der Funktion des Raumes (Vorratsraum, Küche, Bankettsaal oder Altarraum) oder des Gebäudes (Wohnhaus, Tempel, Palast, Speicher) in Verbindung zu bringen. Zu diesem Fragenkomplex gehört auch die sog. Grabkeramik, die in Assur offensichtlich aus einer Kombination von Gefäßen besteht, welche vermutlich vor allem der Nahrungsaufnahme und der kurzzeitigen Aufbewahrung begrenzter Mengen von Nahrung dienen – für die Ernährung der Toten auf der Reise in die Unterwelt oder als Geschenke für die Götter. Kochtöpfe und große Vorratsgefäße sind daher nicht in Gräbern zu finden, jedoch dienen sie häufig der Aufnahme der sterblichen Überreste. Die weitgehende Übereinstimmung der Grabgefäße der neuassyrischen Zeit mit dem Repertoire der

Abb. 12   Dünnwandiger Becher aus sehr feinem Ton (VA Ass 163). Im Aussehen den Edelmetallgefäßen ähnlich, handelt es sich wahrscheinlich um Imitate. Fundkontext und Verbreitung dieser Gefäße lassen den bislang verwendeten Begriff »Palastware« obsolet erscheinen.

AUFGABEN

Künftige Untersuchungen der Keramik werden sich in Assur verstärkt auf die präzise Erfassung des archäologischen Kontextes konzentrieren müssen, auch wenn die Folgen der immensen Baumaßnahmen der Assyrer im dichtbesiedelten Stadtgebiet Assurs diesbezüglich eine Herausforderung darstellen. Komplette Hausinventare haben sich bisher nicht erhalten, da die Gebäude vor den baulichen Eingriffen geräumt oder nach ihrer Benutzung aufgegeben wurden. Ähnliches gilt für Paläste oder Tempel, in deren Räumen für eine kontinuierliche Ablagerung von Keramik keine Gelegenheit war. Daher wird sich das Ziel, Studien zur Verteilung von Keramikgefäßen in Haushalten durchzuführen, auch demnächst nicht verwirklichen lassen. Jüngste Untersuchungen beweisen erneut, dass Straßen in den Wohngebieten von Assur besonders geeignet für Keramikforschungen sind. Daraus lässt sich das Gefäßrepertoire assyrischer Haushalte rekonstruieren, da das nicht mehr benötigte Geschirr über Jahrzehnte hinweg auf der Straße entsorgt wurde. Derartige Fundumstände können Tradition und Innovation bei einzelnen Gefäßgattungen offen legen sowie wichtige Hinweise für eine minutiöse chronologische Abfolge liefern.

Die vollständig erhaltenen Gefäße im Vorderasiatischen Museum bieten die Möglichkeit, Untersuchungen in umfangreicheren Maße durchzuführen, als dies bei Scherben der Fall ist. So ist die Frage nach der Standardisierung von Gefäßformen hier nicht allein auf die Dimensionen von Randdurchmessern begrenzt, sondern kann auch auf das Fassungsvermögen der Gefäße zurückgreifen. Mikroanalysen an der Gefäßinnenseite können überdies zur Identifizierung des früheren Inhalts beitragen.

Inzwischen hat zwar die computergestützte Arbeit neue Möglichkeiten im Verwaltungs- und Analyseverfahren der Scherbenmengen geschaffen. In Zukunft sind jedoch noch Methoden zu entwickeln, die besonders die Ausgrabungsarbeiten vor Ort entlasten, ohne dass dabei auf den umfassenden Informationsgehalt einer jeden Scherbe verzichtet werden muss.

gleichzeitigen Gebrauchskeramik könnte ein Indiz dafür sein, dass Grabkeramik nicht speziell produziert wurde. Mikrountersuchungen von Gebrauchsspuren und Inhaltsrückständen an den Gefäßinnenseiten könnten weitere Hinweise über die Vorratshaltung oder Essgewohnheiten der Bewohner von Assur liefern, sind aber sehr kostenintensiv.

STEFAN M. MAUL

WIE DIE BIBLIOTHEK EINES ASSYRISCHEN GELEHRTEN WIEDERERSTEHT

Nach langen kriegerischen Auseinandersetzungen gelang es den Medern unter der Führung ihres Fürsten Kyaxares im Jahre 614 v. Chr. Assur, die uralte, kaum je zuvor besiegte Hauptstadt Assyriens, einzunehmen und damit den scheinbar plötzlichen Untergang des assyrischen Weltreiches einzuläuten. An den heiligsten Stätten Assyriens, das dreist über Jahrhunderte den Völkerschaften Vorderasiens nicht nur mit unerbittlichem politischem Druck sondern auch mit roher Gewalt seinen Willen aufgezwungen hatte, entlud sich nun ein schier unbändiger Hass. Der prachtvolle, mit kostbaren Beutestücken überladene Tempel des Reichsgottes Assur, als dessen Stellvertreter sich die assyrischen Könige verstanden, wurde ebenso geplündert, niedergebrannt und bis auf seine Grundmauern zerstört wie alle weiteren Gotteshäuser der Stadt, in denen die Assyrer die wahre Wohnstatt aller überirdischen Schicksalsmächte gesehen hatten. Auch der von den Tempeln umgebene »Alte Palast«, der (obgleich man die Königsresidenz schon seit langer Zeit nach Kalchu und später nach Ninive verlegt hatte) als das Vaterhaus der assyrischen Könige galt, wurde geplündert und gründlich zerstört. Selbst vor der unterirdischen Grablege der assyrischen Könige machte man nicht halt. Die Grüfte wurden aufgebrochen, die steinernen Sarkophage mit Naphta in Brand gesetzt und dann durch Begießen mit kaltem Wasser gesprengt. Denn die Eroberer Assurs wollten wohl nicht nur die reichen Grabbeigaben erbeuten, sondern auch dem assyrischen Königtum samt seinen Wurzeln einen vernichtenden Schlag versetzen. Nun ereilte die Stadt das Schicksal, das zuvor all diejenigen erleiden mussten, die es gewagt hatten, sich den Assyrern offen zu widersetzen. Die Eroberer erschlugen und verschleppten die Bewohner Assurs. Sie plünderten und verwüsteten das gesamte Stadtgebiet so gründlich, daß nur ein Ruinenfeld zurückblieb. Die Stadt Assur, deren gewaltige Befestigungsanlagen nun die Sieger schleiften, konnte niemandem mehr Schutz bieten.

Auch das inmitten der Stadt gelegene Haus, das dereinst Kizir-Aschur, dem »Beschwörer des Assur-Tempels« gehört hatte, blieb nicht verschont (Karte s. Nachsatz dieses Bandes). Als Walter Andrae mehr als zweieinhalb Jahrtausende nach der Zerstörung Assurs, im Jahre 1908, auf die Reste dieses Wohnhauses stieß, machte er einen bedeutsamen Fund. Unter dem Schutt des verwüsteten Hauses lagen auf den Fußböden mehrerer Räume verstreut weit über tausend Tontafeln und Tontafelfragmente. Man hatte die zerschlagene Bibliothek eines Gelehrten entdeckt, der in der Königsstadt im Dienste des letzten großen assyrischen Herrschers Assurbanipal

(669–627 v. Chr.) und seiner Nachfolger stand. In den Kriegswirren hatte der Beschwörer seine kostbare Tontafelsammlung nicht mehr retten und vielleicht nicht einmal sein eigenes Leben in Sicherheit bringen können.

Katastrophen, Krieg, Zerstörung und das damit stets verbundene Leid, so wird hier in drastischer Weise deutlich, schaffen allzu oft erst die günstigen Bedingungen, die es Archäologen und Altertumswissenschaftlern ermöglichen, einen »glücklichen Fund« zu tun. Denn hätte der Besitzer jenes von Walter Andrae entdeckten Hauses im Jahre 614 v. Chr. die Gelegenheit gehabt, geordnet und mit aller Habe sein Haus zu verlassen, wäre der für die Kulturgeschichte des Alten Orients unermesslich wichtige Fund der Tontafelbibliothek nie gemacht worden. So sind es gerade lang vergangenes Unglück und Untergang, die es der heutigen Wissenschaft ermöglichen, die Kultur einer alten, fast ganz in Vergessenheit geratenen Zeit wiederstehen zu lassen.

Freilich ist hier auf einen weiteren, aus der Sicht der Altertumswissenschaft als besonders günstig zu bezeichnenden Umstand zu verweisen: Seit der Zeit, als die Bedürfnisse eines komplexen Wirtschaftssystems in den Städten des südlichen Zweistromlandes gegen 3200 v. Chr. zur Erfindung der Schrift geführt hatten, pflegte man die aus Bildzeichen entstandene Keilschrift mit einem Griffel in noch plastischen, zu Tafeln geformten Ton zu drücken. Es ist eine glückliche Fügung, dass die steinharten luftgetrockneten oder gebrannten Tontafeln mit Stein und Gold zu den wenigen Materialien zählen, die selbst unter den ungünstigen klimatischen Bedingungen des Zweistromlandes im feuchten Erdreich die Zeiten überdauern. Obgleich sie zerbrechlich sind, erweisen sie sich, anders als Holz, Leder, Papyrus und selbst Metalle, die dem Zahn der Zeit oft nicht standhalten, als im Prinzip unverwüstlich. So blieben altorientalische Texte aus mehr als drei Jahrtausenden und nahezu allen Bereichen des Lebens erhalten, obgleich oder besser gerade weil im Laufe der wechselvollen Geschichte Mesopotamiens Archive und Bibliotheken immer wieder durch Naturkatastrophen oder kriegerische Auseinandersetzungen zerstört wurden. Die zerbrechlichen Tontafeln mochten dabei in kleine Fragmente zersplittert sein. Aber im Schutt von Häusern, Tempeln und Palästen blieben ihre Bruchstücke stets erhalten.

Daher fanden sich in dem Wohnhaus (Abb. 1), dessen Reste Andrae 1908 und 1910 leider nur zum Teil freigelegt hatte, zwar die zerborstenen Tontafeln, die in »Nestern« zusammenlagen, so wie sie von den Regalen gefallen waren (Abb. 2). Von der Ausstattung des Hauses

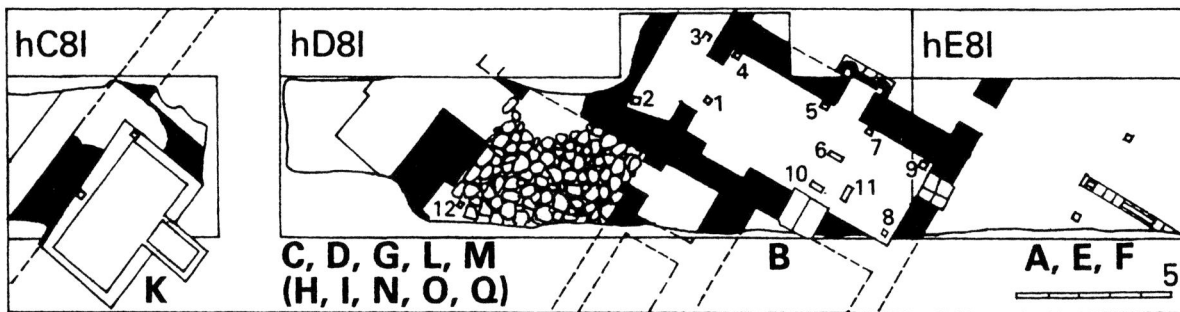

Abb. 1   Plan des teilweise freigelegten »Hauses des Beschwörungspriesters«. Die Großbuchstaben bezeichnen die gefundenen »Tontafelnester«. Die Zahlen bezeichnen die Fundstellen der unter dem Fußboden angelegten Ziegelkapseln mit Figürchen der »guten Geister«.

erhielt sich hingegen so gut wie nichts. Die Tontafelregale, die Möbel und die weitere Einrichtung des Hauses waren wohl verbrannt und das, was übrig blieb, im Laufe der Jahrtausende im Erdreich vergangen. Außer den unverwüstlichen Tontafelfragmenten, Scherben von Tongefäßen und wenigen Metallbruchstücken fanden sich nur klägliche Reste.

Eine erste Durchsicht der besser erhaltenen Tontafeln (Abb. 3) aus dem sog. »Haus des Beschwörungspriesters« zeigte rasch, dass man auf die Fachbibliothek eines Gelehrten gestoßen war, dessen wesentliche Aufgaben darin bestanden, mittels Gebet, Magie und Ritual die Ord-

nung in der Welt aufrechtzuerhalten und jegliches Unheil von König, Land und Leuten abzuwenden. Ohne Zweifel zählte Kizir-Aschur zu jenen mesopotamischen Gelehrten, die – als »Chaldäer« bezeichnet – noch mehr als ein halbes Jahrtausend nach dem Untergang des assyrischen Reiches in Rom und Griechenland in hohem Ansehen standen. Cicero und Strabo, Plinius und Arrian rühmten Wissen und Fähigkeiten dieser »Chaldäer«. Voller Bewunderung berichtete Diodor noch im 1. Jh. v. Chr.: »Sie studieren die ganze Zeit ihres Lebens. Sie beschäftigen sich viel mit der Wahrsagekunst und versuchen, die Abwendung der üblen Dinge und die Erfüllung der guten zu erreichen.« Wie aber studierten diese Gelehrten? Mit welchen Fragestellungen beschäftigten sie sich? Worin bestanden ihre Kenntnisse und wie erwarben sie sie? Erst der bedeutende Tontafelfund von Assur ließ die Beantwortung dieser Fragen aufgrund von originalen Textzeugnissen möglich erscheinen.

Entsprechende Untersuchungen, die Gegenstand eines großangelegten längerfristigen Heidelberger Forschungsvorhabens sind, können jedoch nicht unmittelbar angestellt werden. Die mühsamen Vorarbeiten, die zunächst geleistet werden müssen, spiegeln die Schwierigkeiten, mit denen die junge Disziplin der Assyriologie zu kämpfen hat.

Zunächst muss in einem ersten Schritt der gesamte Tontafelbestand aus der Bibliothek des Kizir-Aschur erfasst werden. Bereits dies erweist sich als äußerst schwierig. Denn die Ausgräber hatten zwar jedem der etwa 12.000 Tontafelfragmente, die an vielen Stellen im gesamten Stadtgebiet von Assur gefunden worden waren, eine Fundnummer zugeordnet, die Auskunft über die Fundstelle und damit über die Archiv- oder Bibliothekszugehörigkeit des Stückes lieferte. Da aber der größere Teil der Tontafeln aus Assur nicht mit der zugehörigen Fundnummer beschriftet wurde, sondern lediglich dem Karton, in dem das jeweilige Stück ver-

Abb. 2   »Tontafelnest« auf dem Fußboden des sog. »Hauses des Beschwörungspriesters«, Ass. Ph. S 3866.

Abb. 3
Tontafel aus dem »Haus
des Beschwörungspriesters«
mit einer Hymne auf die
Heilgöttin Gula, VA 13676.

packt war, ein entsprechender Notizzettel beigegeben war, gingen namentlich bei der beispiellosen zwölfjährigen Odyssee der Funde, die für das Berliner Museum bestimmt waren, diese Fundzettel verloren (s. S. 53–63). Der Schaden ist immens. Denn mit dem Verlust der Notizzettel lassen sich auch keine Angaben mehr über die Fundsituation der betroffenen Stücke machen. Die Tafeln aus der Bibliothek des Kizir-Aschur ließen sich nun von Schriftstücken, die an anderen Stellen in Assur gefunden wurden, nicht mehr unterscheiden. Erschwert wird diese Situation noch dadurch ganz erheblich, dass für den nach der Fundteilung nach Istanbul gelangten Teil der Tontafeln aus Assur kein systematischer Katalog vorliegt und ein weiterer kleinerer Teil der Tontafeln aus dem sog. »Hause des Beschwörungspriesters«, der erst zu Beginn der 1970er Jahre vom irakischen Antikendienst entdeckt wurde, bis heute fast gänzlich unbekannt blieb.

In langjähriger Arbeit, mit unendlicher Geduld und einer großen Portion Scharfsinn konnte der schwedische Kollege Olof Pedersén 80 Jahre nach Abschluss der Grabungen in dieses hoffnungslose Chaos einige Ordnung bringen. Ihm gelang es, mit Hilfe der vorbildlich geführten Grabungstagebücher Walter Andraes und der Fotodokumentation der Ausgräber die Fundstellen eines beachtlichen Teils der Tontafeln aus Assur dennoch zu ermitteln. Der Bibliothek des Kizir-Aschur konnte Pedersén insgesamt 631 Tontafeln und Tontafelbruchstücke zuweisen. Aufgrund weiterer in den letzten Jahren in Heidelberg angestellter Forschungen können heute sogar wieder 1198 Stücke dem Bibliotheksbestand zugeordnet werden.

Obgleich vor allem Erich Ebeling und Franz Köcher zahlreiche Tontafeln aus der Beschwörerbibliothek veröffentlicht hatten, zeigte sich, dass der wissenschaftlichen Öffentlichkeit bislang nicht einmal die Hälfte des Textbestandes vorgelegt wurde. Aus verständlichen Gründen hatte man sich zunächst den besser erhaltenen Tontafeln zugewandt. Mehr als 600 Tafelfragmente, oft in schlechtem Erhaltungszustand, blieben ungelesen.

Das erste Ziel des hier vorgestellten Projektes ist, den gesamten Bibliotheksbestand zu erschließen und die unveröffentlichten Teile der Bibliothek zu edieren. Wie die Scherben einer zerbrochenen Vase müssen möglichst viele Tafelfragmente mit bereits publizierten oder unpublizierten Tafelbruchstücken zusammengefügt werden. Auf diese Weise sollen aus kleineren Tontafelscherben, die für sich betrachtet fast unbrauchbar sind, möglichst vollständige Texte wiedererstehen. Wollte man auf der Suche nach Tafelfragmenten, die zusammen gehören, jedes der 1200 Bruchstücke aus dem »Hause des Beschwörungspriesters« mit den jeweiligen anderen zusammenhalten, um zu sehen, ob sie sich »joinen« lassen, müsste dieser Vorgang 719 400mal wiederholt werden. Dies ist freilich undurchführbar. Man muss also die Tafelfragmente nach inhaltlichen Kriterien in möglichst kleine einheitliche Gruppen gliedern und sich dann innerhalb dieser Gruppen um Textzusammenschlüsse bemühen.

Zunächst muss jedes unveröffentlicht gebliebene Tontafelfragment anhand des Originals maßstabsgerecht gezeichnet werden (Abb. 4). Es genügt (besonders bei beschädigten Tafeln) nicht, zur Entzifferung lediglich eine Fotografie des Stückes zur Hand zu nehmen, da sich die Keileindrücke oft erst durch das Spiel von Licht und Schatten zu lesbaren Zeichen formen. Auf einer Fotografie ist eine Verletzung der Tafeloberfläche häufig kaum von einem Keil zu unterscheiden. Die exakte Zeichnung eines Tafelbruchstücks gewährleistet, dass auch beschädigte, nicht sicher zu identifizierende Keilschriftzeichen weitgehend objektiv dokumentiert werden. Gleichwohl ermöglicht ein mittlerweile sehr umfangreiches Fotoarchiv den in Heidelberg arbeitenden

Wissenschaftlern die alltägliche Arbeit fernab von den Museen.

Auch wenn die Umzeichnung eines Tafelfragmentes erstellt und jedes darauf erhaltene Keilschriftzeichen identifiziert ist, bedeutet dies nicht immer, dass der Inhalt des Textes erfasst werden kann. Denn die meisten Keilschriftzeichen haben eine Vielzahl von Wort- und Silbenbedeutungen. Erst im Kontext fügen sie sich zu einem sinnvollen Ganzen. Kleinere Tafelbruchstücke können daher oft zunächst keiner Textgattung zugeordnet werden. Manchmal bleibt sogar unklar, ob ein solches Textfragment in sumerischer oder akkadischer Sprache verfasst war. Erst das Studium zahlreicher besser erhaltener Keilschrifttexte ermöglicht, dass eine bestimmte Zeichenfolge wiedererkannt wird und durch den Vergleich mit dem besser erhaltenen Stück, das den inhaltlichen Zusammenhang erkennen lässt, gelesen werden kann. Gelingt es, den Wortlaut eines fragmentarischen Textes über die Bruchstellen hinaus zu ergänzen, lässt sich mit einigem Glück und einem guten Gedächtnis unter den zahlreichen Fragmenten ein Bruchstück finden, das eben die ergänzten Wendungen enthält. Die Wahrscheinlichkeit, dass beide Fragmente zu der gleichen Tontafel gehören und gemeinsam einen vollständigeren Text ergeben, ist dann recht hoch.

Auf der Suche nach Textzusammenschlüssen ist das äußere Erscheinungsbild der Tafelbruchstücke bisweilen irreführend. Obwohl zwei Stücke zu derselben Tafel gehören, können sie durchaus jeweils eine andere Färbung aufweisen. Das eine Stück kann von Asche geschwärzt aber hervorragend erhalten sein, während das andere stark erodiert und lederbraun ist. Allerdings liefern Tafelform, Struktur und Magerung des Tones ebenso Hinweise auf die Zusammengehörigkeit zweier Fragmente wie die genaue Beobachtung von auffälligen orthografischen Konventionen und eigenwilligen Zeichenformen.

Mit Hilfe der elektronischen Datenverarbeitung werden inhaltliche (Sprache; Textgattung; Schlüsselwörter etc.) und äußerliche Charakteristika eines jeden publizierten und unpublizierten Tafelbruchstückes gespeichert. Fragmente, die ein bestimmtes Cluster von Eigenheiten aufweisen, können dann aus dieser Datei aufgerufen und auf Zusammengehörigkeit überprüft werden.

Auf diese Weise wurden bereits mehrere Hundert Textzusammenschlüsse gefunden. Aus zahlreichen kleineren zunächst ganz wertlos erscheinenden Tontafelfragmenten können so mit Geduld und Geschick zuvor ganz unbekannte Tontafeln erstmals wieder seit der Zerstörung Assurs im Jahre 614 v. Chr. gelesen und dann ausgewertet werden (Abb. 4).

Auch wenn die philologische Erschließung des Bibliotheksbestandes noch einige Jahre in Anspruch nehmen wird, kann nach Durchsicht des Tafelbestandes bereits ein recht genaues Bild von der Tätigkeit der Beschwörer aus Assur gezeichnet werden.

Kizir-Aschur hatte im Wesentlichen gemeinsam mit

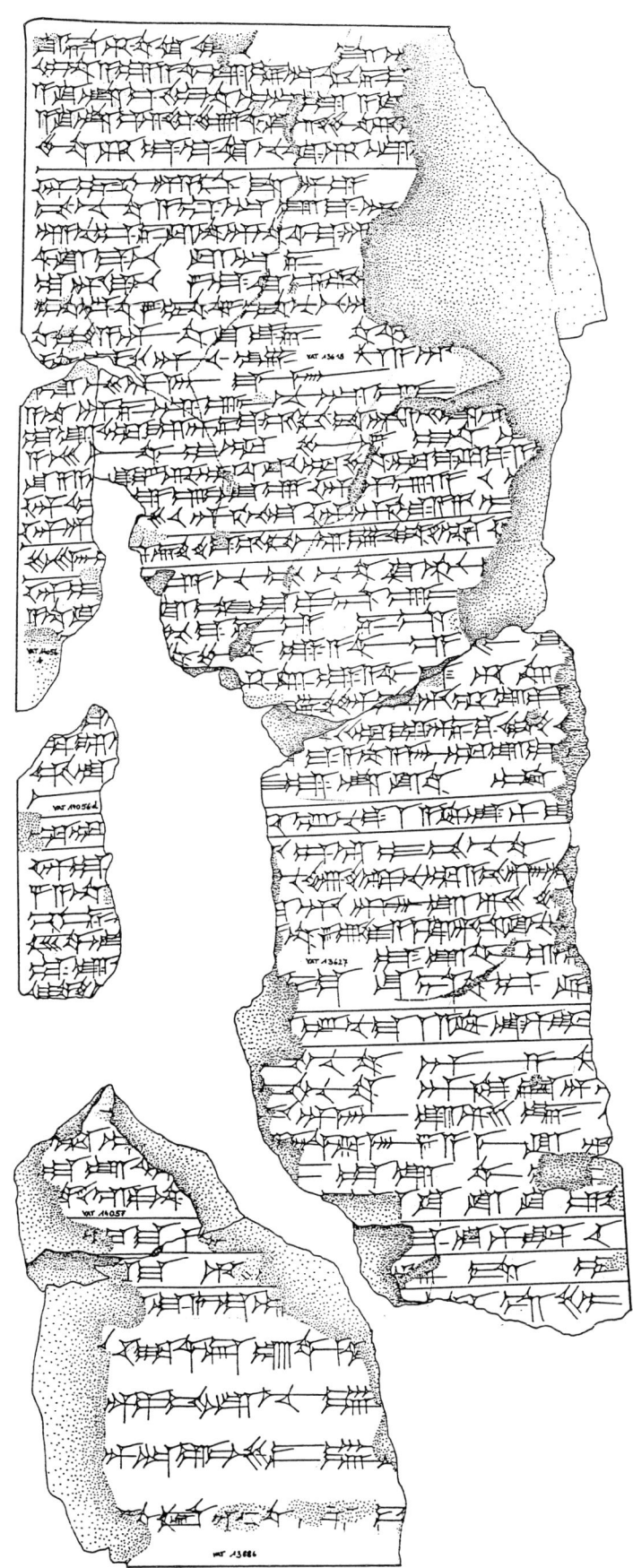

Abb. 4 Umzeichnung einer aus neun
Bruchstücken zusammengefügten
Ritualbeschreibung (Joins und Zeichnung:
S. M. Maul). Am unteren Tafelende findet sich
ein Bibliotheksvermerk, in dem der Tafelbesitzer
Kizir-Aschur namentlich genannt ist.

seinem Neffen und Schüler, Kizir-Nabu, Abschriften von den wichtigsten Beschreibungen babylonischer Rituale zur Unheilsbeseitigung und zur Heilsbewahrung angefertigt. Wie sie in auf den Tafeln angebrachten keilschriftlichen Bibliotheksvermerken notierten, waren diese Tafeln oft »eilig für die Durchführung« eines Rituals von »Vorlagen kopiert«, die aus Babylon, Uruk, Nippur und anderen mesopotamischen Städten stammten. Die philologische Gewissenhaftigkeit, mit der die Beschwörer arbeiteten, überrascht. Sofern ihnen beim Kopieren eines Textes mehrere voneinander abweichende Textvertreter zur Verfügung standen, notierten sie die Textvarianten. Blieb einmal nicht die Zeit zu prüfen, ob die Kopie auch tatsächlich genau mit der Vorlage übereinstimmte, wurde auch das vermerkt. Nachschlagewerke unterstützten ihre Arbeit. Sumerisch-akkadische »Wörterbücher« auf Tontafeln ermöglichten den Beschwörern, sumerische Texte mit einer akkadischen Übersetzung zu versehen. Lexikalische Listen und Verzeichnisse der im ausgehenden 3. Jt. v. Chr. üblichen Keilschriftzeichenformen dienten als Hilfsmittel zum Verständnis alter Texte, die Kizir-Aschur abschrieb und, wenn er es im Rahmen der Ausbildung seiner Studenten für notwendig erachtete, auch kommentierte. Eine in seiner Bibliothek aufbewahrte Zusammenstellung der »Tontafelserien, die für die Lehre und das Studium (eines Beschwörers) verbindlich sind«, liefert uns das Curriculum der Ausbildung. Etwa zwei Drittel der dort genannten Werke lassen sich bisher in der Beschwörerbibliothek nachweisen. Es haben sich sogar Fragmente von Katalogen der Bibliotheksbestände gefunden.

Die wesentliche Aufgabe der Beschwörer bestand darin, das Wohlergehen des Königs und seiner Beamten zu sichern und jegliches Unheil von König, Volk und Land abzuwenden. Wenn der Reichsgott Assur dem König und dem Land im Rahmen des Neujahrsfestes »das Schicksal bestimmte«, hatte Kizir-Aschur dafür zu sorgen, dass alle Riten ordnungsgemäß durchgeführt wurden, damit der Gott günstig gestimmt war. Festbeschreibungen, komplizierte Reinheits- und Badevorschriften für den König, Hunderte von Bitt- und Sühnegebeten in sumerischer und akkadischer Sprache und Vorschriften für die kultische Reinheit der Tempel geben ein beredtes Zeugnis von diesen Aufgaben.

Der Fund einer Reihe von historischen Texten war unerwartet. Die Auswahl der Texte spricht dafür, dass Kizir-Aschur, wohl auf Weisung des assyrischen Königs, der Babylon okkupiert hatte, folgende Fragen zu klären suchte: Welche Umstände hatten Marduk, den babylonischen Reichsgott, im Verlauf der Geschichte veranlasst, einen Nicht-Babylonier als Herrscher über Babylon anzuerkennen, und aufgrund welcher Verfehlungen hatte Marduk einem Herrscher von Babylon seine Gunst entzogen? Die Ergebnisse bildeten die Grundlage für die Neuordnung des assyrischen Staatskultes, die Assurbanipal von den Beschwörern von Assur ausarbeiten ließ. Dieser frühe Versuch, Gesetzmäßigkeiten im histo-

rischen Geschehen zu ermitteln, um diese für das politische Handeln nutzbar zu machen, verdient Beachtung!

Zur Steigerung des persönlichen Erfolges des Königs diente das Ritual, das nach seiner ersten Zeile »Damit der, der ihn sieht, sich freut« genannt wurde. Militärisches Gelingen erhoffte man von Waffenweihen, dem Ritual »Damit der Pfeil des Feindes nicht herankomme« und magischen und hygienischen Maßnahmen zur Seuchenverhinderung im Feldlager. Ob die Beschreibung eines Rituals mit dem Titel »Um ein zänkisches Weib mit seinem Mann zu versöhnen« ebenfalls für den König gedacht war, wissen wir nicht.

Andere Texte beschreiben, wie Häuser, Tempel und Paläste vor Feinden und Krankheitsdämonen geschützt werden sollten. Unter Toren und Türschwellen und in den Ecken des Hauses und der Zimmer sollten in einer großen Zeremonie Figürchen von Schutzgeistern vergraben werden. Kizir-Aschur führte dieses Ritual nicht nur für seine Auftraggeber aus. Unter seinem eigenen Haus fanden die Ausgräber insgesamt 12 Ziegelkapseln mit 41 Figürchen der guten Geister (Abb. 5, 6). Auf eines davon hatte der Beschwörer geschrieben: »Tritt ein, Geist des Heils! Verschwinde, böser Geist!«

Die Gewalt des von den Göttern offenbarten beschwörenden Wortes und die Überzeugung, im Ritual die uralten Anweisungen der Götter zu wiederholen und in diesem Akt als Abbild des göttlichen Heilandes Marduk-Asalluchi zu handeln, so zeigen es die Texte, verliehen dem Beschwörer die charismatische Kraft, das »Böse« zu bändigen und zu vertreiben.

Omensammlungen ermöglichten den Beschwörern, den Zorn der Götter zu erkennen, noch bevor er in einem spürbaren Unheil Gestalt angenommen hatte. Mit Hilfe einer umfangreichen Sammlung von »Löseritualen« versuchten sie, die Götter rechtzeitig zu besänftigen.

Auch Diagnose und Behandlung von Krankheiten zählte zu dem Aufgabenbereich Kizir-Aschurs und seiner Schüler. Zahlreiche medizinische Texte, die in dem Haus der Beschwörer gefunden wurden, beweisen, dass Herodot mit der Meinung, die Mesopotamier hätten keine Ärzte in Anspruch genommen, einer Fehlinformation erlegen ist. Krankheit erklärte man als Besessenheit von Dämonen oder Totengeistern, die den Menschen packen und fesseln. So wurde z. B. Epilepsie als das Wirken des »bösen utukku-Dämons« und die Kindersterblichkeit sowie das Kindbettfieber als Hinterlisten der Dämonin Lamaschtu gedeutet. Beschreibungen exorzistischer Rituale waren daher ein wichtiger Bestandteil der Beschwörerbibliothek. Gebete – oft in sumerischer Sprache –, Opfer, um die Götter gnädig zu stimmen, und viele magische Manipulationen, die den Praktiken der Voodoo-Zauberer nicht unähnlich sind, bildeten die wesentlichen Elemente einer solchen Behandlung des Patienten. Daneben waren auch Riten zur Abwendung der bösen Folgen von Schadenzauber von Bedeutung. Niemand zweifelte an der Wirksamkeit der »magisch-

Abb. 5
Unter dem Fußboden der
Räume des sog. »Hauses des
Beschwörungspriesters«
fanden sich Ziegelkapseln
mit den Reliefbildern guter
Geister, Ass. Ph. S 3856.

religiösen« Therapie, da die Gebete und Ritualanweisungen – wie bisweilen auf den Tafeln vermerkt – auf göttliche Offenbarung oder aber auf die Kenntnisse »der alten Weisen aus der Zeit vor der Sintflut« zurückgeführt wurden.

Während in vielen Ritualbeschreibungen die magisch-religiöse Einordnung der Krankheit im Vordergrund steht, wirken andere medizinische Texte aus der Bibiothek des Kizir-Aschur eher nüchtern empirisch:

»Wenn ein Mensch sehr ängstlich und nervös ist; wenn seine Augen ständig herumwandern und er unter Erschöpfung leidet; wenn seine Körpertemperatur nicht hoch ist, er aber häufig hustet, und während sein Inneres immer mehr drückt, Speichel zu fließen beginnt; wenn seine Gedärme von der ›Durchfall-Krankheit‹ schmerzen und er an Durchfall leidet; wenn außen sein Fleisch kalt ist, während darunter seine Knochen vor Hitze brennen; wenn er aufgibt zu versuchen, sich schlafen zu legen, und während sich seine Luftröhre verstopft, er nach Atem schnappt und er ›Feuer-Brennen‹ oder ›Brennen des Inneren‹ an vielen Stellen hat – dieser Mann ist von dem zetu-Fieber befallen.«

Ein ansehnliches, etwa 300 Tontafeln und Tontafelbruchstücke umfassendes Textcorpus von sehr modern anmutenden medizinischen Rezepturen widerlegt die weitverbreitete Ansicht, der »vorwissenschaftlich arbeitende« Beschwörer sei nur insoweit mit Verfahren der Heilkunde befasst gewesen, als diese magischen, apotropäischen und exorzistischen Charakters waren. Viele dieser Tontafeln sind mit den Eigentumsvermerken des Beschwörers und der Bemerkung versehen, dass er die Rezepte »(eilig) für die Anwendung« von einer

Vorlage abgeschrieben hatte. So unbequem und bedrohlich es auch erscheinen mag: Die Rezepte, in denen – einem strengen Schema folgend – rational die Schilderung von Krankheitszeichen, eine Beschreibung der jeweiligen Heilanzeige (Indikation), Anweisungen zur Herstellung der Arznei sowie Vorschriften für die Applikationsart des Medikamentes zusammengestellt sind, wurden von eben dem Heiler studiert und in Anwendung gebracht, der einer Krankheit übernatürliche Ursachen zusprach und dieser mit Besänftigungsritualen und Bannung der wirkenden Dämonen zu Leibe rückte. Der Tontafelbestand der Bibliothek des Kizir-Aschur zeigt es deutlich: Die sog. empirisch-rationalen Methoden der babylonischen Heilkunde, die wie jüngste Forschungen zeigen, durchaus nachvollziehbar wirkkräftig waren, sind von den Heilverfahren mit magisch-religiösem Charakter nicht zu trennen. Sie sind Ausprägungen ein und derselben Disziplin, der Heilkunde, die der Beschwörer vertrat.

Die Beschwörer von Assur stellten regelrechte therapeutische Kompendien zusammen. Als Beispiel sei hier ein Rezept zur Behandlung der hochansteckenden und oft tödlich verlaufenden Hautkrankheit sacharschubbu vorgestellt:

»Wenn auf dem Körper eines Menschen sacharschubbu entsteht, räucherst du mit zariptanu-Kraut darüber bis die Pustel Trockenes enthält. Die Pustel schälst du ab. Du verbindest ihn mit Salz und der Pflanze ›gehörntes Alkali‹ und er wird gesund werden. (…) Wenn ein Mensch voll ist mit sacharschubbu, zerstößt du Körner der Hirschhorn-Pflanze, vermischst sie mit ›Löwentalg‹ (wohl eine Pflanze). Du verbindest ihn und er wird gesund werden.«

Abb. 6   Relief mit dem Bild eines Schutzgeistes. Auf den Armen steht geschrieben: »Tritt ein, Geist des Heils! Verschwinde, böser Geist!« Aus einer Ziegelkapsel unter dem Fußboden eines der Räume des sog. »Hauses des Beschwörungspriesters«, VA 5450.

Die in den medizinischen Texten des Beschwörers am häufigsten genannten Krankheiten sind Augen- und Ohrenleiden, Zahnschmerz, Aussatz, Epilepsie, Gelbsucht, Geschwülste, Haut- und Fieberkrankheiten, Wassersucht, Husten und Frauenleiden. Sogar Anweisungen zur Behandlung von Sprachstörungen oder Haarausfall waren vorhanden. Eine umfangreiche Tafelserie ist der Behandlung von Impotenz gewidmet.

In den erhaltenen Rezepten werden sowohl innerlich als auch äußerlich zu verabreichende Medikamente genannt. Eine gewaltige Anzahl von Pflanzen und Pflanzenprodukten (Samen, Blätter, Wurzeln, Früchte), aber auch von Mineralien und tierischen Produkten fanden Verwendung. Leider kennen wir von vielen Pflanzen und Steinen nur die akkadischen oder sumerischen Namen, ohne sie mit bekannten Pflanzen oder Steinen identifizieren zu können. Erschwerend kommt hinzu, dass auch Decknamen für die verwendeten Pflanzen benutzt wurden. Daher ist oft nicht möglich zu entscheiden, ob die Heilwirkung der hergestellten Arzneien eher pharmakologisch oder eher »magisch« war. Pflanzen und Mineralien wurden Tränken aus Bier, Wein, Milch, Öl oder Wasser beigesetzt. Sogar Pillen waren bereits bekannt. Zu den äußerlich anzuwendenden Heilmitteln gehören Pflaster und Verbände, die über aufgetragene Salben gelegt wurden. Auch Tampons und Zäpfchen, Klistiere, Räucherungen, Dampfbäder und Gurgelmittel kamen zur Anwendung.

Der Fund von übersichtlich aufgebauten, sehr umfangreichen keilschriftlichen »Bestimmungsbüchern«, in denen Aussehen und Heilwirkung von Pflanzen und Mineralien zusammengestellt waren, zeigt das ernsthafte wissenschaftliche Interesse der Beschwörer an der Heilkunst.

Während das Bestreben, mittels Magie und Ritual die Ordnung in der Welt aufrecht erhalten zu wollen, und das dahinterstehende geschlossene Weltbild dem modernen Menschen fremd erscheinen mag, verbindet jedoch die akribische Suche der Beschwörer nach Erkenntnis, die man in der Vielfalt der von den Gelehrten studierten Literatur erkennen möchte, den modernen Wissenschaftler mit dem Forscher aus assyrischer Zeit.

PETER A. MIGLUS

NEUE FORSCHUNGEN IN ASSUR

Die erste deutsche Ausgrabung in Assur unter der Leitung Walter Andraes ging 1914 zu Ende. Ihr folgte eine
lange Unterbrechung in der archäologischen Erforschung der ersten assyrischen Hauptstadt. Diese war
auch zunächst nötig, um die immensen Mengen von gewonnenen Informationen, Objekten, Texten und Plänen auszuwerten und zu publizieren. Nach der elfjährigen Ausgrabung war die Stadt großflächig erkundet:
schätzungsweise ein Fünftel der Gesamtfläche im befe-
stigten Stadtgebiet mit Tempeln, Palästen, Festungswerken, Stadttoren und Kaimauern waren beschrieben, vermessen und aufgenommen. Die wichtigsten Gebäude
konnte man aufgrund der in ihnen deponierten Bau-
und Weihinschriften sowie mit Hilfe von Informationen
aus verschiedenen Keilschrifttexten lokalisieren und zeitlich einordnen. Es schien so, als wären in der Innenstadt
keine überraschenden neuen Befunde mehr zu erwarten.
Walter Andrae ließ Assur durch eindrucksvolle Beschreibungen und überzeugende zeichnerische Rekonstruktionen wiedererstehen. Er lieferte uns ein umfassendes Bild der
Stadt mit dem öffentlichen Bereich im Norden sowie
den Wohnbezirken in der Mitte und im Süden der
Stadt.

Was gab es also noch in Assur zu erfahren? Die Frage
stellte sich für die deutsche Seite nicht, solange die Veröffentlichung der Ergebnisse noch keinen Abschluss gefunden hatte: Zwei Weltkriege und wirtschaftliche Not
in den Nachkriegszeiten sowie komplizierte Schicksale
der Funde und der Grabungsarchive führten dazu,
dass zwischen dem Erscheinen des Werkes über den
Anu-Adad-Tempel, mit dem Andrae promovierte, und
dem zuletzt publizierten Band über das Wohngebiet fast
90 Jahre vergingen.

Bereits vor diesem Abschluss begannen die irakischen
Archäologen mit neuen Forschungen in Assur: Ende der
1970er Jahre rief der damalige Direktor des irakischen
Antikendienstes, Muayyad Saʿid Damerji, eine spezielle
Kommission, der »Commission for the Revival of Assur«,
ins Leben, die Konservierungs- und Rekonstruktionsarbeiten der Stadtruine planen und durchführen sollte. In
erster Linie stand die Absicherung der bereits ausgegrabenen Architekturreste auf der Tagesordnung. Die deutsche Expedition hatte in den Grabungsarealen monu-
mentaler Bauwerke stellenweise noch sehr hoch anstehende Lehmziegelmauern hinterlassen, die in den folgenden Jahrzehnten dem unaufhaltsamen Verfall ausge-

Abb. 1   Ruine des Westtores der Stadt mit moderner Lehmziegelaufmauerung.

setzt waren. Hinzu kam, dass gutes Baumaterial – wie Stein und gebrannte Ziegel – gelegentlich durch die Bewohner umliegender Dörfer für ihre Zwecke wiederverwendet wurde. Dadurch verschwand beispielsweise das auf großen Steinquadern gegründete Festhaus vor den Toren der Stadt völlig von der Oberfläche. Im Zuge der Rekonstruktionsarbeiten wurden nun Reste des Königspalastes mit neuen Ziegeln aufgemauert. Eine ähnliche Maßnahme führte man an der Frontfassade des Doppelheiligtums der Götter Anu und Adad sowie an den Zikkurrat-Fronten sowie an zwei Stadttoren durch, um sie gegen die fortschreitende Erosion abzusichern (Abb. 1). Das Haupttor der Stadt, das Tabira-Tor, erhielt neue Wände mit abschließenden Bögen über den Öffnungen. Der Grundriss des Nabu-Tempels wurde hingegen im vollen Umfang mit Backsteinen ausgelegt, um seine Anlage sichtbar zu machen. Manche der speziell für die Rekonstruktion hergestellten Ziegel trugen einen Stempel der »State Organisation of Antiquities and Heritage«, eine Nachahmung des alten königlichen Brauches, die als symbolische Anknüpfung an die assyrische Tradition verstanden werden sollte. Die über dem Assur-Tempel stehende, verfallene Kaserne, die Madhat Pascha, ein osmanischer Militärkommandant, um 1870 errichtet hatte, wurde erneuert und in ein Museum umgewandelt.

Die Rekonstruktionsarbeiten waren von neuen Ausgrabungen begleitet, was im Nordgebiet auch zu Nachforschungen an den öffentlichen Bauwerken führte. Die meisten neuen Grabungsflächen wurden jedoch im südlichen Wohngebiet angelegt: In der Umgebung des »Hauses des Beschwörungspriesters« im ehemaligen Suchgraben 8I, in dem weitere Teile der dort schon früher ausgegrabenen Bibliothek zutage kamen, in der Nähe des Westtores und im Bereich der von König Sanherib angelegten Fundamente des Kronprinzenpalastes am Tigrisufer. Umfangreiche Grabungen führte man auch in der Südstadt, der assyrischen »Neustadt« durch. Überall kamen hauptsächlich neuassyrische Wohnhäuser mit typischen Hausinventaren, privaten Tontafelarchiven und Gräbern zutage, die häufig durch parthische Siedlungsreste bedeckt waren. Diese zuletzt genannten wurden vor allem in der Umgebung des parthischen Palastes, am Kronprinzenpalast und entlang der Befestigungen untersucht. Nur an einigen Stellen hat man noch ältere Schichten gestreift. Die Ergebnisse dieser Grabungstätigkeit sind uns bisher nur durch kurze Mitteilungen bekannt.

1988 kam wieder eine deutsche Expedition nach Assur. Reinhard Dittmann, Leiter der Ausgrabung im benachbarten Kar-Tukulti-Ninurta, begann hier eine Untersuchung, als er nach der Zerstörung der nördlichen Tigrisbrücke durch ein Hochwasser seine Grabungsstätte auf der anderen Seite des Flusses nicht erreichen konnte. Aus der Notsituation entstand ein Projekt, in dessen Rahmen eine möglichst vollständige Abfolge der Keramikformen in Assur durch die lange Geschichte der Stadt erfasst werden sollte. Bei dieser Forschung, die auch im folgenden Jahr eine Fortsetzung fand, wurden eine neue Fragestellung und neue methodische Ansätze entwickelt. Ziel war eine feinstratigrafische Analyse der Schichtenabfolge. Zu diesem Zweck wurden östlich des Ischtar-Tempels Sondagen angelegt, die vom parthischen Horizont bis zu den Schichten des ausgehenden 3. Jts. v. Chr. reichten.

Im Jahre 1989 begann Barthel Hrouda, Ordinarius für die Vorderasiatische Archäologie der Universität München, ein lange geplantes Grabungsprojekt. Zur Vorbereitung dafür waren schon einige Jahre zuvor die alten Grabungsunterlagen aus dem Wohngebiet von Assur aufgearbeitet worden. Sie lagerten in Kartons verpackt jahrzehntelang im Magazin des Museums für Vor- und Frühgeschichte im Berliner Schloss Charlottenburg. Jetzt, nach der Erteilung der Grabungslizenz, wurde die gesamte Ruine neu vermessen und topografisch aufgenommen. Im Westteil der Stadt (Abb. 2), wo neue Grabungsbereiche abgesteckt werden sollten, führte man eine magnetische Prospektion durch. In der anschließenden Grabungskampagne 1990 wurden in zwei Bereichen parthische und spätassyrische Siedlungsschichten sowie Reste aus mittelassyrischer Zeit freigelegt. In beiden Schnitten kamen Privathäuser, Gräber und Grüfte ans Licht. Ein besonders wertvoller Fund war ein Tontafelarchiv mit Geschäftsurkunden eines assyrischen Kaufmannes. Diese erfolgreiche Grabungskampagne fand leider keine Fortsetzung, da einige Monate später der Krieg zwischen Irak und Kuwait ausbrach.

Die weiteren Kriegsereignisse und die daraus resultierende politische und wirtschaftliche Situation im Irak führten auch zur Lähmung des irakischen Antikendienstes. Aus Sicherheitsgründen und aus Angst vor Plünderungen von Grabungsstätten wurden jahrelang keine Erlaubnisse für Feldforschungen erteilt. Erst im Jahr 2000 gelang es, mit der finanziellen Unterstützung der Deutschen Forschungsgemeinschaft die Ausgrabung in Assur unter der Leitung des Verfassers wieder aufzunehmen. Die Kontaktpflege mit den irakischen Behörden und die Betreuung der Ruine während der zehnjährigen Unterbrechung waren unter anderem durch den mannigfaltigen persönlichen Einsatz von Barthel Hrouda, Eva Strommenger und Wolfram Nagel möglich, denen die Fortsetzung der deutschen Forschung in Mesopotamien besonders am Herzen lag. Ferner ist der Neubeginn der Grabungstätigkeit auch Winfried Orthmann zu verdanken, dem damaligen Lehrstuhlinhaber des Instituts für Orientalische Archäologie und Kunst der Universität Halle, der den organisatorischen Rahmen schuf. Zudem übernahmen die Deutsche Orient-Gesellschaft und die Bayerische Akademie der Wissenschaften die Schirmherrschaft für die neue Grabung (Abb. 3).

Sie ist jetzt ein Kooperationsprojekt mit dem irakischen Antikendienst, zugleich aber auch eine Fortsetzung des Münchner Projektes mit den gleichen Forschungszielen. Im Vordergrund steht die Untersuchung

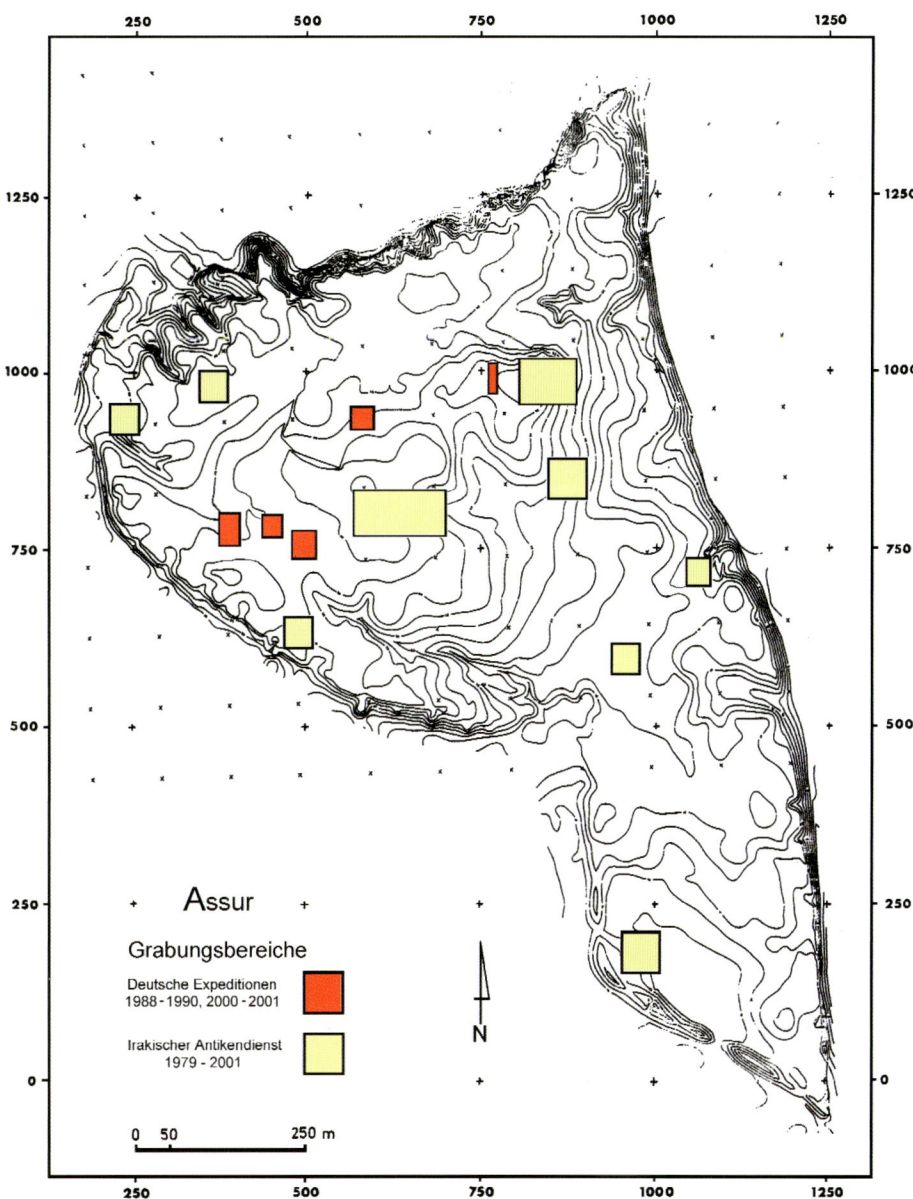

Abb. 2
Höhenlinienplan der
Stadtruine mit
markierten
Grabungsbereichen
1979–2001.

der weniger bekannten Perioden in der Stadtgeschichte: Dazu gehören die Anfänge der assyrischen Hauptstadt im 3. und im beginnenden 2. Jt. v. Chr., die Zeit der Mittani-Herrschaft, die Wende vom 2. zum 1. Jt. v. Chr. und schließlich das Ende der assyrischen Metropole sowie die Zeit danach bis zur Ansiedlung der Parther. Die Aufmerksamkeit gilt dabei vor allem dem Wohngebiet, das bei der früheren Grabung lediglich in groben Zügen mit Hilfe langer Kontrollschnitte erfasst worden war. So soll nun die Siedlungsentwicklung nicht nur anhand der Großbauten und der entsprechenden Funde, sondern auch anhand der Stadtstruktur erfasst werden. Es geht beispielsweise um den Straßenverlauf, die Veränderungen von Grundstücksgrenzen und Hausgrundrissen, die Bauweise und den Wandel der Bestattungssitten.

Diese Forschungsziele bedürfen einer langfristigen Grabung. Nach nur zwei Kampagnen, im Frühjahr 2000 und im Herbst 2001, musste nun die Arbeit wieder wegen eines Krieges unterbrochen werden. Trotzdem hat sich der bisherige Einsatz bereits gelohnt. Die zehn Jahre früher angelegten Grabungsflächen wurden zunächst gesäubert. Raubgräber hatten inzwischen »weitergearbeitet« und dabei viel zerstört sowie geplündert. Trotz der entstandenen Verluste wurden jetzt die alten Stellen erweitert und vertieft. Drei neue Grabungsabschnitte sind hinzugekommen, davon einer als Ergänzung der von Dittmann durchgeführten Sondagen östlich des Ischtar-Tempels und einer auf dem so genannten »Gräberhügel« südlich der großen Zikkurrat (Abb. 2). Dieser Hügel diente lange Zeit als Friedhof, zuerst für die in der Kaserne stationierten türkischen

Abb. 3   Assur, Kampagne 2001 – Das Grabungsteam.

Abb. 4   Abschnitt 1 in Assur-West; Schnitt durch die jüngsten neuassyrischen Wohnhäuser. Blick nach Süden; im Hintergrund liegen Halden des ehemaligen Suchgrabens 9I.

Soldaten, später für ansässige Dorfbewohner. Auf diese Weise wurde er bis vor kurzem vor der Neugier der Archäologen geschützt.

Als wir die Grabungen in Assur begannen, hatte hier bereits im Jahre 1999 der irakische Antikendienst seine Ausgrabungen wieder aufgenommen. Das irakische Grabungsteam war sowohl in der Stadtmitte als auch auf dem Gräberhügel tätig. Gegenwärtig erforschen beide Expeditionen benachbarte Stadtbereiche. Durch die vereinbarte Zusammenarbeit werden sich in der Zukunft unsere Ergebnisse ergänzen.

Den obersten Siedlungshorizont bilden in Assur fast überall parthische Reste. Auf dem Gräberhügel wurden jetzt zwei bis drei Bauschichten mit Privathäusern angeschnitten, die regelrecht von den bis 2 m tiefen Gruben der modernen islamischen Bestattungen durchlöchert sind. Dadurch war auch das parthische Fundmaterial – Keramik, Terrakotten, Bronzemünzen – mit ursprünglich aus anderen Siedlungsschichten stammenden Objekten vermischt. Die Grabungen im Westteil der Stadt brachten hingegen aus parthischer Zeit hauptsächlich Bestattungen zu Tage, darunter auch Reste von Gruftanlagen. Zwei große, in die spätassyrische Schicht eingegrabene Grabbauten fanden die irakischen Archäologen im Zentrum der Stadt.

Die neuassyrischen Privathäuser (Abb. 4) sind im Gegensatz zu den parthischen in der Regel gut erhalten.

Abb. 5   Ein Kleinfund der Grabung: Elfenbeinköpfchen – vermutlich Teil eines Möbels.

Nicht selten stehen ihre auf niedrigen Steinsockeln gesetzten Lehmziegelwände noch mehr als 1 m hoch an. Die Ausstattung der Räume mit Backstein- und Kieselpflaster oder Stampflehmboden, mit Steinschwellen und Türangelsteinen, mit unter den Fußböden verlegten Ziegel- und Terrakottakanälen vermittelt ein einheitliches Bild dieser Architektur. In den durch die Zerstörungsschicht von 614 v. Chr. zugeschütteten Räumen

Abb. 6   Eine spätneuassyrische Straße im Grabungsabschnitt 2.

Abb. 7   Ein Tontafelfragment – ein mittelassyrischer Text mit einer Auflistung von Materialien zur Herstellung von Kompositbögen.

findet man eine Vielzahl verschiedener, gut erhaltener Objekte, unter ihnen sowohl gewöhnliche Haushaltsgeräte aus Ton, Stein und Metall sowie große Mengen von Gebrauchskeramik, als auch Luxusgüter, wie beispielsweise aus Syrien und der Levante stammende, aus Elfenbein geschnitzte Möbelteile (Abb. 5) und Fragmente einer gravierten Tridacna-Muschel. Von den weit reichenden Kontakten und Handelsbeziehungen sprechen Tontafeltexte, wie die aus dem Archiv des Unternehmers Duri-Aschur, der Handelskarawanen organisierte. Seine Dokumente lagen verstreut in den Ruinen eines Hauses, das während der Eroberung der Stadt zerstört wurde, und damit das Schicksal vieler anderer gleichzeitiger Bauwerke der Stadt teilte. Manche Wände tragen starke Brandspuren und im Ziegelbruch finden sich verbrannte Balkenreste der Deckenkonstruktion.

Nur ein Hausgrundriss konnte vollständig freigelegt werden. Es handelt sich um eine kleinere, sechsräumige Anlage auf einem ca. 80 m² großen Grundstück, an die ähnliche Bauten anzugrenzen scheinen. Am westlichen Rand des Grabungsareals erstreckt sich hingegen ein Gebäude, bei dem allein schon der mit Backsteinen gepflasterte Hof fast 100 m² misst. Die Bebauung war also keineswegs einheitlich. Das Bebauungsmuster im Zentrum der Stadt wird im irakischen Grabungsareal besonders deutlich, in dem unterschiedlich große Privathäuser mit eingeschlossenen Produktionsbereichen (Brennöfen) freigelegt wurden. Das größte Haus zählte fast 20 Räume mit einer Gesamtfläche von 435 m². Der komplexe Charakter dieser Bebauung ist ein Hinweis auf eine differenzierte soziale Struktur innerhalb einzelner Wohnquartiere.

Die von den irakischen Archäologen ausgegrabene Häusergruppe lag an einer ca. 4–5 m breiten Straße, die

in Richtung Westtor führte. Auch die vom nordwestlichen Tabira-Tor über unser Grabungsareal nach Südosten verlaufende Straße zeigt eine ähnliche Breite, wohl die übliche Breite städtischer Hauptstraßen. Die Weite von Seitenstraßen und -gassen lag dagegen bei 1,5–3 m (Abb. 6). Die Wege waren häufig mit offenen oder bedeckten Wasserrinnen versehen, jedoch nur stellenweise geschottert. Einzig die Prozessionsstraße im Norden verfügte über einen Steinplatten- und Kieselbelag. Obwohl eng und miserabel befestigt, bildeten die meisten Straßen über längere Zeit einen festen Bestandteil der städtischen Infrastruktur. Im westlichsten Grabungsabschnitt wurde die vom Tabira-Tor kommende Hauptstraße bis auf den Horizont aus der Mitte des 2. Jts. v. Chr. vertieft. Dabei stellte sich heraus, dass sie über acht Jahrhunderte an derselben Stelle verlaufen war, während in diesem Zeitraum in der angrenzenden Wohnbebauung etwa 10 verschiedene Bauschichten nacheinander entstanden.

Liegen die mittel- und altassyrischen Siedlungsreste in den westlichen Grabungsabschnitten verhältnismäßig tief, etwa 3–4 m unter der Hügeloberfläche, so ist der entsprechende Zeithorizont im Bereich zwischen dem Ischtar- und dem Sin-Schamasch-Tempel durch die Ausgrabung relativ schnell zu erreichen. Die höheren, parthischen und neuassyrischen Schichten sind hier nämlich teilweise durch Erosion zerstört, teilweise durch die erste deutsche Expedition abgetragen worden. Letztere hat hier ein öffentliches Gebäude angeschnitten, in dem umfangreiche Archive der königlichen Verwaltung aus dem 14.-11. Jh. v. Chr. lagen. Den Dokumenten zufolge dürfte hier ein hoher Verwaltungsbeamter mit dem Titel *abarakku* residiert haben. Während der neuen Grabung kamen etwa 200 weitere, meist fragmentarisch erhaltene Tontafeln zum Vorschein (Abb. 7).

Die geplante Ausdehnung der Grabungsfläche nach Norden und Westen soll den Grundriss des mittelassyrischen Verwaltungsgebäudes vervollständigen.

Der östlich dieser Stelle von Dittmann angelegte Tiefschnitt wird in Zukunft noch fortgeführt werden müssen, um die 1988 begonnene Keramikuntersuchung abzuschließen und in die tiefsten Schichten zu gelangen. Einen weiteren Einblick in kontinuierliche Ablagerungen von Siedlungsschichten von der Mitte des 3. Jts. v. Chr. bis zur jüngsten Zeit zu verschaffen, verspricht die neu angelegte Sondage auf dem modernen Friedhof des Zentralhügels (Abb. 8). Dieser mehr als 10 m hohe Hügel mit steilen Hängen birgt Zeugnisse des assyrischen Reiches von seinem Beginn bis zu seinem Ende. In der Tiefe liegen hier noch zusammenhängende Reste der ältesten Siedlung in Assur aus der späten Frühdynastischen Zeit (um 2500 v. Chr.), die sich sonst zwischen den mehrmals umgebauten Tempeln und Palästen kaum erhalten haben. Andrae vermutete außerdem an dieser Stelle ein großes öffentliches Bauwerk. Seine Vorahnung fand jetzt ihre Bestätigung.

Das irakische Team legte oben auf der Kuppe des

Abb. 8   »Gräberhügel« aufgenommen vom Tempelturm – rechts: die Nord-Süd-Sondage im Abschnitt 5 der deutschen Grabung; – links: Grabung des irakischen Antikendienstes im Bereich des neuassyrischen Palastes. Im Hintergrund, im Süden, das Makhul-Gebirge.

Abb. 9   Ein Hof des neu ausgegrabenen assyrischen Palastes im irakischen Grabungsbereich auf dem »Gräberhügel«; Blick nach Nordosten.

»Gräberhügels« Teile eines bisher unbekannten neuassy-rischen Palastes frei, die sich auf verschiedenen Niveaus erstrecken: Oben liegen die repräsentativen Räumlich-keiten und am nördlichen Abhang die Wohn- und Wirt-schaftsbereiche (Abb. 9). Die Wände sind an vielen Stellen bis zu 3 m hoch erhalten. Die Baureste tragen Spuren einer großen Brandkatastrophe und Vorkehrungen, die man in Erwartung eines heranziehenden Krieges und einer möglichen Belagerung getroffen hat: Einer der größten repräsentativen Palasträume wurde in einen Getreide-speicher umfunktioniert. Man fand hier zugemauerte Türen. Seinen Ziegelfußboden bedeckte eine dicke Schicht verbrannter Kornreste. Das stimmt mit den Be-obachtungen überein, die bereits während Andraes Gra-bung vor einem Jahrhundert gemacht wurden. Auch Re-präsentationsräume des Alten Palastes fand man auf diese Weise zweckentfremdet vor: in den beiden größten Sälen des Ostflügels waren Getreidevorräte gespeichert worden. Eine ca. 1 m hohe Schicht Gerste füllte außer-dem einen der westlichen Räume des Anu-Adad-Tem-pels. Man kann nicht ausschließen, dass ähnliche in der Stunde der Not eingerichtete »Kornspeicher« auch in anderen öffentlichen Bauwerken vorhanden waren.

All diese Vorräte verbrannten zusammen mit den Tempeln und Palästen, als 614 v. Chr. die medische Armee des Königs Kyaxares die Stadt Assur eroberte.

Spuren dieser kriegerischen Auseinandersetzung, die das Schicksal der assyrischen Hauptstadt besiegelte, finden sich auch im Wohngebiet der assyrischen Hauptstadt. Von der Brandkatastrophe sind einzelne Privathäuser oder Räumlichkeiten betroffen. Diese haben geschwärz-ten oder geröteten, tief eingebrannten Wandverputz und Fußbodenestrich, und in ihrem mit verschiedenen Brandresten vermischten Verfallschutt sind die Klein-funde und Tontafeln durch Feuer beschädigt. In man-chem Raum konnte das Haushaltsinventar nicht mehr gerettet werden. Auch zwischen den Häusern spielten sich offensichtlich dramatische Szenen ab. Auf der zum Tabira-Tor führenden Hauptstraße lagen in der jüngsten assyrischen Schicht Skelettreste mit deutlichen Spuren eines gewaltsamen Todes.

Nachdem sich die feindliche Armee zurückgezogen hatte, kehrte in Assur wieder Leben zurück. Einige Häu-ser in den westlichen Grabungsabschnitten zeigen Repa-raturspuren. Unter dem wieder verwendeten Baumate-rial befand sich sogar ein in einem Pflaster verlegter Backstein aus der zerstörten Gruft des Königs Sanherib. Diese Nachbesiedlung scheint jedoch inselartig und nur von kurzer Dauer gewesen zu sein. Nach dem Zusam-menbruch der politischen und wirtschaftlichen Struktu-ren des Neuassyrischen Reiches war die Stadt nicht mehr überlebensfähig.

V. VISION

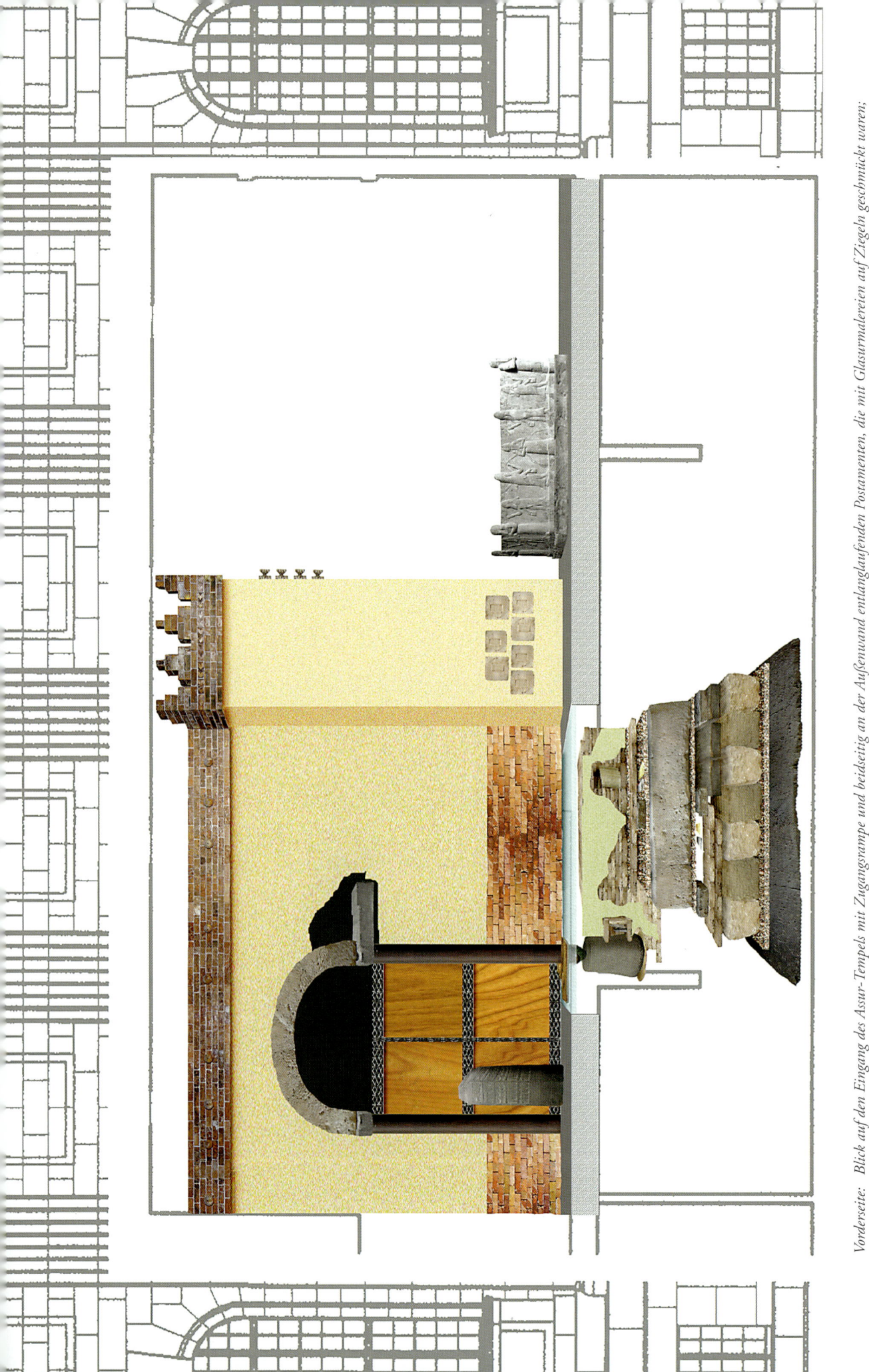

Vorderseite: Blick auf den Eingang des Assur-Tempels mit Zugangsrampe und beidseitig an der Außenwand entlanglaufenden Postamenten, die mit Glasurmalereien auf Ziegeln geschmückt waren; Zeichnung W. Andrae, WEA Abb. 33. Rechts im Hintergrund der entstehende Sanherib-Anbau.

Rückseite: Versuch der Rekonstruktion eines »Virtuellen assyrischen Tempels« als Funktionsmodell innerhalb des Südflügels Pergamonmuseum; Simulation der Raumsituationen und der Gesamtausmaße. Entwurf J. Marzahn, Ausführung: ProDenkmal GmbH, H. Lemnitz, M. Ramirez Iglesias; VBM Vermessungsbüro Andreas Müller: K. Kießling.

Joachim Marzahn

DER »VIRTUELLE TEMPEL« VON ASSUR

FORSCHUNGSERGEBNISSE IN MUSEALER GESTALT – EINE VISION

Die Funktion eines Museums als Ort, an dem man historische Objekte betrachten kann, ist jedem geläufig. Die andere, nach der ein Museum auch ein wissenschaftliches Forschungsinstitut ist, bleibt dem Besucher meist verborgen. Dennoch wird man im Lauf der Zeit bemerken, dass sogar eine »Dauerausstellung« nicht unverändert bleibt. Es sind in der Regel die Fortschritte bei der Forschung, die Änderungen in Inhalt und Art der Darstellung eines Museums erzwingen .

Für das Vorderasiatische Museum (VAM) gilt dies ebenso, doch waren es in der Regel nur wenige Änderungen, die nach der Ersteinrichtung der assyrischen Säle 1934 vorgenommen werden konnten (Standorttausch, Vitrineneinrichtungen etc.). An der Grundkonzeption, die kulturgeschichtlichen Zusammenhänge als das Wesentliche anzusehen, konnte und sollte bis heute nichts geändert werden. Andererseits ist die Zahl an Denkmälern, die sich für eine kunsthistorische Art der Präsentation eignen, in der Sammlung nicht sehr hoch. Insofern scheint es normal, dass eine große Zahl von Objekten magaziniert ist und nicht in der Ausstellung gesehen werden kann, auch wenn sie sowohl Fachleuten wie interessierten Laien nicht unzugänglich sind.

Veränderungen in der übergreifenden Konzeption des Gebäudes des Pergamonmuseums jedoch, die zukünftige Erweiterungen der Ausstellungsfläche auch für das VAM vorsehen, gestatten Überlegungen, wie der magazinierte Bestand für die Anreicherung der Dauerausstellung zu aktivieren ist. So ist einerseits die Präsentation antiker Architektur im Pergamonmuseum als Ganzes ein Grund für diese Überlegungen gewesen. Andererseits ermöglicht der Zuwachs an Fläche, der durch den geplanten Umzug des Museums für Islamische Kunst dem VAM zufallen wird, erstmals nach Jahrzehnten eine entscheidende Erweiterung der Objektzahl und der Themenbereiche.

Angeregt durch Gespräche mit Fachleuten und durch erste Ergebnisse des Assur-Projektes (s. S. 101–109) entstand so die Idee, einen inhaltlich beschreibbaren Sachverhalt der assyrischen Geistesgeschichte, dessen Konturen sich immer besser zu erkennen geben, museal nachzuvollziehen. Gemeint ist damit die immer deutlicher werdende Einheit von Architektur und Weltanschauung im Gesamtbild eines assyrischen Tempels. Die Erkenntnisse aus der Analyse entsprechender religiöser Keilschrifttexte zeigen, dass der bislang in seiner Funktion nicht ganz klar erkennbare assyrische Tempel als Bauwerk deutlich Bezüge zu den literarisch beschriebenen Inhalten aufweist und dass die Anordnung der Bauelemente und -materialien innerhalb des Baus Zusammen-

hängen folgt, die direkt abhängig von seiner Nutzung als Sakralbau sind.

Die allgemeine Kult-Topografie, welche einzelne Lokalitäten des Baukörpers zu vorgegebenen kultischen Handlungen und/oder Gottheiten ordnet, bestimmt die Gestalt eines Tempels ebenso wie das gesamte Gedankensystem, das dem Bauwerk zugrunde liegt, dessen einzelne Elemente ordnet. So zeigt sich immer klarer, dass – nicht völlig unähnlich einer mittelalterlichen europäischen Kathedrale – die Bauschichten und Ausstattungselemente sich nicht nur bauphysisch bedingen, sondern dass sie u. a. in Material und Lage exakt aufeinander abgestimmt sind, weitreichende innere Zusammenhänge berücksichtigen und somit eine spirituelle Aufgabe erfüllen.

So weiß man z. B., dass König Asarhaddon (681–669 v. Chr.), der ein Fest für den Tempel des Gottes Assur ausrichtete, Mastvieh, Fische und Vögel allerlei Art darbringen ließ, um dadurch nicht nur die Gottheit zu »nähren«, sondern vielmehr die Einheit des Kosmos zu symbolisieren, die in diesem Gott vereint gedacht wurde. Stiere und Schafe stammten von der Erde, Fische aus den Flüssen und dem Meer und die Vögel aus dem Reich der Luft. So spiegelte sich darin zugleich die vertikale Ordnung der Welt, die man als (unterirdischen) Urozean, Erde und Himmel betrachtete, wie auch deren horizontale Ordnung im Opfer, da das Schlachtvieh für den Erdkreis um Assur stehen konnte, so wie etwa die Fische für die Ströme des Landes sowie das reale »obere Meer« (Mittelmeer) und das »untere Meer« (Persischer Golf). Der Kultritus und das Opfer wandelten auf diese Weise den Tempel zum Zentrum der Welt und damit zugleich zur realen Mitte des Reiches.

Ähnlich verhielt es sich mit den für den Bau verwendeten Materialien, die entweder dem Baukörper oder dessen Ausstattung dienten. Zwar bestand ein Tempel in Assur wie andernorts auch überwiegend aus luftgetrockneten Lehmziegeln (Abb. 1), doch wurden diese durch das in Assyrien vorkommende Naturgestein ergänzt, da man entweder den Bau auf eine direkte Felsgründung stellen oder aber durch künstlich herbei geschafftes Steinmaterial über einem Fundament errichten konnte. Hier und bei der architektonischen Ausstattung, wie etwa basaltenen Pflasterplatten, Steinschwellen und Abdecksteinen, kam die weitreichende Symbolik einer Einheit des Erdkreises zum Tragen. Weitaus mehr galt dies noch für spezielle Einrichtungen des Baus, die erhöhten Symbolwert und damit große Wirkungskraft haben sollten wie etwa für Gründungsurkunden, Toraufbauten und andere Funktions- und Dekorationselemente des Tempels.

Abb. 1   Assyrische Ziegel mit Königsinschriften im Magazin des Vorderasiatischen Museums.

Die Symbolik der ersten Art, die in Kulthandlungen zum Ausdruck kommt und aus der Analyse von Texten bekannt ist, ist museal nicht darstellbar. Man kann sie bei Führungen erklären oder in Beschriftungen erwähnen. Die Dokumente, aus denen man solche Inhalte erschließen kann, sind jedoch gewöhnliche Keilschrifttafeln, deren Äußeres einem Laien den Inhalt nicht verständlich werden lässt. Sie sind bei einem Versuch, den Symbolgehalt eines assyrischen Sakralbauwerkes zu vermitteln, zwar nicht unerlässlich – als Originalquellen und Denkmäler sogar unabdingbar – doch dienen sie gewissermaßen nur als optische Zeugen. Die Symbolik der zweiten Art dagegen, die den Baumaterialien und Ausstattungsobjekten innewohnt, lässt sich besser präsentieren, da solche Elemente nicht nur größer und greifbarer, sondern in ihrer Zuordnung zueinander unterscheidbar sind und deren gegenseitige Bezüge deutlicher gemacht werden können.

Darüber hinaus ergibt sich in diesem Fall sogar die Chance, Objekte als Bauteile und Deposita zu zeigen, deren Wert sich durch eine rein europäische künstlerisch-ästhetische Betrachtungsweise nicht erschließen dürfte. Als Teil eines Gesamtwerkes, eines Ensembles der dem Tempel innewohnenden Kräfte und Wirkungen aber, beginnen sogar scheinbar fade wirkende Fundamentblöcke oder Lehmziegel zu sprechen und man sieht, dass auch ihr Wert innerhalb des Ganzen einst als nicht minder wichtig betrachtet wurde, als jene der aus heutiger Sicht weit wertvolleren Teile wie z. B. Edelmetallurkunden oder farbig glasierte Schmuckelemente.

Vorhaben solcher Art stoßen in der Regel allerdings rasch auf ihre physischen Grenzen, denn der Raum, der einem Museum zur Verfügung steht, ist nicht beliebig erweiterbar. Durch die sich vollziehenden Veränderungen auf der Berliner Museumsinsel eröffnen sich jedoch nunmehr weitreichende Perspektiven, die es erlauben, Planungen wie die oben beschriebenen ernsthaft zu betreiben und ihre Umsetzung vorzubereiten. Die beabsichtigte Übernahme des Obergeschosses im Südflügel

des Pergamonmuseums (also oberhalb der jetzigen Ausstellung) durch das VAM wird die Gesamtnutzfläche um ca. 65 % anwachsen lassen. Hierdurch wird erreicht, dass trotz notwendigen Zuwachses von Verkehrsflächen die Ausstellung über beide Geschosse hinweg eine entscheidende Erweiterung erfährt.

Angesichts dieser Erwartungen werden schon seit längerem Diskussionen über die Konzeption der künftigen Ausstellung geführt, die – Assur bzw. Assyrien betreffend – darauf hinauslaufen, diesem Bereich sowohl mehr Raum zuzugestehen, als ihn auch zugleich museal inhaltlich zu entlasten. So sollen all jene Objekte, die nicht in den direkten Zusammenhang von Assur selbst gehören, an anderer Stelle gezeigt werden, wozu vor allem die großen Alabasterreliefs aus der Residenz Assurnasirpals II. in Kalchu (Nimrud) zu rechnen sind. Sie bilden eine Gruppe, die zwar assyrischer Herkunft ist, die sich aber mit der Objektwelt von Assur vorwiegend aus dem 3. oder 2. Jt. v. Chr. nur künstlich verbinden lässt.

Unter einem museal-denkmalpflegerischem Aspekt, könnten diese Reliefs im Obergeschoss künftig eine neue Präsentation erfahren, indem sie dort – galerieartig – jene frühe Kunst- und Museumslandschaft widerspiegeln, die für die Zeit ihrer Entdeckung und Erwerbung typisch war. Ihr Auszug aus dem Hauptgeschoss würde im Gegenzug dort ausreichend Platz schaffen, einen genügend großen Raum so umzugestalten, dass die vorbeschriebene Absicht, einen »Tempel« in seiner komplexen Wirkungskraft zu rekonstruieren, umgesetzt werden könnte.

Natürlich zeigt die Erfassung der Hinterlassenschaften des realen Assur-Tempels in den Museumsmagazinen rasch, dass nicht wirklich genügend Originalfunde in Berlin vorhanden sind, um exakt dieses eine Bauwerk darstellen zu können. Das ist schon auf Grund der damaligen Fundteilung auf der Grabung nicht möglich, da ein gleichwertiger Anteil der Funde seinerzeit nach Istanbul gegangen ist, der in Berlin nicht zur Verfügung steht. Es stellt sich jedoch die Frage, ob man nur ein ganz bestimmtes Gebäude präsentieren darf, oder ob man einen neu zu denkenden »Ideal-Tempel« erschaffen kann, dessen museale Funktion darin besteht, die Einzelteile eines assyrischen Heiligtums in ihrer Wertigkeit zueinander – und damit in ihrer Gesamtwirkung – sachgerecht zu zeigen.

Nach Diskussion auch mit anderen archäologischen Sammlungen der Berliner Museen wurde das Vorkonzept eines solchen »Virtuellen Tempels« (ein Idealbau, der beispielhaft eine Idee vertreten kann) allgemein akzeptiert. Rekonstruktionen ähnlicher Art – auch unter Verwendung moderner Baustoffe und Ergänzungen – sind für das Pergamonmuseum prägend, weshalb die Hinzufügung eines Rekonstrukts nicht störend wirken dürfte, sondern den in ihm enthaltenen Einzeldenkmälern eher zu einem besseren Verständnis verhilft. Mehr noch: erst diese Art der musealen Darlegung ver-

Abb. 2   Rekonstruierter Aufbau einer Mauerbekrönung des Assurtempels aus Glasurziegeln mit Knäufen sowie Treppenzinnen aus glasierten Ziegeln von der Stadtmauer im VAM, Raum 12.

leiht den Einzelelementen jenen Grad an Anschaulichkeit, der notwendig ist, einen mesopotamischen Sakralbau zu verstehen.

Die Bestandsaufnahme entsprechender Denkmäler aus den Magazinen – jedoch auch aus der bereits bestehenden Ausstellung – führte zu dem Ergebnis, dass recht viele Einzelobjekte für ein solches Vorhaben verwendet werden können. Dabei stammen tatsächlich nicht wenige aus dem Assur-Tempel selbst, weitere aber kann man vergleichbaren Zusammenhängen entnehmen – ihre Funktion bleibt dabei dieselbe. Ohne dem Versuch zu erliegen, dioramaartig einen »Tempel« als Schaubild herzustellen, wären weite Teile des architektonischen Rahmens, der dem Baukörper innewohnenden verborgenen Beigaben, aber auch Teile des dem Bau vorgelagerten Exterieurs sowie der Innenausstattung darstellbar. Zugleich mit der Komposition verschiedener Elemente zu einem Ganzen ergibt sich zusätzlich die Möglichkeit, historisch recht unterschiedliche Zeugen zu vereinen, wie dies auch in einem echten altorientalischen Tempelbau stets der Fall war.

Das Ergebnis kann somit auf zweierlei Art wirken: erstens erfährt der Museumsbesucher die sich gegenseitig bedingende und durchdringende Wirkungswelt der Bauteile eines assyrischen Heiligtums in Form einer baugebundenen Rekonstruktion, zweitens stehen diese Einzelteile nicht nur untereinander in Korrespondenz, sondern vermitteln darüber hinaus die historische Dimension solcher Bauwerke durch das abweichende Alter ihrer Teile – ein Umstand, welcher der wirklichen Symbolfunktion des Tempels sehr nahe steht (s. u.). Passend hierzu liegen vom Aufriss des Bauwerkes sowohl Teile des Fundaments als auch Teile des Gesamtaufbaus bis hin zu den abschließenden Zinnen der Mauern vor (Abb. 2).

DAS FUNDAMENT: Dazu gehören sowohl einige Fundamentblöcke vom Assur-Tempel selbst, als auch vom zugehörig zu betrachteten Aufgangsbau an der nördlichen Außenfront (Muschlalu). Weitere Fundamentstücke kommen vom Festhaus des Assur sowie vom Anu-Adad-Tempel. Fast alle davon tragen Beschriftun-

gen der jeweiligen Bauherren und sind daher nicht nur als Material (vorwiegend Kalkstein) interessant, sondern auch als direkte historische Zeugen. Ein solch kompositärer Fundamentaufbau kann durch Basaltplatten ergänzt werden, die sich am Ursprungsschauplatz sowohl als Fundamentunterlagen des Ziegelwerkes als auch als Pflasterung unter Anbauten des Tempels nachweisen lassen (Abb. 3).

DAS MAUERWERK: Vom aufgehenden Mauerwerk des Assur-Tempels selbst ist aus der Grabung nichts nach Berlin gekommen, was eine Präsentation lohnte. Das Museum verfügt aber über eine ansehnliche Sammlung von Ziegeln – gebrannte und ungebrannte Exemplare – die zu einer angedeuteten Rekonstruktion des Aufbaus in Teilen verwendet werden können, auch wenn man museal nicht in der Lage sein wird, die wahren Dimensionen der Mauern vorzuführen. Dieses Material ist

Abb. 3   Ansicht beschrifteter Fundamentblöcke des Assur-Tempels und benachbarter Gebäude im Steinmagazin des VAM (obere Reihe: Basaltplatten der Pflasterungen).

Abb. 4   Teil der Ziegelverkleidung eines Podiums an der Hauptfront des Assur-Tempels in Assur, Aquarell von W. Andrae, nach: W. Andrae (Hrsg.), Farbige Keramik aus Assur und ihre Vorstufen in altassyrischen Wandmalereien, Berlin 1923, Tafel 6.

durch seine einem europäischen Betrachter fremde Form wie auch durch seine Beschriftungen ein direktes Anschauungsmaterial zur Funktion und zur Bauphysik eines Tempels. Außerdem lassen sich durch die Ziegel-Inschriften nicht weniger als 16 assyrische Herrscher belegen, die am Assur-Tempel als Bauherren gewirkt haben. Sie vertreten zudem eine Zeitspanne vom 23. bis zum 8. Jh. v. Chr. und sind ein einmaliger Beleg für die Beständigkeit des Gebäudes in seiner kultischen Tradition. Ihre über die Zeit durchaus abweichenden Maße können als zusätzliches Studienobjekt interessant sein. Zudem waren Teile des Assur-Tempelareals nicht nur aus Normalziegeln errichtet, es gab auch Fassadenteile, die eigene Formziegel nutzten. Dieselben Ziegelformen wie im Aufbau wurden jedoch auch für die Pflasterung des Hofes oder für Terrassierungen des Geländes verwendet, könnten also auch im Betrachtungs-Vorfeld einer musealen Rekonstruktion genutzt werden.

Eine besondere Gestaltung der Außenfront besaß der Assur-Tempel durch farbige Glasurmalereien auf Ziegeln. Während der Grabung bis 1914 konnte u. a. an der Hoffront des Tempels ein großes Postament aus Ziegeln, das den Haupteingang flankierte und an der Außenmauer des Baus entlang lief, freigelegt werden, dessen Vorderseite mit diesen Glasurziegeln verkleidet war (Abb. 4, vgl. Abb. S. 191). Sie stammen aus der Zeit Tiglat-pilesars II. und Sargons II. und berichten u. a. in Wort und Bild von Feldzügen dieser Herrscher. Durch spätere Aufschüttung des Vorhofes wieder verdeckt, blieben sie erhalten und konnten ihre Farbigkeit bewahren. Teile davon waren in Berlin schon vor 1938 ausgestellt, doch besitzt die Sammlung insgesamt über 900 Ziegel und Fragmente jener Postamentfassade, die nach

entsprechender Bearbeitung und Restaurierung in die Rekonstruktion einbezogen werden müssten (Abb. 5 a. b). Sie wären dann ein Pendant zum ehemals in Teilen ebenfalls farbig glasierten Zinnenaufbau der Mauern, von dem schon heute Teile zu sehen sind.

Am Ende stünde dieser »virtuelle« Fassadenteil eines Tempels in direkter Korrespondenz zu den von Walter Andrae in gleicher Weise wiederhergestellten Wandteilen der Prozessionsstraße von Babylon, deren obere Abschlüsse ebenfalls farbig gestaltet wurden. Es läge jedoch hier am Beispiel Assurs erstmals tatsächlich der Beweis für eine solche Ausführung vor und sie würde eine erheblich ältere Zeitstufe solcher Dekorationen repräsentieren – auch wenn dies nur einer bestimmten Bauphase des Assur-Tempels entspräche.

DAS »INNENLEBEN« DES BAUWERKS: Der »Rest« der Objekte, die sich im Museum befinden und zu einem Ganzen gefügt werden sollen, umfasst jene Elemente, die für den menschlichen Betrachter meist unsichtbar waren. Freilich ist allein die Anzahl der Teile dieses »Restes« erheblich größer als die, welche dem sichtbaren Baukörper zuzurechnen sind. Es handelt sich um all jene dem Bau innewohnenden und eingefügten Stücke, die seine eigentliche spirituelle Wirkung bestimmten und die nur von denen wahrgenommen werden konnten, die um ihre Existenz und Aufgabe wussten. Zumeist handelt es sich dabei um Inschriftträger recht unterschiedlicher Art in Form und Substanz, doch auch um verschiedene Materialien an sich. Auch ihre Abfolge innerhalb des Baus kann wie oben beschrieben werden.

Bevor das eigentliche Fundament des Tempels gelegt wurde, sorgte man an bestimmten Stellen zwischen dem tragenden Fels und den ersten Fundamentlagen für

Streulagen von Kleinmaterialien, von denen in Berlin
zahlreiche Beispiele vorhanden sind. Zwar nicht aus dem
Assur-Tempel selbst, doch aus dem benachbarten Tempelturm (Zikkurrat) existiert eine größere Menge des
Perlen-Muschel-Polsters, auf dem das Fundament in Teilen ruhte (Abb. 6). Im Gesamtverband des weiteren Aufbaus – gleich ob aus Stein oder aus Ziegeln gelegt – wurden dann all jene Deposita untergebracht, die aus mesopotamischer Sicht für den Erhalt und die Bewältigung
der Aufgabe, die der Bau zu erfüllen hatte, notwendig
waren. Hierzu zählten Urkunden jeglicher Art, die in
knapper oder reicher Wortwahl die Erinnerung an die
Bauherren wachhalten sollten und welche die Zweckbe-
stimmung des Gebäudes benannten. Dabei waren die
Inschriften und ihre Träger im Laufe der Zeit immer in-
haltsreicher und umfangreicher geworden.

DAS GRÜNDUNGSENSEMBLE TUKULTI-
NINURTAS I. (1233–1197 v. Chr.): Bei der Gründung
des Doppeltempels der Göttin Ischtar von Assur ließ
dessen Bauherr, König Tukulti-Ninurta I., ein ganzes
Ensemble von Urkunden niederlegen, das bei der Grabung an dieser Stelle gefunden wurde und von dem sich
viele Teile in der gegenwärtigen Ausstellung befinden
(Abb. 7). In einer rekonstruktiven Gesamtschau eines
solchen Gebäudes nun wären nicht nur diese Urkunden
allein zu zeigen, sondern ihre gegenseitige lokale Bezo-
genheit innerhalb des Baukörpers müsste sinnfällig präsentiert werden. Dabei sollte zunächst die Tatsache, dass
die beeindruckendsten Objekte nicht aus dem Assur-
Tempel stammen, gegenüber der Chance zurücktreten,
eine derartige Komposition überhaupt zu erschaffen,
wodurch die Erfahrbarkeit der einst verborgenen Gegenstände für Besucher erst gegeben wird. Ein Aufbau der
Gesamtfundlage müsste außerdem nicht nur die Grün-
dungsdeposita dieses einen Königs versammeln, sondern
überdies die Fundstücke einfügen, die schon Tukulti-

Abb. 5a   Ansicht einer rekonstruierten Ziegelwand aus der Podiumsverkleidung des Assur-Tempels im VAM, Zustand 1938. Zwei weitere Wandausschnitte waren ehedem weiter rechts an der Längswand aufgebaut.

Abb. 5b   Wiederhergestellte Situation nach Abb. 4 mit den wiedergefundenen Glasurziegeln aus Assur, Zustand Mai 2003, Fertigstellung: N. Engel – M. Steinel.

Abb. 6   Materialbeispiele des Perlen- und Muschelpolsters aus dem Fundament der Assur-Enlil-Zikkurrat von Assur: Anteil in der Ausstellung des Museums.

Abb. 7   Situation des unvollständigen Gründungsensembles Tukulti-Ninurtas I. aus dem Tempel der Ischtar von Assur in der Ausstellung des Museums, 2003.

Ninurta I. zu seiner Zeit bei den Renovierungsarbeiten vorfand. Dabei handelt es sich um die Inschrifttafeln eines seiner Vorgänger, Adad-narari I. (1295–1263 v. Chr.), die er seinen eigenen Urkunden sorgsam wieder hinzufügen ließ, wodurch er somit entsprechend dessen Weisungen handelte. Es heißt dort: »Ein künftiger Fürst möge, wenn dieser Tempel verfällt und er ihn erneuert, meine Steintafeln und meinen Namenszug an ihren Ort zurückbringen. Assur wird dann seine Gebete erhören«. Exakt so war Tukulti-Ninurta verfahren, fanden sich doch die Steintafeln aufgeschichtet seitlich oberhalb seiner eigenen gewaltigen Urkundenblöcke vergraben (Abb. 9, Nr. 18).

Um deutlich werden zu lassen, welch gewaltiger Aufbau schon im Fundament vorhanden war, sei hier kurz das Gründungsensemble Tukulti-Ninurtas an nur einer der Depotstellen des Tempels beschrieben. Es umfasste folgende Teile:
– eine Lage gebrannter Ziegel (Fundament) zur Aufnahme der Inschriftträger,
– darauf eine Gold- und eine beschriftete Silbertafel daneben
– drei große Inschriftenplatten aus Blei in Lehmmörtel,
– darüber ein Bett aus Glasperlen, Stein- und Holzsplittern. Über all dem lag
– ein großer Kalksteinblock von ca. 4 t Gewicht mit der

Hauptinschrift auf dem sich
– eine Lage Schilf mit Perlen- und Elfenbeinsplittern in einem Polster befand. Hierauf war
– wiederum eine Sammlung Gold- und Silbertafeln gebreitet, der
– eine weitere Bleitafel beigegeben war. Darüber hatte man
– wiederum eine Ziegellage gebreitet, auf der
– ein Polster aus Achat- und Lapislazuliperlen lag.

Die Anordnung der Inschriften auf den einzelnen Trägern, die ihrerseits jeweils Ausschnitte und Zitate der Hautpinschrift sein konnten, erfolgte, als würde ein Leser, der sich innerhalb des Kultraums befand, sie in seiner Blickrichtung lesen können. Zu sehen war davon jedoch nichts, befand sich doch das gesamte Ensemble im Fundament unter der Tempelrückwand. Der überwiegende Teil der genannten Deposita befindet sich nun bereits in der Ausstellung in Berlin und kann daher leicht in die Planung für eine Gesamtschau einbezogen werden.

DER ZUGANG ZUM BAUWERK: Neben solchen Großdeposita enthielt ein Tempelbau stets noch weitere Elemente gleicher Intention, meist unter den Gebäudeecken, auch innerhalb der aufgehenden Wände (beschriftete Ziegel, s. o.) und vor allem noch im Bereich der Eingänge. Sie galten als neuralgische Punkte, konnte doch durch ihre Öffnungen nicht nur alles positiv Besetzte nach Innen gelangen, sondern es stand auch den bösen Dämonen und schlechten Einflüssen der Eingang offen. Allein durch die Türen konnte ein Bauwerk angesichts der angenommenen Kräfte solcher Wesen nicht geschützt werden. Daher wurde schon bei der Lagerung der mächtigen Türpfosten, an denen die Flügel befestigt waren, auf eine besondere Ausstattung geachtet (Abb. 8). Die unteren Angelsteine, z. T. in eigens gemauerten Ziegelkapseln lagernd, ruhten auf beschrifteten Bleiplatten und trugen selbst auch Inschriften zum Wohle des Hauses. Ihnen konnten zusätzlich Gründungsfiguren mit magischer Wirkung beigegeben sein. Auch hiervon ist im Museum genug Material vorhanden, um eine Darstellung des Türaufbaus bis hin zu den oberen Angelsteinen zu geben. Die Flügel aus Holz hingegen sind verloren und auch die Beschläge sind nicht vollständig erhalten. Dennoch ist genug Material vorhanden, um den Versuch zu wagen, daraus einen »virtuellen Tempel« erstehen zu lassen. Welche Absicht damit letztlich verbunden ist und ob die Umsetzung technisch möglich ist, soll im Folgenden untersucht werden.

DIE BEDEUTUNG DER BAUELEMENTE: Bereits mehrfach angedeutet, aber nicht zu Ende beschrieben, ist die beabsichtigte Gesamtwirkung der Rekonstruktion. Erst durch das Zusammenspiel aller Komponenten wird es möglich, den eigentlichen und umfassenden Inhalt eines assyrischen Tempels zu verstehen. So zeigt sich schon in der Auswahl und Platzierung der vielfach belegten untersten Perlenpolster und Muschelschüttungen unter dem Fundament die Absicht, das Bauwerk als ein Abbild des Kosmos anzulegen, wie man ihn zur damaligen Zeit sah. Durch naturwissenschaftli-

che Untersuchungen der erhaltenen Perlen und Muscheln wurde deutlich, dass ihre Auswahl keineswegs zufällig erfolgt sein dürfte. Nicht nur sind die Muscheln Vertreter der jeweiligen Fauna des Golfgebietes und des Mittelmeeres sowie der Binnengewässer, sondern auch die Rohstoffe der Perlen zeigen ihrer Herkunft nach, dass man versuchte, an die Grenzen der damaligen Welt zu gehen, um deren materielle Vertreter zu gewinnen. Sie hatten die Aufgabe, innerhalb des Bauwerks den Erdkreis abzubilden. Bereits in der untersten Bauschicht also manifestiert sich der in den Inschriften der Bauherren nur zu gut belegte Anspruch einer Vertretung der »vier Weltgegenden«, des Universums.

Dem stehen die darauf gelegten Fundamente nicht nach, auch wenn sie das übliche Steinmaterial verwenden. Kalkstein und Basalt bilden aber schon allein ein außergewöhnliches Verhältnis, ohne das etwa die vulkanische Herkunft des letzteren damals eine Rolle gespielt haben dürfte. Beabsichtigt war jedenfalls die Variabilität der verfügbaren Mittel, die wiederum auf die Universalität der Welt hinweisen sollte. Schließlich sind auch die Beschriftungen der Fundamentblöcke ein weiteres Mittel einer Einbindung der Außenwelt, verbunden mit dem Herrschaftsanspruch des Bauherrn im Auftrage des Herrn der Welt: des Gottes Assur.

Das bis hier bereits erkennbare Schema eines gemeinsamen Wirkens von Material und Schrift setzt sich nun im gesamten weiteren Aufbau fort, denn nicht wenige der verwendeten Ziegel für das obere Mauerwerk tragen nun Stempel oder geschriebene Inschriften, stets mit demselben Ziel, Gott und Bauherrn als Herrscher der Welt erscheinen zu lassen. So wird nicht nur dem Bau selbst seine Sicherheit verliehen, sondern auch der Stabilität des Königtums wie der Ewigkeit des göttlichen Seins die ihre. Aus jeder Ziegellage spricht der Wille des Königs als machtvoller Arm der Götter. Dass er dies im Verborgenen tut – die Beschriftungen befinden sich vorwiegend auf der Flachseite der Ziegel, waren also nicht sichtbar – ist ein weiteres Indiz für die angenommene allumfassende Wirkung der magisch-demonstrativen Beschriftungen, deren Sichtbarkeit eben gerade nicht als Voraussetzung angesehen wurde.

In dieses integrierte System der unsichtbaren Kräfte eingebunden sind letztlich auch sämtliche besonderen Deposita und weitere, teilweise nun auch sichtbar gestaltete Ausrüstungs- und Schmuckelemente, bis hin zu den in der Regel sehr großen Türhüterfiguren, die die Eingänge flankierten, den Schmuckpaneelen der Außenwände und den Farbgebungen der Wände (soweit nachweisbar). Dabei ist ihre jeweilige Lage innerhalb des Bauwerks kein Zufall. So lässt sich z. B. im Falle des Ischtar-Tempels die Anordnung der Gründungskompositionen innerhalb der Mauern direkt hinter bzw. unter den Kultbildern als ein Versuch deuten, die aufstrebenden Kräfte aus dem machtvollen Erdinneren, zu dem auch das Reich der Ewigkeit (Unterwelt) zählt, zu bündeln und somit zu verstärken.

Abb. 8
Funktionsmodell
einer Türangel-
konstruktion
(Unterbau) in der
Ausstellung des
Museums, 2003

Es wird so in der Anschauung der »Alten Welt Meso-potamiens« noch deutlicher, dass im Grunde der Tempel nichts anderes sein sollte, als eine Gestalt gewordene Wiedergabe der dreigeteilten Welt in ihrer Schichtung von Unterwelt, Lebenswelt und Götterwelt (der Himmel, in den die hochragenden Zinnen greifen), gefasst in einen aufwärts ziehenden Strom der Kräfte, in den das den Bau umgebende Universum in Form der bekannten wie auch der unbekannten Welt eingebunden war.

Dass für den Erhalt dieser Ordnung das Königtum als der Garant auf Erden galt, lag in der assyrischen Auffassung begründet, wonach der Herrscher als oberste Kultinstanz gesehen wurde, als ein Stellvertreter des Reichsgottes Assur, dessen aktive Mitwirkung in Kulthandlungen ebenso unabdingbar war wie seine stetige Fürsorge für den Erhalt des Gebäudes. Nicht nur das Herrschertum an sich, als gottgegeben, sondern gerade das aktive Sorgen ohne Unterlass für Götter, Tempel und das Reich war die Aufgabe des Königs. Deshalb gehörte nicht allein die Bau- und Restaurierungstätigkeit in die kultische Obliegenheit, sondern hierzu zählten auch alle weiteren, namentlich äußeren Aktivitäten, wie etwa Feldzüge und Eroberungen, worüber z. B. in Form von Gottesbriefen, die (wohl öffentlich) verlesen wurden, Bericht erstattet worden ist. So mag es auch zu erklären sein, weshalb im Lauf der Geschichte den assyrischen Bauinschriften immer ausführlichere Berichte hinzugefügt wurden, die gerade über solche Leistungen der Könige Auskunft gaben, auch wenn sie – wie fast alle anderen Inschriften – nach ihrer Niederlegung nicht mehr lesbar waren.

Stellt man in Rechnung, dass hinsichtlich dieser Wirkungsweise eine geradezu penible Umgangsform mit den bereits historisch deponierten Gründungsinschriften vorherrschte, so wird erkennbar, welch traditionsreiche Manifestation das Bauwerk in seiner Gesamtheit darstellte. Es muss nicht sogleich von »Geschichtsbewusstsein« im heutigen Sinne die Rede sein, wenn man den Assyrern zubilligt, dennoch angesichts der bekannten, langen Reihe von Vorfahren entsprechend historisch relevant gehandelt zu haben, wenn sie an die Wiederherstellung altehrwürdiger Bauwerke gingen. Der Bedeutung einer Kontinuität im Handeln als Kultgaranten der Götter hingegen waren sich die Könige sicher wohl bewusst, sie nahmen darauf real Rücksicht und ließen es keineswegs bei einem inschriftlichen »Lippenbekenntnis« bewenden.

Insofern erscheint uns der Tempel des Gottes Assur in Assyrien insgesamt heute als eine Spiegelung der traditionsbezogenen Weltanschauung seiner Zeit und es zeigt sich in ihm – in der Summe seiner architektonischen Elemente – die wahrnehmbare, einigende reale Macht Assyriens. Ein solches Wesensabbild der altorientalischen Baukunst anhand der im Museum vorhandenen Funde wiederzugewinnen, sollte eine lohnende Aufgabe für die Museumsgestaltung der Zukunft sein. Könnte doch durch sie die Wirksamkeit der wissenschaftlichen Forschung der letzten Jahre Gestalt gewinnen.

DIE DENKBARE UMSETZUNG (Abb. 9 und S. 192): Es bleibt »lediglich« zu fragen, wie denn eine solche Aufgabe technisch zu bewerkstelligen sei. Die Umsetzung der Idee unter Verwendung aller in Frage kommenden Funde aus den Magazinen hätte zweifellos einen erheblichen Platzbedarf zur Folge. Dies zeigt nicht nur allein die Zahl der für den Rekonstruktionsaufbau zu verwendenden Stücke, sondern sie müssten so platziert werden, dass ihre darzustellende Aufgabe sichtbar wird. Es kann also bei der Rekonstruktion des Gesamtwerkes eine Umsetzung nur dann sinnvoll erfolgen, wenn einerseits der Charakter der Verborgenheit erhalten bleibt, andererseits aber genügend Raum geschaffen wird, um als heutiger Betrachter »dazwischen blicken« zu können.

Nimmt man aber allein die oben beschriebene Abfolge der untersten Bauschichten samt ihrer Deposita bis hin zum aufsetzenden Mauerwerk (d. h. zum Begehungshorizont), so hat man verschiedene übereinander liegende Strata aus mindestens acht bis zehn Elementen und darüber eine Deckschicht. Setzt man dazu die Deposita eines Eingangs in den »virtuellen Tempel« in räumliche Beziehung, die sich inhaltlich und in der Form unterschieden, so kann eine Mindesthöhe von 2,65 m im Aufbau kaum unterboten werden. Allerdings lägen dann alle Teile kompakt aufeinander und ein »Dazwischenblicken« und Erkennen der Einzelteile in ihrer Ausdehnung und Beschaffenheit wäre noch nicht gegeben. Dies ließe sich erst umsetzen durch genügend Abstand zwischen den Schichten. Allein das Hauptdepositum der Urkunden Tukulti-Ninurtas I. und seiner Vorgänger, erreichte mit den Mindestzwi-

Abb. 9   Gesamtaufbau der Abfolge eines rekonstruierten «virtuellen» Depositaufbaus innerhalb eines assyrischen Tempelfundamentes, nahe Eingangsbereich. Simulation in perspektivischer Ansicht. Die schematische Darstellung ist ein fiktiver Profilschnitt, der die Bestandteile des Aufbaus in Kompaktlage zeigt. Zur Installation im Museum muss zwischen fast jede Einzelschicht ein Mindestabstand geschoben werden, damit der Betrachter die Bestandteile in ihrer Tiefe erkennt.

Die Abfolge von unten nach oben

1. Grundfläche = gewachsener Fels

2. ein Perlen- und Muschelpolster

3. eine Fundamentblockreihe aus Kalksteinen, roh, beschriftet

4. eine Lage Basaltplatten bzw. Backsteine (Fundamentteile) zur Aufnahme der Inschriftträger

5. eine Gold und eine Silbertafel, beschriftet, daneben drei große Inschriftplatten aus Blei, beschriftet

6. ein Bett aus Glasperlen, Stein- und Holzsplittern

7. ein großer Kalksteinblock mit der Hauptinschrift von ca. 4 t Gewicht

8. eine Lage Schilf mit Perlen- und Elfenbeinsplittern in einem Polster

9. eine Sammlung Gold- und Silbertafeln mit einer weiteren Bleitafel, beschriftet

10. eine Ziegellage, beschriftet

11. ein Polster aus Achat- und Lapislazuliperlen

dies alles gebettet in Stampflehm oder Lehmmörtel

12. erste Lage des aufgehenden Mauerwerkes (hierin zahlreiche beschriftete Ziegel), darüber Mauerwerk mit angedeutetem Verputz

Daneben das Depositum in Eigangsnähe (in Ziegelkapsel)

13. eine runde Bleischeibe, beschriftet

14. ein Basaltangelstein, beschriftet

15. eine Mauerkapsel mit Kleindeposita (Figuren, Tonplatten etc.)

16. Hölzerner Türpfosten mit bronzenem Schuh

17. Deckelplatte der unteren Türangel

18. Ziegelkapsel mit redeponierten Inschriften eines Vorgängers Tukulti-Ninurtas I. = Adad-narari I. Aus Raumgründen ist die Lage dieser Kapsel zu hoch dargestellt, sie gehört ebenfalls in den Fundamentbereich

19. Ansatz des Türpfostens

Nr. 17 ist die Ebene, die vor dem Bauwerk zugleich die ebenerdige Pflasterung der Umgebung darstellt (=Erdoberfläche).

schenräumen wohl schon eine Höhe von 3,65 m. Unter Einrechnung konservatorischer Erfordernisse, nach denen z. B. für den Erhalt der Bleiblöcke die Errichtung einer Schutzgasumgebung unerlässlich ist (s. S. 81–83), muss eine Abstandsvergrößerung unbekannten Maßes vorausgesetzt werden, welche die Gesamtanlage nur des Fundamentbaus auf ca. 4 m Höhe anwachsen ließe.

Man wird zugeben müssen, dass man eine solche Rekonstruktion, die noch nicht einmal den oberen Tempelaufbau umfasst, kaum in die gegenwärtige Raumlage der Ausstellung wird einbauen können. Sollte die hier vorgeschlagene umfassende Rekonstruktion jedoch gewünscht sein – eine Reduktion erwiese sich eher als unter den Bedürfnissen des Museums liegend – so muss nach einer geeigneten architektonischen Lösung gesucht werden. Unter den Voraussetzungen einer Bausanierung des Pergamonmuseums allerdings, zu der auch Eingriffe in die Substanz zählen dürften (man denke nur an veränderte Verkehrswege), sollte das jedoch möglich sein. Der Aufbau der »Unterwelt« mitsamt allen Deposita in wahren Maßen und ausreichend einsehbar, könnte in das Sockelgeschoss des Südflügels verlegt werden. Die »obere Dimension« des Tempels, d. h. der in Teilen zu rekonstruierende Aufbau der Wände mit einer Eingangsdarstellung sowie dessen Abschluss in Form der farbigen Zinnen müsste dann auf der bisherigen Ebene der Ausstellung Gestalt gewinnen (Abb. S. 192).

Hier könnte dann zum einen der Fassadengestaltung durch die Glasurziegel der nötige Raum zugewiesen werden wie auch der Gestaltung von Hof- und Ausstattungselementen (u. a. das Wasserbecken aus Assur). Platz zu schaffen wäre für eine Durchblicklösung, die eine Sicht auf die Fundamente gestattet, wenn der Besucher sich noch vor dem Tempel befindet. An gleicher Stelle könnte auch ein direkter Zugang zur »Unterwelt« erschaffen werden und eine wie auch immer geartete Verbindung zu den ebenfalls im Sockelgeschoss verbleibenden Königsgrüften erforderlich wäre, denn auch die Grüfte befanden sich in situ jeweils unterhalb der begehbaren Ebene von Gebäuden (Alter Palast, Wohnbebauung). Eine solche umfassende Neuordnung der Ausstellung im VAM erscheint allerdings heute noch zu visionär als sie direkt zu fordern – wünschenswert ist sie allemal.

WEITERFÜHRENDE LITERATUR

Abkürzungen

ADOG   Abhandlungen der Deutschen Orient-Ge-
        sellschaft
MDOG   Mitteilungen der Deutschen Orient-Gesell-
        schaft

Andrae, E.W. – Boehmer, R.M., Bilder eines Ausgräbers,
    Berlin 1989.
Andrae, W. (Hrsg.), Farbige Keramik aus Assur und ihre
    Vorstufen in den altassyrischen Wandmalereien.
    Berlin 1923.
Andrae, W., Das wiedererstandene Assur, Leipzig 1938.
Andrae, W., Das wiedererstandene Assur. Zweite, durch-
    gesehene und erweiterte Auflage herausgegeben von
    Barthel Hrouda, 2. Aufl., München 1977.
Borger, R., Historische Texte in akkadischer Sprache aus
    Babylonien und Assyrien, in: Borger, R. u. a.
    (Hrsg.), Texte aus der Umwelt des Alten Testaments
    Band I: Historisch-chronologische Texte I, Güters-
    loh 1984.
Cancik-Kirschbaum, E., Die Assyrer, Geschichte. Ge-
    sellschaft. Kultur, München 2003.
Cholidis, N. – Martin, L., Der Tell Halaf und sein Aus-
    gräber Max Freiherr von Oppenheim, Mainz 2002.
Crüsemann, N., Vom Zweistromland zum Kupfergra-
    ben. Vorgeschichte und Entstehungsjahre (1899–
    1918) der Vorderasiatischen Abteilung der Berliner
    Museen vor fach- und kulturpolitischen Hinter-
    gründen. Beiheft zum Jahrbuch der Berliner Mu-
    seen 42. Berlin 2000.
Dalley, S. (Hrsg.) The Legacy of Mesopotamia, Oxford,
    New York 1998.
Hecker, K., Akkadische Grab-, Bau- und Votivinschrif-
    ten, in: Borger, R. u. a. (Hrsg.), Texte aus der
    Umwelt des Alten Testaments Band II, 477–500.
    Gütersloh 1986–1991.
Heinrich, E., Die Paläste im Alten Mesopotamien. Ber-
    lin 1984.
L. Jakob-Rost, E. Klengel-Brandt, J. Marzahn, R.-B.
    Wartke, Das Vorderasiatische Museum, Katalog-
    Handbuch, Mainz 1992.
L. Jakob-Rost, Die Stempelsiegel im Vorderasiatischen
    Museum, mit einem Beitrag von iris Gerlach,
    Mainz 1997.
Klengel-Brandt, E. (Hrsg.), Mit Sieben Siegeln verse-
    hen. Das Siegel in Wirtschaft und Kunst des Alten
    Orients, Mainz 1997.

Larsen, M. T., The Conquest of Assyria: Excavations in
    an Antique Land 1840–1860, London, New York
    1996.
Marzahn, J., Farbe in Assur. Frühe Farbdiapositive in der
    Archäologie. MDOG 130, 1998, 223–239.
Maul, S. M., Wiedererstehende Welten. MDOG 130,
    1998, 266–274.
Maul, S. M., 1903–1914: Assur. Das Herz eines Welt-
    reiches. In: Wilhelm, G. (Hrsg.), Zwischen Tigris
    und Nil. 100 Jahre Ausgrabungen der Deutschen
    Orient-Gesellschaft in Vorderasien und Ägypten,
    47–65. Mainz 1998.
Matthes, O., Zur Vorgeschichte der Ausgrabungen in
    Assur 1898–1903/05, MDOG 129, 1997, 9–27.
Miglus, P. A., Untersuchungen zum Alten Palast in As-
    sur, MDOG 121, 1989, 93–133.
Moorey, P.R.S., Ancient Mesopotamian Materials and
    Industries, Oxford 1994.
Nissen, H.J., Geschichte Altvorderasiens, Oldenbourg
    Grundriss der Geschichte 25, München 1998.
Onasch, H.-U., Die assyrischen Eroberungen Ägyptens.
    Ägypten und Altes Testament 27, Wiesbaden 1994.
Paley, S. M. – Sobolewski, R. P., The Reconstruction of
    the Relief Representations and their Positions in the
    Northwest-Palace at Kalˇu (Nimr·d) II, Mainz
    1987.
Pedersén, O., Katalog der beschrifteten Objekte aus
    Assur. ADOG 23, Saarbrücken 1997.
Pettinato, G., Semiramis: Herrin über Assur und Baby-
    lon. Zürich, München 1988.
Roaf, M., Mesopotamien, Weltatlas der Alten Kulturen,
    4. Auflage, München 1994.
Salje, B. (Hrsg.), Vorderasiatische Museen – Gestern,
    Heute, Morgen, eine Standortbestimmung, Mainz
    2001.
Schneider, G. – Daskiewicz, M. Scherben, nichts als
    Scherben? Keramikscherben im archäometrischen
    Labor, Alter Orient aktuell, Berlin 2002, 8–15.
Streck, M. P., Keilschrift und Alphabet, in: Borchers,
    D., Kammerzell, F. und Weninger, S. (Hrsg.), Hie-
    roglyphen, Alphabete, Schriftreformen, Göttingen
    2001, 77–97.
Veenhof, K. R., Geschichte des Alten Orients bis zur
    Zeit Alexander des Großen, Göttingen 2001.
Wartke, R.-B., Urartu, Das Reich am Ararat, Mainz
    1993.
Wedel, C. (Hrsg.), Das Pergamonmuseum, Menschen –
    Mythen – Meisterwerke, Berlin 2003.

ADRESSEN DER AUTOREN

Dr. Jürgen Bär
Universität Heidelberg
Seminar für Sprachen und Kulturen
des Vorderen Orients – Assyriologie
Hauptstraße 126
D-69117 Heidelberg

Dr. Nicola Crüsemann
Maulbronner Hof 49
D-67346 Speyer

Dr. Betina Faist
Assur-Projekt
Vorderasiatisches Museum
Bodestraße 1–3
D-10178 Berlin

Barbara Feller, M.A.
Assur-Projekt
Vorderasiatisches Museum
Bodestraße 1–3
D-10178 Berlin

Dr. Eckart Frahm
Yale University Library
Babylonian Collection
130 Wall Street
Box 208240
New Haven, CT 06520
USA

Prof. Dr. Helmut Freydank
Assur-Projekt
Vorderasiatisches Museum
Bodestraße 1–3
D-10178 Berlin

Dr. Arnulf Hausleiter
Universität Wien
Institut für Orientalistik
Spitalgasse 2, Hof 4
A-1090 Wien

Gert Jendritzki, Dipl. Restaurator
Vorderasiatisches Museum
Bodestraße 1–3
D-10178 Berlin

Dr. Evelyn Klengel-Brandt
Vorderasiatisches Museum
Bodestraße 1–3
D-10178 Berlin

Steven Lundström, M.A.
Assur-Projekt
Vorderasiatisches Museum
Bodestraße 1–3
D-10178 Berlin

Dr. Joachim Marzahn
Vorderasiatisches Museum
Bodestraße 1–3
D-10178 Berlin

Prof. Dr. Stefan Maul
Universität Heidelberg
Seminar für Sprachen und Kulturen
des Vorderen Orients – Assyriologie
Hauptstraße 126
D-69117 Heidelberg

PD Dr. Peter A. Miglus
Universtität Heidelberg
Institut für Ur- und Frühgeschichte
Marstallhof 4
D-69117 Heidelberg

PD Dr. Astrid Nunn
Eckenheimer Landstraße 82
D-60318 Frankfurt/M.

Julia Orlamünde, M.A.
Assur-Projekt
Vorderasiatisches Museum
Bodestraße 1–3
D-10178 Berlin

Dr. Friedhelm Pedde
Assur-Projekt
Vorderasiatisches Museum
Bodestraße 1–3
D-10178 Berlin

Prof. Dr. Johannes Renger
Freie Universtität Berlin
Institut für Altorientalistik
Hüttenweg 7
D-14195 Berlin

Prof. Dr. Beate Salje
Vorderasiatisches Museum
Bodestraße 1–3
D-10178 Berlin

Claudia Schmidt, M.A.
Deutsches Archäologisches Institut
Orient-Abteilung
Podbielskiallee 69-71
D-14195 Berlin

Dr. Ralf-B. Wartke
Vorderasiatisches Museum
Bodestraße 1–3
D-10178 Berlin

ABBILDUNGSNACHWEIS

Zitiert nach Seiten

Deutsche Orient-Gesellschaft (DOG):
 alle Fundfotos (Ass. Ph.), außerdem: 34, 37, 39, 50, 167
Staatliche Museen zu Berlin, Vorderasiatisches Museum,
 Olaf M. Teßmer: 11, 13, 21, 25, 30, 65, 76, 89, 91, 92,
 93, 95, 97, 99, 104, 116 (6), 127, 138, 140, 141, 142, 144,
 145, 146, 150 (1), 150 (2), 153, 154, 155, 157, 160, 161,
 162 (5), 167, 170, 173, 174, 177, 182

Antikensammlung: 69
Zentralarchiv: 18, 36, 41, 62
Staatsbibliothek zu Berlin, SPK, Handschriftenabteilung: 59
Deutsches Archäologisches Institut, Orientabteilung: 9, 101
Abteilung Istanbul: 53
Réunion des Musées Nationaux, J.G. Berizzi: 24

Reproduktionen (Olaf M. Teßmer):
 W. Andrae, Wiedererstandenes Assur, 2. Aufl. München
 1977: 12, 13, 15, 17, 174, 177
Aus Archiv VAM: 10, 55, 60, 61, 63, 68, 71, 72, 73, 74, 75,
 94, 103, 197 (5a)
Aus Archiv der DOG: 39, 43, 49, 166, 169, 171
Tübinger Atlas des Vorderen Orients, Karte B IV 21: 14
Andrae, W., Farbige Keramik aus Assur, Berlin 1923, Tf. 8:
 26, 168, 196
Bär, J., WVDOG 105, 2003, Abb. 5: 112; Abb. 9: 113;
 Tf. 75: 115; Tf. 84: 116
Heinrich, E., Die Paläste im Alten Mesopotamien, Berlin
 1984, Abb. 23: 120; 48: 121; 62: 122
Hrouda, B., Der Alte Orient, München 1991, Abb. S. 354–
 355: 20; 134–135: 143
Katalog, Mit sieben Siegeln versehen, Mainz 1997, Abb. 33: 159

Larsen, M. T., The Conquest of Assyria, London 1996, pl. II:
 36
Miglus, P. A., WVDOG 93, 1996, Plan 24: 46
Parrot, A., Assur, München, 1961, Abb. 348: 156
Pedersén, O., Archives and Libraries in the City of Ashur II,
 Uppsala 1986, 42: 176

Andere:

B. Salje: 16
J. Marzahn: 38, 88
G. Jendritzki: 79, 81, 82, 83 (5), 84, 87
H. Franke: 80
H. Born: 85
M. Th. Sallmann: 106 und Nachsatz (Stadtplan)
J. Bär: 117
F. Gerlach: Karte (Vorsatz)
R. Windorf: 114
L. Jakob-Rost: 152
J. Kramer: 162, 163
A. Hausleiter: 171
S. M. Maul: 197
P. A. Miglus: 183, 185, 186, 187, 188, 189
H. Lemnitz: 194, 195, 197 (5b), 198, 200, 201
G. Gerster: 33
G. Stenzel: 66
A. Haller, WVDOG 65, 171: 130

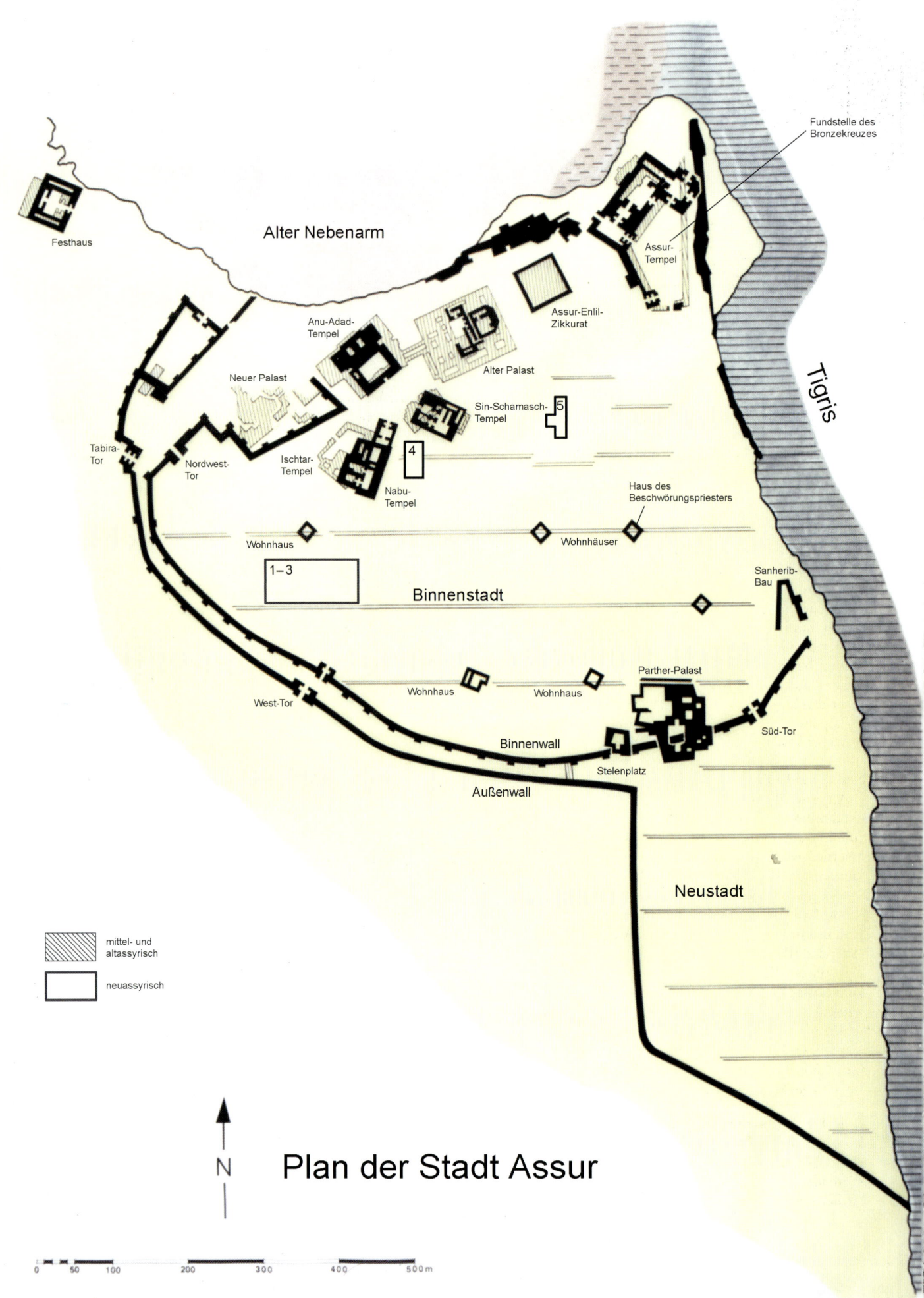

Festhaus

Alter Nebenarm

Fundstelle des
Bronzekreuzes

Assur-
Tempel

Tigris

Anu-Adad-
Tempel

Assur-Enlil-
Zikkurat

Neuer Palast

Alter Palast

Sin-Schamasch-
Tempel

5

Tabira-
Tor

Nordwest-
Tor

Ischtar-
Tempel

4

Nabu-
Tempel

Haus des
Beschwörungspriesters

Wohnhaus

Wohnhäuser

1−3

Binnenstadt

Sanherib-
Bau

West-Tor

Wohnhaus

Wohnhaus

Parther-Palast

Süd-Tor

Binnenwall

Stelenplatz

Außenwall

Neustadt

mittel- und
altassyrisch

neuassyrisch

N

Plan der Stadt Assur

0   50   100   200   300   400   500 m